U0839514

货币价值

国民财富的保有形式与经济危机

范勃　范拓　著

图书在版编目(CIP)数据

货币价值:国民财富的保有形式与经济危机/范勃,范拓著. —上海:上海财经大学出版社,2021.7

ISBN 978-7-5642-3791-2/F·3791

Ⅰ.①货… Ⅱ.①范…②范… Ⅲ.①货币理论-研究 Ⅳ.①F820

中国版本图书馆 CIP 数据核字(2021)第 101996 号

□ 责任编辑 温 涌
□ 封面设计 钱宇辰

货币价值
——国民财富的保有形式与经济危机

范 勃
范 拓 著

上海财经大学出版社出版发行
(上海市中山北一路 369 号 邮编 200083)
网 址:http://www.sufep.com
电子邮箱:webmaster @ sufep.com
全国新华书店经销
常熟市新骅印刷有限公司印刷装订
2021 年 7 月第 1 版 2021 年 7 月第 1 次印刷

710mm×1000mm 1/16 28.75 印张(插页:2) 422 千字
印数:0 001—8 000 定价:128.00 元

市场经济的特点，就是各生产要素中的个体依其产出率(价值)参与分工和生产，整体却依其稀缺性(价格)对产出品进行分配。正是这个在物以稀为贵和价高者得的市场法则下的价值悖论，打造出效率与公平的“双刃剑”。

前　言

作为股票投资者，难免会把经济学当作自身研究课题的一部分。特别是在股市不景气的年份，总是会对宏观经济、货币传导机制产生各种疑问，并引发大量思考。当发现传统经济学理论无法满足指导投资的需求时，便产生了构建自己的经济学理论体系的想法。起初并未打算将这些理论公之于众，只是将其片段收录于个人博客之中。后来在好友邹胜以及上海财经大学出版社李成军老师的鼓励和帮助下，将一些零散的投资心得和经济学论述编辑成册，于 2018 年以“择善固执”为书名出版，署名为“有智思有财”。

《择善固执》一书出版后，取得了出人意料的效果。尽管大多数读者只关注其中涉及股票投资的部分，但也有不少网友提出，因为经济学理论部分只是片段形式，且与传统经济学格格不入，难以系统地学习，并表示出对这套“离经叛道”的理论的浓厚兴趣。同时我也意识到，就像我当年那样，随着经济的发展，中国所走出的这条前无古人的中国特色的社会主义道路给国人带来成就感和自豪感，使他们在期许未来发展的同时，开始思考经济学问题。然而，西方主流经济学并不会为我们量身定制属于这个时代的经济学理论，甚至不会有谁向我们揭示市场经济的真相。因此，会有越来越多的、不肯人云亦云的中国知识分子试图摆脱明显脱离中国实际的西方经济学理论，只是苦于难觅替代品。希望本书能给这样的读者提供一个共同思考另类经济学的机会，并为后人留下一些理论基础。因此，我特意邀请了在大学就读经济学专业的儿子参与到本书的撰写中来，希望至少在他们这一代人中，形成适合中国国情的经济学理论。

传统的西方经济学体系的构建基于均衡理论，由此派生出萨伊定律、货币面纱论、货币中性论、货币外生论和货币数量论下的通货膨胀理论等诸多脱离现实的经济学理论。而本书则从贮藏性货币及闲置入手，研究现实的非均衡条件下的经济学理论，因此不可回避地涉及价值与价格、公平与效率、储蓄与投资等市场经济中经常被人们所误解的问题，详细论述了作为人类最重要的财富保有形式的货币在这些问题中所起到的穿针引线的作用，以及由此形成的市场经济中的分配逻辑：各生产要素中的个体依其产出率（代表价值）参与生产，整体却依其稀缺性（表现为价格）对产出品进行分配。

本书根据货币的效用和职能，将货币需求分解为债权性货币需求与债务性货币需求，论述了这两种货币需求在商品市场与货币市场两个不同市场中所扮演的真实角色，从而解决了经济学界多年来对货币需求的混淆。由于摆脱了传统经济学均衡理论的束缚，进而确立了闲置的经济学地位，由此得出这样一些推论：人们所说的“储蓄”不仅包括投资，也包括闲置；价格并不是稀缺性比对（供需比对）唯一的表达方式；货币是非中性的，它可以将包括劳动力要素在内的各种资源从闲置中解脱出来；货币当局对货币的供给能力以社会闲置水平为限；经济危机、金融危机归根结底都是货币不足（也可以表现为货币有效供给不足）引发的危机；等等。

前人的理论中，马克思和凯恩斯都对古典经济学①中的一系列假设提出过质疑。但由于时代不同，马克思的货币理论着重论述的是金银货币。本书则可以理解为马克思“一般等价物”理论在信用货币时代的延伸。凯恩斯对古典经济学均衡假设下的几个推论均有所反驳，但他所列举的古典经济学的几个基础假设，包括充分就业假设（劳动力要素数量供需均衡假设）、实际工资假设（劳动力价格与劳动力正、负效用均衡假设）、需求与供给自动均衡假设等，只不过是古典经济学诸多均衡假设的“冰山一角”。这恰恰证明了凯恩斯并不能彻底放

---

① 马克思最先使用了这一概念，用来包括李嘉图、詹姆斯·穆勒和他们以前的经济学家，即在李嘉图那里达到了顶峰的那派理论的创建者们。凯恩斯在使用“古典学派”这一名词时，也包括了李嘉图的后继者，即那些接受李嘉图的经济学观点并加以发扬光大的人，比如约翰·斯图亚特·穆勒、马歇尔、埃奇沃思和庇古。总之，将其之前的大部分经济学家统称为“古典学派”。目前西方学者一般按照“古典”与“新古典”进行划分。而西方主流经济学始终是一脉相承的，本书则不得不把凯恩斯之后的绝大多数经济学家仍旧归于这一范畴，或统称为“传统经济学家”。

弃古典经济学，特别是他的老师马歇尔传承给他的均衡理论，自然也就无法形成真正非中性的货币理论。正如他在《就业、利息和货币通论》的前言中所描述的那样，尽管他倾向于把货币论推广为社会总产量理论，但是由于难以摆脱先入为主的束缚，因此既没能对产量改变所引起的后果做动态的讨论，同时也对货币的技术细节做了略去不论的处理。

我们知道，货币非中性的逻辑所依赖的恰恰是社会总产量与货币数量的互动关系。故而可以说，在古典经济学的长期熏陶之下，凯恩斯尽管已经深刻地认识到了货币的巨大作用，但实际上仍旧无法完全摆脱货币中性论。然而，当我们从马克思的“一般等价物”理论入手讨论货币时，货币中性论的荒谬便已经无处藏身。市场经济是货币经济，故而只有摆脱了货币中性论，才能认清市场经济的真相。

由于书中涉及了马克思和凯恩斯的一些既有理论，对相关理论不熟悉的读者阅读起来可能会有些许困难，但大部分内容是相互关联、反复论证的，只要不是对货币中性抱有根深蒂固的信仰，理解起来必不会过于吃力。然而对于书中的观点，一些自认为经济学基础较好的读者，由于受古典学派经济学家的熏陶太深，接受起来反而会非常困难。

范　勃

2020 年 12 月 16 日

目　录

第一章

导　论

第一节　货币的贮藏性职能和贮藏性需求

在自给自足的农业社会中，危机的最主要形式是人们在歉年的青黄不接中忍饥受饿。唯一的解决办法就是在丰年时储备粮食。《礼记·王制》中说：

> 国无九年之蓄曰不足，无六年之蓄曰急，无三年之蓄曰国非其国也。三年耕，必有一年之食，九年耕，必有三年之食。以三十年之通，虽凶旱水溢，民无菜色。①

对游牧民族而言，家畜的养殖是他们最佳的储蓄方式。恩格斯在《家庭、私有制和国家的起源》中这样描述：

> 在旧大陆，家畜的驯养和畜群的繁殖，开发出前所未有的财富的来源，并创造了全新的社会关系。直到野蛮时代低级阶段，固定的财富差不多只限于住房、衣服、粗糙的装饰品以及获得食物和制作食物的工具：小船、武器、最简单的家庭用具。天天都要重新获得食物。现在，日益前进的游牧民族——住在印度五河地区和恒

① 引自《礼记·王制第五》。意为：一个国家如果没有九年的储蓄，叫作不足；如果没有六年的储蓄，叫作危急；如果没有三年的储蓄，可以说国家就不成其为国家了。耕种三年，一定要有一年的余粮；耕种九年，一定要有三年的余粮。以三十年的平均数来制订储蓄计划，即使遇到凶险的旱灾或水灾之年，老百姓也不至于饿肚子。

> 河地区,以及当时水草更丰茂的奥克苏斯河和药杀水草原的雅利安人、住在幼发拉底河和底格里斯河流域的闪米特人——已经有了马、骆驼、驴、牛、绵羊、山羊和猪等畜群,这些财产,只需加以看管和最简单的照顾,就可以越来越多地繁殖起来,供给非常充裕的乳肉食物。以前一切获取食物的方法,现在都退居次要地位了;打猎在从前曾经是必需的,如今也成了一种奢侈。①

随着社会生产力水平的发展,部分阶层逐渐摆脱了饥饿的威胁,食物的重要性、稀缺程度及其在社会总体财富中所占的比例不断下降;出于工业化和商业贸易的需要,分工在更广泛的范围内得到应用之后,交换的需求明显增加;由于粮食、家畜既不宜长期储存,更不便携带,因而不适合作为交换的媒介。这一切使得无论是谷物还是畜群,都已经无法继续作为人类财富的最主要保有形式。人类对储蓄品提出了更高阶的要求,金银等贵金属逐渐成为新的储蓄标的。

通常认为,一般等价物是从商品中分离出来的充当其他一切商品的统一价值表现材料的商品,它的出现是商品生产和交换发展的必然结果。历史上,一般等价物曾经由一些特殊的商品承担,随着历史的发展,金银逐渐成为公认的最适合执行一般等价物职能的商品。货币从商品中分离出来固定充当一般等价物这一过程,表面来看,人类对它的需求最早来自它的交易性职能,随着人类财富的不断积累,作为一般等价物的金银逐渐成为人们锁定自身财富的最佳工具。但从一般等价物效用上看,货币之所以可以从商品中分离出来,根源恰恰在于它的贮藏性效用。其他职能,无论是交易性职能还是标尺性职能,全部源于货币所具备的这种贮藏性特质,都是贮藏性职能的衍生职能,而不是相反。区别只是在于贮藏时间长短的不同。忽视了这一点,甚至无视货币作为一般等价物的历史,就很难认清货币的本质,更不可能认清货币对人类社会发展的制约作用。

在生产力水平不断提高、社会产出剩余产品不断增加、人类财富不断积累

---

① 《家庭、私有制和国家的起源》——《马克思恩格斯选集》(第四卷),人民出版社 2012 年版,第 62 页。

的今天，一直被古典经济学刻意打压，隐藏真相的货币贮藏性职能和贮藏性需求，越来越深刻地影响着全球经济。短缺型经济下，用于解决危机的储蓄，如今却被屡屡指证为制造危机的罪魁祸首，人类社会的危机方式，已经由储蓄能力不足的危机，转变为储蓄标的不足的危机。因此，我们把货币的贮藏性职能和贮藏性需求，作为本书讨论的核心内容。

我们认为，如今的世界，经济之所以危机频发，并不是人类没有能力创造财富，而是人类目前并没有找到保有自身财富的恰当载体。当人类社会缺少适当的容器时，创造再多的财富，最终也必然如竹篮打水一般。而货币的贮藏效用，本就是货币的固有职能，将财富贮藏于货币，不过是货币职能的回归而已。书中将对这一问题不停变换角度，反复论证。如果读者觉得这些反复描述是多余的（证明你并没有发现其角度的变化），恰恰就证明了这样做非常必要。

第二节　重商主义财富观带来的囚徒困境

古典经济学派的理论，自亚当·斯密起，对货币的贮藏性需求的无视甚至是刻意打压，有其深刻的原因。这要从重商主义说起。

亚当·斯密之前的主流经济学理论，被亚当·斯密称为“重商主义”和“重农主义”。[①] 不同于亚当·斯密之后全力鼓吹自由贸易为标志的经济学理论，重商主义者认为，国民财富的积累，是以其保有的金银数量衡量的。因此，一个国家的富强，必须通过贸易的顺差，即出口额大于进口额，换取金银的流入得以实现。[②] 然而，不可能所有国家同时实现贸易顺差，一个国家的金银流入必然以其

---

① “不同时代不同国民的不同富裕程度，曾在政治经济学上引出两个不同的富民的主义。其一，可称为重商主义；其他可称为重农主义。”［亚当·斯密：《国富论》（下），郭大力、王亚南译，译林出版社2011年版，序论。］

② “洛克先生曾指出货币与其他各种动产的区别。他说，其他各种动产是这样容易消耗的，故由这等动产构成的财富不大可靠；一个国家，即令毫无输出，亦只要是奢侈浪费，就不能由今年这等动产的富有救济明年这等动产的缺少。反之，货币却是一个可靠的朋友，它虽然会由这个人转到那个人，但若保之不使出国，就不很容易浪费消耗。所以，照他说来，金银乃一国动产中最坚固、最根本的部分；他还以为，就因为这个缘故，所以，增殖此等金属应该是政治经济的大目标。”［亚当·斯密：《商业主义或重商主义原理》——《国富论》（下），郭大力、王亚南译，译林出版社2011年版，第2页。］

他国家的流出为代价。所以按照重商主义的理论,一个国家的财富积累,是以另一个国家的贫穷为代价的。一些重商主义者,甚至主张国家实施干预,禁止金银输出,增加金银输入。于是,金银的稀缺性逐渐成为阻碍人类财富增长的巨大瓶颈。

"就中国来看,从先秦直到清代,铜一直是官方肯定的币材;但先是贝,后是金,然后是帛,再后是白银,与铜并行流通并大多为官方所认定。比照习惯的称谓,也可叫作铜贝本位、铜金本位、铜帛本位、铜银本位等。有时是三种币材同时存在,如宋代的银、铜、铁的并行流通,不过铜、铁各有自己的主要流通地区。在西欧,则有很长一段金银并行流通的时期。当政府明确金、银都是法定币材时,称之为金银复本位制。单由黄金垄断流通,在先进工业化国家的历史也不长。最早是英国,也是直到1816年才正式宣布实行金本位。"①这说明尽管人类货币史上正式的金本位时间并不算长,各国历史上使用过的货币也存在一些差异,但不同文化、不同地区、不同人种对金银价值认同度的一致性是最高的。因此,随着全球贸易往来越来越频繁、货币需求量越来越大,金银成为世界各国普遍认同的货币就是顺理成章的事情了。我们就以金银为起点,来讨论一下国民财富保有形式的变迁。

金银是一种特殊的商品,它可以被消费,但对它的普通消费并不会造成它的物质形态的改变和灭失,它既不会被吃掉,也不会折旧和报废。金银较谷物、牲畜有着不易变质、易于保存、易于分割和熔合、便于携带、既可消费又易回收等自然属性上的明显优势,其稀缺度高也成为一定时期内作为一般等价物的亮点。然而,正因为金银具有这些优点,当它们作为现代经济社会正常运转所必需的交易媒介时,却发现任何人都无法阻止它们被收藏起来,从而退出流通。这不仅会干扰市场的交易过程,而且如果人们把金银当作其财富保有形式,且只认可金银等贵金属作为财富保有形式,那么人类的财富就只会在不同主体之间转移,宏观地讲,总量是不会增加的。人类社会的一切经济活动就不会是财富创造的比赛,而是成为一场财富容器的争夺赛。

---

①　黄达主编:《货币银行学》,中国人民大学出版社2000年版,第36—37页。

以亚当·斯密、大卫·李嘉图为代表的古典经济学家主张自由贸易，但他们却无法解决货币稀缺的问题，所以只能靠全力抨击重商主义的偏见，试图抵消人们对货币贮藏性的迫切需求。马克思在他的《资本论》中如此评价：

> 资产阶级经济学又不得不同一般人的偏见作斗争，这种偏见把资本主义生产和货币贮藏混为一谈[现今任何政治经济学家都不能把储蓄看作只是货币贮藏：撇开这种做法的狭隘和无效不说，储蓄这个名词在涉及国民财富方面只能设想有一个用法，这个用法是从储蓄的不同用途中产生并以储蓄所维持的不同种类的劳动的实际差别为基础的。——马尔萨斯：《政治经济学原理》(第2版)，1836年伦敦，第38、39页]，以为积累的财富会使财富现有的实物形式免遭破坏，也就是不被消费掉，或者说，使财富避免进入流通。其实，把货币贮藏起来不投入流通，同把货币作为资本而增殖，恰恰是相反的两回事，从货币贮藏的意义上进行商品积累，是十足的愚蠢行为。(例如，巴尔扎克曾对各色各样的贪婪作过透彻的研究。那个开始以积累商品的方式来进行货币贮藏的高利贷者高布赛克，在他笔下已经是一个老糊涂虫了。)大量商品的积累是流通停滞或生产过剩的结果。[①]

亚当·斯密、大卫·李嘉图从分工的角度，分别用绝对优势理论和比较优势理论，竭力证明国际贸易不是一种零和游戏，人们可以从国际分工中获取利益。他们认为重商主义的论点自始至终建立在一种思想混乱的基础上，并且批评重商主义的理念严重影响国际分工的效率。亚当·斯密曾列举托马斯·孟和约翰·洛克的例子，批评他们一切财富在于金银，国家工商业的巨大目标就是增殖那些金属的观点。而大卫·李嘉图、萨伊则把否认货币的价值打造成了古典经济学的理论核心。在此基础上，古典经济学家们全力宣扬货币面纱论、货币中性论，试图抹杀货币价值。然而，这一切都是徒劳的，只要人类仍旧把金银作为唯一的财富保有形式，就无法消除人们对金银不足的恐慌和这种恐慌引

---

① 马克思：《资本论》(第一卷)，人民出版社2004年版，第679—680页。

发的对货币的过度贮藏(区别于由流通决定的正常的货币贮藏,如准备金等)。当贸易的目的不是为了换取他国的商品,而是锁定贵金属时,工业化、全球贸易自由化越发达,货币稀缺的结果——经济危机——就会越频繁地重创全球经济。

如前文所述,马克思也并不认同重商主义的这种财富观,但马克思不仅对重商主义的危害有着清醒的认识,对货币效用、货币稀缺和货币危机也都做出了详细、清晰的论述,而不是像古典经济学家们那样,试图用掩盖真相、否认货币需求、贬低货币价值的方式,缓解人们对货币效用的渴望及货币稀缺的担忧。以下是《资本论》中的一些相关表述:

> 资本主义生产方式——它的基础是雇佣劳动,工人的报酬是用货币支付的,并且实物报酬一般已转化为货币报酬——只有在国内现有的货币量能充分满足流通和由流通决定的货币贮藏(准备金等)的需要的地方,才能够得到较大规模的、比较深入和充分的发展。这是历史的前提,虽然我们不能把这一点理解为,必须先有充足的贮藏货币,然后才开始有资本主义生产。应当说,资本主义生产是和它的条件同时发展的,其中条件之一就是贵金属有足够的供给。①
>
> 它是每个单个资本登上舞台,作为资本开始它的过程的形式。因此,它表现为发动整个过程的第一推动力。
>
> ……
>
> 资本主义的商品生产——无论是社会地考察还是个别地考察——要求货币形式的资本或货币资本作为每一个新开办的企业的第一推动力和持续的动力。②

以上这两段表述,充分肯定了货币的效用,指出充足的货币供给是支撑资本主义生产方式必不可少的条件之一,是资本主义商品生产的第一推动力和持

---

① 马克思:《资本论》(第二卷),人民出版社 2004 年版,第 380 页。

② 马克思:《资本论》(第二卷),人民出版社 2004 年版,第 393 页。

续的动力。下面这段话则强调了货币稀缺的客观存在,并讲解了贮藏性货币需求是如何使货币变得越来越稀缺的。

> 随着商品流通本身的最初发展,把第一形态变化的产物,商品的转化形态或它的金蛹保留在自己手中的必要性和欲望也发展起来了。出售商品不是为了购买商品,而是为了用货币形式来代替商品形式。这一形式变换从物质变换的单纯中介变成了目的本身。商品的转换形态受到阻碍,不能再作为商品的绝对可以让渡的形态或作为只是转瞬即逝的货币形式而起作用。于是货币硬化为贮藏货币,商品出售者成为货币贮藏者。
>
> 在商品流通的初期,只是使用价值的多余部分转化为货币。这样,金和银自然就成为这种多余部分或财富的社会表现。在有些民族中,与传统的自给自足的生产方式相适应,需要范围是固定封闭的,在这些民族中,这种素朴的货币贮藏形式就永恒化了。
>
> ……在交易的各个点上,有不同数量的金银贮藏。自从有可能把商品当作交换价值来保持,或把交换价值当作商品来保持以来,求金欲就产生了。随着商品流通的扩展,货币——财富随时可用的绝对社会形式——的权力增大了。
>
> "金真是一个奇妙的东西!谁有了它,谁就成为他想要的一切东西的主人。有了金,甚至可以使灵魂升入天堂。"(哥伦布1503年寄自牙买加的信。)①

此外,马克思还解析了货币危机出现的原理。在主流的货币面纱论思想之下,忽视货币的效用,放任货币稀缺,构建生产与交换的矛盾,最终必然爆发商品危机乃至货币危机:

> 货币作为支付手段的职能包含着一个直接的矛盾。在各种支付互相抵消时,货币就只是在观念上执行计算货币或价值尺度的职能。而在必须进行实际支付时,货币又不是充当流通手段,不是

① 马克思:《资本论》(第一卷),人民出版社2004年版,第153—155页。

充当物质变换的仅仅转瞬即逝的中介形式,而是充当社会劳动的单个化身,充当交换价值的独立存在,充当绝对商品。这种矛盾在生产危机和商业危机中称为货币危机的那一时刻暴露得特别明显。这种货币危机只有在一个接一个的支付的锁链和抵消支付的人为制度获得充分发展的地方,才会发生。当这一机制整个被打乱的时候,不问其原因如何,货币就会突然直接地从计算货币的纯粹观念形态转变成坚硬的货币。这时,它是不能由平凡的商品来代替的。商品的使用价值变得毫无价值,而商品的价值在它自己的价值形式面前消失了。昨天,资产者还被繁荣所陶醉,怀着启蒙的骄傲,宣称货币是空虚的幻想、只有商品才是货币。今天,他们在世界市场上到处叫嚷:只有货币才是商品!他们的灵魂渴求货币这唯一的财富,就像鹿渴求清水一样。在危机时期,商品和它的价值形态(货币)之间的对立发展成绝对矛盾。①

值得一提的是,作为资产阶级经济学家阵营中的凯恩斯,在货币重要性上的观点与马克思颇有相似之处。而且他非但没有站在古典经济学家和他的老师这一边,甚至认为古典学派比重商主义者错得更离谱。

首先他批评他的老师:

马歇尔在提到重商主义时,虽然不无同情,但他并不推崇重商主义的核心理论,甚至只字未提其论点中的真理部分。②

同时,他也承认重商主义不是惠及全球的政策,具有国家主义的色彩:

需要指出的是,实行重商主义所能取得的好处仅限于一国,而不可能遍及全世界。③

重商主义者明白,他们的政策具有国家主义色彩,并且往往能

---

① 马克思:《资本论》(第一卷),人民出版社 2004 年版,第 161—162 页。

② 凯恩斯:《就业、利息和货币通论》,宋韵声译,华夏出版社 2005 年版,第 256 页。由于该书有多个译本,就专业性和功底深厚而言,无疑以高鸿业译本为最佳。但在一些细节的地方,宋韵声译本往往更有精细之处。所以本书在引用该著作中内容时,会有两个译本交替使用的情况。

③ 凯恩斯:《就业、利息和货币通论》,宋韵声译,华夏出版社 2005 年版,第 256—257 页。

挑起战争。他们承认，他们所追求的是国家利益和国家力量的相应增长。[①]

接下来话锋一转，对重商主义者表现出的现实态度予以肯定：

我们或许会批评重商主义者，对接受国际货币制度下必然产生的后果漠然处之。但当代也有人主张采取国际金本位制，对国际借贷则采取自由放任态度，相信只有这种政策能最好地促进和平，与这种令人思想混乱的主张相比，还是重商主义者的现实态度较为高明。[②]

从凯恩斯这篇文章的讨论中，我们可以看到，凯恩斯所肯定的重商主义者的现实态度和他前面所说的重商主义最接近"真理"的内容，正是货币稀缺引发失业这一被古典学派认为荒谬的观点：

重商主义者最早把"商品恐惧"[③]和货币稀缺看作产生失业的原因，这种看法在两百年后被古典学派认为是荒谬的。[④]

凯恩斯自己对这个问题曾经有一个"天上月亮"的比喻，我们称之为"凯恩斯的月亮理论"：

失业问题之所以发生，是由于人们想得到的东西（即货币）像天上的月亮一样，是无法被生产出来的，而对这种东西的需求又不能压制，所以劳动力就无法就业。[⑤]

凯恩斯还把重商主义和古典学派在货币稀缺问题上的表现进行了比较：

重商主义者感觉到问题的存在，却不能把他们的分析推进到能解决问题的地步。然而，古典学派却无视这一问题，因为他们所引入的前提条件否定了问题的存在；其后果为经济理论的结论和

① 凯恩斯：《就业、利息和货币通论》，宋韵声译，华夏出版社2005年版，第266页。

② 凯恩斯：《就业、利息和货币通论》，宋韵声译，华夏出版社2005年版，第266页。

③ "fear of goods"，高鸿业译为"怕货"，是对自己早期译本中这个词翻译方式的延续。但我们觉得"商品恐惧"这个译法更符合现代语言习惯，表现对商品能否货币化的极度担忧，所以恐惧的并不是商品，而是货币的不足。

④ 凯恩斯：《就业、利息和货币通论》，宋韵声译，华夏出版社2005年版，第265页。

⑤ 凯恩斯：《就业、利息和货币通论》，宋韵声译，华夏出版社2005年版，第181页。

现实的常识相脱节。古典学派的不平凡成就是克服“普通人”的信念,同时本身却又是错误的。正如赫克舍尔教授所说的那样:

从十字军东征到18世纪,既然对货币和制造货币的原材料的基本态度没有改变,那么这种观念必然是根深蒂固的。同样的观念也许延续到这一时期所包括的500年之后,不过还不到“怕货”那样的程度……除了自由放任时期以外,任何时代都不能摆脱这种观念。只有自由放任学说在智慧上罕见的坚忍不拔的态度,才在一段时期中克服了“普通人”在这一点上的观念(赫克舍尔:《重商主义》第2卷,第176—177页)。

要想清除“怕货”,即在货币经济制度中“普通人”最自然的态度,必须对自由放任学说具有无条件的信仰。自由贸易理论否定了似乎极为明显的因素存在,从而,一旦自由放任学说不再能以它的意识形态来束缚信徒们的思想,该理论势必要在一般人的心目中破产(赫克舍尔:《重商主义》第2卷,第335页)。

我记得博纳·芬在一些经济学者面前的那种愤怒和困惑交织在一起的态度,因为他们否定显然存在的事实。他却无法解释原因之所在。我们只能把古典学派的经济理论的力量和某种宗教的力量相对比,似乎前者还要稍强一些,其原因在于:用一种观点来清除显然存在的东西,要比使一般人相信虚无缥缈的东西更加困难一些。①

分歧已经非常清楚了,究竟谁对谁错,并不难理解。把货币当作财富保有形式,是人性使然,是人类共有的、无法改变的通病。② 当人类社会进入工业化时代,全世界在亚当·斯密、大卫·李嘉图的自由贸易理论的指导下,社会分工、国际贸易高速发展,劳动生产率及社会产出不断飞越,然而人类的财富增量却受限于当时的货币——金银——的数量,这使得人类的生产活动成为一个零

① 凯恩斯:《就业、利息和货币通论》(重译本),高鸿业译,商务印书馆1999年版,第360—362页。

② 货币可以成为货币的原因就在于它所具有的价值的公允性。基于同样的原因,它也必然成为财富保有的首选。

和游戏。

这就仿佛是草原上的一群狮子。有一天，这群狮子的饭量突然狂增数倍，甚至数十倍，而草原上猎物的数量却是不变的。于是，这群狮子在马尔萨斯及达尔文的物竞天择的威力之下，不仅不会出现亚当·斯密笔下那只“看不见的手”无形中增进社会利益的场景，相反必然导致草原上的一场危机。

除非你学会吃草，否则即使你是狮子，在与同类拼命撕咬之后，生存下来的机会仍旧渺茫。

对此，自由放任学说或许仍旧可以辩称这是“自然”法则。他们可以讲，不要拒绝这样的危机，经过这样的危机，活下来的，一定是最强壮的狮子。是的，这是一个简单的经济学达尔文主义的问题。如果需要饿死一半的人口，哪怕真的可以换回数倍甚至数十倍的效率提高，是否可以被接受？我想，人类文明发展到今天，对于无论代表哪个阶级利益的经济学家来说，这都不应该再是一个有争议的问题。

狮子或许真的永远学不会吃草，但过去几百年间，人们对“货币和制造货币的原材料的基本态度没有改变”就意味着这种观念必然根深蒂固到永远无法改变的程度了吗？

事实也并非如此。

第三节 人类财富的积累和人类财富的货币化

人类需要什么样的“容器”以保有自身的财富？

马克思指出：“资本主义生产方式占统治地位的社会的财富，表现为‘庞大的商品堆积’。”[①]但随着这种“商品堆积”越来越严重，储蓄者们不仅完全无法用“商品堆积”的方式保有自身的财富，反而只能通过不停地扩大再生产消化剩余产品，同时创造更庞大的商品堆积。凯恩斯说过：“每当我们靠增加投资来维持

① 马克思：《资本论》（第一卷），人民出版社2004年版，第47页。

今天的均衡时，就会使明天的均衡变得更困难。”[1]显然，如此循环往复，重商主义和商品恐惧(怕货)在所难免。寻求财富货币化的冲动在资本主义扩大再生产的积累过程中，伴随着庞大的商品堆积，同样不断堆积。一旦扩大再生产的过程稍有停顿，人们就会争相把货币从流通中退出，使其“硬化”为贮藏货币，作为保存自身财富的容器。[2] 在这里，马克思所说的“硬化”实质是一种退化，它以消灭货币活性的方式，逆转了货币的供需关系。在金本位制下，当这种寻求财富货币化的需求大大超过黄金自身弹性所能提供的缓冲时，危机便到来了。

我们首先观察一下货币履行其交易性职能时在流通中的表现：

> 现在，我们随同任何一个商品占有者，比如我们的老朋友织麻布者，到交换过程的舞台上去，到商品市场上去。他的商品即20码麻布的价格是规定了的。它的价格是2镑。他把麻布换成2镑，接着，这个守旧的人又用这2镑换一本价格相等的家庭用的圣经。麻布——对于他来说只是商品，只是价值承担者——被转让出去，换取了金，麻布的价值形态，然后又从这个价值形态被让渡出去，换取了另一种商品圣经，而圣经就作为使用物品来到织布者的家里，满足他受教化的需要。可见，商品交换过程是在两个互相对立、互为补充的形态变化中完成的：从商品转化为货币，又从货币转化为商品。商品形态变化的两个因素同时就是商品占有者的两种行为：一种是卖，把商品换成货币；一种是买，把货币换成商品。这两种行为的统一就是：为买而卖。[3]
>
> 因此，与直接的产品交换不同，流通过程在使用价值换位和转手之后并没有结束。货币并不因为它最终从一个商品的形态变化

---

① 凯恩斯：《就业、利息和货币通论》，宋韵声译，华夏出版社2005年版，第83页。

② “出售商品不是为了购买商品，而是为了用货币形式来代替商品形式。这一形式变换从物质变换的单纯中介变成了目的本身。商品的转换形态受到阻碍，不能再作为商品的绝对可以让渡的形态或作为只是转瞬即逝的货币形式而起作用。于是货币硬化为贮藏货币，商品出售者成为货币贮藏者。”[马克思：《资本论》(第一卷)，人民出版社2004年版，第153页。]

③ 马克思：《资本论》(第一卷)，人民出版社2004年版，第126页。

> 系列中退出来而消失。它不断地沉淀在商品空出来的流通位置上。例如,在麻布的总形态变化即麻布—货币—圣经中,先是麻布退出流通,货币补上它的位置,然后是圣经退出流通,货币又补上圣经的位置。一个商品由另一个商品代替,而货币商品留在第三人手中。(第2版注:这个现象虽然很明显,但是往往为政治经济学家所忽略,尤其是为庸俗的自由贸易论者所忽略。)流通不断地把货币像汗一样渗出来。①

在这个"流通不断地把货币像汗一样渗出来"的过程中,不同商品频繁地进入和退出流通,货币却始终坚守在流通之中。它就像穿梭流动的货车,不断地接受着商品的装车和卸货,以保证商品不会堆积。这就是交易性货币的作用。那么这个过程是靠什么驱动的呢?就是那只"看不见的手"。用亚当·斯密的理论分析,那就是利益(有时表现为利润,有时表现为效用)。是利益使金银充当了一般等价物,并在交换过程中放弃了金银的商品属性,实现了暂时性的财富贮藏;之后还是利益,使货币并没有退出流通,而是"不断地沉淀在商品空出来的流通位置上"履行交易性货币的职能。如之前所强调的那样,货币的贮藏性职能并不是其交易性职能的延伸,恰恰相反,货币的交易性职能来自货币的贮藏性职能,并在交易和流通的过程中经常性地返回这一职能。只有当交易可以持续为货币持有者带来更多的利益时,才能驱使他们继续交易,否则货币就会长时间退出流通,从而退化为贮藏货币,商品出售者就会成为货币贮藏者,货币的暂时性贮存就会演变为财富的长期保有。但是只要利益在交易机会中出现,货币仍旧会重新披挂上阵,再次回到流通之中。在货币充足的情况下,货币这种在交易性职能和贮藏性职能之间相互转换的能力,构成了市场的自我调节机制。

> 货币贮藏在金属流通的经济中执行着种种不同的职能。它的第一个职能是从金银铸币的流通条件中产生的。我们已经知道,随着商品流通在范围、价格和速度方面的经常变动,流通的货币量

① 马克思:《资本论》(第一卷),人民出版社2004年版,第134页。

> 也不断增减。因此,这个量必须能伸缩。有时货币必须当作铸币被吸收,有时铸币必须当作货币被排斥。为了使实际流通的货币量总是同流通领域的饱和程度相适应,一个国家的现有的金银量必须大于执行铸币职能的金银量。这个条件是靠货币的贮藏形式来实现的。货币贮藏的蓄水池,对于流通中的货币来说,既是排水渠,又是引水渠;因此,流通中的货币永远不会溢出它的流通的渠道。[①]

根据我们之前的论述,马克思所说的这个"货币贮藏的蓄水池"不应理解为交易性货币的延伸,相反,它是一种退出。这种退出的原因是货币的交易性需求无法提供足够的利益牵引,人们转而以贮藏货币的形式,保有自身的财富(货币化)。所谓"货币贮藏的蓄水池,对于流通中的货币来说,既是排水渠,又是引水渠",是指以货币贮藏性需求的弹性,对冲货币交易性需求的波动。

> 除直接的贮藏形式以外,还有一种美的贮藏形式,即占有金银制的商品。它是与资产阶级社会的财富一同增长的。[②]

这显然是贮藏货币的进一步退出,是以放弃既有的货币属性为代价,索回了金银曾经被暂时闲置的商品属性。取得一个,放弃另一个,"利率高时,银饰品送往造币厂,利率低时,它又恢复原状"。[③] 所以贮藏货币是交易性货币和商品的中间状态。正是金银货币在货币属性和商品属性之间的这种转换能力,使得金银货币具有一定的弹性,货币数量有可能随货币交易性需求的伸缩而伸缩。

---

① 马克思:《资本论》(第一卷),人民出版社 2004 年版,第 157—158 页。

② 马克思:《资本论》(第一卷),人民出版社 2004 年版,第 157 页。

③ "'一个国家要进行贸易,必须有一定数量的金属货币,这个数量按照情况的需要而变化,时而增多,时而减少……货币的这种涨落,无须政治家的任何协助,能够自行调节……两只吊桶交替工作:货币不足时,用金属块来铸造;金属块不足时,把货币熔化掉'(达·诺思爵士:《贸易论》,[附言]第 3 页)。长期在东印度公司任职的约翰·斯图亚特·穆勒证实,在印度银饰品仍然直接执行贮藏货币的作用。'利率高时,银饰品送往造币厂,利率低时,它又恢复原状'(约·斯·穆勒的证词,1857 年《银行法报告》第 2084、2101 号)。根据 1864 年关于印度金银输入和输出的议会文件,1863 年金银入超 19 367 764 镑。在 1864 年以前的 8 年间,贵金属入超 109 652 917 镑。在本世纪中,印度铸造的货币远远超过 200 000 000 镑。"[马克思:《资本论》(第一卷),人民出版社 2004 年版,第 158 页注解。]

为什么说只是“有可能”呢？因为从长期来看，对金银“直接的贮藏形式”（贮藏货币）和“美的贮藏形式”（金银商品）的需求是与社会的财富一同增长的；并且在社会生产流通的整个过程中，尽管用于流通的货币数量不时有所波动，但如果想保证所有的商品都能顺利退出流通（而不是堆积在那里），就必须保证随着利润的不断积累，越来越多的货币坚守于流通之中，因此总体上，货币的交易性需求也是与社会财富一同增长的；然而，金银的总量却是确定的。于是，剔除短期波动而言，金银的两种贮藏需求不仅无法形成其交易性需求的蓄水池，反而会对货币的交易性需求形成巨大的排挤和侵占效应。马克思、凯恩斯甚至是重商主义者所极力谴责和反对的高利贷横行的现象出现便不足为奇了。

在这种情况下，由银行提供的信用货币的作用越来越为人们所重视。“容器”其实并不一定必然是金银，甚至可以不是金银的索取权，信用货币更像一张仓储的仓单。从个体的角度，只顾着把自己的商品“装车”而从不“卸货”，就意味着他所需要的并不是一辆货车，而是仓库。人们把自身的积累不断存入库中，并可以随时提取（提取的商品并不一定是当初的存入品）。不仅“仓单”的数量可以根据需求随时创设，同时“仓单”还需要能够随时作为提货单提货并注销。这个存（提）货单式的信用货币，因为不需要与某个特定的商品挂钩，故而只有它才能解决人类财富不断积累的货币化问题。

交易性货币的需求者在把自家商品入库后，会根据需要用提货单提取自己需要的商品。当个人的积累无法全部转化为扩大再生产，而又不愿意转化为消费的时候，以索取权（债权）的形式保有自身财富是可以被接受的。但是，银行并不真的有这样一个“仓库”，故而当商品进入这个“仓库”时，却仍旧并不可能以“庞大的商品堆积”的形式保有。而那些常年没有人提货的商品，“仓库”只能把这些储蓄转化为他人的消费或投资，并同样以债权的形式保有这些财富。所以，银行这个仓库只是一个中转库。

从宏观上讲，这样的中转库的确能起到把社会积累更高效率地转化为扩大再生产和消费的作用。由于中转库必须把入库的商品转借出去，故而仓单的发放能力取决于安全债务人[①]的数量。这个容量,完全可以达到黄金作为货币时“货币贮藏的蓄水池,对于流通中的货币来说,既是排水渠,又是引水渠”的效果,因此在流通环节,信用货币和金银货币是没有区别的。所不同的是,商品货币的双重属性是货币属性和商品属性[②],所以当它由贮藏性货币再退一步,最终退出其货币职能后,恢复的是其固有的商品属性;而信用货币的双重属性是货币属性和债权(债务)属性,所以当它最终退出货币职能后,恢复的是其固有的债权(债务)属性。债务可借可还,在承债能力之内,以其弹性而言,并不亚于金银在货币和商品属性之间的转换。特别值得一提的是,仓单较金银最大的优势在于,它是可以随人类财富的上升而上升的;并且,只要能够发放足够的仓单,商品的持有者就不必担心因商品无法入库而不能转化为财富,于是便解决了商品生产的后顾之忧。

但是,中转库同样不是万能的。尽管它可以起到把社会积累更高效率地转化为扩大再生产和消费的作用,然而,前提条件是可以找到足够的安全债务人,作为债务转移的目标。当一个经济体所堆积的剩余产品数量已经远超自身消费及扩大再生产意愿之后,除非由政府承债以启动公共物品消费和投资(后面的章节将详细讲述公共物品与货币供应之间的关系,以及用公共物品满足国民财富保有需求的原理),否则在经济体内部,无论如何转化,都无法解决这部分超额积累的货币化问题。而从全球化的角度,国内仓库对接海外安全债务人就成为一个简便方案。这相当于在经济体之外,找到了一个更大的仓库。

可以承担这一重任的全球性“仓库”,需要具备的条件必然会更高。当债务人发放的“仓单”(承担的债务)可以代表财富的时候,谁也无法扼制债务人过度举债的冲动。如果任其发展,同样会酿成灾难。所以“国际仓库”不仅要求自身承债力高于各中转库,而且必须有足够的自律和克制,当然最重要的还是它必

---

① 那种既具有承债意愿又具有承债能力的经济主体,我们称之为“安全债务人”,这样的主体所提供的承债需求,才是有效需求。它所提供的(债务或货币)供给为有效供给。我们在以后章节会多次提到这一概念。

② “货币商品的使用价值二重化了。它作为商品具有特殊的使用价值,如金可以镶牙,可以用作奢侈品的原料等等,此外,它又取得一种由它独特的社会职能产生的形式上的使用价值。”[马克思:《资本论》(第一卷),人民出版社 2004 年版,第 109 页。]

须提供更充足的弹性。仅这一点,就很难做到。当全球经济出现有效需求不足的相对生产过剩①,特别是各国金融体系因此纷纷去杠杆(造成货币不足)时,"国际仓库"必须向世界签发足够的仓单(以举债的形式投放货币),承担更多的债务。而当经济过热,人们纷纷由保有财富转向投资、消费以使用这些财富,各国金融体系纷纷加杠杆(造成商品不足)时,"仓库"必须提供足够的商品,回笼这些仓单。用人弃我取的弹性来应对冲击。这个效用,就像金银货币时代,当货币不足时,用金属块来铸造货币;当金属块不足时,把货币熔化掉。因为"仓库"本身只起到一系列债权债务的转化作用,所以入库商品最终必然以本国国民及政府的投资和消费增加或减少的形式予以对冲,故而只有极富弹性的经济体的中央银行才有可能实现这一功能。并且以全球目前的财富积累数量,已经绝不可能仅靠美联储这一家中央银行来承担这一重任了。

接下来的演进过程,仍旧需要人们克服许多认知上的误区。但我相信,就像布雷顿森林体系解体时储蓄者们最终认同了美元替代黄金一样,理性最终会占上风。直到人们认清美元的提供者完全不可能满足人类财富积累所引发的巨大的货币需求时,那么各国货币及金融资产最终实现实质意义上的与美元脱钩,储蓄者以多样性的形式保有其财富,就是历史演进到这一时期的一个必然结果。

第四节　黄金、美元及其索取权

金本位制下,货币代表的是黄金和黄金索取权;美元本位之下,货币代表的是美元索取权;石油美元之下,美元代表的是石油索取权。如今持有货币的人们,还能索取些什么?

国际金本位制就是以黄金为本位币的货币制度。在金本位制下,每单位的货币价值等同于若干重量的黄金,当不同国家使用金本位时,国家之间的汇率

① 凯恩斯所定义的"有效需求不足"与马克思所定义的"相对生产过剩",只是角度不同。凯恩斯是从社会产出品的角度强调消费和储蓄之间的失衡;马克思则剖析了这种不足或过剩的分配层面的原因,从人的角度强调不同群体间的失衡。

由它们各自货币的含金量之比——金平价——来决定。

我们认为,金银因其财富贮藏的效用成为交易货币,作为一般等价物,它的货币属性是以暂时放弃原有的商品属性为代价的。也就是说,当执行货币职能时,金银的商品属性处于闲置状态。如果我们服从古典经济学家们"货币中性论"甚至是"货币面纱论"(总之是货币无用论)的假设,那么就不会有什么力量可以驱使金银的所有者,以放弃金银的商品属性为代价,换取其货币属性。

此时人们持有金银的原因,是因为它们是货币,而不是因为它们是金银。

货币是有价值的,是非中性的,而且是稀缺的。这就是凯恩斯所说的重商主义者感觉到其存在,但解决不了,而古典学派却无视的那个问题。并且确实如赫克舍尔所讲,古典经济学家们,是以信仰的方式使他们的信徒们相信了"货币无用论"的假设。但信仰的力量,却无法阻止人们对产出和财富的追求,以及由此引发的对货币的真实需求。这种需求,不仅包括交易性的,也包括贮藏性的。

货币的贮藏性需求意味着把货币属性中的交易性职能闲置,但同时并没有恢复其商品属性。所以这个中间过程,必然有着比货币的交易性需求和商品形式更大的闲置度。货币是现代商品经济流通的血液和润滑剂,如果说闲置一般等价物的商品属性是为了换取货币的交易性职能,起到了提高社会经济效率、降低交易成本的作用,那么以保有个人财富为目的,对金银的商品属性和货币的交易性职能的双重闲置,如果达到侵占和排挤货币交易性需求的程度,则不仅会降低社会效率,更是对社会有限资源的一种过度侵占的行为。这确实是应当遭到谴责的。但应当谴责的原因,恰恰因为货币是非中性的,它原本可以带来更大的产出和就业。交易性货币是非中性的,贮藏性货币同样是非中性的(有关货币非中性的问题,将在第三章详细论述),重商主义者认清了货币的非中性,因而并非不怀内疚地将货币贮藏起来,以备不时之需。而古典经济学家们却在一口咬定货币无用的同时,竭尽所能地谴责重商主义贮藏货币,这真是天大的笑话!

更何况,谴责并不能解决问题,因为正如凯恩斯所分析的那样,尽管它的好处不可能遍及全世界,但对个人或某个国家而言,好处还是显而易见的。当人类保有自身财富的需求与交易性货币需求相冲突的时候,谴责和打压货币的贮藏性需求,绝不是解决冲突以保证货币的交易性需求得到满足的有效方法。想要解决这一问题,需要保证货币供应,在满足贮藏性货币需求之余,不会影响到交易性货币的数量。这就必须改变人类的观念。但改变人类观念不能依靠货币无用且不稀缺的错误假设和自相矛盾的逻辑,或者说是"信仰"得以实现,而是要拓宽人类对货币认可的范围,从而提高人类社会货币供给能力。

对此,凯恩斯开出的药方是:因为在金本位制下,货币像天上的月亮一样,是无法被生产出来的,所以"唯一的解决之道是说服公众,使他们理解,纸币也是货币。然后建立一个由国家控制的纸币工厂(即中央银行)"。[①]

那么,现实中这一过程是如何演进的呢?

金本位下,货币表现为"黄金索取权",特别是金汇兑本位制下,尽管仍旧以黄金独占一般等价物和价格计量单位,但只规定货币单位的含金量,而不铸造金币,以银行券(黄金索取权)的形式发行货币。

这种我们称为"黄金索取权的金本位制"的实质,是以一定数量的黄金储备作为兑付担保,向市场投放自身信用、发行货币的一种方式,它明显降低了货币发行数量对黄金数量的依赖。黄金索取权的金本位制所发行的货币,本身便是一种信用货币,它代表着一定数量的黄金索取权,即债权。这显然"虚拟"出了大量的一般等价物,大大提高了货币的供应能力。就是我们现在常说的"加杠杆"。前提条件就是说服公众,使他们理解,纸币也是货币。由于纸币是以国家信用背书的,可信度远高于银行体系所加的杠杆,所以相当于加大了杠杆的力度和级数。[②]

多级杠杆所带来的多级兑付在扩大货币供应能力的同时,也分散了兑付压力。特别是把政府信用和黄金一起作为被放大的基数之后,大大提高了央行货

---

① 凯恩斯:《就业、利息和货币通论》,宋韵声译,华夏出版社 2005 年版,第 181 页。

② 中国早在 10 世纪末的北宋年间已把大量纸币——"交子"——作为经济生活中重要的流通和交易手段。马可·波罗曾向西方人介绍中国的奇事:"大汗国中商人所至之处,用此纸币以给费用,以购商物,以取其售物之售价,竟与纯金无别。"(《马可波罗行纪》,商务印书馆 2012 年版,第 217 页。)

币的供给弹性。然而,这种财富保有形式一旦遭遇兑付危机,人们却往往仍旧相信只有黄金才是货币,随之而来的去杠杆过程就会像打破一件容器一样,使其储存的国民财富流失殆尽。

这样的尝试经历过多次,最后一次就是大家所熟知的布雷顿森林体系。布雷顿森林体系产生的背景是第二次世界大战结束后的世界经济格局。几个原有的老牌资本主义强国中,德、意、日三国是战败国;作为战胜国的英、法也已经被战争消耗得千疮百孔、奄奄一息;而美国却在战争中使自己越来越强大,到战争结束的1945年,美国国民生产总值占全部资本主义国家国民生产总值的60%,其黄金储备占整个资本主义世界黄金储备的四分之三。这种情况下,美国人自然产生了一种主导创立全球货币新秩序的意愿,即使是在当时享有极高声誉的凯恩斯爵士也无法代表英国在布雷顿森林会议上逆转这一局面。1943年7月,在英国、美国的组织下召开的有44个国家参加的布雷顿森林会议,通过了《国际货币基金组织协定》。协定规定:参加基金组织的成员国的货币金平价应以黄金和美元来表示。根据当时1美元的含金量为0.888 671克纯金,规定1盎司黄金等于35美元的官方价格。其他各国的货币则按其含金量与美元定出比价。这就形成所谓"双挂钩"的以美元为中心的国际货币体系,即美元与黄金挂钩,其他各国货币与美元挂钩。确定了美元在国际货币体系中的核心地位,实质上是一种黄金—美元本位制。

为使这个体系顺利运转,《国际货币基金组织协定》还规定:(1)各国货币含金量不得随意变更,如变动超过10%,必须得到基金组织的批准;(2)成员国的货币汇率只能在上下1%的限度内波动,如超过规定的上下限,各国中央银行有义务进行干预,使汇率维持在规定的波动幅度之内;(3)美国政府允许各国中央银行以1盎司等于35美元的官价向美国兑换黄金。

如果布雷顿森林体系下的美国人天天担心将来有人拿着美元向自己索取黄金,从而严格地追求安全的黄金储备数量,导致不购买黄金就发不出美元,那么它与1925年英国恢复金本位时的架构和效果便没有本质的区别(只不过是美元替代了当时英镑的位置)。显然,这样的布雷顿森林体系同样无法解决全球货币不足的问题。幸好，美国做出了大胆的尝试。

布雷顿森林体系要求把1美元定义为0.888 671克黄金索取权，而其他各国货币定义为一定比例的美元索取权。美元发行者（美联储）在一定黄金储备的基础上，大量投放了自身信用，实现一级放大。之后，美国商业银行体系及各国央行和各国商业银行体系再纷纷通过注入自身信用，用货币创造的乘数效应将货币投放量再次逐级放大。这相当于在有限的黄金储量基础之上，添加了无数个放大器。每放大一次，就是加了一次杠杆。这显著提高了各国的货币投放能力，此时的世界第一次成功地实现了货币投放数量不以金银的数量而是以货币需求数量为标准。货币终于被生产了出来。由此，不仅经过美联储、美国金融体系、各国央行、各国金融体系逐级放大后所共同创造出的黄金索取权（美元）和间接黄金索取权（即美元索取权）的总量，远远超过世界的黄金储量，单是经过各级放大所创造的美元索取权，也远远超出了美联储最初投放的美元数量。于是，世界货币体系处于双重储备不足的兑付压力之中，即黄金索取权（美元）投放主体（美联储）黄金储备不足和美元索取权投放主体（美国金融体系、各国央行及其金融体系）美元储备不足。这两个兑付压力，只要有一个成为真实的兑付需求，就会直接导致系统崩溃。这就决定了这个（多级杠杆）体系的脆弱性并没有比1929年时改善多少。事实证明，当20世纪70年代这些黄金索取权被要求兑付（去杠杆）时，布雷顿森林体系最终解体。自20世纪60年代到70年代爆发的抛售美元抢购黄金的危机就高达11次之多，尽管美国也曾经采取了许多措施试图挽救人们对美元的信心，但均未能奏效。美国最终宣布美元对黄金贬值，美联储拒绝向国外中央银行出售黄金。这意味着，美元与黄金脱钩——作为对美联储的债权，美元不再代表对黄金的索取权。

经济学界评论布雷顿森林体系崩溃的原因时，许多观点认为是美联储滥发货币。然而，我们比较一下布雷顿森林体系时期全球经济的蓬勃发展就会发现，正是这个多级杠杆体系使各国政府信用和黄金一起作为被放大的基数，大大提高了央行货币的供给弹性，其结果必然会使各级信用体系在投放信用以满足市场货币需求和就业时少了许多顾忌，并带来丰富的产出。如果仍旧保持

1929年时的紧缩政策,故步自封于黄金的储备比例,那么黄金供给的刚性要么将经济再次导入衰退,要么早已将杠杆折断。在黄金索取权的金本位下,美元供给的弹性会倒逼美联储,不断地向市场注入自己的信用,形成基础货币,直到谁也不相信美联储可以兑付足够的黄金为止。此时如果美国按照布雷顿森林体系的要求,抛售黄金回笼美元,像1929年那样,执着于美元的含金量,那么大萧条必然再现。相反,放弃布雷顿森林体系,这本身的确是对旧有金融体系和理念的一种破坏,但正是这种破坏削弱了人们对黄金的迷恋,提供了充足的货币,从而避免了1929年悲剧的重演。故而它是一种历史的进步。

前文已经讲过,因为布雷顿森林体系之下,黄金索取权和美元索取权数量已经严重超过全球黄金的实际储量,当人们试图真实地行使这一索取权时,无论是黄金还是美元,都不可能满足人类的储蓄需求。① 所以布雷顿森林体系存在的基础在于,储蓄者们认可以黄金或美元的索取权(债权)而不是黄金、美元本身的形式保有其财富。这样,美元就可以作为永远不被行使的黄金索取权而存在。然而,在这一点上,显然美国无法永久性地得到全世界人民的认可。储蓄者不可能甘心情愿地让自己对美国的债权越积越多,且永不兑付。特别是当全世界人民以对美债权的形式保有自身财富的行为愈演愈烈之后,美国必然成为一个债台高筑的国家。对于这样一个国家,储蓄者们永远不提出行使债权的主张是不现实的。1960年,美国经济学家、耶鲁大学教授罗伯特·特里芬在其《黄金与美元危机——自由兑换的未来》一书中明确指出了布雷顿森林货币体系以一国货币作为最主要国际储备资产所具有的自身难以克服的矛盾:“由于美元与黄金挂钩,而其他国家的货币与美元挂钩,虽然美元因此取得了国际核心货币的地位,但各国为了发展国际贸易,必须用美元作为结算与储备货币。这样就会导致流出美国的货币在海外不断沉淀,对美国来说就会发生长期贸易

---

① “随着信用制度的发展,资本主义生产不断地企图突破对财富及其运动的这个金属的限制,突破这个物质的同时又是幻想的限制,但又不断地在这个限制面前碰破头。

“在危机中,会出现这样的要求:所有的票据、有价证券和商品应该能立即同时兑换成银行货币,而所有的银行货币又应该能立即同时再兑换成金。”[马克思:《资本论》(第三卷),人民出版社2004年版,第650—651页。]

逆差；而美元作为国际货币核心的前提是，必须保持美元币值的稳定与坚挺，这又要求美国必须是一个长期贸易顺差国。这两个要求互相矛盾，因此是一个悖论。”人们将这一观点称作“特里芬悖论”（Triffin dilemma）或“特里芬难题”。特里芬还预言，基于这种矛盾，以美元为中心的布雷顿森林体系最终必然归于崩溃。简单来说，这是一个货币的稀缺性和易得性之间的矛盾。

贾谊在他的《新书・铸钱》中讲到“奸钱日繁，正钱日亡”，后果则是“法钱不立”，比格雷欣法则[①]的提出早了近两千年。事实上，“良币”更适合作为贮藏性货币，它的所谓被“驱逐”只不过是退出流通，不再以交易性货币的面目出现，专心做它的贮藏性货币罢了。[②] 由此所导致的交易性货币不足，却使相对良币具有易得性的“劣币”大有用武之地。如果说在生产力水平较低、人类社会财富积累不足的那个时期，黄金的稀缺是它被锁定为一般等价物的优势因素，那么在资本主义生产力高速发展、货币需求激增的20世纪70年代，易得性就成为美元最终替代黄金的最根本原因。

巨大的美元使用量最终导致了它与黄金的脱钩，这是一场看似疯狂的赌博。脱离了黄金索取权的美元仍旧以对美联储债权的形式存在，唯一不同的是，债权人已经难以找到合适的债务清偿方式。如果世界仍旧只相信金银才是货币，只肯为金银而贸易，或者只愿意以金银及其索取权的形式保有自身财富，美元因此不再作为世界人民财富的保有形式，那么美元就算不会变为废纸，也必将出现严重的贬值。然而事实上，当时的美国尽管已经无法兑付足够的黄金，但国力尚在。如果美元被抛弃，只会给以美元索取权形式而存在的各国货

---

① 格雷欣法则（Gresham's Law），又称劣币驱逐良币。实际上所体现的是货币的贮藏性需求与交易性需求，在特定财富保有周期中，在市场这只“看不见的手”的作用下，对不同信用等级的货币自然的分配：信用等级高的货币（良币）被分配为贮藏性货币，而信用等级低的货币（劣币）则被广泛应用于交易。在流通（交易性货币需求）中，劣币驱逐良币的表象，其根源恰恰在于贮藏性货币需求中良币对劣币的驱逐。当经济出现危机时，交易需求急速下降，货币的财富保有周期被大幅拉长，大量低等级信用货币不仅被驱逐出贮藏性需求，甚至进而被驱逐出交易环节。被普遍拉长的是货币的财富保有周期，同时拉高的是整个货币供应体系的信用等级的要求。于是，整个银行体系的固有信用能力立即凸显不足。当大家争相把自己的“财富”锁定在贵金属或最高等级的信用之中的时候，市场体系下的商品生产、交易、流通、再生产循环必将因为社会信用供给的不足而陷于停滞。

② 一种货币如果过度稀缺，一旦退出交易流通，就离它作为货币被遗忘为时不远了。也就是说，它不仅被劣币驱逐出流通，并且进而被驱逐出贮藏性货币需求。

币体系,以及在这个体系下已经被美元绑架的各国货币带来比对美元更为惨烈的冲击。无论是军事实力还是经济实力,美国都远超其他国家。贸易仍旧需要进行,货币仍旧必不可少,因此当人们认识到在那个时点下全球贸易的货币需求量以及全球财富的保有量,已经不得不接受债权作为交易媒介和最终财富保有形式时,美元仍旧成为大家的首选,尽管自那时起,已经没有人能说清,美元究竟代表对何种一般等价物的索取权?

历史证明,这场赌博是值得的。美元如果不改变其黄金索取权的本质,它就永远只是傀儡,而不可能成为真正的国际货币和人类财富的保有形式。与黄金脱钩后,刚性兑付的义务解除了。尽管这进一步打击了人们持有美元的信心,给美元带来了暂时的困难,并在一定程度上缩小了美元的使用范围,但仍旧有太多国家和地区,特别是新兴国家,不购买美元就不知道如何投放本币。全球巨大的货币需求最终抛弃了黄金而选择了美元。可以说,直到此时,公众才真正被说服,相信美元这种纸币也是货币。这的确具有极其深远的意义。

此时的人们,想的只是有一种强大的力量,可以用来保护自己的财富。显然,拥有全球最强大军事实力和经济总量的美国看起来最像拥有这种力量的国家。这既是布雷顿森林体系留下的一种思维惯性,同时也是对1929年大萧条的那种世界末日般的恐怖回忆的一种对冲。正是在这种历史环境下,格雷欣法则被演绎到了极致,当作为“良币”的黄金完全退出流通后,它的贮藏货币的地位也在逐渐被美元所替代。

黄金被抛弃,真正沦为“野蛮的遗迹”。美元正式成为杠杆的起点。尽管在牙买加体系下日元和原西德马克等货币也扮演一定角色,1999年欧元启动后也获得了一定的市场地位,但美元始终是主角。目前,全球有50%以上的贸易以美元结算,在过去的几十年里,美元占各国外汇储备的比例更是长期稳定在60%以上。

当美元摆脱了黄金的束缚之后,世界反而暂时安全了。这不得不说是人类金融历史上的一次重大进步。世界在看似不经意间避免了1929年大萧条的重演,人类财富没有因为容器的破碎(去杠杆)而再次归零。

我们可以理解为，一次次的危机使人类越来越理性。

当粮食、家畜、贝壳等商品无法满足一般等价物的要求时，人们选择金银保有自身财富；当黄金的不足限制了人类财富的增长时，人类选择美元以黄金索取权的形式保有自身财富；当黄金索取权的兑付压力限制了人类财富的增长时，人们认可了美元与黄金的脱钩。

然而，人类社会的财富积累并未就此止步。摆脱了黄金兑付压力的美元，仍旧无法解决“特里芬难题”。尽管为了攫取最大的利益、占领市场，美国不断增加美元投放以满足全球货币需求，保证美元的易得性，但为了保证美元币值稳定与坚挺，美国人又不得不想尽一切办法制造美元的稀缺。

于是，布雷顿森林体系解体后的几十年中，美元的不足一次又一次地限制了人类财富的增长。人类只好选择美元索取权的形式保有自身财富。随之而来的是，兑付压力集中体现在作为美元索取权的各国货币及金融资产上，其中也包括美国金融体系以联储券为储备向市场所投放的自身信用。与当初的黄金索取权一样，只要不出现集中兑付的需求，信用货币就是安全的。但当集中兑付的需求出现时，即使信用货币不再与黄金挂钩，它仍旧是危险的。不再挂钩黄金的美元使美联储成为真正的最后贷款人，尽管美元远比黄金容易被“生产出来”，但当兑付压力出现时，被数级放大的美元索取权仍旧远不是美联储的货币供应能力可以应对的。特别是，储蓄者们如果希望自身财富可以不断增长，就必须把那些无论是美国还是其他一些国家的金融体系的债权全部当作自身财富的保有形式。但思维的惯性却使他们总是在全球经济出现波动时，把这些债权全部当作美元索取权进行“兑付”。似曾相识的一幕再次上演，多米诺骨牌被反复推倒。

如果最终全球储蓄都流向美元，人们不再认可以美元索取权的形式保有自己的财富，转而要求直接持有美元——就如同 20 世纪 70 年代，人们不再认可以黄金索取权的形式保有自己的财富，转而要求直接持有黄金一样，美元会再次遵从格雷欣法则，成为纯粹的收藏品。这不仅会重创全球贸易，更会使美元在交易性需求上被其他货币所替代。那么，被“劣币”驱逐并退出了流通的美元,尽管不再需要通过贸易顺差来保证它的坚挺,但由此而造成的对美国制造业的冲击必然进一步推升贸易逆差。这样的美元对财富的保有能力,又能维持多久呢? 不过是一个不得不逐步自我强化的恶性循环而已。当年黄金没有做到的事情,美元更做不到。

尽管美元有着远比黄金大得多的供给弹性,但美元仍旧摆脱不了这个悖论:如果美元不够强,储蓄者们会因保值的要求而将其抛弃,这要求美元必须限制自己的供应量,以保证它的稀缺。但是,如果保证美元的稀缺,导致失去易得性,则储蓄者们会因为得不到足够的美元而抛弃美元,就像当初抛弃黄金一样。

这的确是一个难题。因为储蓄者们自身也完全不清楚自己需要一个什么样的容器,用于保有自身的财富。而贪婪和恐惧的本性促使人们在收益性和安全性之间,不停地奔波、逃窜,传播着"剪羊毛"的童话,撞击着在数重兑付压力之下本已十分脆弱的国际金融体系。以至于有人认为,储蓄就是造成经济危机的根源。但我们认为,储蓄本身并不造成经济危机,没有恰当的财富保有形式或争相改变财富保有形式,才是造成发达国家经济危机和金融危机的根源所在。

第二章

储蓄面面观

本书讨论的是财富的保有形式，那必然无法回避“储蓄”这个概念。我们可以看到，这个概念在无数经济学著述中被广泛使用，但每个人对它的定义其实并不完全相同，甚至同一个经济学者在反复使用这个概念的时候，每次赋予它的含义都是不尽相同的。

第一节　财富观与价值观

为什么谈储蓄必须由财富观与价值观说起呢？原因基于一个经济学界至今无视的基本事实：人类社会试图储蓄的是财富，而不是价值。对那些无法实现货币化的价值，储蓄者们毫无兴趣。这种货币化的过度追求，使得储蓄尽管在很多时候是对未来消费的一种准备，但也经常仅仅源于一种虚荣心的满足。这一点也是构成重商主义思维的重要因素之一。亚当·斯密在强烈抨击重商主义“俗见”[①]的同时，自身也无法摆脱对价值和财富的这种认知。

亚当·斯密的价值悖论

亚当·斯密在《国富论》中为后人留下了无数经典理论，同时也留下了一点

① “财富由货币或金银构成的俗见，自然而然地因货币有两重作用而生。它是通商的媒介，又是价值的尺度。”[亚当·斯密：《商业主义或重商主义原理》——《国富论》(下)，郭大力、王亚南译，译林出版社 2011 年版，第 1 页。]

不解:“水的用途最大,但我们不能用水购买任何物品,也不会拿任何物品与水交换。反之,钻石虽几乎无使用价值可言,但需有大量其他物品才能与之交换。”①

其实这是一个非常简单的问题,却困惑了经济学界两百多年,被称为“价值悖论”。

亚当·斯密所说的“用途最大”,就是指效用,即价值;而他所说的是否可以交换到东西,是稀缺度,是价格范畴的财富。如果将其混为一谈,自然只能得到错误的结论。亚当·斯密分别称它们为“使用价值”和“交换价值”,目的也在于使它们看似一致,然而,那显然也是徒劳的。

哲学中对价值就是效用的定义是准确无误的,它本应牢固地建立在欲望满足的基础上。但是,经济学本身就是研究稀缺性而不是研究价值的学科,却又需要一个“价值”的头衔装点门面,故而在研究经济学的时候,亚当·斯密及其前辈们无法摆脱“价格”的诱惑而将稀缺性要素加入价值的经济学概念②,因此产生了所谓水和钻石的“价值悖论”。自亚当·斯密之后,经济学的价值理论受

---

① “对经济学家来说,价格是为交换商品或服务所支付的代价。在这种意义上讲,价格是由供求力量决定的。现代经济学的奠基人亚当·斯密把我们所说的价格称为‘交换价值’(value in exchange),并把它与‘使用价值’(value in use)的概念作了对比:‘使用价值很大的东西,往往具有极小的交换价值,甚或没有;反之,交换价值很大的东西,往往具有极小的使用价值,甚或没有。例如,水的用途最大,但我们不能用水购买任何物品,也不会拿任何物品与水交换。反之,钻石虽几乎无使用价值可言,但需有大量其他物品才能与之交换。’”[约瑟夫·E.斯蒂格利茨、卡尔·E.沃尔什:《经济学》(上册),中国人民大学出版社2005年版,第83页。]

② “现在一般认为,权威神学家的确阐述了一种效用——稀缺的价值学说。由于对经院学者‘公平价格’的解释,这种看法在100多年前是被否定的。亚里士多德在《尼科马奇阿伦理学》(第五版)中认为,交换的或契约的公平性要求‘等价交换’;阿奎那评论这句话,认为‘等价’应从成本(主要是劳动成本)的角度加以说明。正是这个评论导致经院学者持有劳动价值理论的观点,而忽视了阿奎那关于所有商品只有与人类欲望相关时才具有价值的主张。经院学者的经济学把价值牢固地建立在欲望满足的基础上,在其后来的变形上,把效用同商品的相对稀缺相联系。”(马克·布劳格:《经济理论的回顾》,姚开建译校,中国人民大学出版社2009年版,第17页。)但熊彼特认为:“亚里士多德无疑在寻求一种定价的公正原则,他发现公正原则就是一个人的予、取必须‘相等’。既然在参加物物交换或买卖时,当事的双方必定有利可图,也就是说,他们愿意接受交易以后的经济状况而不要以前的状况——否则他们就不会有任何交易的动机,所以交换的货物或买卖时发生的钱货交易,其‘主观’价值或效用价值就不可能相等。因为亚里士多德没有提出任何交换价值或价格的理论,那些历史家就下结论说,他头脑里一定存在某种神秘的‘客观价值’或‘绝对价值’,也就是物品所固有而不受环境或人类估价或行为影响的价值——这是有哲学倾向的人们最欢迎的一种形而上学实体,而具有较多‘实证’头脑的人则最讨厌这种实体。”[约瑟夫·熊彼特:《经济分析史》(第一卷),商务印书馆1991年版,第102—103页。]

到货币及稀缺性的困扰越发显著，经济学家们距离真正的价值规律不是越来越近，而是越来越远了。西斯蒙第曾经困惑地说道："什么是价值呢？财富有没有独立于市场变动的价值？生活中最必需的财产，如空气、水、火等，这些东西是否没有价值？这个问题在经济学家的头脑中是一笔糊涂账，对他们来说，这是一个无法说清楚的混乱概念。没有一个经济学家曾给价值这个词以新的定义，也没有一个经济学家不是致力于避免其前后不一致，不知道区别对人们有用的和没有用的东西；也没有一个经济学家将生产价格和规定价格、垄断价格和票面价格以及其他一些只能将概念搞得更混乱的修正意见分析得一清二楚。我们在意大利的一份报纸上看到过二十几个关于价格和价值的定义，它们都是从不同的科学巨匠那里借用来的和加以比较的。没有一个定义是相同的，也没有一个定义能把同一种思想解释清楚。我们并不认为能将过去的定义解释得更清楚，也并不想比大师们更为幸运。我们是按照习惯用法解释价值这个词的，也还有一些模棱两可的意义。我们只指出其中一个意义，即词源学的意义，对这个意义是没有疑义的，即交换价值，即用一种东西换另一种东西的平等交换，在这个平等的基础上，商业从事物的交换。"①制度经济学派康芒斯以"名义价值"和"真实价值"予以区分，并对前人理论进行了总结："当我们碰到这些不同的真实价值的意义总是和制度学派或者货币的名义价值的意义形成对比，并且发现各派商品经济学家在名义价值的意义上意见一致而在真实价值的意义上意见分歧的时候，我们就认为必须进一步探讨名义价值和真实价值的这些意义。经过仔细分析，我们发现，其所谓的名义价值实际上是指稀少性价值，这种价值依赖财产的制度，它的计量标准是另一种代表稀少性价值的制度的单位——货币；所谓真实价值，是指人们认为重要的无论什么东西，包括货币本身在内。"②如果把康芒斯这段话中的"名义价值"用"价格"替换下来，我们将发现，逻辑会更为通顺。

价值反映的是效用，这一点在经济学中也同样适用。效用是使人类欲望得

---

① 西斯蒙第：《政治经济学研究》(第二卷)，商务印书馆 1989 年版，第 135—136 页。

② 约翰·R. 康芒斯：《制度经济学》(上)，商务印书馆 1962 年版，第 309 页。

到满足的抽象的能力,单位物品的效用不因供给数量而改变,它所针对的只是需求。微观地看,个人的需求具有主观性,但价值不应该因人而异地逐个去定义。所以价值应该是从价值物品角度出发,对人类总体需求的满足。它应该是一个宏观的概念,不以个体的差异而改变。也就是说,一件物品,即使在某些个人看来,毫无效用和价值,但它只要是对另一些人存在效用,它就是有价值的。

价格反映的是稀缺性,也就是说,它由供给与需求的比对决定。之所以与价值不同,它的一个变量,即“供给”是难以随人的意志而转移的,尽管人类也具有一定的改变它的能力,然而无论人类是否存在,它都是存在的。通常所说的价格是指货币价格,是物品相对于货币的稀缺度,反映的是价值货币化的能力。由于决定价格的两个因素中确实有一个会受到价值的影响,所以价格不会完全与价值无关。但也正是由于影响价格的另一个因素——供给——的作用,使得价格与价值通常并不具备必然的因果关系,甚至经常反向而行。

这就是价格与价值的关系。只要沿着效用与稀缺度两个具有差异的维度考虑价值与价格问题,就会发现,其实它们本身具有各自不同的轨迹,原本便不存在必然的一致性。并且在许多场景下,效用与稀缺性本身就是冲突的,又如何谈得到悖论呢?沿着这个思路,尽管我们无法定量计量和比较水与钻石中所含的价值量,但我们可以通过价格与价值的相对运动找出它们之间的规则。

举一个简单的例子。汽油是燃料,它的效用是提供动力,在其他条件不变的情况下,如果汽油的效用提高了 1 000 倍,想象一下,那时候汽车加一升油可以跑 1 万公里。显然,随着汽油效用的巨幅提升,它的价值相应也是巨幅提升而不是下降。它满足人类欲望的能力提升了,但在人类欲望及其他条件暂时不变的情况下,它的需求量反而变小了。因此,在原有的供给之下 ,必然是由于其需求量的下降改变了供需关系,使汽油的稀缺性和货币化能力下降(相对货币的稀缺度下降),从而价格出现大幅下降。也就是说,在货币量和人类欲望没有提升或提升不够快的前提下,要素或资源效用提升得越快,单位要素或资源满足人类欲望的能力越强,要素的稀缺性反而就会变得越差——我们称之为“升级版的价值悖论”。其价值上升与价格下跌相伴而生,不过是效用和稀缺性各自表现，并不矛盾。这才是价值与价格的真实反映，在资本主义所推崇的自由放任的市场经济“看不见的手”的作用下，这一规则极为突出。同样，效用所决定的水的高价值、钻石的低价值与由稀缺性所决定的水的低价格、钻石的高价格同时存在，这并不是什么“悖论”，这正是市场配置资源的方式，从公平与效率的角度评价，价值代表公平，而稀缺代表效率。

价格与价值也存在一个共同的因素，那就是需求。人们总会听到所谓价值回归的理论，这种现象存在的原因，在于当价值非常高的要素因其稀缺性差而不能充分货币化时，它的高效用往往会招致大量的使用者，甚至会大材小用地成为其他低价值要素的替代品。这些行为都会提高这些高价值要素的稀缺性，从而使其稀缺度向价值靠拢。石油及许多自然资源从随意滥用到逐渐稀缺就是一个很好的例子。而如果某种资源的大自然供给能力极为丰富，人类需求无论怎样波动都与之相去甚远，那么它的价格将永远与其价值背离。水、空气、阳光是最典型的例子。过去这样的资源有很多，但随着人类永无止境疯狂增长的欲望，使许多曾经认为永远不会稀缺的资源，逐渐开始变得稀缺了。此外，虚荣也是人类的一种欲望，稀缺所满足的虚荣，可以构成一种另类的价值。

价值并非界定财富的充分条件

卡尔·门格尔认为，财富是可以产生收益的财货，并且认为：

> 一物要成为财货，换句话说，一物要获得财货的性质，必须具备下列四个前提：
>
> (1)人类对此物的欲望；
>
> (2)使此物能与人类欲望的满足保持着因果关系的物的本身属性；
>
> (3)人类对此因果关系的认识；
>
> (4)人类对于此物的支配，即人类事实上能够获得此物以满足其欲望。
>
> 这四个前提必须完全具备，一物才能成为财货。假如缺少任

何一个前提，一物就不可能获得财货的性质。一物在既已具有财货的性质以后，假如又失去这四个前提中的任何一个，则此物又会立即丧失财货的性质。[①]

故而人类生存不可或缺的阳光、空气、水，因为既不可能带来收益，人类对它们的效用更是缺乏足够的认知，自然不能称之为财富。

莱昂·瓦尔拉斯认为："所谓社会财富，是指稀少的、物质或非物质的一切物质(是哪一类物质，在这里无关紧要)。这就是说，它一方面对我们有用，另一方面却只能以有定限的数量供我们利用。"[②]如果按照这个定义，财富不仅是稀少的，并且"只能以有定限的数量供我们利用"。这种财富观不仅会使人类财富的积累变成一场零和游戏，如果将这种财富观扩展到价值或效用，则危害更大。

伟大的经济学家们可以这样轻描淡写，仅凭一个定义便限制了人类财富的增长。然而事实上，稀少的仅仅是货币而已，而所谓收益却也恰恰是由可以换得的货币衡量的。即使没有瓦尔拉斯所理解的这样极端，由于对财富这个概念的"俗见"——显然已经不仅仅是重商主义所特有的观念——是与货币化及价格(被称作交换价值的稀缺)而不是价值(效用)相关联的，人们也就不会把水、空气、阳光这些效用巨大却因稀缺性极差而无法货币化的资源当作财富。

弗朗斯瓦·魁奈称："所谓商品财富，我们指依照构成其出售价值的价格与货币相交换的东西。财富只有在其所有者能够出卖它、购买者需要它时，才是可售卖的财富和商品财富。因此，不是所有财富都是可售卖的财富。我们呼吸的空气、从河中汲取的水，以及所有类似的福利，或者数量充裕并属于一切人所有的财富，它们都不是贸易的对象。这是福利，不是财富。"[③]

萨伊在讨论何为财富时提出："如果我们肯费点心机研讨在人类所过的生活是社会生活的场合下叫作财富的是什么东西，我们就将发现财富这个名词是用以称呼具有内在价值的许许多多东西，比如土地、金属、硬币、五谷、织品以及其他种类的货物。当我们把它的含义扩大，也把土地债券、汇票、支票、期票等

---

① 卡尔·门格尔：《国民经济学原理》，上海世纪出版集团 2013 年版，第 2 页。

② 莱昂·瓦尔拉斯：《纯粹经济学要义》，商务印书馆 1989 年版，第 48 页。

③ 弗朗斯瓦·魁奈：《人口论》——《魁奈〈经济表〉及著作选》，华夏出版社 2017 年版，第 97 页。

包括在内时，这显然是因为这些东西意味着支付有价值东西的缘故。事实上，没有实际的内在价值的东西的存在，就没有财富的存在。”①

接下来，他使用传统经济学惯有的逻辑方式得出结论：“财富和上述价值成比例；组成财富的价值总量越大，财富便越大；组成财富的价值总量越小，财富便越小。”②

从逻辑上讲，“没有实际的内在价值的东西的存在，就没有财富的存在”和“价值总量越大，财富便越大；价值总量越小，财富便越小”是完全不同的概念。正如我们前文所讲，价值针对的只是供需关系中需求的部分，所以它只是构成价格或所谓的交换价值和财富的必要条件，而非充分条件。在货币经济下，亚当·斯密所关注的“可以交换到大量的其他物品”的要求，是通过货币实现的，故而商品相对于货币的稀缺度所决定的货币化能力，才是财富或者说是“社会的财富”的决定者。③ 而萨伊所提到的土地债券、汇票、支票、期票等形式恰恰是货币化的财富形式，并且他在列举其他财富形式时，用到“货物”这个概念，无论是有意还是无意，都说明了货币化能力才是人们谈论财富时最核心的关注点。④其他许多经济学家也不约而同地将财富直接定义为交换价值。如弗里德里希·李斯特说，“财富，那就是交换价值”⑤；奥古斯丹·古诺称，“为了形成能为人理解的理论，我们应该使财富一词的含义与交换价值一词所含有的意义完全相同”⑥；约翰·贝茨·克拉克认为，“所谓财富，是指那些物质的、可以转让的、数量有限的人生幸福的泉源”⑦。而就像斯蒂格利茨所说的那样，亚当·斯密所谓的“交换价值”明显只是价格的别称而已。

---

① 萨伊：《政治经济学概论》，商务印书馆1963年版，第58页。

② 萨伊：《政治经济学概论》，商务印书馆1963年版，第58页。

③ “社会的财富，只是作为私有者个人的财富存在的。它之所以表现为社会的财富，只是因为这些个人为了满足自己的需要，而互相交换不同质的使用价值。在资本主义生产中，他们只有用货币作中介，才能做到这点。所以，只是由于用货币作中介，个人的财富才实现为社会的财富。这个财富的社会性质，就体现在货币这个东西上。——弗·恩”[马克思：《资本论》(第三卷)，人民出版社2004年版，第649页。]

④ 因此，当人类因某种币材过于稀缺——而不是不够稀缺——将其驱逐时，必然构成人类财富积累的历史上的重大进步。

⑤ 弗里德里希·李斯特：《政治经济学的国民体系》，商务印书馆1961年版，第132页。

⑥ 奥古斯丹·古诺：《财富理论的数学原理的研究》，商务印书馆1994年版，第22页。

⑦ 约翰·贝茨·克拉克：《财富的分配》，商务印书馆1983年版，第1页注解。

显然，尽管这些经济学家所处的时期、国家和学派各不相同，但财富是交换价值，而不仅仅是价值，它是与货币化和稀缺密切相关的，已经成为经济学的公理。在这一点上，我们尊重这一共识。然而，我们同时必须强调的是，不稀缺，不能货币化，无法构成财富，并不能等同于没有价值。①

财富并非界定价值的必要条件

古典经济学中包含了太多反复混淆有用性和稀缺性的理论。经济学之所以变得如此复杂和自相矛盾，原因便在于从一开始就混淆了价值与价格的定义及其相互关系，而由此导出的诸多概念荒谬且深入人心，结果，一切便颠倒了。当我们把有用性（价值）和稀缺性（价格）区分开来之后，古典经济学的许多理论便完全丧失了理论基础。所谓“边际效用价值论”也存在同样的问题，它同样是一个将价格与价值完全混淆的概念。所谓“边际递减”，是经济领域经常出现的一个现象，产生的原因必然是其他要素处产生了瓶颈，即所观察的要素的稀缺性随其数量增加相对于其他要素有所下降。所以它是一个纯粹用来衡量稀缺性的指标。边际效用价值论者认为，物品价值由该物品的边际效用决定；边际效用则指每增加一单位的某种物品给使用者带来的总效用的变化量。他们虽然认同效用是价值，但是非要给它加入“稀缺性”的因素，认为稀缺性与效用相结合才是价值形式的充分必要条件。物品只有在满足人的欲望的同时是稀少的时候，才可能成为人们福利所不可缺少的条件，才存在效用，衡量价值量的尺度就是“边际效用”。如此一来，人类须臾不可或缺的空气、水、阳光便全部被正式定义为“没有效用”（因为它们不稀缺，所以无法货币化）。显然，用这样的方式解释亚当·斯密的“价值悖论”是无法令人满意的。一个可以把空气、水、阳光一概定义为没有效用、没有价值的概念，本身便是没有价值的。事实上，只有虚荣相关的效用是与稀缺性关联的（之后我们会详细论述），但人类生存所需绝非仅仅虚荣。

---

① 中国改革开放几十年来的经济高速增长所形成的巨大财富，有一部分来自新创造的价值，但是也有一大部分来自中国人民历史上已经创造的固有价值的货币化。

效用基于人类对外部事物的感知，所以它必然带有主观性。人类对价值的理解永远不可能是脱离人类存在而孤立的外部环境。故而所谓的“边际效用”的瓶颈在于人类的欲望。当人类欲望趋近于零时，整个世界看似失去了价值。因此，价值只能基于人类既定的欲望。但是，在人类欲望不变时，随着供给数量增加而递减的并不是效用（价值范畴），而是稀缺性（价格范畴）。正因为所增加的每一个单位物品的效用没有变化，总效用随物品数量同步上升，所以在人类欲望同样没有变化的情况下，总效用相对人类欲望呈现过剩。该物品及其效用的稀缺度下降。

然而价值（效用）这种主观概念中，也包含着一种客观意义。人类对外部世界的依赖，是不可能真正为零的。空气、阳光、水，有些人感知不到它们的效用，是由于自身的无知。事实上，无论人们能否感知到这种效用，它们的效用都是客观存在的。2020 年新冠疫情期间，一位 93 岁的意大利老人在医院病情转好之后，被告知要支付一天的呼吸机费用，老人哭了。医生看见后安慰他，不要因高额的账单而伤心。老人接下来说的话却让所有人泪目。他说：“我不是因为要付的钱哭，我哭是因为我已经呼吸上帝的空气 93 年了，却从不付钱，按在医院使用一天呼吸机要支付的费用，你知道我欠了上帝多少钱吗？我以前却并没有为此而感恩。”

是的，我们几乎无法感知到空气的效用，甚至无法感知到它的存在（除非失去它）。由于不存在稀缺，我们从来没有为这个效用支付过一分钱，所以从来不把它当作财富。但是离开它，人类无法生存，却是不争的客观事实。这个效用是用多少货币都无法衡量的。如果人类以不存在稀缺、没有支付过费用为由，评判并否认空气的效用和价值，就显得过于无知了。所谓的边际效用价值论明显是把客观存在的对整个人类的效用与个别个体感知到的效用相混淆了[①]，这一理论把个体因稀缺度下降对效用感知的下降，当作了效用本身出现下降。

---

① “‘边际的’这个词，只有从一定的某个人或某个利益群体的观点来看才会有意义。香蕉，就其本身而言没有什么边际效用一说，有的只是对某个买主或买主群体而言的一定数量的香蕉的边际效用。”（琼·罗宾逊：《不完全竞争经济学》，华夏出版社 2013 年版，第 216 页。）

价值不以个体差异为标准

有一个笑话,说有一个人,吃了五个烧饼,吃饱了,于是他说,“早知道第五个烧饼能吃饱,我只吃第五个就可以了”。看起来,他是一位经济学家,他在五个烧饼中,找到了效用最高的那个。而另一群经济学家则认为,第五个烧饼效用最低,因为它已经不存在稀缺。不存在稀缺,就没有价值?以具体个人在某个具体时点的欲望大小的微观感受为基础的所谓“边际效用”,去定义效用和价值,并将其扩展到宏观层面,只会使价值完全失去标准。

研究是第一个烧饼还是第五个烧饼最有价值,同样没有意义,因为等你下次饿的时候,仍旧要吃五个烧饼,无论是只吃第一个,还是只吃第五个,都解决不了问题。那些企图用一堆高深的超级数学算式包装的“边际效用”“计量经济”之类的理论去混淆这一点的经济学流派,其实质是把效用用稀缺的概念偷换掉了。并且如果一个烧饼的“价值”随每个人的饭量及之前每个人已经吃过几个烧饼的不同而完全不同,这显然不是在定义烧饼的价值,而是在定义某个具体个体在某个具体时点的价值观。但个别需求得到暂时的满足,与需求根本并不存在,是截然不同的概念。正是因为效用本身具有主观性,如果不加入人类的共识,而是把它定义为无时、无刻、无地不在变化且因人而异的概念,那么它就毫无经济学研究意义了。把边际理论强加在效用甚至是价值研究上,是典型的微观逻辑宏观使用。这样的逻辑如果能够成立,那么自己不知道的东西就不存在;自己吃饱了,别人就都不饿了?显然,基于微观的角度去定义价值,只能使概念更加混淆。

古典经济学对于需求和效用的解释无疑是混乱的,既无法体现价值和效用的宏观性,又无法解释微观个体需求的无序性。事实上,把许多微观理论直接放大到宏观层面,就会显得极其荒谬。越想兼顾微观与宏观,就越会把经济学引入歧途。当经济学家们在纸上一本正经地画出那一条条所谓的无差异曲线时,仿佛完全意识不到这个理论的荒诞。商品间并不存在效用的必然的相互替代性,人们只是用手中的货币,在具有相似稀缺性的商品间做出选择。如果从价值和效用的角度,没有任何商品可以代替"一文不值"的空气来维持人类的生命,但是人们绝不会放弃任何消费去换取空气。并且效用并非一个单维的简单的定量的概念。效用是多维的,它并不必然地与任何一种商品(包括货币)存在无差异关系,但市场上只要部分个体间存在交换的意愿,即可成交,形成价格。价格并不需要征求不愿参与交易者的意见,然而往往恰恰是不愿参与交易者更了解商品的价值。

我们可以这样定义价值:它是从价值物品角度出发,抽象出的对人类整体的效用,而不是个别的效用。它是对人类既定欲望的满足能力。单位物品的价值不因自身供给数量而改变,因此它不以稀缺性和货币化能力为必要条件。它并不需要对每个人都有相同的效用,甚至不必对每个人都有效用。一项物品,即使对一些人毫无效用可言,只要它对另一些人存在效用,那么它对人类就是有价值的。

价值体现的是效用,是满足人类欲望的能力,故而超出人类欲望越多,效用和价值就越大。价格体现的则是稀缺,超出人类欲望越多,稀缺性就越差。如果说稀缺体现的是满足人类欲望的总能力与人类总欲望的比对,那么价值体现的就是单位价值物品满足人类欲望的能力与人类总欲望的比对。因此,价值对应的是需求,与供给无关。效用本身并不应加入一个"边际"的概念,存在边际概念的是稀缺性。任何将供给因素作为价值必要条件的理论都只能带来混乱,如果想把问题搞清楚,最好的办法是把效用(价值)与稀缺性(供需比对)分离开。因而边际这一工具在分析瓶颈、稀缺性、价格等问题上或许有它的用处,但不可以用在效用或价值分析上。所谓边际效用理论,正是将供需关系(稀缺度)的变动误判为了效用的变动,将稀缺度下降所造成的价格递减误定义为效用(价值)递减,并由此得出"一旦个别需求被暂时满足了,效用(价值)便不存在了"这样一个低级的错误理论。

既然事情这么简单,为什么会困扰了许多经济学家数百年呢?原因在于,即使大家意识到价值—效用这一清晰主线,却发现价值不像价格那样可以定义在相对于货币的稀缺度之上,效用这个东西是完全无法量化的,如果不抛弃它,又能怎样衡量价值呢？资本物品的效用需要用产出率来间接表示，这就又涉及一个问题：投资价值又是什么？因此，无论是哪种经济学理论，在讨论价值量化时，仍旧不时地需要借助价格、比价关系、货币量度这些经济变量。[①] 由于价值是货币化能力的必要而非充分条件，在供给差异被严格限定的条件下，这种“模糊正确”的评估方法有一定可取之处。但我们需要记住的是，即使有时不得不那样做，那也只是借助，而不能等同，讨论的只是特定条件下的价值描述，而不是价值本身。它并不具备广泛的适用性，货币化能力并不因此成为价值的尺度，世间也并不存在真正的价值投资。

此外，即使是从哲学的角度，也没有办法完全分清哪些效用是真实的、哪些仅仅是出于虚荣心。如果所有虚荣心的满足都可以当作一种效用，那么，对稀缺的追逐本身就是一种效用——我需要它，仅仅就是因为它的稀缺！这样一来，价值反而远不如由供需所决定的价格显得真实。

虚荣究竟价值几何？

> 人们赋予物品的价值，是由物品的用途而产生的。有的东西能维持人的生命，有的东西可制为衣服，有的东西可能为人抵御狂风、烈日，如房屋等，有的东西能满足人们的嗜好和虚荣。后两者也是一种需要，满足这种需要的东西大抵是装饰品。[②]

萨伊的这段论述也在一定程度上解释了钻石的“有用性”。嗜好和虚荣是人类的本能，它也是人类的一种重要需求，所以尽管钻石并非比水更有价值，但也绝不是“几乎无使用价值可言”。由于稀缺可以给虚荣以最有力的支撑，故而

---

① 例如，西斯蒙第曾经非常直观地解释了货币成为价值标准的原因：“货币是一切价值的共同标准。在发明货币以前，一袋小麦和一欧纳呢料的价值是很难比较的。衣服和食物是同样重要的生活需要，然而人们取得衣服和食物的方法似乎也很难比较，有了货币这个共同的、不变的单位以后，这一切就都可以进行比较了。”（西斯蒙第：《政治经济学新原理》，商务印书馆 1964 年版，第 274—275 页。）康芒斯对其经济学前辈们的理论总结道：“古典经济学家认为‘使用价值’无法比较和计量，因而丢开不谈，只研究交换价值，简称‘价值’。”[约翰·R. 康芒斯：《制度经济学》（下），商务印书馆 1962 年版，第 153 页。]琼·罗宾逊说：“效用的数学化似乎使经济学作为一门真正的科学学科具有了全新的开端。”（琼·罗宾逊：《经济哲学》，商务印书馆 2015 年版，第 77 页。）但是这个开端的结果，却是把价值、效用再次偷换到价格范畴。

② 萨伊：《政治经济学概论》，商务印书馆 1963 年版，第 59 页。

在一定程度上，它本身也是一种价值。特别是这种稀缺所带来的价值被应用于货币时，这一特点尤为明显。

价值来自效用；效用来自欲望，它是人的欲望的满足度。故而如果没有了人类，或人类没有了欲望，这个世界便无“价值”可言。从欲望主体的角度看，价值是一个非常主观的概念。除了部分生命不可或缺的物质，如阳光、空气、水、土地等，人们对外部世界的欲望很大程度来自虚荣。因此人们对大多数事物的效用认同经常会发生巨大的变化，今天被公认为价值连城的物品，明天就可能变得一文不值。虚荣的需求既会随着繁荣和人类财富的积累而膨胀，也会随着危机的发生而荡然无存。随着人类“价值观”的不同，价值便也会有所不同。“价值观”这个东西就像一把尺子，如果每个人尺子的刻度都不同，那么他们即使量的是同一样东西，读数也会是完全不同的。

佛教的“伟大”在于它所追求的便是生命对物质世界最低限度的侵占。甚至追求生命脱离其载体（臭皮囊）而存在的境界，那是对物质世界真正的“零侵占”。如果你手中的尺子，刻度为无限小，那么你用它量出的价值，便一定是“无穷大”。这便是“佛性”所在。故而，如果这个世界上全是真正的佛教信徒，那么原本很小的效用就会变为极大。这样，所有的“价值”便要重新定义了。而从这个角度，也能够看出效用与稀缺的关系。相同数量的生存必需品，人类欲望越小，它们满足人类欲望的能力就越大，效用和价值就越高，但与此相对应，这些物品的稀缺性就越差。然而，那些非生存必需品，由于人类失去了对它们的欲望，变得既没有价值，也不再稀缺。①

与佛教的观念不同，“生命”的价值被世俗世界理解为对物质世界最大限度地侵占。如果谁有能力，使人类侵占更多的资源，那么他便是“发明家”；如果谁能够使人类对外部世界侵占能力大幅提升，他便是“伟大”的发明家。这些发明家所发掘的不仅仅是对外部世界侵占的方法，更是人类本性对外部世界侵占的欲望。当这种欲望不复存在的时候，财富也就随之消亡了。正是这种欲望使人

---

① 民间常说，“人要衣装，佛要金装”。这是用自身的价值观揣度佛。佛为什么要在意这些世俗的虚荣呢？

类永远无法满足。如果虚荣心和占有欲，包括那种“光宗耀祖”“封妻荫子”的追求并不能算是一种真实的需求，那么人类奋斗的实质就是追逐自己并不需要和穷其一生无法从中取得效用的东西。

经济学理论可以脱离哲学，但仍旧必须基于某种伦理观和价值观。如果在人类社会中，家庭不再重要，父母不再重要，子女不再重要，祖先不再重要，甚至人类不再以自我繁衍为己任，那么还有什么经济或者财富会显得重要呢？当一切生不带来、死不带去的虚荣以及家庭、社会的价值都被淡化，其结果无论是及时行乐，还是无欲无求，都将动摇人类社会存在的根本。即使没有严重到那个程度，当人类社会的主体失去传承的诉求，由这样一具具行尸走肉组成的社会，是不可能存在前途的。所幸的是，人类至今尚对财富的追求保持着足够的欲望，我们大多数人并不打算仅仅为了活着而活着，所以我们无法满足于对取之不尽、用之不竭的空气、水、阳光的摄取，而是追逐和争夺着那些稀缺的、也许是对我们并没有多大用处（效用）的“财富”。正是虚荣心的存在，使得人类的欲望可以不断地膨胀，社会的产出永远不会有真正过剩的一天。回到哲学范畴，如果正是这些对人类并无价值（效用）却与价格相捆绑的“财富”激发了世俗世界繁衍（存在）下去的欲望，那么这些财富的价值又应当如何定义呢？

从这个角度出发，重商主义的思维方式也并不难理解，金钱这种可以刺激人类贪婪和虚荣的荷尔蒙分泌的物质，至今对人类存在着广泛的效用。社会伦理之所以会认为金钱是罪恶的[①]，正是由于金钱能够极大地激发人类的欲望，而当这种欲望演变成一种贪婪时，它往往与罪恶相伴。故而当我们不得不承认欲望甚至虚荣对人类生存的积极意义时，也应该看到，正是这种对稀缺的盲目和过度地追求，加剧了人类社会的矛盾。而将这种由虚荣带来的所谓“边际性”广泛应用于价值逻辑之中，甚至作为价值的必要条件，则是明显的偷换概念。

货币的价值与稀缺

消费品的价值取决于效用，资本物品的价值取决于它的产出率（间接的效

① 比如《圣经》中就有“贪恋金钱是万恶之源”的说法。

用)。市场经济下,生产及分配方式的特点就是各生产要素①依其产出率(价值)参与分工和生产,却依其稀缺性(价格)对社会产出品进行分配。因此不能根据分配结果(价格)倒推生产要素的产出和价值。不同要素之间的这种按照物以稀为贵的原则进行的分配,并不以价值为依据,更不存在所谓"均衡"的标准或状态。要素的价格代表它参与分配的权力。当某一要素取之不尽、用之不竭时,无论它的价值(效用)有多高,它都无法获得参与分配的权力,即它的价格为零。我们通常所说的价格就是相对于货币的稀缺性而言的,因此对货币的依赖也是不言自明的。

物以稀为贵的市场法则,使得稀缺成为人类虚荣的最佳支撑。货币是一种特殊的商品。尽管它的价值同样来自它的有用性,即货币的职能,但它能够履行货币职能却在很大程度上依靠的是它的稀缺性。货币的职能甚至不需要依赖它的材质,只要大家都觉得一个货币有价值,货币就不会退出其货币职能。即使是信用货币,当其履行货币职能、展现货币属性时(哪怕这个被贮藏起来的货币职能满足的仅仅是一种虚荣),固有的债权(债务)属性已经被雪藏了。其货币形式的存续就是货币的价值。

市场经济是货币经济,这样的规则在大多数情况下,保证了稀缺资源的利益,使非稀缺要素围绕稀缺要素运转,从而使社会在有限资源下生产最大产出。故而保证货币的适度稀缺是必要的,只有这样,才能让大家认可它的价值。然而,货币也不能过度稀缺。即使在信用本位下,尽管信用货币盯住的资产稀缺度不足会导致货币信用不足,但如果盯住的资产稀缺度过高,也会导致货币供应不足。第二次世界大战后很长一段时期内,西方国家经济得以高速发展,正是由于那个历史时期发达国家货币所盯住的资产——美元——稀缺度恰到好处。一些后发国家则没有这样幸运,一方面是自身的认知能力所限,另一方面

① 传统经济学中一般将生产要素定义在土地、劳动和资本之上,从而将货币定义为资本的从属或"面纱",其他自然资源则定义为土地的从属。而我们对生产要素的定义则极为宽泛,不仅将货币从资本中独立出来、把各类自然资源从土地中分离出来,甚至把科学技术、管理能力等非物质资源同样按照生产要素看待。并且,我们不把资源相对于货币的稀缺性作为生产要素的必要条件,空气、阳光等生产生活的必需品却因非稀缺,使用时不需要支付货币对价的资源,我们同样列为生产要素。

是金融资本的趋利性导致货币不足,阻碍经济发展的问题长期存在。

回到刚才所举的汽油的例子,汽油的产出能力大幅提升造成汽油价格大幅下降,在道路等其他条件不产生瓶颈的前提下,必然促进汽车消费。这样就加大了生产效率没有提升的汽车的稀缺性。低效率的汽车生产者反而成了最大的受益者。进而我们可以发现,在资本主义所推崇的自由市场经济下,市场的作用总是会按照其稀缺性原则,将社会生产效率的提升所带来的增量收益,主要归于效率提升最慢,甚至是下降的要素。这也就是一个"升级版的价值悖论":在其他生产要素产出率[①]不变的情况下,单一种类的要素产出增加(价值上升)的必然结果是它的相对稀缺性下降,结果是价格下降;同样,在其他生产要素产出率上升的情况下,单一种类的要素产出率不变甚至降低(价值下降)的必然结果是它的相对稀缺性上升,结果是价格上升。

这样一来,如果某一生产要素被掌握在少数人手里,他们便会有足够的动力降低这一要素的效率(价值),人为地使原本并不稀缺的要素造成稀缺,从而获取社会产出品分配过程中的最大利益,即通过降低价值的方法提高价格。这看似荒诞,却很真实,这就是资本主义制度下价值与价格的真实规则。货币,便是典型的这样的要素。少数利益集体总是片面强调"通货膨胀"的危害,就是为了人为制造货币稀缺所实施的骗术。[②] 想一想,一群货币的供应者向一群劳动力的供应者讲述货币供应过量(通货膨胀)从而会使劳动力相对稀缺的可怕!这个场景太可笑了,以至于凯恩斯不得不再三强调,通货膨胀只可能发生在充分就业之后,而资本主义是不存在自动达到充分就业这一均衡机制的,因此在资本主义制度下,充分就业甚或近乎充分就业都是罕见的。事实上,他只说了一半,他没有说出来的另外半句话正是,那些所谓的经济学家们所担心的并不是什么通货膨胀,他们所真正担心的只不过是充分就业而已!这就是凯恩斯理

---

① 要素产出率通常用单位产出品的要素占用量衡量,占用量降低,则要素产出率上升。

② 尽管在西方经济学的教科书里通常把通货膨胀定义为"商品和服务的货币价格总水平的持续上涨现象",但在现实中,利益相关集团却总是把工业生产力水平大幅提高所带来的农产品的价格上升或投资加大所带来的暂时性的物价上升(会随着投资所带来的新增产出品增加而平抑)等既不"持续"也不"总水平"的现象贴上通货膨胀的标签,当作人为制造货币稀缺的借口。

论无法从根本上解决就业问题的原因，他无法改变资本主义制度下利益分配的基本法则，甚至无法剖析资本主义制度下价值与价格的真实规则！

人类对财富的理解是货币化的价值，而不是价值本身。因此，货币自然而然地成为财富的必要组成部分和保有形式，同时它也是生产及生活中的必要资源。由于它长期被掌握在少数人手中，这些人为了保证其利益最大化，必然人为地限制货币供应量，降低货币效率。[①] 这才是在资本主义体制下很难出现“真正的通货膨胀”的原因。相反，伴随资本主义经济的，只能是永远的货币供应不足造成的各项资源的价值低估。因为只有这样，才能保证“货币”这一生产要素供应者的利益最大化。然而，也正是这个原因，必然地造成了资本主义制度下货币供应不足的常态，导致经济阶段性缺血的产物——周期性经济危机——对人类财富的积累构成重大威胁。

第二节　重新定义消费、投资、闲置与储蓄

消费

消费是总需求的一部分。在货币经济之下，它首先是一种货币需求，并在消费时产生一次性货币投放。它可以理解为那些造成社会产出品效用灭失，从而无法收回所投入货币的行为。因而它既没有产出，也不派生新的货币需求。它直接的货币投放对象是消费品而不是生产要素，因此并不直接影响就业，而只能通过影响生产者预期来改变他们的投资行为，从而对就业形成间接影响。

投资

投资是总需求的一部分，也是一种货币需求。在投资的同时，产生一次性货币投放。与消费不同的是它的生产性，它在原有社会产出品效用灭失的同时会创造新的效用，从而求得回收更多货币。产出是它的特征，它会派生出新的

---

① 因为货币供应量越低、货币效率（价值）越低，货币稀缺度就越高，所以货币价格才会越高。

货币需求。在投入产出过程中,劳动力不仅是必不可少的生产要素,也是投资行为的对象之一,而在社会生产过程中,也基本不存在劳动力要素单独使用的情况,因而可以认为投资行为与劳动力要素使用具有伴生性。[①] 投资是唯一直接带来就业的货币需求和货币投放。

由此可以看出,最初同样是货币需求,消费转变为纯粹的货币投放,同时不产生新的货币需求,所以可以将其理解为一个增加货币供应的因素。而投资行为在货币投放后,产生新的货币需求,并且大多高于最初的投放。越是短期投资,它的新增货币需求就出现得越快。因此,可以将其理解为一个增加货币需求的因素。源源不断的货币投放便在这样的需求和供应的交替上升中得以实现。由于投资也会产生新的效用(价值),所以它是推动货币良性循环的主要动力。

资本品交易

资本品(包括但不限于股票)交易与商品交易有相同之处。资本品购买是一个货币投放行为,它的目的可能是投资,也可能是闲置。资本品变现则是纯粹的货币需求,是一种负投资,对经济起负面作用。它本身是一种资本物品的货币化过程,是把投资所形成的或闲置的资本物品转化为对中央银行或其他货币银行债权的行为。无论是中央银行还是商业银行都不可能直接承接这一资本物品,因而,银行体系的作用就是利用自身的信用将这一资本物品转移出去,转化为银行对另一经济个体的债权(这就是货币融通的本质)。这种资本品变现的需求时刻存在着,当银行体系效率低下时,这种债权债务的转移便无法完成,结果会造成资本品及与资本品相匹配的劳动力要素的大量闲置。在一个开放的资本市场中,当频繁的交易所需货币无法得到满足时,不仅会累及其他货币需求,甚至会摧毁金融系统。

---

① 不少经济学家注意到,投资可以有固定资本增加或者运营资本增加而不新增雇佣劳动的形式,而事实上,并不产生新增雇佣劳动的原因,是旧有雇佣劳动的效率没有最大化或存在闲置。这一现象体现的是劳动生产率的提高对就业的负面作用,并不能就此否定投资行为与劳动力要素使用具有伴生性。

政府投资

以公共物品投资为代表的政府投资作为一种特殊的投资行为，这是我们必须单独论述的内容。

公共物品的投资不应由政府直接运作，而应以订单的方式向市场采购。因而它是一种货币投放行为。本身一般是有产出的，需要使用劳动力要素，因而会带来就业，从这一点来看，它应当属于投资。然而大量公共物品是向社会免费提供的，所以只有货币投入而没有新的货币需求产生，从这一点来看，它又像消费。

如果把它分解，就会发现，它其实是由一个强制性投资和一个强制性消费组成的。是由政府先对社会成员强制征税，然后进行公共物品投资(或政府先举债，后征税偿还)，再免费向社会提供，相当于强制社会成员消费这一物品。这就如同先是强行从你口袋里掏钱在你门口漆黑的小路上装上路灯，给你带来便利和效用的同时，也使你不得不消费这一公共物品。兴建公路、铁路、运河、城市公园、教育、科研、国防建设及其他安全建设和城市管理等，这些公共物品的投资的真实产出是巨大的。由于它的投资与消费都是强迫性的，即使社会成员拒绝消费这些公共物品，也无法获得任何补偿，而使用也无须付费，因此无法拒绝享用这种便利和安全。其使用期一般会较长，为社会成员提供的这些福利是持续的。可以说它同时具有投资与消费两者中刺激经济的部分，而且仅自身便可完成承接货币投放→货币投放→形成订单→投资→消费→货币回笼(税收)的全过程。由于它不同于企业家们的投资，不以营利为目的，所以它可以逆周期而动。它就像一部发动机，运用得当可以将整个经济带活，更为可贵的是，它的承担者——政府——是高于其他经济主体的安全债务人，在经济萧条环境下，其他主体丧失举债能力时，作为一种安全的货币投放方式，它所提供的货币有效需求使中央银行的货币供给能力得以实现。(这一点，我们将在下一章加以详细论述。)

故而应当把它当作投资中的一个特例来看待。因为它所包含的部分内容属于投资、部分内容属于消费，也有可能部分内容属于闲置。所以不应把它作为一个独立的项目在总需求中列示，而要按其作用不同，分别归于消费、投资和闲置。

由于对此没有深入分析,凯恩斯的政府投资刺激经济的理论难以被世人理解。

闲置

数学对经济学的贡献是有限的。历史上“伟大”的经济学家层出不穷,他们能够娴熟地列出各种数学模型,异想天开地在那里堆砌着“出清”“均衡”“恒等”“稳定”“确定”等高深莫测的词汇。在他们看来,这些恒等是靠他们计算出来的。有了这样的虚假假设,他们便可以轻松地在所谓恒等式的任意一边,堂而皇之地一个又一个使用着他们本末倒置的逻辑。然而在现实的市场中,实现“恒等”“均衡”的方式却既不确定,也更不稳定,而是近似于荒谬,那就是在等式的某一侧,同样任性并随意地加上一个叫作“闲置”的东西。闲置,就是那个使“非均衡”看起来很“均衡”的填充物。于是只要有这个变量存在,所有的不等式便轻松地变为了等式。至于这个变量的数值是多少,不仅时刻在变化,且从来没有人知道它的决定因素究竟是什么。这对那些从不愿承认闲置存在的经济学理论,构成了最无情的嘲笑。

闲置这一变量的加入,使得所有的所谓“均衡”模型全部被证伪,让那些无视闲置存在、力求达成均衡的努力变得毫无价值。事实上,不要说普遍存在的均衡,就算是两个要素之间的平衡,都必然是以至少其中之一的闲置为代价的。这种平衡来自双方的妥协,是一种不情愿的牺牲,它既不稳定,也不确定,它使得价格无法成为供需关系的唯一表达方式,也就不可能存在确定的价格均衡方式。人类社会需要的是现实中的经济学理论,所要研究的正应该是如何在安全的前提下降低各环节的闲置,从而提高效率,达到以有限资源实现最大产出的目的,而不是那些幻想出来的“均衡”。[①] 不存在闲置的均衡好比是描述无菌状态下的人类生活方式。

在资本主义市场经济这一“看不见的手”的作用下,一切资源都会围绕最稀

---

① 英国著名经济学家琼·罗宾逊夫人在为《政治经济学的重建——后凯恩斯经济学引论》所写的“序言”中写道:“均衡经济学是《圣经》中许多儿童为之充当祭品的莫洛克神灵;对于这个神灵,一代又一代的学生们仍然被用作它的牺牲品。我希望我能多少把其中的一些解救出来,其目的并不是要他们能过着安闲的生活,而是请求他们给予帮助来从事发展经济分析这严肃的任务,以便处理我们生活于其中的世界经济问题。”

缺资源运转，而这种资源的匹配本身就必然造成非稀缺资源被闲置；技术落后、制度不合理甚至会造成稀缺资源被闲置；社会产出品无论采用哪种分配方式，都无法避免其闲置；在商品社会中，必须将部分社会产出品锁定为“一般等价物”，在获取这一货币属性的同时，其商品属性被闲置；由商品转化为一般等价物再转化为货币后，在使用过程中经常会被贮藏起来，还是会出现大量闲置；为了保证经济安全运行，在社会生产过程中，各工序间都必须保有一定的库存，政府部门也需要一定储备，这仍旧是一种闲置；等等。如此种种不一而足，几乎贯穿生产、流通、再生产的每一个环节。

闲置没有产出，也不满足消费需求。它不带来就业。产能会被闲置，生产要素会被闲置，货币本身会被闲置，商品也会被闲置。不仅供给和潜在的供给会被闲置，需求同样会被闲置。闲置意味着社会资源的浪费，意味着低效率，当闲置在经济体的各个环节被不断堆积的时候，经济体的活力便随之下降，经济发展因之受阻。但同时，我们也必须正视，有时正是这种与低效率相伴随的闲置为高速发展的经济提供了足够的缓冲和安全保证，经济社会的弹性恰恰也来自闲置。诚然，闲置品如果放在投机者手中，会对经济造成巨大的威胁，但政府也可以合理地运用闲置，缓解经济波动。如果所有的资源都被高效使用，则极有可能某个瓶颈要素早已进入超负荷运转。一个没有闲置的经济体，就像一部超速、持续运转的机器，不知道什么时候，某个“齿轮”便会飞出去。

本书中我们按生产要素闲置、产出品闲置和货币闲置进行归类。其中产出品闲置包括购买者闲置和生产者闲置。凯恩斯所谓的“灵活偏好”以及诸多货币的低效率、无效率使用属于货币闲置。货币闲置通过乘数效应放大货币供应量的减少，从而阻断了商品货币化的进程，造成生产者闲置。生产者闲置会使生产者预期转向悲观，导致投资诱导不足，从而主动闲置现有生产能力①，造成

① “生产者预期”和“投资诱导不足”都是凯恩斯的理论。但他在分析投资诱导和生产者预期的时候加入了太多主观和不确定性因素甚至是情绪化及投机性因素。然而事实上，生产者闲置才是企业主最直观，也是最早感知到的变量。故而它才是对生产者预期和投资诱导影响最直接、最剧烈的因素。而凯恩斯所论述的判断所谓资本边际效率和利息率的比对，是难度比较大的一项工作，常常无法真正作为投资的依据。凯恩斯的分析中，恰恰忽视了这一点。

生产要素闲置。失业作为劳动力要素的闲置属于生产要素闲置。投资的下降和产能的闲置会减少劳动力等要素的使用,导致失业。因而货币闲置和对经济的危害极大。这些内容将在之后的章节详细讨论。

社会产出品的闲置可以分为购买者闲置与生产者闲置,它们不属于投资。严格地讲,生产者闲置也不能算作储蓄。但它们确实是产出减去消费的部分。其中购买者闲置除了一般等价物、各环节合理储备等必要闲置外,最主要的部分就是囤积了。如果这种闲置状态可以一直保持下去,那么它的效果与消费无异,所以它应当归为总需求的一部分。当这种闲置的目的是为了再次卖出获利时,它与投资一样,会形成再次的货币需求。

生产者闲置中,除了个别生产者主动囤积的部分与购买者闲置中的囤积部分相同外,它的主要部分是一种被迫的闲置,是有效需求的稀缺所造成的供给相对过剩的产物,它是产出中没有能力实现货币化的部分。这部分使得凯恩斯的总需求与总供给之间出现黑洞,正是这个黑洞造成供需失衡,进而改变生产者的投资行为,减少投资,闲置设备,从而影响着下一周期的投资、产出和就业。也就是说,这个“黑洞”就是凯恩斯所说的“有效需求不足”中不足的部分,同时也是马克思所说的“相对生产过剩”中过剩的部分。它的存在,正是古典经济学所谓的“均衡”无法达到的根本原因。它游离在供需恒等式的两边,使凯恩斯永远无法真正证明储蓄等于投资、总供给等于总需求,而又无法找到二者不相等的原因。它是经济危机最直接的诱因。

囤积与生产者被迫闲置不同,它是将稀缺资源闲置,以增加它的稀缺性,从中谋求“自身利益最大化”的行为。这种被经济学家们普遍称为储蓄或投资的行为具有以下特点:以稀缺资源的非生产性占用为手段,造成稀缺资源大量闲置,加重其稀缺程度,最终从中谋利。然而闲置与投资显然是不同的。其根本不同之处在于,投资是有产出的,而闲置没有。稀缺资源在其闲置过程中价格的上涨,仅仅来源于闲置所造成的稀缺性增强,当有人把社会最稀缺资源即瓶颈资源闲置(囤积)以谋求收益时,它的瓶颈作用会降低社会产出、减少就业、推高物价。除了对即期生产造成不良影响外,它还会对生产者预期传递错误的有效需求信号，影响到下一周期的生产消费活动。此外，闲置并不像消费和投资那样会造成自身效用的灭失，所以一旦闲置物重新流入市场，将会彻底改变市场供需关系，并形成额外的货币需求，干扰经济正常运行，最终将对社会造成极大危害。而把这种行为称为投资，从而迁怒投资者，则对社会的危害更大。

闲置本身的可怕，远不及经济学家们为了掩盖这一事实把闲置打扮成了投资，或先打扮成储蓄，进而偷换概念将其转命名为投资：卖不出去，那就把它算成储蓄，储蓄就是投资，投资也是需求，于是就有了“供给可以创造自己的需求”的逻辑。囤积就是投资，囤积会造成供需失衡，它的瓶颈作用会降低社会产出，减少就业，推高物价，于是便有了所谓储蓄或“投资过热”危害经济的逻辑。传统经济学就是这样，为了让其市场均衡假设能够成立，视而不见闲置的存在，于是只能把罪责推到储蓄与投资头上。

把闲置混同于投资有极大的危害性，因而本书中涉及投资的概念时，从是否带来产出的角度，一律将闲置性获利的行为从投资中剥离出去。在归结总需求时，并不把这部分用途按其获利目的归结为“投资”，而是按其社会效果归结为“闲置”。从供需关系合理性、有效性及货币需求的角度，我们将购买者闲置列示为总需求(总收入或有效需求)的一部分，而生产者闲置是一种未被满足的货币需求，将它列为总需求的一部分显然是不妥的，它也不应算作收入。生产者闲置只能归为总供给(或总产出)。由于我们放弃了传统经济学“萨伊式均衡”的定义方式，所以我们把总产出与总供给定义在一起，它同时包含了货币化和未能货币化的产出；总需求(有效需求)与总收入定义在一起，它们是货币化的产出；总需求是总供给中货币化的部分。生产者闲置是由于货币供应不足，使总供给没能对接有效需求的部分，它是“萨伊定律”中的“黑洞”。于是：

总需求＋生产者闲置＝总供给

而在总需求中，闲置也应单独列示，不能混同于投资或消费。

总需求＝消费＋投资＋购买者闲置

消费、投资、闲置的区别可以购买房产为例进行分析。无论在 GDP 核算时如何将其归类，如果购买房产自住，属于消费行为；如果出租，则是投资；如果空置以求价格上涨获利,则是典型的闲置行为,它既不体现新的效用,也不带来新的产品,它没有丝毫的产出,它是将稀缺资源闲置以加重其稀缺度来获取利益,怎么可以与投资行为相混淆呢?

由于我们确认了闲置的独立的经济学地位,广义的总供给便不再仅仅包括当期的产出,也包括历史的闲置品,因此它便不再仅仅是一个流量,而是包括存量并且产生持续的货币需求。但是一般情况下,我们所涉及的总供给的概念只涉及当期产出,故而不与总产出的概念相区分。

耐用消费品消费

弗里德曼将耐用品消费等同于耐用品在给定年份的折旧,而其余部分定义为储蓄。如果按照本书中的标准,商品的这个局部既然没有产出,也不会带来就业,甚至没有二次货币需求,显然不能算作投资。归为消费其实并无不妥。即使不算消费,它也只能归为购买者闲置。

储蓄

储蓄是经济学理论中经常涉及的一个概念,但它究竟是什么?不仅每个不同的经济学流派的认识是不同的,甚至同一个经济学家对这个概念的理解也无法始终如一。在这一点上,马尔萨斯为我们分析储蓄提供了一个很好的思路:

> 现今任何政治经济学家都不能把储蓄看作只是货币贮藏:撇开这种做法的狭隘和无效不说,储蓄这个名词在涉及国民财富方面只能设想有一个用法,这个用法是从储蓄的不同用途中产生并以储蓄所维持的不同种类的劳动的实际差别为基础的。[马尔萨斯:《政治经济学原理》(第2版),1836年伦敦,第38、39页。][①]

从储蓄的不同用途及所维持的各种不同劳动的实际差别入手可以发现,从宏观的角度去看,储蓄的最终用途主要有三个:投资、消费和闲置。储蓄这个概念之所以经常被含混,原因有以下几个:

---

① 马克思:《资本论》(第一卷),人民出版社2004年版,第679页注解。

第一，错误地将"总产出＝总收入"假设为一个恒等式，这种所谓的"均衡""出清"假设以总产出的充分货币化为前提条件，而恰恰是这个条件，从来不曾真实存在。

第二，古典经济学理论出于对市场效率的迷信而无法给闲置一个正确的定位，所以只能随手把它错误地归于投资或消费。

第三，当大家谈及储蓄时，往往无法厘清宏观与微观的差别。

第四，人们对投资和消费的界限的不清晰，最典型的就是政府无偿提供的公共物品被错误地列为投资。

第五，对于个体的储蓄通过信贷转化为他人的消费这一现象，由微观向宏观转变时，经济学界习惯将其抵消，而只保留转化为投资的部分。这不仅会造成混乱，而且从逻辑上出现了先定义投资等于储蓄（定义储蓄转化为投资的部分才是储蓄），然后以此为依据，论证投资等于储蓄的问题。

作为凯恩斯经济理论中的重要观点，他对储蓄的理解一向被认为不同凡响，甚至有人认为，正是由于对储蓄认知的不同，构成了凯恩斯与古典经济学的重要分界。储蓄一词在凯恩斯的《货币论》中出现了近 600 次，在《通论》中出现不少于 300 次。然而，仔细研读就会发现，从《货币论》到《通论》，凯恩斯竟然从来没有说清他所谓的"储蓄"是什么。

凯恩斯在《货币论》中竟然是这样定义储蓄的：

> 储蓄——我们所谓的储蓄，指的是个人货币收入和他对本期消费所作的货币支出之间的总差额。
>
> 这样来说，利润既不是社会收入的一部分，也就不会是社会储蓄的一部分，即使没有花在本期消费上时也是这样。不但国民总产品（或国民总收入）价值与其生产成本以货币计算时两抵相差的差额数字就是利润，而且在下面我们就可以看到，任一时期内国家财富的增殖和上述个人储蓄总额之间的差额也就是利润。
>
> 也就是说，社会财富的增量等于储蓄加利润。[①]

① 凯恩斯：《货币论》（上卷），商务印书馆 1986 年版，第 117—118 页。

显然,这样的定义方式是混乱的。在几年后出版的《通论》中,凯恩斯首先抛出了马歇尔的概念:“当他使得他所购买的劳动和商品被用于生产他在将来可以从其中得到享用物的财富时,这被称为他在进行储蓄。”[①]当我们看到这个定义时,我们发现,生产性被当作了必要条件,因而这里指的就是投资。从这个定义出发,储蓄是不包括闲置的。然而很明显,这个定义与马歇尔在同一段话中之前的表述——“人们常常听到:一人花费掉其一部分收入,并且储蓄剩下的部分”[②]——是不同的两个概念,后者更接近凯恩斯在《货币论》中的微观表述。其中所提到的储蓄包括既不是消费,同时也不具备生产性的闲置,这一点似乎凯恩斯并未觉察。

凯恩斯在《货币论》中定义储蓄的第一段话,和马歇尔所讲的这两个储蓄一样,都是从个体出发,谈的是微观的概念,而后面的两段话在把这一微观概念拓展为宏观时出现了多个概念和逻辑上的错误。比较而言,《通论》中微观到宏观的转化显然是快刀斩乱麻,先是讲,“据我所知,每人都同意:储蓄的意思是收入超过用于消费支出的部分”[③],之后说道,“虽然储蓄数量是单个消费者集体行为的后果,而投资数量是单个企业家集体行为的后果,但二者的数量必然相等,因为二者的任何一个都等于收入超过消费的部分”。[④] 由此,凯恩斯不仅把马歇尔偷换了的概念延续了下来,而且把它拓展到了宏观。然后沿着古典经济学的框架推导出了投资等于储蓄。之后尽管又反复变换对储蓄的表述,但始终没能给出一个准确的定位。

当凯恩斯推导出“投资=储蓄”时,理论依据竟然是这二者都等于收入超过消费的部分,然而,严格地讲,这二者没有一个等于收入超过消费的部分。只不过因为他预先将储蓄定义为投资,于是将产出或收入中非消费的部分分别归于储蓄和投资罢了。这种做法完全继承了古典经济学的衣钵,先是定义一个所谓的“均衡状态”,然后推导出在这个虚妄的特定条件下的所谓“恒等式”,再把这

---

① 凯恩斯:《就业、利息和货币通论》(重译本),高鸿业译,商务印书馆 1999 年版,第 24 页。
② 凯恩斯:《就业、利息和货币通论》(重译本),高鸿业译,商务印书馆 1999 年版,第 24 页。
③ 凯恩斯:《就业、利息和货币通论》(重译本),高鸿业译,商务印书馆 1999 年版,第 68 页。
④ 凯恩斯:《就业、利息和货币通论》(重译本),高鸿业译,商务印书馆 1999 年版,第 70 页。

个“恒等式”广泛应用到现实——这个永远不可能达到所谓“均衡”状态的世界。

这样一来，储蓄便被错误地描述为总产出中扣除消费的部分，甚至直接把它定义为投资。尽管凯恩斯在写《货币论》时期已经认识到投资并不必然等于储蓄，并考虑到闲置的影响，但他始终没能从根本上厘清投资与储蓄的这种差异，进而在储蓄、投资、闲置、囤积、收入、企业家利润或亏损等概念及其相互关系上搞得一塌糊涂。而在《通论》中，凯恩斯彻底放弃了自己对非均衡下储蓄的思考，从而回归到了古典经济学投资等于储蓄的教条之中，根本原因在于，他始终没有勇气给闲置这一客观现实中必然的存在——“均衡”的必要条件——一个明确的身份。故而尽管凯恩斯的经济学理论被认为是非均衡的理论，但显然凯恩斯对古典经济学均衡理论的挑战是不彻底的。

那么，社会总产出扣除消费后剩下的究竟是什么？我们不妨一起来看一下：

假如你是一个商品的生产者，当你的产品没有被用于消费，而是被你自己加工为其他商品，或是被用于支付工资、地租等生产性用途时，可以认为产品被用于了投资，通常也被称为储蓄。在现代商品经济社会中，这种非货币化的对接方式已经基本淡出。因此这部分并不是我们重点讨论的内容。我们重点观察，除此之外，社会总产出扣除消费外所剩下的，是否还存在其他部分？

人们经常提到的“储蓄”，除了包括从事生产活动的投资之外，还包括生产者把商品直接囤积起来（比如把粮食、白菜、土豆藏在地窖中）；或者把商品换成货币然后囤积起来；还包括把货币存入商业银行或自行放贷；在资本市场发达的国家，还包括买入股票和债券；也可以买入房产等实物资产……

然而从宏观上讲，与投资一起，同样被经济学家们统称为储蓄（产出扣除消费的部分）的这些行为中不带来新产出的行为，我们并不将其归入投资，但都与另外一个词汇相互关联，那就是“闲置”。

当生产者的产品闲置时，它不产生任何经济效益，也不带来就业。这是一种纯粹的、直接的闲置，我们称之为“生产者闲置”。生产者闲置分为“主动闲置”和由于滞销和积压所造成的“被动闲置”；从是否正常储备的角度，还可以划分为“必要闲置”和“非必要闲置”。为了便于与投资相区分，即使是必要闲置，我们也不将其列入投资，但也不作为重点分析对象。同时由于现代社会，很少有生产者将自己的产品直接作为财富保有形式，本书所涉及的生产者闲置，主要分析非必要和被动的闲置。

而当生产者将其产品换成货币时，即使没有自行放贷，在这个货币化过程中，事实上已经把商品借贷了出去。这些商品将会转化为其他人的投资或消费，当然也有可能仍旧被他人闲置起来。被囤积的货币如果是金银等实物货币，就意味着直接闲置，只不过闲置的是一般等价物。如果囤积（闲置）的是信用货币，那只不过是中央银行为你的产品出借行为开出的无息借据。生产者对中央银行的这种债权，会被中央银行转化为它对其他经济主体的债权。这个过程就好像所有经济主体都将自己的商品借给中央银行，放在中央银行的一个仓库中，换回对中央银行的债权——货币，然后再用这一债权从中央银行的仓库里换回自己想要的东西。但事实上，央行并不真的有这样一个仓库，也不应该有这个仓库，它只是把整个经济体中的商品通过自己的信用平台进行融通并进行清算而已。也就是说，你借给央行的商品，它是一定会借出去的。[①] 如果把货币存入商业银行或自行放贷或者买入股票或债券，则是把对央行的债权转换为对其他经济主体的债权或索取权。其中，除了以购买剩余价值索取权为目的而购买的股票和以生产为目的而购买的资产外，其他大部分是不同程度上的闲置，为货币闲置范畴。显然，马尔萨斯所说的“把储蓄看作只是货币贮藏”，只是诸多闲置方式中的一个而已。

一旦生产者的产品转化为信用货币，即使对储蓄者（货币贮藏者）而言仍旧是闲置，但通过货币这个媒介，它必然转化为他人的消费、投资或闲置。如果转化为他人的消费或投资，便是通过货币化完成了储蓄向消费和投资的转化；如果转化为他人的闲置，与生产者直接囤积的商品的区别在于，它已经经历了货币化，需要占用货币作为媒介才能实现。也就是说，它不仅造成了商品的闲置，

① 如果找不到足够的安全债务人，借不出去，央行就会减少货币投放，生产者的产品的货币化就会受阻，从而形成生产者闲置。

还占用了货币，与生产者闲置相对应，我们称之为“购买者闲置”。

综上所述，从微观的角度，除非储蓄者把自己的产品或金银货币直接囤积起来或直接用于投资，否则个体的“储蓄”只不过是一种债权。储蓄者最初所得到的是对中央银行的债权。如果储蓄者将这些债权闲置起来，他们是无法获得利息的。而如果储蓄者把这些中央银行开出的借据存放在一家存款货币银行，或通过其他手段借贷出去，那将意味着把原先对中央银行的债权再次借了出去，转换为对他人债权。存款货币银行可以用这些对中央银行的债权，通过货币乘数创造出更多的货币用于经济融通。货币效率①将因此得到大幅提高。作为奖励，储蓄者可以得到存款货币银行支付的利息，那是这些央行货币（对中央银行的债权）的租金。储蓄者对存款货币银行的这一债权，银行也必然地会转化出去，形成对其他经济个体的债权。但无论这个债权债务关系的转化最终多么复杂，在过程的末端，最终债务人的选择将仍旧只是消费、投资或闲置。

从宏观的角度，当全部合并报表完成后，这些个体的主动储蓄行为的结果中的一部分应该归入消费科目，另一部分应该归为投资科目，剩下的除了被国内各经济主体囤积起来之外，就是被运到国外换回的对外债权。而这些囤积与对外债权与其称为储蓄，我们觉得不如使用它们的另一个名字“闲置”更不容易产生歧义。那些对外债权，如果被用于国内货币发行，则可以理解为“一般等价物”，否则仍旧是简单的闲置。而一般等价物则是一种特殊的闲置（闲置其商品属性换取货币属性）。

显而易见，储蓄与投资、消费、闲置之间存在千丝万缕的联系，你中有我、我中有你。个人的所谓“储蓄”，其初始状态绝大部分为闲置，最终的闲置程度和效用并不取决于个人，而是取决于一个经济体内金融货币体系的转化效率。因此这个从微观到宏观转化的过程有着极其重大的意义，在一个低效率的金融体系之下，这种初始的闲置状态便无法转化出去，这样一来，储蓄的主要构成就是

① 古典经济学对货币供给的定义是货币数量乘以货币流通速度。这显然只是在交易频次的角度描述了货币的效率。然而事实上，货币最终的供给效果不仅包括流通速度，也包括杠杆，它是各级信用主体在上一级货币索取权的基础上，以上一级货币索取权为储备投放的自身信用所形成的新的索取权。单一的“货币流通速度”无法充分地表现货币效率的多层次性，也给货币数量的定义带来了混乱。

闲置,而不是投资。所以这一过程不可以像凯恩斯那样轻描淡写,甚至无视用途的分类及其在过程中的变化。把储蓄简单定义为社会总产出或国民收入减去消费的部分,不仅忽略了闲置,还把一个微观的概念未加处理便扩展到了宏观。这使得凯恩斯的有效需求不足理论缺少了重要的支柱。

可以直接拉动就业和产出的是投资,可以拉动投资的是消费。但是可以保证投资、消费不间断地相互循环的充足的货币创造,而不出现显著物价上涨的,却是足够充裕的储蓄。储蓄用于投资和举债消费后的余额(闲置)越大,货币创造的空间便越大(可用于一般等价物的商品充裕)。相同储蓄规模之下,投资与消费的数量越高,经济越繁荣;但相同的消费与投资规模之下,储蓄越高,经济潜力越大。所以,萧条的原因并不是储蓄过高,而是消费与投资不足。充裕的储蓄不应成为经济的负担甚至是经济危机的根源,相反,如果运用得当、转化充分,它可以成为解决经济危机的坚强后盾。

忽视货币在这个转化中的作用,正是古典经济学中的核心错误。凯恩斯之所以在《货币论》中否认投资等于储蓄,而在《通论》中时而坚持"投资=储蓄=收入-消费"为恒等式,时而又强调投资诱导不足,使得投资无法保证弥补收入与消费间差额(被定义为储蓄)的部分,这说明凯恩斯虽已在一定程度上认识到了古典经济学所谓"均衡理论"的错误,却没能完全摆脱萨伊定律的思想束缚。

由于现代经济学意义上的"储蓄",其绝大部分已经明显不再是指那种把产出品直接堆积在库房的简单闲置行为,无论储蓄者是否把它存入银行,储蓄者的"储蓄"都将转变为他人的投资、消费[①]或闲置。所以从宏观的角度讲,真正的恒等式应该是:

$$总产出 \equiv 投资 + 消费 + 购买者闲置 + 生产者闲置$$

$$总产出 - 总需求 \equiv 生产者闲置$$

也就是说,凯恩斯还是过于微观了。如果真正从宏观上看,储蓄是根本无法在这个公式中体现的,它并不是一个稳定的存在形式,而只是一个中间过程。并且从宏观上讲,储蓄不仅可以转化为投资,也可形成消费,甚至闲置。如果储

---

① 消费信贷及公共物品消费的发展使经济学研究越发不可以无视储蓄向消费的转化。

蓄的是外汇(对外债权),那一定是把国内的储蓄转变为海外的投资消费或闲置,而无论转变成什么,对国内而言,都是一种闲置。

如果硬要定义一个国家"净储蓄额"的概念,它不仅要扣除消费,也要扣除投资。净储蓄应该是扣除了用于本国投资、消费与闲置的那部分数额,因而一国的净储蓄额就等于进出口差额。而从货币的角度讲,这部分净出口相当于被锁定的一般等价物,它是用来发行本国货币的抵押物。对本国国民而言,它属于纯粹的闲置。现代经济中,一般经济体已经无法找到足够的一般等价物直接作为货币(贵金属占社会总货币需求比例不足),一个经济体所需要的货币必然要经过一般等价物到债权到货币的转换,因此,除非可以在本经济体内寻找到足够的安全债务人,否则产出品出口,锁定为一般等价物,换回对外债权用以发行本国货币的模式将无法改变。

但这样的定义对于一个经济体内部经济现象的分析毫无用处,与通常人们可以接受的"储蓄"概念也相距甚远,容易产生歧义,所以并不是我们想要的储蓄的定义。

那么,我们究竟应当如何定义通常意义下储蓄的范围呢?

首先,储蓄是储蓄者保有自身财富的一种行为。它的定义不应该偏离这点,必然在这个大前提下考虑消费、投资、闲置与储蓄间的关系。

投资所对应的部分毋庸置疑应全部归入储蓄。

闲置对应的部分显然无法整体置于储蓄之外,而且闲置作为一个完整的概念,其分类极为复杂:主动闲置、被动闲置,必要闲置、非必要闲置,产出品闲置、生产要素闲置、货币闲置,生产者闲置、购买者闲置,产能闲置,纵横交错,互有交集。故而只好将大部分闲置也放入储蓄的概念之中。但由于生产者闲置是未能实现货币化的产出,因此这部分只能算是"或有储蓄"或"潜在储蓄";而产能或生产要素闲置则是一种潜在产出,并没有实际产出相对应,故而不能作为储蓄或潜在储蓄的一部分。

凯恩斯认识到供给与需求间有一个"黑洞",但他没有认识到这个"黑洞"就是闲置,或者说他不愿意承认闲置的存在。于是他把产能闲置看作一种储蓄意愿,而对于生产者闲置,在《货币论》中由于恪守“货币收入等于生产成本”和“市场是有效的,所以不可以存在闲置”这些“均衡理论”,因而无法理解价格并不是供需比对的唯一表达方式,最终只能把这些储蓄超过投资的部分定义为亏损。他提出,利润是国民总收入与其生产成本的差额;生产成本和社会货币收入是用不同表达方式来指称的同一事物(所以利润=国民总收入-社会货币收入);利润既不是社会收入的一部分,也不是储蓄的一部分,但它是国民总收入的一部分;储蓄则是货币收入与本期消费的差额(货币收入=储蓄+消费);国民总收入是本期消费价值加上投资增量价值(国民总收入=储蓄+投资)。这几点联立之后,得出结论:“因此,我们将发现,这一定义下的本期投资的价值将等于这种定义下的利润与储蓄的总和。”[①]这一推导过程简直令人难以置信,结论更是遭到了丹尼斯·罗伯逊等人的强力抨击:

> 丹尼斯·罗伯逊在1931年9月的《经济学杂志》上对《论货币》[②]所写的书评中,批评凯恩斯对“储蓄”和“收入”的定义没有实际操作价值。“储蓄超出投资的那一部分”被定义为“企业亏损”,这就意味着,只要企业继续亏损下去,储蓄将永远走在投资前面;换句话说,均衡是完全不可能的。罗伯逊问道:“那些大喊经济衰退是因为储蓄大于投资的人们当中,没有多少人意识到在衰退中这些过高的储蓄是来自企业家们未能使用的收入,其原因很简单:因为他们还没有挣到这笔收入。”[③]

真实的国民总产出中,一定存在无法实现货币化的部分,那不是“企业亏损”。罗伯逊是正确的,从微观和现代会计准则的角度,这些没能货币化的“收入”就是还没有挣到的收入。从宏观经济学角度,那就是闲置,也就是我们所说的“生产者闲置”。企业亏损只是表象,是萧条和失业传导的途径和手段。它与储蓄、投资与收入间的关系,并不像凯恩斯所描述的那样。尽管企业亏损与生

---

① 参见凯恩斯:《货币论》(上卷),商务印书馆1986年版,第115-118页。

② 通常译作《货币论》。

③ 罗伯特·斯基德尔斯基:《凯恩斯传》,相蓝欣、储英译,生活·读书·新知三联书店2015年版,第539页。

产者闲置密切相关[①]，但在经济分析时不能用企业亏损去代替闲置。

在后来的《通论》中，凯恩斯放弃了《货币论》中的这组定义[②]，转而按照传统的处理方法，以"流动资本"的名称将生产者闲置划为了投资。[③]

于是，尽管他感觉到了储蓄与投资间的这种自动地趋向不平衡的力量，最终却还是与造成这种失衡的真正原因擦肩而过。

此外，那些单个储蓄者通过金融体系转化为他人消费的部分，如果微观地讲，被按照收入扣除个人消费而列入投资，那么从一个国家的宏观角度讲，这部分产出是被生产者通过交换消费了，还是通过债权债务关系被本国的其他人消

---

① 价格与闲置同为供需比对的表达方式，因此如果以必然出清为基础假设，那供需比对的结果便只能体现在价格，也就是利润上。

② "对收入和净收入所下的上述定义企图尽可能地接近日常用语。因此，有必要立即提醒读者：在《货币论》中，我在特殊的意义上给收入下了定义。定义的特殊之处在于总收入中属于企业家的那一部分。我在为这一部分下定义时，既没有采取企业家在现行的经营中实际上取得的利润（不论是毛利润还是净利润），也没有采取他在决定从事现行的经营时所预期的利润，而采取某种意义上的正常或均衡利润。现在想来，如果我们考虑到生产规模改变的可能性，那么这种正常或均衡的意义也未得到充分的规定。根据这一定义而导致的后果为：储蓄超过投资的部分即为正常利润超过实际利润的部分。我相信，这一名词的使用已经造成相当程度的混乱，特别在与储蓄相关的使用上更是如此。使用这种定义的结论（牵涉到储蓄大于投资的情况）只有在按照我的特殊意义来解释这些名词时才是正确的。然而，这些结论往往在一般的讨论中加以采用，好像这些被使用的名词具有较多的众所周知的意义。由于这一原因，由于我不再需要用我的过去的名词来准确地表达我的思想，所以我已决定放弃这些名词——并为它们所造成的混乱而感到非常抱歉。"[凯恩斯：《就业、利息和货币通论》（重译本），高鸿业译，商务印书馆 1999 年版，第 67—68 页。]

③ "以如此方式加以定义的投资包括资本设备的增加额，不论是指固定资本、经营资本或是流动资本而言；因此，如果投资的定义有重大的差异之处（除了投资与净投资的差别以外），那么差别必然是由于把上述三种资本中的一种或一种以上的增加额排除在投资的定义之外。

"例如，霍特里先生认为，流动资本的改变，即意外的存货数量的增加（或减少），具有很大的重要性，从而提出把这种改变排除在外的一个投资的可能的定义。在这种场合，储蓄超过投资的数量就会等同于意外的存货量的增加，即流动资本的增加。霍特里先生并没有说服我，为什么这便是应该强调的因素，因为，他把全部重点都放在对未预料到的改变的矫正之上，而不放在对预料到的（不论预料是否正确）改变的矫正之上。霍特里先生认为，企业家会由于他的存货量的改变而变动一天和前一天之间的对生产规模的决策。可以肯定，对消费品而言，存货的改变对他的决策起着重大的作用。但是，我找不出任何理由来把其他影响决策的因素排除在外。因此，我倾向于强调有效需求的全部改变，而不仅仅是有效需求所反映的两个期间的存货量增加或减少那一部分的改变。此外，对固定资本而言，闲置设备的生产能力对生产决策的影响相当于存货的增加或减少；而我看不出霍特里先生的办法如何能对这一至少同等重要的因素加以处理。"[凯恩斯：《就业、利息和货币通论》（重译本），高鸿业译，商务印书馆 1999 年版，第 83—84 页。]

在这里，凯恩斯与霍特里所争论的是潜在储蓄（生产者闲置）与潜在产出的问题。在霍特里看来，潜在储蓄不应列为投资；而凯恩斯却说，霍特里先生的办法不可行，因为潜在产出同样重要，他的办法没有提及。显然这样的逻辑不能成立。无论是潜在储蓄还是潜在产出，都属于闲置，而不是投资。区别在于，潜在储蓄已经进入了产出品（存货）阶段，而凯恩斯所说的"闲置设备的生产能力"尚没有产出品形成。

费了,实际上是没有区别的,所以它只能列为消费。显然凯恩斯所说的无论是个体还是集体,“二者数量必然相等,因为二者中的任何一个都等于收入超过消费的部分”是不成立的。

在一个封闭的两部门经济体内,一个部门的负债就是另一个部门的储蓄,如果这些负债全部用于消费,那么按照传统经济学的计算方法,把这两个部门“合并报表”时,这些储蓄便不复存在了。当个体的储蓄通过信贷转化为他人的消费和投资时,将消费部分抹去,而只保留转化为投资的部分,这不仅会造成混乱,而且从逻辑上讲,这无异于先定义投资等于储蓄,然后以此为依据,论证投资等于储蓄。故而本书在定义储蓄时,使用抵消前,包含举债消费的概念。而这个举债消费,不仅包括民间信贷消费,也顺理成章地包括政府通过发债免费提供的公共物品(而不是先把它们错误地定义为投资,再包括进来)。从宏观上看,这部分储蓄所代表的收入是一部分人的储蓄,却已经被另一部分人消费掉而不复存在,但是,尽管收入已不复存在,债权债务关系却仍在,由此而完成的货币创造仍在。这些债权债务关系仍旧在履行着货币的职责。微观上,对债权人(储蓄者)而言,这种财富的保有并没有灭失;或者说,这种财富保有需求已经被满足,且这种已被满足的储蓄需求并没有因为债务人的消费而有丝毫改变。尽管从债务人的回报上,消费与投资有着本质的不同——投资可以形成资本,可以获取利润[①],消费却不能。但是在满足储蓄者财富保有需求(即储蓄需求)、创造国民财富保有形式这一点上,举债消费与举债投资并无不同。

也就是说,在不严格区分潜在储蓄时,我们把储蓄的对应范围定义为投资、借贷消费与产出品闲置之和。由于生产者闲置并不是真实实现的储蓄方式,故而如果要扣除这部分潜在储蓄,则应该在原有基础上减去生产者闲置。而本国储蓄中被转借到海外的部分,对本国而言,是一种购买者闲置,是本国资源的浪费。如果这部分闲置被用来发行本国货币,则可以理解为一般等价物。

这是一个与凯恩斯等经济学家所给出的不同的定义,除了明确了“闲置”的

---

① “资本是这些财产,或者这种积累的财富中被用来在未来财富的生产与分配中谋取利润的特殊部分。”(马尔萨斯:《政治经济学原理》,商务印书馆 1962 年版,第 219 页。)

经济学地位外，它还保留了储蓄与消费之间的转化关系和信贷痕迹。我们不得不承认，从宏观的角度，这个定义并不完美，但是，正是因为传统经济学将储蓄定义得过于宏观，却使用得过于微观，特别是因此掩盖了债权债务痕迹后，使得这个概念含混不清。当传统经济学家们声称储蓄导致衰退，或热爱储蓄导致经济危机时，这个“储蓄”并不是他们定义为等于投资的那个“储蓄”。与其定义一个远离现实的概念被广泛地按照最亲民的理解而使用着，使得这个概念完全被混淆，不如在定义中保留它的微观性，以保证分析口径的一致。

表 2—1

<table>
<tr><td colspan="6">生产的可能性边界</td></tr>
<tr><td colspan="5">实际总产出</td><td rowspan="4">潜在产出</td></tr>
<tr><td colspan="4">有效需求或总收入，是货币化的产出</td><td>有效需求不足的部分，是未能实现货币化的产出</td></tr>
<tr><td rowspan="3">非举债消费</td><td colspan="4">广义的储蓄</td></tr>
<tr><td colspan="3">储蓄</td><td>潜在储蓄</td></tr>
<tr><td>举债消费</td><td>投资</td><td>购买者闲置</td><td>生产者闲置</td><td>包括厂房、机器设备、劳动力等在内的生产要素闲置</td></tr>
</table>

无论是储蓄还是投资，因为它所针对的不是即期的消费，而是未来消费的准备。未来是多久？可以是十年、一百年，也可以是一千年。人生不过百年而已，消费终究有限。显然，投资和闲置需求有着比消费需求更为广阔的想象空间，但是闲置过多，则会使经济运转失去动力。在一个生产相对过剩的时代，如何将一部分人一百年、一千年，甚至一万年后的消费准备有效地转化为其他人的即期消费，这绝不在市场那只“看不见的手”的能力范围内。

第三节　储蓄对国民经济的影响

在短缺型经济之下，储蓄能力不足往往是危机的根源。但当人类社会进入以机器化大生产为特征的发达的工业社会之后,以相对生产过剩或有效需求不足为表现形式的经济危机,则往往被归咎于人类的储蓄热情过高。在我们看来,资本主义的经济危机,肤浅地说,是货币供给不足,深入地看,是具备承债能力的经济主体不肯承债;而金融危机的根源是不具备承债能力的经济主体过多地承债。它们之间的关联很清楚:具备承债能力的经济主体不肯承债,导致货币有效供给不足,结果是要么因货币不足导致经济危机,要么转由不具备承债能力的经济主体承债导致金融危机。

储蓄者对债权的巨大需求和市场自身承债能力之间的矛盾引发经济危机

古典经济学信仰以萨伊定律为代表的货币中性论,否认货币的作用和闲置的存在。以这一逻辑为基础,意味着社会全部产出可以顺畅地全部转化为投资和消费。故而经济危机在自由放任的市场经济中是不可能出现的,充分就业则是经济的常态。然而,事实却恰恰相反。人类社会进入资本主义时代后频繁出现的经济危机使越来越多的人认识到,经济体持续发展需要通过货币穿针引线,将储蓄通过金融体系转化为投资和消费。当作为投资或消费的债务人不具备足够的承债意愿或能力,或金融体系不具备足够的转化效率时,这些无法被消化的储蓄就会沉积下来,闲置在各个环节,形成经济过程中社会购买力的漏出现象,从而造成有效需求不足。这些闲置既没有产出,也不提供就业,它们才是各种危机的罪魁祸首。在古典经济学的视角之下,一方面,过高地估计了市场那只“看不见的手”自我完成这种转化的能力;另一方面,人类社会储蓄不足的历史所形成的思维惯性使他们不愿正视这种转化的必要性。此外,还有一个非常重要的因素,即在资本主义规则之下,转化效率的提升就是对转化工具(货币)所有者利益的最大伤害。马尔萨斯等经济学家看到了这种闲置的危害,却把这种闲置、这种消费和投资的不足直接归咎于储蓄。与古典经济学无视货币需求的重要性同时存在的是,一些主张货币外生论的经济学家,即使认识到是货币的不足造成了危机,却主观地认为一切货币不足都只是货币供给意愿不足，他们没能充分考虑到，到安全债务人不足同样会导致货币有效供给能力不足，从而引发经济危机。

人类保有财富的行为，称为储蓄，是人类正常的、理应受到保护的经济行为。当人类社会文明发展到以债权形式作为储蓄标的、保有自身财富时，一个经济体中安全债务人的数量极大地影响着全社会有效需求总量，并在经济危机中，成为有效需求不足的根源。因此，安全债务人不足往往是经济灾难的起因，而那种认为“供给可以自发产生它的需求”的观点，无疑会加重这种灾难。政府作为一个经济社会承债力最强大的主体，以承债的方式满足居民储蓄需求，不仅是一种补救方式，也是国家的繁荣和社会财富积累的必要条件。

听到这样的结论，总有无聊的人挑衅道：“你是说印钱就可以增加财富吗?”这真是一个足够幼稚的问题。再次混淆了必要条件和充分条件之间的关系——一个必要条件，即使不能单独创造财富，它也同样是必要的。

传统经济学家们也经常会把货币比喻为容器，但又说它是“中性”的，并不会带来产出和就业，不会影响财富的数量，或者说长期而言，不会影响财富的数量。这就像在说，一个容器并不会影响容器内水的数量，不会造成水的流失，哪怕是容器容积远小于水的体积。这与长期还是短期原本丝毫没有关系，其掩藏的核心逻辑无非是当容器内的水不再增加时，加大容器体积并不会增加容器内水的数量。也就是说，在他们看来，长期而言，“水”必然会停止增长(长期而言，人类财富必将停止增长)。这与把世界必将灭亡作为核心假设的逻辑有什么区别？对于这样的逻辑，我也只能用“长期而言，(唯一确定的事情是)我们都会死”作为回应。

储蓄者对债权安全性的要求与债务人整体安全性提供能力之间的矛盾引发金融危机

金融危机比经济危机更明显地体现为一种流动性危机。如果说经济危机的原因是货币供应数量不足，那么金融危机的原因则是货币供应质量的欠缺。金融市场需要依赖储蓄者对其足够的信心才能保证用有限的流动性，满足市场货币需求。而储蓄者对自身财富保有的安全性要求却是不肯做出一丝让步的，一旦他们开始怀疑金融机构或自身所持有的金融产品的安全性时(即使这种担心在最初时完全是无中生有),争相改变财富保有形式必然给脆弱的金融体系流动性带来毁灭性的打击。当这种货币质量的欠缺导致储蓄者集中变换储蓄标的时,仅是突然爆发的巨大的交易性货币需求,就足以冲垮脆弱的金融体系。

债权人的储蓄意愿和债务人的举债意愿,这两个需求以银行信用为媒介,分别得到满足。其中债务人的偿债能力决定着货币的质量。由于债务人普遍积累不足、偿债能力差,导致金融机构难以找到足够的安全债务人①,这一点在发展中国家尤为明显。在欠发达国家,即使是政府也难以获得储蓄者广泛的信任,于是其中央银行也就失去了强大的后盾。这种情况下,最佳的方式就是以外汇储备及对外债权的形式保有其国民的储蓄。如果经济体自身储蓄也存在不足,政府无论是采用对内还是对外举债的方式刺激经济,这种金融风险都是难以避免的。自 20 世纪 80 年代以来,无论是拉美主权债务危机、墨西哥金融危机,还是亚洲金融危机,起因皆是将全球储蓄对接了承债能力不足的债务人。当这些储蓄、这些原本以美元索取权形式存在的债权,集中要求行使这一索取

① 明斯基提出过类似的概念。"明斯基设定的债务类型是分期还本付息,并将借款的企业分为三类。第一类企业的预期收入不仅在总量上大于债务额,而且在每一时期内,其预期的收入流也大于到期需要偿还的债务本息。这是最安全的借款人。第二类企业的预期收入在总量上也大于债务额。但在借款后的前一段,预期收入只够付息,而不足以归还到期应付的债务本金。过了这一段,企业的预期收入将足以偿还到期本息以及前期所欠的本金。问题是前一段,为了支付到期应还的本金,要么重组其债务结构,要么变卖其资产。由于市场条件可能发生的变化,该企业将承担不确定性风险,其财务状况有可能恶化。第三类企业的预期收入在总量上也大于债务额。但直到最后还款的前一期,每一时期的预期收入不仅小于到期债务本金,甚至还小于到期债务利息。这类企业比第二类企业承担了更大的不确定性风险,要维持运营,必须在长时间内不断地借新债还旧债。一旦利率升高,这类企业的财务状况就会更加困难。

"在明斯基看来,在一个新经济周期开始时,绝大多数的融资企业属于第一类企业。随着经济的进一步繁荣,市场一派利好气氛,企业预期收益上升,纷纷扩大借款,第二类企业、第三类企业迅速增多,而且它们在借款人中的占比越来越大。因此,金融脆弱性越来越严重。然而,资本主义经济的长波周期必然迎来滑坡。任何打断信贷资金流入生产部门的事件都将引起违约和破产,而这又进一步反馈影响金融体系。随后,金融机构的破产迅速扩散,金融资产价格的泡沫迅速破灭,金融危机爆发。"(黄达、张杰编著:《金融学》,中国人民大学出版社 2017 年版,第 664 页。)

明斯基在这里描述的安全的借款人,与我们所提出的安全债务人的概念有相似之处,但他只涉及企业,并没有把政府作为经济主体考虑在内。很明显,在政府不参与承债的前提下,经济社会承债能力不足是一个常态。然而对于一个独立主权国家的政府而言,其税收的稳定性及其主权货币的法定性决定了,它在本币的范围内有着明显高于企业的承债能力。但如果政府不具有承债意愿,则只能称之为"潜在的安全债务人"。

权的时候，所谓的“美元荒”便随之而来了。

即使是发达国家，由于其金融业过于庞大，甚至从海外吸收了大量的储蓄，也难以找到足够的安全债务人。然而金融资本的贪婪却使他们不仅没有提高自身的效率，反而利用自身的中介优势，以提高利率的方式弥补货币有效供给能力不足所带来的损失。随着利率的升高，货币的生产性使用者在高利率面前只能选择退出，货币逐渐蜕变为赌徒们的赌具。越来越多高风险偏好的借款人成为银行的客户，低风险偏好的生产性借款人被排斥在外。甚至原本厌恶风险的借款人也会因为借贷成本的提高而改变自身货币使用的性质，开始追求高收益高风险的项目，导致资产总体质量下降，金融风险不断堆积，甚至用极端的方式“创造”暴利的“奇迹”。因而可以说，金融体系自身的这种脆弱性是难以避免的，并在金融资本的贪婪逐利中不断放大。随着金融业越来越发达，这种风险所带来的危害也越来越大。此外，作为贮藏性货币的补充，人们会以股票、证券甚至房产等形式保有自己的财富。因而当股票或房地产市场出现波动时，也会引发流动性危机。

1929 年，过高的利率导致美国股市崩溃，由此引发了美国银行体系的连锁反应，导致大萧条。大萧条的历史教训，使得以美国为首的发达国家的中央银行认识到，在金融动荡的最初时刻，必须向市场补充流动性，用央行货币暂时替换出部分危机中变得脆弱的商业银行信用，以避免循环信用收缩的出现。事实证明，第二次世界大战后的经济发展过程中，尽管金融动荡不断，但 1929 年那样规模的危机再也没有出现。这说明，一方面，民众对中央银行特别是美联储的信任度明显有所提升；另一方面，中央银行信用能力和货币投放意愿的不断提升对战后持续的繁荣起到了非常关键性的作用。

1987 年，美国股市再次突发性崩盘，依赖美联储向市场注入大量流动性得以缓解。2008 年美国次贷危机的实质是全球流入美国的储蓄通过美国金融体系对接了国内次级信用者导致的危机。当过高的利率导致大量债务人丧失偿债力时，如果不是美联储及时借助于美国政府信用替换下了这些非安全债务人，向市场注入大量流动性，次贷危机的后果难以想象。这证明，一个拥有强大承债力的政府为后盾的央行可以作为最后贷款人提供高质量的货币,它有能力在危机爆发时主动介入、化解危机。

经济危机、金融危机就像一个生了病的人。从来不生病,未见得是好事;主张有病不治,完全靠自身的抵抗力去应对,极可能需要付出生命的代价。但一个极端是错误的,不能用来证明另一个极端是正确的。拿药当饭吃,同样有害。如果全球金融体系不停地需要美国政府及美联储反复干预,把美联储用于应对危机而提供的交易性货币当作贮藏性货币使用,最终使美联储失去退出干预的机会,以全球储蓄需求的积累速度,无论是美国政府还是美联储,都是没有能力承担的。在美国银行系统的转化作用下,海外储蓄需求中的一部分必然会对接到美国国内的消费信贷需求之上,最终以美国巨额对外贸易逆差的形式表现。贸易逆差的积累不仅影响到美元的供给能力,更重要的是降低了美元的供给意愿。当这种对接方式不再被各方所认可的时候,不仅储蓄者们要为自己的储蓄寻找新的出路,美国的消费者需要为自己的消费寻找新的来源,而且美国的金融体系也需要从债权人和债务人两个方向为自己寻找新的客户。无论其中哪个环节出现问题,都会引发新的危机。美国用近百年时间,证明了美国的综合国力、政府的承债能力以及以美联储为首的美国金融体系的强大,在全世界建立了美国第一安全债务人的信仰。只要这个信仰仍在,美元就仍旧是最安全的,全球的储蓄也会安全。然而一旦这一信仰被瓦解,当全球储蓄被迫另寻归宿时,金融动荡就难以避免。

储蓄、投资与就业

被一些经济学派推崇备至的储蓄很大一部分是一种闲置行为,那么另一些经济学家就此认为,储蓄会降低经济社会的效率,甚至是经济危机的根源,这是否便有了依据呢? 也不尽然。我们之前已经厘清了储蓄、投资与闲置之间的关系。由于投资是储蓄的一部分,经济体内能否形成足够的投资以保证经济增长与充分就业,必然受到储蓄量的制约,因此充足的储蓄本应是经济和就业的保障。微观层面上,投资与闲置都会被民众当作保有自身财富的方式,故而往往统称为储蓄，且都需要以货币为媒介，所以在货币资源占用上是相互排斥的关系。其中，投资是与劳动力要素使用相伴生的，是唯一可以直接带来产出和就业的货币需求，因此与就业发生排斥造成经济危机的并不是储蓄本身，而是储蓄的结构。储蓄中闲置的比例过高，导致投资不足。但是，除非将商品，特别是一些瓶颈资源闲置，否则如果储蓄的只是信用货币，那么它只是一种债权，无论是直接囤积还是存入银行，从宏观层面看，它都有机会转为社会的消费或者投资。只不过，民间这些零散的储蓄转化为消费或投资需要依赖银行系统及资本市场。所以储蓄最终是被闲置还是转化为投资消费，则要取决于这个经济体，银行系统及资本市场的效率及中央银行是否有能力向经济体中注入足够的货币。

储蓄充足却不能充分就业，可以看作一个储蓄转化为投资环节效率低下，从而造成过多闲置的问题。宏观而言，闲置才是经济体能量和动力流失的根源，认清这一点才能够在经济失速时找到动力流失的位置，而不会再盲目地归咎于微观的储蓄或投资行为。

我们在上一节分析了，从生产到投资和消费，每一个环节都存在各式各样的闲置。储蓄是否可以提供足够的投资，首先涉及储蓄总量是否充足的问题；商品是否出清，是生产者闲置的问题，或者说是货币是否充足的问题；劳动力要素是否会出现闲置，是生产要素闲置问题。它们彼此之间并不存在统一的所谓"均衡点"，也就是说，这几种闲置是交错出现的。因此对于储蓄与就业之间的关系，即使在其他要素资源并未产生瓶颈的情况下也不能一概而论，需要分类讨论。[①]

储蓄恰好充足且无闲置下的充分就业

储蓄不足下的充分就业更多地存在于生产力水平低下的农业社会，故而我们不在这里讨论这种情况。当社会已经形成一定积累，如果储蓄恰到好处地实现了充分就业，这已经是特例中的特例了。即使出现，也只能是瞬间。这种理想中的均衡状态，不可能持续。各要素在生产中被使用、创造产出，用于简单和

---

① 凯恩斯假设商品必然出清，劳动力及其他要素用尽与储蓄完全转化存在共同均衡点，故而只分两种情况进行讨论。详见本书第四章第四节。

扩大再生产及消费,在这个动态的过程中,劳动力要素的数量和生产效率也在不停地变化,要求储蓄被投资和消费完全吸收,恰到好处地随时与劳动力数量相匹配,无过、无不及,这是一个极其艰巨的任务。唯一的选择,只能是通过调节储蓄中闲置的部分向那个方向努力。而如果没有了储蓄中的闲置作为缓冲,这就更是一个不可能完成的任务了。

储蓄过剩下的充分就业

这是一种积累水平高于可用劳动力水平的情况,或者说是经济增长受制于劳动力要素瓶颈的危机。如果将资本主义现有的经济危机称为相对生产过剩,以上状态如果真的长期出现,则可以表述为"绝对生产过剩"。[①] 凯恩斯则认为,实现充分就业之时,就是"真正的通货膨胀"出现之时。但他认为,充分就业甚或近乎充分就业都是一种罕见的现象(马克思讲的是"本来就是不可能的"),并不是资本主义的常态,所以并不需要重点关注。而哈罗德却认为,倘若生产者预期即使较低的价格也并不会刺激需求,就不会急于提升劳动生产率,从而使社会在没有达到最大潜在产出水平的条件下,实现充分就业。[②] 然而现实世界中,生产者因为恐惧商品价格继续下跌,宁可尽量多地使用劳动力,也不愿意追加资本、采用新的生产技术以提升劳动生产率的现象,恰恰只能发生在货币瓶颈所造成的大的经济危机之下、劳动力要素大量闲置的情况下。而在充分就业的条件下,要求生产者忍受着劳动力要素成为瓶颈而价格上涨,且有能力提高劳动生产率,却不肯追加资本对劳动力形成替代,这不符合市场规律。资本主义发展的历史中,不仅劳动生产率的提高速度总是能够超出积累的速度,从而成功地"化解"充分就业的压力,货币要素持有的集中性,为了实现货币要素提

---

① "只要为了资本主义生产目的而需要的追加资本=0,那就会有资本的绝对生产过剩……只要资本同工人人口相比已经增加到既不能延长这些人口所提供的绝对劳动时间,也不能增加相对剩余劳动时间(后一点在对劳动的需求相当强烈从而工资有上涨趋势时,本来就是不可能的);就是说,只要增加以后的资本同增加以前的资本相比,只生产一样多甚至更少的剩余价值量,那就会发生资本的绝对生产过剩。"[马克思:《资本论》(第三卷),人民出版社 2004 年版,第 280 页。]

② "倘若生产者预期较低的价格并不会刺激需求,使其足以吸收追加的产出量的话,他们便不会摒弃现有的生产方法而赞成可以提高个人平均产出量的新方法。所以,即使达到充分就业,也还可能并没有达到可能达到的增长。"(罗伊·哈罗德:《动态经济学》,商务印书馆 2013 年版,第 55 页。)

供者利益最大化，也会在远达不到充分就业之前便已经“悬崖勒马”了。真正阻碍技术进步的就是货币这个瓶颈，而它的目的恰恰是阻止充分就业的发生。

在经济增长过程中，任何瓶颈要素都有权索取与其稀缺性相对应的高对价，这正是市场经济的高效性所在。这种价格的优势，是促进市场减少稀缺要素低效率占用、促进技术变革提高要素效率，并寻找替代以缓解其稀缺性、打开瓶颈的动力，并不存在货币过多的问题。冠以“通货膨胀”之辞，实属误导；而加以所谓“抑制通货膨胀”的治疗方法，更是人为地制造失业，它相当于在劳动力可能形成的瓶颈之前，制造一个货币瓶颈，导致储蓄转化过程受阻，从而对经济双重捆绑。这虽然看似保护了货币和资本所有者的利益，但阻挠了技术的进步，主动放弃了对瓶颈的挑战，增加了社会闲置，在经济的停滞之下，最终包括货币要素的提供者在内的全部经济主体都将是受害者。

储蓄相对过剩下的非充分就业

当储蓄和潜在储蓄远大于投资与举债消费之和时，社会产出品首先出现严重闲置，庞大的商品堆积无法货币化。低效的金融体系（货币供应不足既是这种低效率的主要原因，又是其主要表现）无法将产出充分转化为投资或消费，商品的闲置必然传导到生产要素的闲置，引发劳动力失业。这是资本主义经济危机的主要表现形式，其实质是一个社会的总产出无法充分货币化，导致各类闲置充斥于经济体的方方面面，从而堵塞经济血管，使经济体系无法正常运转，造成经济循环的停滞。

此时，如果社会的生产性举债意愿仍旧强劲，且安全债务人充足，则只需要提高金融及信贷效率以保证足够的货币供应，即可降低资源闲置、提高产出和就业。然而，市场往往并不具备这样的自我调节能力，特别是一旦这种金融体系的低效率已经造成萧条的局面，包括商业银行在内的经济体的各个参与者自身信用能力必然因此而下降，安全债务人也会减少，信贷受阻。各方不得不收缩信用以求自保。在这种情况下，仅依靠货币政策以提高金融及信贷效率往往已经达不到预期效果，故而只能由具备特殊信用能力的政府以市场经济主体的身份参与其中,作为安全债务人承担债务,用来向社会提供公共物品和基础设施投资,同时为未来可能的货币回笼建立必要的储备。这不仅可以在一定程度上弥补投资、消费之和与产出间的缺口,降低闲置,更重要的是,作为初始订单提供者的政府为经济体注入的新的利润,可以带来消费与投资的乘数效应;作为安全债务人的政府所承担的债务,可以形成基础货币,并进一步带来货币投放的乘数效应。在经济走入萧条、货币效率下降的情况下,这二者都将有效地提升货币效率。此外,在经济甚至金融危机之下,货币供应不足,此时没有什么是比政府举债借以向经济体投放自身信用更能提振市场信心的事情了。信用货币本位之下,货币供应不足就是信用供应不足。此时的政府信用投放,就如同金本位下黄金的投放。

这正是"凯恩斯革命"提出政府干预经济理论的可行之处。

> 凯恩斯写道:"当我们有失业的工人和厂房时,只有完全低能的人才会说我们无法负担公共工程项目支出。因为正是这些失业工人和厂房才能让我们完成这些项目。""凯恩斯革命"的后期发展史对政府应当干预经济并将其拉出萧条的基本原理没有做出多少新的改进。[①]

但是这样的观点,在那个时期,显得已经过于超前了。

> 在凯恩斯的敦促下,劳合·乔治宣称政府必须举债。但是,这个说法提出了,或者说突出了一个问题:资金从何处而来?如果政府从私人储蓄里举债,这就会"挤出"私人投资的数量。凯恩斯本人赞成将"流到海外的积蓄"动员起来,但没有解释清楚为何此举能够增加就业。要么能够找到未被使用的储蓄资金,要么通过银行来创造"新的资金",而后者被认为会引起通货膨胀。
>
> 正是在这几个问题上,财政部展开了对自由党动议的回应。在凯恩斯的文章发表之后,丘吉尔(财政大臣)要求理查德·霍布

① 罗伯特·斯基德尔斯基:《凯恩斯传》,相蓝欣、储英译,生活·读书·新知三联书店 2015 年版,第 460 页。

金斯、弗里德里克·莱斯—罗斯和霍特利对此发表看法。理查德·霍布金斯爵士刚刚接替奥托·尼迈耶的金融总监的位置,而尼迈耶已到英格兰银行去工作;莱斯—罗斯是他的副手。然而,只有金融调查司司长霍特利,也是财政部唯一的专业经济学家,找出了凯恩斯论证当中的弱点。他根据自己1925年发表在《经济学杂志》上的一篇文章,指出在货币供应量固定不变的情况下,政府为公共工程项目举借的任何债务都必定是在牺牲"消费者支出"的基础之上。这个观点成为"财政部观念"的基石:任何额外的政府开支必然要牺牲现存的某些开支,除非引起通货膨胀。莱斯—罗斯的评论是:"凯恩斯所追求的正是信贷的膨胀。"霍特利的复杂论证方式被简化了,以适合鲍德温首相的演说法:"我们要么获取现存的资金,要么创造新的资金。"当然,此处的"新的资金"意指人人都厌恶的通货膨胀。

"财政部观念"假设所有的储蓄都被用于投资,也就是说被用来购买新的固定资本。但这是否符合事实呢?罗伯逊曾说过,储蓄被"囤积"起来(也就是说,闲置不用)。凯恩斯则指出另外两种可能性:一种是用储蓄来购买现存的资产,目的是哄抬其价格,比如在股市上的泡沫即是如此;另一种是流到国外。这批储蓄如果引起资本借出国的黄金流失,从而引起国内银行利率的上涨,则不可能提高国内投资水平。在上述三种情况下,一国的储蓄可以说"跑到现行的投资的前头"(即被闲置不用)。[①]

不要说在近百年前的那个时期,即使到了今天,这样简单的一个道理仍旧是大多数人的认知能力所无法达到的,更不要说改进。换言之,本该是一百年前便可搞清楚的一场辩论,直到今天却仍旧在争论不休!

按照本书的归类方式,罗伯逊所说的情况为货币闲置;凯恩斯所说的第一

① 罗伯特·斯基德尔斯基:《凯恩斯传》,相蓝欣、储英译,生活·读书·新知三联书店2015年版,第460—461页。

种情况是产出品闲置中的购买者闲置；第二种情况对国内的效果相当于购买者闲置或货币闲置；之前斯基德尔斯基引用的凯恩斯的话中所讲的“失业的工人和厂房”属于生产要素或产能闲置，对应潜在产出水平。括号里两处有关闲置的注解都是《凯恩斯传》的作者斯基德尔斯基添加的。列举出来的这些闲置都只是冰山一角。现代社会中的闲置几乎无处不在，除了已经货币化的闲置外，生产者闲置（潜在储蓄）所引发的循环紧缩是萧条的直接诱因。

萧条和经济危机的原因并不是储蓄，而是没能将储蓄中闲置的部分转化为投资或消费，造成购买力的漏出，干扰了社会产出品的货币化，进而向生产要素传导，形成包括劳动力在内的生产要素的闲置。认为热爱储蓄是造成经济萧条和危机的根源，完全是无稽之谈。在市场那只“看不见的手”的作用下，这种漏出是必然的现象，它就像自然界中的摩擦力，无处不在。故而，如果没有储蓄，情况只会更糟。而在储蓄充裕的情况下，则只需要政府将这部分漏出的购买力送回经济体，经济就能够重新恢复正常运转。认为这种“送回”会带来“挤出”或“膨胀”，其原因在于它掩耳盗铃式地否认了这种漏出的客观存在。①

如果我们把失业问题划分为低储蓄水平下的社会资源不足导致的失业问题和社会资源闲置严重所导致的失业问题，那么作为后者，认为增加货币供应就是增加财富，并无不妥之处。这一点也不奇怪，因为此时的货币就是最稀缺的瓶颈要素，之所以在这个讨论之前冠以“其他要素资源并未产生瓶颈”的前提，就是因为，任何要素资源处于这样的瓶颈位置，都会起到导致其他要素闲置的作用。货币要素也并无不同。因而这是政府最有条件进行干预的一种情况。而一旦其他要素（如能源、土地等）或储蓄的稀缺度高于货币，“增加货币供应，就是增加财富”的逻辑必然受到挑战，但这并不能否定特定条件下其正确性。

---

① “如若政府向中央银行借债，从而造成直接或间接增发货币，这种筹措建设资金办法就会强制增加全社会的储蓄总量，结果将是物价上涨。在公众名义收入不变条件下，按原来的模式和数量进行的消费和储蓄，两者的实际额均减少，而其减少部分大体相当于政府运用通货膨胀强制储蓄的部分。上面的分析是基于这样的假定，即经济已达到充分就业水准，因此，用扩张货币的政策来强制储蓄会引起物价总水平的上涨。在实际经济运行中，可能尚未达到充分就业水平，实际 GNP 大大低于潜在 GNP，生产要素大量闲置。这时政府运用财政政策或货币政策来扩张有效需求，虽然也是一种强制储蓄，但并不会引发持续的物价上涨。”（黄达主编：《货币银行学》，中国人民大学出版社 2000 年版，第 336 页。）

储蓄不足下的非充分就业

以上我们分析了储蓄过高并不是造成经济危机和失业的原因，货币不足或货币效率过低导致储蓄中闲置的比例过高才是经济危机和失业的根源所在。由此必然产生一个疑问：储蓄已经充分转化为投资与消费，社会闲置极低是否一定可以达到充分就业？事实也并非如此。1931 年，哈耶克在一次演讲中用他的理论对大衰退做出解释，理查德·卡恩向哈耶克发问：

> “你的观点是不是说，如果我明天出门去买一件大衣，反而会增加失业？”“是的。”哈耶克回答道。他接着指着一个画满三角形的黑板，说：“但必须要用很长时间的数学论证来说明这一点。”①

这不过是继承了李嘉图一贯的观点。李嘉图在批驳修建公共道路（实质上是一种强制消费）医治战后萧条的政策建议时提出：

> 如果资本已被最大限度利用，在公共工程上的支出只会提高消费品的需求；通货膨胀于是把资源从私人部门转移到公共部门，而不影响总就业量。②

这根本不需要什么“很长时间的数学论证来说明”。在储蓄充足的条件下，消费尽管不直接带来就业，但它却可以通过给投资带来利润、降低生产者闲置等方式给予生产者正面预期，提供投资诱导，从而达到刺激投资的作用。而充足的储蓄为投资的扩展提供了空间，故而消费可以间接地促进就业。但是在储蓄不足的情况下，消费是对投资的挤占，它只能对就业产生负面效果。

由市场自发形成的储蓄和潜在储蓄，在这里我们可以称为“自愿储蓄”。当自愿储蓄已经充分转化为投资与消费，社会闲置极低时，却远未达到充分就业，这是积累并不充分的欠发达国家最常见的一种状态。此时任何消费行为都会对投资形成挤压。挤压投资，就是挤压就业。在这种情况下，以增加法币的形式举债消费，坐吃山空之下，一味膨胀的只是债务。传统经济学在这种情况下

---

① 罗伯特·斯基德尔斯基：《凯恩斯传》，相蓝欣、储英译，生活·读书·新知三联书店 2015 年版，第 540 页。

② 马克·布劳格：《经济理论的回顾》，姚开建译校，中国人民大学出版社 2009 年版，第 133—134 页。

的认识是正确的。

在积累不足的情况下,仍旧要将有限的储蓄转化为消费的确是一种奢侈和浪费。但是与消费不同,尽管储蓄的既有条件并不支持,经济要发展,劳动力要就业,加大投资的社会需求必然非常迫切。如果政府以过度举债的形式进行超出积累水平的投资,会发生什么样的情况呢?西斯蒙第说:“人们正是因为把货币和资本混为一谈,才往往认为可以利用法定纸币增加国家资本;但是,法币并不是由耗费巨大的劳动所创造的,它绝不是像金银那样可以充当它所代表的价值的抵押;所以,法币往往在使人错误地认为得到了财富以后,而使国家破产。”[①]这样的警示是完全必要的。尽管政府具有强于其他经济主体的承债能力,因而政府的举债意愿是货币供应能力的重要保障,但政府的承债能力也并非无限的,特别是那些积累不足的国家。如果政府过度举债进行投资,使社会闲置达到低点,甚至已经实现了充分就业,此时如果继续举债投资,就进入了“强迫储蓄”[②]状态。由于政府通过赤字货币化的方式不仅将社会闲置的部分转化为投资,并且这种举债已经超过社会闲置的规模,从而引发物价上涨,使货币持有者被迫推迟消费,而将手中的货币闲置。社会上原本用于消费品生产的包括劳动力在内的各生产要素也会转向投资品的生产,这同样会挤占社会原有的消费甚至投资。

凯恩斯在《通论》中强调,边沁在定义“强迫储蓄”这一概念时,明确说过是指在全部人手都已被雇用并且以最有利的方式被雇用的情况下,货币数量增加(相对于货币可以购买的东西而言)所造成的后果。但把这个情况扩大到小于

---

① 西斯蒙第:《政治经济学新原理》,商务印书馆1964年版,第311页。

② “强迫储蓄原理是硬币主义者论战的许多理论贡献之一。它的中心观念很简单:假定在一个充分就业的经济中由于现金注入或抽出闲置的余额产生借贷的过剩供给,投资不再受收入接受者自愿储蓄决策的限制;市场利率下降,投资资金需求上升。但是如果资本已在最大能力上被利用,实际资源所要求的投资从哪里获取?如果不是来自自愿储蓄,它们必然是非自愿储蓄的结果。这是确定将发生的事情。这个额外的资本形成是由价格上升‘强迫’地来自固定收入接受者的。

“桑顿称强迫储蓄为‘侵占收益’。边沁称之为‘强迫节俭’,马尔萨斯把它叫作‘虚设的资本’,穆勒把它贴上‘强迫积累’的标签。在穆勒之后,它被维克塞尔称为‘强迫储蓄’,被D. H. 罗伯逊(D. H. Robertson)称为‘自动节制’或‘强加的需要’(imposed lacking),被庇古称为‘实际征税’(real levies)或‘契约修改’(doctoring of contracts)。”(马克·布劳格:《经济理论的回顾》,姚开建译校,中国人民大学出版社2009年版,第125—126页。)

充分就业的条件却会引起困难。[1] 凯恩斯在这里混淆了一个概念，储蓄(包括潜在储蓄)的使用与劳动力要素的使用是两个不同的约束条件。储蓄中的闲置与劳动力要素的闲置并不会恰巧在同一个点用尽。自愿储蓄不足所造成的制约，并不以劳动力是否充分就业为参考。故而正如我们之前的分析，市场自身并不会出现一个储蓄充分转化，同时劳动力恰好用尽的平衡点。即使是在其他要素不出现瓶颈的前提下，如果以充分就业为前提定义强迫储蓄，则强迫储蓄的举债水平不仅超过了潜在储蓄水平，并且已经超出了潜在产出水平。[2] 但是人们通常在使用"强迫储蓄"这一词汇时，所针对的举债规模往往不仅没有触及潜在产出，甚至没有达到潜在储蓄的水平。

当政府的举债低于潜在储蓄水平时，政府举债可以通过货币发行置换出社会闲置商品并将潜在储蓄转化为真实的储蓄，这是对社会产出中闲置部分的利用。但是当政府举债高于潜在储蓄水平时，举债所虚增出新的"储蓄"无法立即带来真实的产出与之相对应，这个产出与投资的时间差是以稀释国民原有储蓄的形式弥补的。这就好像一座被虚增了仓单的仓库，起初只是促进库外闲置品入库，并将库内闲置品借出，加以利用，最终却演变为众多仓单持有者要么开始争抢所剩无几的库内现有商品，要么就只能把手中的仓单留到未来使用。无论边沁的本意如何，事实上，当社会原有的消费甚至投资被举债式货币投放挤占，无论是否已经达到充分就业，都无法被看作"自愿"的。客观地讲，这已经不能算是"自愿储蓄"。

在自愿储蓄水平不足以提供充分就业的情况下，强行提升投资，以满足充分就业的需求，这本身就必然导致对原有供需关系的改变，造成对社会消费甚至投资的侵占。不同于凯恩斯货币——劳动力模型所描述的，这将会出现一种非充分就业下的"通货膨胀"。[3]然而这种"货币超发"是超储蓄水平而发，它既超

---

① 参见凯恩斯:《就业、利息和货币通论》(重译本)，高鸿业译，商务印书馆 1999 年版，第 88 页。

② 超出潜在产出水平的举债规模，无论是用于投资还是消费，必然挤占市场原有投资及消费份额，并且不会使产出增加，这一点是没有疑义的。只不过我们往往会过低地估计社会的潜在产出能力。

③ 凯恩斯仅假设了设备、厂房等其他一切生产要素与劳动力具有相同的闲置度，并且可以相互替代，但并没有考虑生产者闲置(潜在储蓄)的问题。事实上，凯恩斯始终没有认识到潜在产出和潜在储蓄的不同。

过了货币需求，也超过了货币投放能力①，却不是主流经济学家们通常所理解的"超过了维持经济正常运行所需"（货币投放能力远低于经济运行所需），也不是凯恩斯所理解的超就业需求而发；它是政府举债超国民自愿储蓄水平而发。如果从经济和充分就业所需的投资与消费无法被储蓄所满足这个角度观察，这种超储蓄水平的货币供应，与其称之为通货膨胀，不如叫它"货币的有效供给不足"更为真实。

无论是否以实现充分就业为限，这种超过当前储蓄水平投放货币的做法都是资产阶级经济学家们所极力诟病的。然而，也有极少数经济学家提出了与众不同的观点。其中一位极具代表性的就是英国的阿瑟·刘易斯。他认为，这些超发的货币如果用于创造有用资本，通货膨胀会自行消失，因为到适当时候，新资本源源不断地生产出消费品，这些消费品不但会制止物价上涨，甚至会使物价下跌。

第四节　刘易斯：超过自愿储蓄水平进行投资所发生的情况

提到阿瑟·刘易斯，想必大家不会陌生。他的被称为"刘易斯拐点"的劳动力理论已经被大家所熟知。这里要介绍的是他在《经济增长理论》一书中所讲述的一个国家，特别是一个后发国家，在储蓄不足的情况下，经济可持续增长的方法和道路。文章摘自阿瑟·刘易斯《经济增长理论》第五章"资本"中评述"储蓄的必要性"的章节②，标题是本书作者后加的，并对其中一些内容加了批注。

> 现在，有些人认为，在这些国家③，为了提高生活水平，进行投资是极其必要的，即使要付出通货膨胀的代价也要投资。因此，必须继续进行分析，看一看如果在超过自愿储蓄水平的情况下进行

---

① 储蓄需求与举债需求都是银行中介的客户，这三者的关系决定了，当银行中介货币投放意愿强烈的时候，经济体的货币投放能力取决于前两者中较低的那个。我们将在第三章对此进行详细论述。

② 阿瑟·刘易斯：《经济增长理论》，商务印书馆1996年版，第235—244页。

③ 欠发达国家。——本书作者注

投资会发生什么情况。

一般来说，答案是货币收入将不断增加，直到它达到储蓄与投资相等的水平时为止。进行分析的目的是要发现这种平衡是如何达到的、需要多长时间、其间价格和产出会发生什么情况。

首先谈谈产出。我们必须将产出立即发生的情况同在适当的时候这个过程创造的新的资本货物开始产生效果时产出发生的情况区别开来。新的资本货物创造的产出是一样的，不论它们的资金是来源于储蓄还是来源于新筹集的资金。它对价格的影响也是一样的，也就是它使价格下降。在这方面，对于目的在于创造有用的资本货物的通货膨胀与其他通货膨胀要作重要的区别。当通货膨胀的目的是为了把货物腾出来用于毁灭目的时，我们之中的大多数人都把通货膨胀与战争联系起来。这种通货膨胀会变得越来越严重，因为不断增加的货币供应量可能会面临不断减少的货物供应量。与此相反，创造有用资本的通货膨胀会自行消失，因为它们迟早会造成市场货物供应量增加。产出有多快和多大，这取决于以这种方式集资的企业的性质。如果一项建校计划用这种方式筹资，那么价格将长期上涨，当表现在离校学生人数增加的效果开始显示出来时，价格可能不会下跌很多。但是如果新的资金在乡村用于保护水源，实施只需要几个月的时间就可以建成、花钱很少而水浇地的产量可以翻一番的计划，那么价格将上涨很少，并将很快下降，下降幅度会比上涨幅度大得多。

记住下面这一点是很重要的，创造有用资本的通货膨胀最后会自行消失。尽管如此，分析一下在新资本产生效果之前的过渡时期所发生的情况也是重要的。在过渡时期产出发生什么情况，因此也就是价格发生什么情况，取决于经济是否有闲散资金，这种资金很容易地被吸收来用于增加产出。在工业国，在发生衰退期间，工厂倒闭，工人失业。当投资增加时，因此有了工作做的人们用他们的一部分收入购买消费品,这就鼓励生产消费品的厂商生产更多的消费品,从而提供了更多的就业机会。所以这种螺旋式上升继续下去。[①] 可是在欠发达国家,情况就不同了。[②] 它们没有那种许多有用的设备闲着无用的工厂——或者就是有,为数也不多,甚至连最小的需求压力也会很快使产出达到极限。在其中有些国家——尤其是在非洲,失业的人也很少,这种失业者是指如果以目前的工资向其提供就业机会马上就能工作的人。其他一些国家——尤其在亚洲——则人口过剩,特别是在农村,但是没有与人口相应的设备。如果将更多的货币投入流通,就会使农业和手工业的产量略有提高,但是很快这些行业的生产能力就会达到极限,进一步增加货币收入只会起到使物价上涨而不是使消费品产量增加的作用。[③] 尽管如此,即使在由于缺乏生产粮食的土地或者生产制成品的机器而使消费品的产量无法提高的经济中,仍然有可能利用剩余劳动力来生产某些形式的资本,而不需将土地或设备从其他用途中抽回来。我们已经看到,大约50%—60%的固定资本形成出现在建筑业中。现在有许多种建筑可以用手工进行,实际上不使用稀有的设备——从建造金字塔到19世纪中叶修建铁路大隧道的人类各项成就就是见证。剩余劳动力可以用来修筑道路,修建灌溉沟渠、蓄水池、房屋和其他许多种类的工程,无须减少任何其他东西的产量。其中有些工程,尤其是那些与农田用水或开垦土地有关的工程很快就能产生丰硕的成果。因此,从某种意义上说,有剩余劳动力的国家比没有剩余劳动力的国家优越,因为后

---

① 凯恩斯所说的投资的乘数效应。——本书作者注

② 因为他们没有储蓄作基础,如当代主流经济学家们总是念念不忘的津巴布韦。——本书作者注

③ 生产能力不足的情况下,货币遇到产能或劳动力瓶颈时,看起来会有些“中性”。此时增加货币,因产能瓶颈而无法带来产出时,这样的货币将会被大量使用于消费甚至囤积炒作而不是生产,物价因此上涨。这样的代价是否值得,有待商榷。然而产能过剩时,却还要大叫抑制“通货膨胀”,甚至声称是“通货膨胀”导致了产能过剩。听起来仿佛人类社会已经进入了应有尽有的绝对生产过剩状态。其实不过是先买了双鞋,然后砍去双脚,便认定买的鞋多余了。最关键的是,“产能”并不稀罕,所谓产能过剩,其实仍旧是劳动力过剩。——本书作者注

一类国家不从生产消费品的部门抽回劳动力，就不能增加它们的资本形成，而有剩余劳动力的国家则可以增加资本形成而不必在其他货物方面付出代价。

妨碍使用这种剩余劳动力的一个因素并不是缺乏固定资本，而是缺乏流动资本。如果向雇来挖灌溉渠道的工人支付工资，工人们将把他们的工资拿到市场上去花掉。货币需求量将源源不断地增加，而消费品的产量不会相应地增加。因此，价格往往会上涨。这种情况，加上需求量的增加，也会刺激消费品的进口，这对国际收支会产生不利影响。如果用严格控制进出口的办法来防止这些影响，其结果只会使国内流通的货币数量增加，从而增加对国内价格的压力。

这种价格上涨的前因后果是消费品从经济的其余部分转向新就业工人的再分配。这些新就业的工人原先以某种方式勉强糊口，也许是靠亲戚的接济过日子。现在他们境况好转了（否则他们大概不愿就业了），因此，别人的境况必定更差了，因为消费品的产量没有增加。所以价格的上涨仅仅代替了纳税，因为如果政府向整个社会征税，并用这些收入来支付开挖灌溉渠道的工人的工资，那么所得的结果是完全一样的，虽然价格没有上涨。是通货膨胀还是征税，这在很大程度上是一种政治抉择。如果政府认为用通货膨胀的办法集资造成的政治困难少于征收同样数额的税所造成的政治困难，它们就用通货膨胀的办法。

……

我们接着注意到，即使产出不变，某些欠发达国家在价格不受压力的情况下创造一些资本也是可能的。凡是经济越来越货币化的地方，就是这种情况，这是从这样一种意义上来说的，即与为了维持生计或物物交换而进行的生产相比，使用货币的数额越来越大了。由于人们需要更多的货币进行交易，就可将更多的货币投入流通,而价格不会受到压力。同样,在产出日益增加的任何经济中,可以将更多的货币投入流通而不会使物价上涨,不管这种增加是因为人口不断增加,还是因为有更多的土地用于耕种,或者因为生产率提高了。在任何日益增长的经济中,人们需要持有更多的货币,所以政府可以发行更多的货币而不会使价格上涨。令人遗憾的是,这种财源实际上并不很大。流通货币与国民收入的比率始终大大低于1。因此,即使换算成货币的产出每年增加2%,筹措用于投资的资金也很难超过国民收入的大约1%,否则就会造成压力。

超过这个水平,如果创造更多的货币用于投资,那么投资就会越过储蓄。于是货币收入就会不断增加,直到储蓄赶上投资时为止。达到这种新的平衡需要多长时间,这取决于储蓄水平是与货币收入密切相关,还是仅仅与实际收入密切相关。如果储蓄仅仅与实际收入密切相关,那么储蓄不能依靠增加货币收入来增加。因此,直到新的资本货物开始使消费品的产量增加之后,是无法达到这种平衡的。如果通货膨胀将收入从非储蓄阶级转向储蓄阶级,那么是可以在不增加实际收入和新的消费品到达市场之前达到平衡的。

让我们比较充分地探讨一下通货膨胀逐步消失的可能性如何,即使不考虑它最后会给市场带来的消费品产量的增加。从这个角度来考虑,可以设想如下最有利的情况。假设政府雇用失业工人筑一条拦河大坝,并修建灌溉沟渠。这些失业工人将工资在市场上花掉,结果是价格上涨。如果我们假设这样做的结果只会使利润增加,并把这些利润全部储存起来,或者用于购买公债,那么就不会发生通货膨胀。价格上涨的数额相当于投资的数额,但是储蓄额也增加那么多,所以,虽然投资过程继续下去,价格也不会再涨了。这是一个极端的情况。如果我们假设,价格一上涨,全体社会成员为了使他们的实际收入和消费水平保持不变，要求并得到较高的工资、薪金和支付的利息，那么我们还可以看到另一种极端的情况。根据这一假设，在可以得到消费品新产量之前，是无法达到均衡的，因为在这种情况下，通货膨胀的过程不会使收入转入可能储藏钱财的阶级。

因此可以说，实际上，通货膨胀限制在狭窄范围内的可能性取决于：(1)通货膨胀是否会使收入转入储蓄阶级；(2)他们将储蓄金派什么用场；(3)多快能得到新生产的消费品。

关于(1)，一般来说，从通货膨胀中得到好处的阶级是企业家、农民，在某些情况下还有政府。企业家能得到好处，是因为他们出售的商品价格的上涨速度往往比工资、薪金、房租、债券利息、养老金和他们其他一些开支增加的速度来得快。农民能得到好处，是因为在一般情况下粮食上涨的幅度比其他价格的上涨幅度大，这是由于粮食的需求量是无弹性的。现在农民和企业家都比社会上其他阶级节约，所以几乎可以肯定，通货膨胀会使储蓄额增加。相反的意见是一种局部的意见。通货膨胀使拿薪金的中产阶级的储蓄额减少，因为它使他们的实际收入减少了；由于这个原因，又因为中产阶级比其他阶级说得多和写得多，于是往往有人断言，通货膨胀使储蓄额减少了。可是情况并非如此。中产阶级的实际收入减少了，而企业家和农民的实际收入增加了，这些阶级都比中产阶级更愿意储蓄。考虑一下通货膨胀对政府储蓄额的影响也很重要。通货膨胀对政府收入的影响，根据收入中边际纳税额是比平均纳税额多还是少而各不相同。如果边际纳税额超过平均纳税额，那么货币收入的增加就会使国民收入中纳税的份额提高。这样，到最后，开始靠发行货币来为其开支集资的政府，就达到这种地步，即它的收入已经增加了如此之多，以至于现在能保持新的开支水平而无须进一步发行任何货币。许多现代国家的政府处于这种地位(比如英国、美国和苏联);而相反,在许多其他国家,政府收入在通货膨胀中落后于货币收入,其结果是通货膨胀使政府的赤字增加了而不是减少了。[①]

至于(2),即使通货膨胀使储蓄额增加,这也不会使通货膨胀停止,除非储蓄金被储藏起来,或者用以代替更多的新货币来作为一直在造成通货膨胀的投资资金。因此,如果企业家像他们乐于做的那样,将其新获得的利润用作更多的新投资的资金,这对资本形成是非常有利的,但是它也可以使通货膨胀继续下去。如果在另一方面,他们用自己的利润去购买公债,政府就能停止发行新的货币来为它的计划提供资金。(或者,如果从银行借钱的企业家制造了通货膨胀,那么如果现在获得利润的企业家用它们支付银行垫款,或者将它们储藏起来,或者购买正在进行新的投资的企业家的证券,通货膨胀将得到制止。)农民用他们的利润偿还债务,购买更多的土地,其效果如何取决于放债人和出卖土地的人将这些钱派什么用场。放债人也许把它储藏起来,等待"更好的"日子(即农民再次缺钱的日子),出卖土地的人可能以不同的方式作出反应。如果政府希望通货膨胀尽快停止,同时又保持其较高的(实际)开支新水平,如果它不能依赖将自己的储蓄金贮藏起来的储蓄者,那么它必须以某种方式得到这些储蓄金,不是以征税的方式把它们拿走,就是通过出售公债的优惠条件把它们拿走。

储蓄金是贮藏起来还是投资于公债的可能性,取决于通货膨胀率有多高、通货膨胀的时间持续多长。如果价格迅速上涨,或者持续时间相当长,那么人们就会对货币丧失信心,既不会保存货币,也不会保存公债。他们宁愿保存不动产,因为不动产的价格是随着通货膨胀而上涨的,人们普遍抛出货币而购买货物,这会加剧

① 对这一点不完全认同。现实中更多的应该是取决于货币的产出性,即货币在原有经济条件下的瓶颈程度,所以说到这里时,已经不是按照"不考虑它最后会给市场带来的消费品产量的增加"的逻辑在讨论了。——本书作者注

通货膨胀。人们是否抛出货币而贮存商品或固定资产,这部分是一个调节问题;总是有人抛出货币而购买商品或固定资产。做股票投机对经济是有害的,因为它使原料更加短缺,甚至可能使生产缓慢下来,从而使价格上涨得甚至更快。购买固定资产的结果会使一些新的资产建立起来——建造房屋、改善农场,还可能出现许多新工厂。通货膨胀使固定资本形成增加;即使是恶性通货膨胀,例如1919—1923年德国的通货膨胀,也会产生这种结果。从长远的观点来看,这是一种非常好的结果,因为它使实际产量增加,使生活水平提高。[①] 但是在这种创造资本的方式发生的时候,它会使通货跟着膨胀,甚至可能像购买股票那样,由于从消费品工业抽走资金使消费品的产量暂时下降,因此使价格更加急剧地上涨。

如果一个国家的政府有一个有效的行政管理机构,它就可以利用规定最高价格、配给基本消费品和发放新投资许可证的办法来防止通货膨胀失控。如果这些政策能获得成功,它们也能从根本上抑制通货膨胀,因为人们往往把他们不能用于购买配给商品的钱储蓄起来,所以储蓄将同投资保持均衡。这就是第二次世界大战期间英国和美国战时财政获得成功的秘密之一。在此期间,尽管作出巨大的战争努力,物价只上涨了50%左右。(另一件重要武器是很高的边际税率,它吸收50%或更多的支出,其速度和它产生收入一样快。)目前,管理通货膨胀使其不至于失控的方法,相比20年前得到人们更深切的理解。然而这些方法只有拥有有效行政机构的政府才能使用,这些政府主要是先进工业国的政府。欠发达国家的行政机构的效率相当低,它们控制通货膨胀的尝试所造成的害处往往和它们带来的好处一样多,尤其是如果这些尝试的主要效果是使得毫无控制地生产非基本必需品变得更加有利可图

① 魏玛的案例也是当代主流经济学家们的最爱之一,完全不顾当时极为特殊的历史条件:不仅没有储蓄,还负担着巨大的战争赔款,工业区被法国占领。——本书作者注

> 或者建立黑市网和鼓励贪污腐化的话。
>
> 通货膨胀的最严重后果是物价大幅度上涨或者持续时间很长,以致人们对货币丧失信心。短时间涨幅不大的通货膨胀不会发生这种情况。如果在二三年内物价每年上涨5%,人们是不会感到恐慌的,因为他们相信,物价不久会再次下降。管理得比较好的国家的货币当局维持了这种信心,它们的习惯并不是逐年不断增加货币供应量,而是使短期货币膨胀阶段与严格限制阶段交替出现。银行信贷上升三步,下降一步,而不是连续上升。这样,创造新货币有助于资本形成,而不会引起恶性通货膨胀,也不会严重影响人们对货币和公债的信心。原则是,如果要将通货膨胀用于资本形成,那么最好是一次用一点,而不要连续使用。
>
> 至于(3),我们已经看到,在任何情况下,用于创造有用资本的通货膨胀会自行消失,因为到适当时候,新资本源源不断地生产出消费品,这些消费品不但会制止物价上涨,甚至还会使物价下跌。

我们认同刘易斯在这一分析中的大部分观点。在储蓄极为匮乏的情况下,这些"超发"的货币被用于投资,人为地改变了收入和社会资源中用于投资的比例,尽管进一步压缩了国民消费的能力,却也是积累不足情况下的无奈之举。不是说这样做没有风险,而是这个风险值得冒。

我们甚至可以在正常理解的社会总储蓄额(不包括生产者闲置)之外,定义出一个政府信用能力的额度,它经常处于闲置状态,因而可以归于储蓄中的闲置部分,对应潜在储蓄。其作用相当于被闲置的一般等价物,却可以不占用商品。当经济运行中市场自发的债务性需求可以使储蓄完全转化为消费和投资,此时这种政府信用能力,并没有真实的商品与之相对应。在这种情况下,政府信用的使用,只能以排挤现有消费或投资的方式出现。但当经济体出现闲置(这才是一个工业国家的常态)时,政府信用能力被利用起来就能够创造出新的社会财富,提供新的就业。政府则可以用由此创造的税收,进一步提升自身的信用能力。

当然我们也应当注意,正常情况下,政府举债应以社会闲置规模为限。除非储蓄极为匮乏,政府信用的使用应当以潜在的储蓄为限。过度举债显然会影响到政府的信用。而政府信用能力的流失,本身就是财富的丧失。当政府超过潜在储蓄水平使用这种信用时,即使未来的产出可以弥补现有储蓄和潜在储蓄的不足,这种做法对政府的信用也会构成伤害,因此必须适度。

第三章

重新认识货币

第一节　一般等价物与特殊等价物

> 因为其他一切商品只是货币的特殊等价物,而货币是它们的一般等价物,所以它们是作为特殊商品来同作为一般商品的货币发生关系。①

马克思用一般等价物理论论证了货币的起源。它是防止货币理论陷入西方古典经济学货币面纱论、货币中性论的重要保障。也正是因为对这一点认识不清,即使近年来,西方一些经济学者已经对货币非中性有了一些模糊的感觉,但仍旧难免陷入认为货币数量完全取决于货币当局意愿的货币外生论。

一般等价物的价值公允性

马克思在论述一般等价物时,特别强调了最关键的要点就是"成为社会公

① 马克思:《资本论》(第一卷),人民出版社2004年版,第109页。

认的等价形式"[①]，货币就是那个在经过无数交换活动后，因其最强的价值的公允性，取代了其他一切商品和一般等价物，从商品中分离出来成为这个固定充当一般等价物的特殊商品。此时的货币，它的普通商品属性已经完全闲置。

每一种商品都有它的使用价值，但每种使用价值往往都只能针对某个特定的群体，我们称之为受众的狭窄性。相应特定的这个人群，我们称之为受众。当特定商品超出这个狭窄的受众范围后，它的价值将无法被认同。一般等价物则是那些具有广泛受众的商品，它的价值认同的广泛性，使它可以抽象地与其他一切各自作为特殊等价物的商品形成广泛的对应关系。这里的"一般"代表通用性和公允性。相反，其他一切商品只能是货币的特殊等价物的"特殊"之处，便在于它的价值认同的狭窄性、特定性和局限性。如果没有一般等价物，社会交换的效率必然是极其低下的，原因就在于，这些商品的价值都无法形成一个广泛的普遍的社会认同，物物交换只能建立在需求的双重巧合、时间的双重巧合等诸多前提下（光脚的理发师寻找长发的鞋匠），这种效率损失是难以想象的。

货币的这种通用性表现为每一种特定的商品都只有一个货币价格，却仍旧可以有无数个非货币价格。[②] 只不过由于交易的不便利性，这些非货币价格只

---

① "每一个商品占有者都只想让渡自己的商品，来换取另一个具有能够满足他本人需要的使用价值的商品。就这一点说，交换对于他只是个人的过程。另一方面，他想把他的商品作为价值来实现，也就是通过他所中意的任何另一个具有同等价值的商品来实现，而不问他自己的商品对于这另一个商品的占有者是不是有使用价值。就这一点说，交换对于他是一般社会的过程。但是，同一过程不可能同时对于一切商品占有者只是个人的过程，同时又只是一般社会的过程。

"我们仔细看一下就会发现，对每一个商品所有者来说，每个别的商品都是他的商品的特殊等价物，因而他的商品是其他一切商品的一般等价物。但因为一切商品占有者都这样做，所以没有一种商品是一般等价物，因而商品也就不具有使它们作为价值彼此等同、作为价值量互相比较的一般的相对价值形式。因此，它们并不是作为商品，而只是作为产品或使用价值彼此对立着。

"我们的商品占有者在他们的困难处境中是像浮士德那样想的：起初是行动。因此他们还没有想就已经做起来了。商品本性的规律通过商品占有者的天然本能表现出来。他们只有使他们的商品同任何另一个作为一般等价物的商品相对立，才能使他们的商品作为价值，从而作为商品彼此发生关系。商品分析已经表明了这一点。但是，只有社会的行动才能使一个特定的商品成为一般等价物。因此，其他一切商品的社会行动使一个特定的商品分离出来，通过这个商品来全面表现它们的价值。于是这个商品的自然形式就成为社会公认的等价形式。由于这种社会过程，充当一般等价物就成为被分离出来的商品的独特的社会职能。这个商品就成为货币。"[马克思：《资本论》（第一卷），人民出版社 2004 年版，第 105—106 页。]

② 可参见本书第四章第八节的相关内容。

能通过各自的货币价格得以实现。在金独占一般等价物地位之前，每一件商品都有它的麻布价格、茶叶价格或咖啡价格，但因为麻布、茶叶、咖啡等，这些商品的价值被认可的范围远不及金，于是在这场货币的角逐中，逐渐被金所取代。中国古代典籍《管子》中就有“五谷食米，民之司命也；黄金刀币，民之通施也”（粮食，是人民生命的主宰；黄金刀币，是人民交易的媒介）的说法，说明货币和粮食一样，是民生的大事。

但货币作为其他商品通用的交易媒介之后，并不能解决其他商品之间稀缺性比对，也就是非货币价格发生变化的问题。《管子·山至数》中提出“币重而万物轻，币轻而万物重”，表明货币与商品是互为价格并互为相对稀缺的；《管子·国蓄》则提出“谷贵则万物必贱，谷贱则万物必贵。两者为敌，则不俱平”，表明商品之间也是可以互为（非货币）价格并互为相对稀缺的。商品之间这种稀缺性的对立，无论是用哪种商品作为一般等价物，这种价格涨落的不平衡性（非货币价格的变化）仍旧存在。我们之后会讲到，这种对立的存在，是货币数量论下的通货膨胀理论永远无法自圆其说的一个重要原因。

此外，价格不同于价值，它是由供需决定的。故而普通商品的价格并不需要得到广泛的价值认同。极少数极为强烈的需求配以供给的稀缺即可形成一个高价格。也就是说，这样的商品并不需要足够的社会公认，只要它能够换取足够多的社会公认的价值形式——货币，就同样可以间接交换到许多其他商品。但如果缺乏了一般等价物，它的受众的狭窄性决定了它很难与所有其他商品进行交换。

信用货币同样可以形成一般等价物

商品货币条件下，一般等价物是购买者闲置的一部分。当一种商品充当一般等价物时，它的商品属性被闲置。故而尽管它是总产出的一部分，但它的效用仅限于被当作满足其他产出品的货币化需求的载体。如果这一效用所满足的需求被列入总需求之中，那么货币面纱论的谎言便不攻自破了；如果这一效用所满足的需求不被列入总需求之中，那么古典经济学中所谓的“供需均衡理论”也无须更多的证伪。而在信用货币体系下，这种货币需求仍在，满足这种需求的效用仍在，故而货币作为一般等价物的价值仍在。

金在那场一般等价物的角逐中胜出，成为货币。但这场角逐并没有因此而结束，随着时代的进步，人类对财富的理解也在与时俱进。货币的基础是人类共有的欲望（否则它无法在广泛的环境下流通），而黄金就是当时最公认的欲望担当。它本应是人类各种欲望的融通工具，但当对黄金的欲望排挤掉人类其他欲望时，需求和有效需求都会出现不足。于是，黄金从唯一货币、唯一的财富保有形式到“野蛮的遗迹”，证明了人类的观念并没有根深蒂固到无法改变的程度，充当一般等价物的商品随着时代的发展也在不断进步。一般等价物需要具有不易变质、易于分割和熔合、既可消费又易回收、稀缺度高、便于携带、退出时可以转变为其他价值形式这些特质。这一切属性造就了它的社会普遍认可性。黄金并不是唯一具备这些属性的商品。

那么信用货币是否具备一般等价物的条件呢？尽管形式各异的债权文书无法得到社会普遍认可，然而由政府信用背书、央行发行的标准化的银行券，甚至商业银行存款，在现代社会已经被全社会广泛接受。但无论是信用货币还是商品货币，具有一定稀缺性都是形成社会普遍认可的必要条件。故而如果说商品货币时代，一般等价物的数量严重受限于币材，如金银的供给数量，造成了过度稀缺，那么在信用货币时代，限制货币数量的最主要因素则是货币需求。超过货币需求的供给会导致社会认可度的下降。然而，货币需求并非非常稳定的，在一种特殊的情况下，也就是通常被称之为金融危机的情况下，会使人们对商业银行，甚至中央银行的信用持怀疑态度，使商业银行甚至一国的货币不再构成普遍认可，进而造成对这样的货币需求大幅下降的同时，价值公允性强的货币远远无法满足需求。因此，这并不是货币供应过剩，而是货币需求不足，同时它也是一种典型的货币有效供给不足。比如在 20 世纪 30 年代的美国，许多银行破产，导致存款人出现恐慌，纷纷将钱从银行取出，以现金的形式保有；银行为了防范流动性风险，不得不选择持有更多的准备金。结果是社会所普遍认可的货币数量急剧下跌。而在墨西哥金融危机和亚洲金融危机中，后发国家则表现为抛出本国货币、保有外币。此时货币的“一般”性,即社会的普遍认可,便已不复存在。随之消失的是信用货币的货币属性。失去货币属性的信用货币,表现为债权属性。这与商品货币时代,一种币材突然丧失社会的广泛认同并无不同。

商品货币的双重属性是货币属性和商品属性,信用货币的双重属性是货币属性和债务属性。商品货币在退出其货币职能、放弃其广泛索取权这一一般等价物地位之后,恢复的是其固有的商品属性;而信用货币在退出货币职能、放弃或失去一般等价物地位后,恢复的是其固有的债权属性,表现为对特定债务主体的索取权。尽管这两者在退出货币职能后,属性各不相同,但它们在履行货币职能时的属性却是完全相同的。货币属性决定了,信用货币同样是一种商品的索取权。这种货币属性表现为对整个商品市场的一种广泛的索取权,故而在行使货币职能时,信用货币同样是一般等价物。在这一点上,与商品货币并无不同。

央行货币

由一个国家中央银行发行的货币,以何种物品为储备,就代表何种物品的索取权。由于中央银行自身并不具备强大的承债能力,金本位下,它以黄金储备为自己背书,央行货币为黄金索取权。而信用本位之下中央银行对外发行货币(对中央银行的债权)的同时,必须把自身的这一债务转嫁出去,以自身对外债权的形式与货币发行相平衡。所以中央银行货币投放的过程,相当于把持币人的储蓄,通过中央银行转借出去,并且以自身的信用承担这一债权债务风险。中央银行有限的承债能力决定了,它必须把国债或外汇作为储备,即以本国或他国政府信用作为背书。此时的央行货币,可视作国债索取权。央行信用及承债力取决于它所持有的政府债的发行主体——政府的信用能力。而对央行—政府承债力的评估,除了常规财务范畴的理解,如税收所代表的盈利能力及现金流、资产数量及资产变现能力这些企业所需要具备的条件外,很大程度上受货币使用者结构,即货币需求的影响。如果一个国家中央银行所发行的货币全部用于交易性货币,这些货币永远不可能退出流通,那么这个债就是永远不需要偿还的。故而这部分货币需求，对本国的央行—政府的承债力的支撑是无限度和无条件的。所以可以理解为，它是本国政府承债力的重要组成部分。但这只是在理想状态下；现实中，货币总有一部分会被作为贮藏性货币收藏起来，而这部分货币一旦退出货币属性，债权属性便会显现，就如同黄金由一般等价物转回为商品时，其货币属性消失，商品属性显现。此时如果仅依靠央行以高息回笼货币的方式应对，则不仅会重伤经济，进一步降低交易性货币需求，且在高额利息的负担之下，容易形成庞氏骗局。

当央行货币持有者把央行货币存入商业银行形成存款货币时，持币人把对央行的债权转为对商业银行的债权，或者称之为央行货币索取权。中央银行和商业银行在这里仅仅起到中介的作用，当银行存款货币甚至央行货币退出货币属性时，央行除了释放自身的金银或外汇储备外，只能把这种货币退出带来的偿债要求转移给政府。如果民众不接受以对政府债权的形式保有这些储蓄，政府则必须利用税收或储备回收这些债务，否则必然影响货币的信用能力，即充当一般等价物的能力。

历史的教训必须吸取，但不可以刻舟求剑。一个高储蓄的社会与短缺型经济对货币的要求有着本质性的区别。无论是没有足够的社会产出品所发出的货币需求，却发行了过多的货币，还是巨大的商品货币化需求下没有提供足够的货币，央行同样都是不称职的。“特里芬难题”本身不是难题。它的困难之处在于，信用货币与人类固有观念相悖。这种相悖不仅体现在国际贸易中，在国内货币投放的问题上同样会出现。一个国家，即便是封闭的经济体，如果要让经济社会有足够的货币使用，经济体内就必须有足够的货币沉淀，这就要求要么有足够的黄金，要么必须存在足够的政府负债余额。因此，政府就必须保有足够的赤字。而太多自作聪明的人会认为，货币是中性的，只是“面纱”，并且只有政府盈余才能使民众相信官方货币。在这种完全自相矛盾的思维模式之下，各种通货膨胀悖论不一而足。如果说“特里芬难题”在世界储备货币问题上尚具有一定可信度的话，那么在国内货币问题上，它的可信度更会大打折扣。这是由于世界储备货币终究有一个相对广泛的选择余地，而国内货币使用除了政府信用外,是难以找到更有力的信用支撑的。即使像美国这样金融资本势力最强大的国家,当年J. P. 摩根以个人信用代替国家信用支撑本国货币的案例也仅仅属于偶发性的个案。一个不够强大且负债累累的国家,显然这样的货币不适合满足贮藏性货币需求。但即使如此,在其国内日常经济活动的交易范围内,本币仍旧是必不可少的。正是这种最真实的货币交易性需求,决定了政府债务及赤字存在的必要性。因此,观念的改变才是使经济得以持续发展的最根本的源泉。凯恩斯说过,唯一的办法是使人们相信央行所发行的纸币也是货币。然而他没有说清的一点是,首先,央行自己要明白,它所发行的纸币也是货币。

高基货币

在这里我们需要澄清一个概念。一般而言,央行货币被普遍称为基础货币[①],这个概念是从央行资产负债表的负债端定义的,故而这个概念本身便会模糊央行资产结构的差别,从而夸大了央行货币投放能力,并由此引出了所谓的货币外生论。事实上,揭开表面形式去看本质,购买资产才是中央银行的货币投放方式,它的负债端则是流通和回笼的货币,故而央行的信用能力取决于它的资产端,它的承债能力取决于它把吸收储蓄所形成的债务转嫁给了谁。所以央行货币称为“高能货币”“强力货币”都没有问题(因为央行的信用能力高于商业银行,央行货币可以经商业银行体系进行放大),但那不是杠杆的起点,而是经中央银行加杠杆后形成的货币。因为尽管同样是信用交换,央行货币与国债间的信用交换是政府对央行的信用背书,而央行与商业银行间的信用交换是央行对商业银行的信用背书,是央行以国债为储备发放的贷款,所以“基础”则应该由中央银行的资产端定义。

---

① 基础货币也称货币基数(monetary base)、强力货币、始初货币,因其具有使货币供应总量成倍放大或收缩的能力,又称为高能货币(high-powered money),是指流通于银行体系之外,被社会公众持有的现金与商业银行体系持有的存款准备金(包括法定存款准备金和超额准备金)的总和。它是中央银行发行的债务凭证,表现为商业银行的存款准备金(R)和公众持有的通货(C)。在国际货币基金组织的报告中,基础货币称为reserve money,包括央行的货币发行(M)与央行担保的银行债务(存款准备金R)。基础货币是整个商业银行体系借以创造存款货币的基础,是整个商业银行体系的存款得以倍数扩张的源泉(引自百度百科“基础货币”词条)。

在金本位下，我们或许可以认同黄金储备高于政府信用，故而中央银行购买黄金所投放的货币应当为基础货币，而央行通过购买信用所投放的其他货币的性质和贷款是一样的，是中央银行以黄金为储备品，与其他经济主体进行信用交换所超额投放的自身信用。[①] 在这种体系下，银行资本挟黄金以自重，试图与政府分庭抗礼在所难免。甚至只要手中的黄金足够多，银行有时甚至会自以为其自身信用高于政府信用。但正如巴菲特所说，海水退时，方知谁是裸泳者，故而特别是危机之时(比如说1929年大萧条时)，无论是民众还是中央银行，对政府信用和商业银行信用的区别还是了然于胸的。

在信用本位之下，国家信用高于中央银行信用，中央银行信用高于商业银行信用就更加确定无疑。故而，国债就是中央银行的储备品，中央银行购买国债所投放的货币才是基础货币，是杠杆的起点，是中央银行的受信业务。而中央银行通过购买其他资产包括与商业银行信用交换所投放的货币，是中央银行以国债为储备品所超额投放的自身信用，是对商业银行的授信业务。如果对这二者不予以区分，就必然造成对中央银行货币供给能力的误读。

金银本位之下，银行贮藏金银形成准备金，尽管这部分金银是闲置的，但可以利用自身的乘数效应将这部分金银的货币效率放大，而民间贮藏金银却形成了直接的退出流通。信用本位之下，由中央银行持有国债，和由商业银行或民

---

① “由于联邦储备体系的干预，高能货币的组成有多种划分方法。(1)最直接的方法是，依据公众或银行持有的形式将其分为联邦储备券、财政通货(treasury currency)、联储存款、金币和金元券等，这实质上是我们在前面章节中应用的方法。但这一方法的问题在于，它没有从总体上区别信用货币和非信用货币的因素。举例来说，黄金流向联储，将引起成员银行和非成员银行在联储存款的增长；联储的证券购买行为，也可以带来成员银行和非成员银行在联储存款的同等数量的增长。上述方法将两者视作完全等同的。这种方法掩盖了表10的第一阶段和第二阶段之间对于我们而言的本质差异：高能货币在第一阶段的增长是由于黄金流入引起的，而在第二阶段的增长是因联储信贷余额增加导致的；但是在两个阶段，其增长都是以联邦储备券和存款增加的形式表现出来的。这一问题在战前就存在了，但是由于当时财政收支的规模较小，其表现并不明显。(2)另一种方法是，从货币当局资产账户的角度来分析高能货币。该方法的不同之处在于，把按财政部成本计价的黄金视为与公众和银行手中的高能货币每一美元都一一对应。如果通过发行金元券来交换公众和银行持有的黄金，并只有通过这一途径才能获得黄金的话，这种方法是完全正确的。该方法把剩余的高能货币视为联储通过其对公众和银行的债权(如贴现票据、买入票据，以及其他除持有政府债券外的联储银行信用)创造的；或者是联储体系和财政部基于它们所持有的固定资产(联储体系的银行不动产、财政部白银储备)发行的；或者是财政部基于其不兑换纸币(fiat)发行的信用货币。”(米尔顿·弗里德曼、安娜·J.施瓦茨：《美国货币史》，巴曙松、王劲松等译，北京大学出版社2009年版，第145—146页。)

间持有国债,会产生类似的差异。

为了尊重“基础货币”这一用语现行的习惯性使用,我们把中央银行通过购买(包括本国政府和外国政府所发行的)国债所投放的货币称为“高基货币”。除高基货币外,中央银行所投放的其他货币皆为央行以国家信用为背书和储备向市场投放的自身信用,属加杠杆范畴。

第二节　货币需求与货币供给

中国自古就存在对货币需求与供给的研究,早在两千年前的《管子》一书中就有“币若干而中用”的提法,意思是铸造多少钱币可以够用。书中的思路是,按照人口数量,计算每人平均铸币多少可以满足流通所需。这个思路一直是我国控制铸币数量的主要思路。[①] 因此,中国就在这种不顾货币真实需求、人为配给人均货币数量的思维模式之下,在贫困中挣扎了数千年。而来自西方的货币数量论同样有着巨大的历史局限性。于是,一方面基于我们穷家陋舍的自律,另一方面又包含了对西方经济学理论(货币数量论、中性论、面纱论、外生论)的盲目崇拜,我们至今很难认清何为货币需求、何为货币超发。

货币数量论自变量之争

货币数量论最早可以追溯到法国重商主义代表人物让·博丹的理论,他认为金银数量过多,是当时法国物价上涨的主因。之后的英国重商主义者托马斯·孟等人都有过“货币数量丰富导致一切商品价格上涨,反之商品价格下跌”之类的论述。约翰·洛克进一步发展了这一极具重商主义特色的理论。[②] 一般

---

① 参见黄达、张杰编著:《金融学》,中国人民大学出版社 2017 年版,第 297 页。

② 洛克的货币理论全部带有浓厚的重商主义色彩。亚当·斯密在《国富论》中以洛克的货币理论定义了“重商主义”。凯恩斯则在《通论》中称“洛克是双重货币数量论的鼻祖”,并称洛克的货币数量论“一只脚踩在重商主义的世界,另一只踩在古典学派的世界——他把两种相对关系混淆在一起,而且他也完全忽视了流动性偏好波动的可能性”。[凯恩斯:《就业、利息和货币通论》(重译本),高鸿业译,商务印书馆 1999 年版,第 353—354 页。]凯恩斯所说的流动性偏好实质上是一种货币闲置,与购买者闲置不同,它闲置的是货币。这一需求的存在,的确是货币数量论无法成立的重要原因之一。

认为，大卫·休谟在继承洛克哲学思想的同时，也将洛克的货币数量论发扬光大，并成为18世纪货币数量论的最重要代表人物。[①] 休谟的货币流通理论大致可以总结为以下几点：(1)商品的价格决定于流通中的货币数量；(2)一国流通中的货币代表国内现有的所有商品价格；(3)货币的价值决定于货币数量与商品量的对比；(4)从货币量的增加到商品的腾贵存在着时滞。[②]

重商主义者基于货币数量论，引发了对货币不足的担心和商品恐惧；休谟，特别是他的那些古典经济学的传人们在抨击重商主义者这一担心的同时，却把基于同一理论的、对货币“过多”的恐惧吹嘘到了极致。[③] 于是，基于货币数量论的通货膨胀理论甚嚣尘上，最终以费雪方程式的形式达到高峰。这种以货币数量论为基础的货币理论的假设之一，是货币需求由货币供给决定，因而严格意义上并不能算是货币需求理论。

然而非常明显，是人类社会商品交易的需求引发了对货币的需求，而不是货币的供给引发了对商品的需求(尽管微观且静态地看，在一些特定的条件下，货币供给可以在局部形成一些反作用力，但它并不是决定力量)。在货币流通和商品流通究竟谁才是自变量的问题上，大卫·休谟的货币数量论大行其道之前，也有许多经济学理论能够认清，商品的交易需求决定货币数量。

威廉·配第认为：“商业上所需要的铜币数目要由人口数目及它们的交换次数来决定，并且主要地也要由最小的银币的价值来决定；同样，我国产业所必需的货币数目，也要由交换次数及支付额大小(这往往不是法律或习惯所能规定的)来决定。”[④]

---

① 凯恩斯称，“稍后一些，休谟把一只半脚踩在古典学派的世界……当然，它仍然具有足够多的重商主义的倾向……”[凯恩斯：《就业、利息和货币通论》(重译本)，高鸿业译，商务印书馆1999年版，第353页注解。]马克思则认为，大卫·休谟的货币数量论“知道并且利用了”范德林特的《货币万能》一书：“由此可见，一国人民中的金银增加，物价必然腾贵；因而，在金银减少的国家，所有的物价必然会按货币减少的比例下降。”(雅各布·范德林特：《货币万能》，商务印书馆1990年版，第9页。)马克思说：“把范德林特的著作同休谟的《论丛》仔细对照后，我丝毫不怀疑，休谟知道并且利用了范德林特这部在别的方面也很重要的著作。”[马克思：《资本论》(第一卷)，人民出版社2004年版，第146页注解。]

② 参见黄达、张杰编著：《金融学》，中国人民大学出版社2017年版，第297—298页。

③ 由于货币是非中性的，故而被古典经济学抨击的部分恰恰是它正确的部分，而被他们吹捧的部分则完全错误。

④ 威廉·配第：《赋税论》，商务印书馆1981年版，第34页。

弗朗斯瓦·魁奈认为，商品流通决定货币流通。流通中的货币量是用商品“买”回来的[①]：“我们一直没有谈到货币资财，它们流通于各国商业之中，并被庸俗地看作国家的真正财富。这是因为，据说‘一个人用货币就能买到他所需要的一切’。但是，人们没有自问，人们用什么来取得货币本身。货币是不能无偿取得的，然而，对于购买它的人来说，它之所值就是它之所费。对于没有金银矿山的国家来说，提供货币的就是商业；但是，如果这些国家没有可以支付之物，那么它们就不会有金，也不会有银；而且，如果它们有可以交换的产品，它们所能拥有的货币量也就是它们想买的货币量，或者是适合它们购买的货币量。”[②]

亚当·斯密在这个问题上，就像他在许多其他问题上一样，承继了魁奈的理论。基于对货币商品属性的认知，他认为一国的铸币量受流通的商品价值支配：“无论在任何一国，铸币之量都受支配于国内赖铸币而流通的商品的价值；商品的价值增加了，马上就会有一部分商品被送到有金银铸币的外国，去购买流通商品所必要的追加量的铸币……无论在任何一国，年年买卖的货物价值，虽必须有一定量的货币来流通，来分配给真正的消费者，但不能使用这必要量以上的数量。流通的通道，必吸引充足的货币额以充满其自身，但不能容纳必要量以上的数量。”[③]

马克思经过对前人的各种理论分析、总结之后，形成了自己的基于一般等价物的货币需求理论。并指出商品的价格总额决定所需要的流通手段的数量；商品数量不变时，并不需要全部商品价格出现波动，只要部分主要商品的价格波动，货币量就会随之波动：“在一个国家里，每天都发生大量的、同时发生的、因而在空间上并行的单方面的商品形态变化；换句话说，一方面单是卖，另一方面单是买。商品在自己的价格上已经等于一定的想象的货币量。因为这里所考察的直接的流通形式总是使商品和货币作为物体彼此对立着，商品在卖的一

① “法国重农学派的创始人和古典政治经济学的奠基人弗朗斯瓦·魁奈（Francois Quesnay，1694－1774）在其名著《经济表》中明确指出了商品流通决定货币流通的观点，并考察了货币流通在社会再生产过程中的作用。”（黄达、张杰编著：《金融学》，中国人民大学出版社 2017 年版，第 298 页。）

② 弗朗斯瓦·魁奈：《经济表的分析》——《魁奈〈经济表〉及著作选》，华夏出版社 2017 年版，第 367 页。

③ 亚当·斯密：《国富论》（下），郭大力、王亚南译，译林出版社 2011 年版，第 10－11 页。

极，货币，在买的一极，所以，商品世界的流通过程所需要的流通手段量已经由商品的价格总额决定了。事实上，货币不过是把已经在商品价格总额中观念地表现出来的金额实在地表现出来。因此，这两个数额相等是不言而喻的……随着商品价格总额这样增加或减少，流通的货币量必须以同一程度增加或减少……假设商品量已定，流通货币量就随着商品价格的波动而增减。流通货币量之所以增减，是因为商品的价格总额随着商品价格的变动而增减。为此，完全不需要所有商品的价格同时上涨或跌落。只要若干主要商品的价格在一种情况下上涨，或在另一种情况下跌落，就足以提高或降低全部流通商品的待实现的价格总额，从而使进入流通的货币增加或减少。"①

传统的货币需求函数

马克思在《资本论》中关于商品货币的供需理论不仅准确，并且极为详细，在这里我们便不再对完全的商品货币及金本位下的货币供需做过多的讨论。基于现代信用货币体系，我们也不再去争辩货币是否从来都只是债权凭证，而是把信用货币这一基本事实作为本书讨论货币需求与供给时的一个基础假设。在这一假设之下，信用货币的货币属性则表现为，可以用这种债权凭证作为一般等价物在市场中换取商品。故而，人类社会对货币的需求，也就是对信用货币的货币属性的需求，仍旧是对一般等价物的需求，这一点并没有因为换取货币属性的固有属性的不同（商品属性和债权属性的区别）而发生改变。而崇尚"货币中性论"及"货币面纱论"的西方古典二分法，从自身逻辑上便已经与一般等价物理论相对立，使货币的供需与商品的供需完全割裂开来，自然无法描述真实的货币需求理论。也正是因为失去了货币具有商品属性这一最基本的逻辑基础，使得传统经济学货币需求理论如盲人摸象一般，微观且缺乏逻辑。其中比较典型的几个，如费雪交易方程式只关注参与交易的货币和商品；剑桥方程式则正好相反，它只关注硬化了、退出流通的货币。表面看，他们分别忽视了货币存量和流量的存在；实质上，他们混淆了交易性货币与贮藏性货币的功能

① 马克思：《资本论》（第一卷），人民出版社 2004 年版，第 139－141 页。

和运行轨迹。这不仅仅是简单的宏观或微观的区别。交易性货币需求和贮藏性货币需求是两种完全不同的货币需求,它们在微观和宏观层面都有着各自不同的表现形式,舍弃其中任何一个,都无法真实和全面地体现货币需求。

凯恩斯的货币需求理论表面上涉及交易性和贮藏性两方面的货币需求。但或许因为他早期是剑桥学派的一员,使得他即使认可交易媒介是货币的一个重要功能,但他对交易性货币需求的理解并不是从流通中充当交易媒介这一功能的客观需要出发,相反他丢弃了他的潜在产出、潜在财富及有效需求的概念,沿用了剑桥现金余额说的思路,从微观主体持币动机出发进行讨论。因而,他所谓的"交易动机"和其他两个动机一样,只不过是持有货币的理由。他的货币需求理论所涵盖的仍旧主要是退出流通的也就是闲置的货币。对于这样一位严厉批评了萨伊定律、大力宣扬有效需求不足理论的经济学家而言,他对货币需求的理论是令人失望的。并且由于人类动机是最复杂和难以捉摸的,不同时期、地区、经济发展水平、人种、文化、职业、时尚等太多因素,都会影响到人类心理变化,且难以捕捉。绝不是简单微观分析就可以宏观加总的事情。更不可能仅根据收入、利率两个变量,就可以定义增减函数。这些都决定了,仅从货币持有者微观动机的角度观察货币需求,并将结果直接扩展到宏观层面,很难得到有价值的结论。而在凯恩斯这一理论基础上发展起来的约翰・希克斯和美国凯恩斯学派创始人汉森的"IS－LM"模型同样显得不得要领。

此外,尽管凯恩斯所关注的是退出流通的货币,在《货币论》中,以收入存款、业务存款、储蓄存款三个类别(实际上都是贮藏性货币)进行讨论,但是到了《通论》的货币持有动机的讨论时,讨论的对象却已经退回到了所谓的"相当于"这些存款的"持有现款"的需求。首先,现金本身不是贮藏货币的最主要的形式,把货币需求等同于持有货币的需求(忽视了商品的货币化需求),再和持有现款画上等号,这样的分析方法难免以偏概全。其次,这种从货币供给形式出发定义需求的思维方式体现了时代的特色,无法摆脱传统经济学货币外生论和货币均衡论的逻辑:货币供给不受货币需求影响,既没有供给弹性,又不可替代,那么货币需求就只能决定于货币供给,给什么货币就只能需求什么货币;给多少，就只能需求多少；需求的不同，并不会影响货币的种类。然而随着历史的发展，这一点已不尽然。缺少稀缺性的货币固然会被替代，缺少易得性的货币同样会被替代。存款货币（无论是活期还是定期）是最直接、最便捷的现金索取权，越来越庞大的货币需求使得存款货币无论是在满足贮藏性还是交易性货币需求时，对现金或央行货币都有着极强的替代作用。当存款货币仍不足以满足货币需求时，企业白条、应收应付、三角债、代金券和以支付宝、比特币为代表的各种新兴支付手段，都在一定范围内起着货币的作用。如果长期不能满足货币需求，则必然催生新的货币形式出现。

历史证明，不能随着经济的成长、财富的积累，满足不断增长的货币需求的货币供给方式必然会被淘汰。随着时代的发展可以看到，现金正逐渐退出交易领域，这些领域大量被银行存款货币及其他现金索取权的形式所填补。就现代货币的发展来说，显然仅限于现金或央行货币的货币需求研究方向已经过时了。

弗里德曼的货币需求理论，尽管口径上已经扩展到了 M2 等存款货币，但对货币供需关系以及财富与货币关系的逻辑仍旧混乱。他在初期的货币函数看似涉及更多的变量，并试图对前人的理论进行整合，但实际却变成了大量变量的堆砌，庞杂无序、因果颠倒，像一个大杂烩。尽管后来进行了简化，但仍旧完全没有搞清贮藏性货币与交易性货币的区别，以及收入、财富、价格和货币之间的关系。由于同样是丢弃了商品货币化的需求[①]，它的货币需求函数试图描述的实际上是商品及劳动力货币化之后，或者说是“财富”已经形成之后，从各种机会成本的微观角度分析，权衡之下仍以货币形式保有的部分。也就是说，只在已有的货币水平下讨论货币需求。至于因为缺少货币而无法形成的财富，并不在考虑范围内。这充分体现了弗里德曼货币外生论的一贯立场。但既然如此，还需要写什么货币需求函数呢？在这一点上，弗里德曼的货币方程式与剑桥方程式的差别，只在于变量多写几个还是少写几个而已。

传统经济学的许多假设，是其货币需求理论失真的根本原因。其中货币中

---

① 死守萨伊定律的这些人是不可能考虑这个需求的。

性的假设是古典经济学的信仰。货币的需求基于货币的效用,在对货币效用如此无知的情况下是不可能理解货币需求的。当货币的产出性、货币的生产性使用与劳动力要素使用的伴生性这些最核心的货币功能性属性被无视后,在这种假设基础上建立起的货币需求理论,其荒谬也就不足为奇了。古典的货币理论从约翰·洛克到大卫·休谟、萨伊、大卫·李嘉图,最后到欧文·费雪,无一不是把货币的需求简单地看作给商品定价的工具,最典型的是萨伊的货币面纱论和费雪的货币方程式。费雪方程式充斥着各式各样的静态、均衡、交易充分、商品出清的假设。除了想留下的变量,其他的都可以设定为常数。搞不清谁是自变量、谁是因变量也不要紧,把一个受经济因素影响太大的变量假设为外生就可以了。[①]

如果按照传统经济学货币外生论的习惯,认为货币只是中介的一个产品,那么债务人和债权人就都只是货币的需求方,货币数量都是由这个中介决定的。就像对房屋中介而言,求租方、出租方都是客户。这个也就罢了,但不能就此认为,无论债务人、债权人的供给和需求情况如何,货币的供给都应该是中介说了算。尽管中介看似可以先和求租方立约,之后再去找房源,但不能认为这些房源都是中介凭空派生给租客的。难道租客们需要的不是房子,而仅仅是与中介的那份合同吗?如此理解货币,也就难怪会声称货币中性了。这些理论完全缺乏逻辑,但是,如果不通过中介就无法达成交易,且这个世界上只有一家房屋中介,那么打着“抑制中介膨胀”的旗号,使大量出租方的房源闲置,同时使大量求租方露宿街头以获得最高中介费,就是中介达到利润最大化的显而易见的途径。然而,这样的货币理论不是我们所需要的。我们并不认可把货币需求和供给的定义权送到一个试图漫天要价的中介手中,任由他们把货币需求和供给的数量“均衡”在虚高的中介费的水平上。

总之,我们对传统经济学货币需求的这些理论完全无法苟同。无论是哪个流派,都只是片面地强调了货币需求的某一个侧面。事实上,现代社会中的生

---

① 有兴趣的朋友可以参看本书作者以“有智思有财”这一网名出版的作品《择善固执》中的一篇文章——《从费雪方程式揭开古典经济学通货膨胀理论之画皮》。

产、生活、财富保有和转换的方方面面，无一不需要货币作为媒介，而不同的环节中，这个媒介的作用又是完全不同的。传统经济学理论除了对货币的一般等价物这一概念的无知外，现代信用货币基于的债权债务关系也造成了巨大的困扰。这种债权债务关系确实是可以创造出来的，在创造的过程中，供给和需求又是相互转化、相互制约的，故而货币创造的过程本身又是一个货币需求的过程。这个货币创造的参与者不仅是银行中介，也包括债权人与债务人。因此货币的供需都需要在债权端(储蓄者)、债务端(举债者)和银行中介三个层面考量。逻辑上讲，这三方相互依存、互为因果，储蓄不足、安全债务人不足、银行中介意愿不足都会导致货币不足。可以说，它们都是货币的需求者，同时也都是货币的供给者。

信用货币不同于商品货币之处，在于它是一种债权凭证。从这个角度观察，把债权作为财富保有方式的储蓄者是货币的需求方，而债权的提供者——债务人——是货币的供给方。但是从货币租金(利息)的角度观察，储蓄者是货币的出租方，债务人是货币的求租方。债务人对货币的需求不仅存在，而且非常强烈，所以才会对货币的提供者支付租金。故而我们可以这样理解：除了货币的交易性需求之外，贮藏性需求和债务性需求也都是货币需求；基于货币的贮藏性职能所派生出的多重功效，满足了来自不同主体的不同需求；银行中介则分别代表贮藏性需求和债务性需求两方①，向对方形成需求和供给；银行中介没有能力独立供应货币，债务人、储蓄者和银行中介同是货币供给的重要参与者。

尽管有人强调，现代货币体系下货币创造并不由储蓄者开始，仅靠中央银行甚至商业银行这个中介的资产业务和债务人的信用交换，即可完成借据的创造。然而他们所无视的一个事实却是，其创造的借据，只有与债权人的债权性货币需求对接后，方可生效为货币。故而直到与储蓄对接，才能认为是一个完整的货币创造过程的完成(即便这种储蓄可能是被强迫的)。在此之前，最多算是货币半成品。显然储蓄从来不是银行中介用贷款凭空创造的，银行只是用货

---

① 交易性货币需求的两方是买方和卖方。

币实现了债务性货币需求与储蓄需求的对接,将潜在储蓄甚至潜在产出转化为真实的储蓄而已。被储蓄者拒绝的货币将无法履行货币职能。故而这个所谓的先后次序只是微观层面的东西,宏观上强调这种先后并无意义。同时我们也看到,与银行进行信用交换的债务人也同样是这个货币创造过程中不可或缺的角色。

传统经济学理论多是以银行中介为利益中心,从贮藏性或交易性的角度定义货币需求。与这种无视货币的债务性需求形成鲜明对比的是近年来兴起的所谓"现代货币理论"(MMT)。这个理论的一个特点则是完全以财政为中心,并且从满足财政的债务性货币需求的角度出发,提出了一种无视银行体系和储蓄水平的货币需求理论。该理论认为,货币自古就是政府向民众举债的凭证。因为民众永远欠着政府的税收,故而民众没有选择,政府要求以何种形式缴纳税收,那个商品或凭证就是货币。这种理论是对传统的货币理论禁锢下的思维模式的一种爆发,多少有一点矫枉过正的感觉。它与中国古代货币理论《管子·国蓄》中的说法有一致之处:

> 玉起于禺氏,金起于汝汉,珠起于赤野,东西南北距周七千八百里。水绝壤断,舟车不能通。先王为其途之远,其至之难,故托用于其重,以珠玉为上币,以黄金为中币,以刀布为下币。三币握之则非有补于暖也,食之则非有补于饱也,先王以守财物,以御民事,而平天下也。今人君籍求于民,令曰十日而具,则财物之贾什去一;令曰八日而具,则财物之贾什去二;令曰五日而具,则财物之贾什去半;朝令而夕具,则财物之贾什去九。先王知其然,故不求于万民而籍于号令也。①

---

① 引自《管子·国蓄》。意为:玉出产于禺氏地区,金出产于汝河汉水一带,珍珠出产于赤野,从东、西、南、北分别距离周都七千八百里。山水隔绝,舟车不能相通。先王因为这些东西距离遥远,得来不易,所以就借助于它们的贵重,以珠玉为上币、黄金为中币、刀布为下币。这三种货币,握之不能取暖、食之不能充饥,先王是运用它来控制财物、掌握民用而治理天下的。现在君主向民间征税,下令限十天缴齐,财物的价格就下降十分之一;下令限八天缴齐,财物的价格就下降十分之二;下令限五天缴齐,财物价格就下降一半;早晨下令限在晚上缴齐,财物的价格就下降十分之九。先王懂得这个道理,所以不向百姓直接求取财物,而是运用轻重之术的号令来征得收入。

债权性货币需求与债务性货币需求

市场经济是货币经济。在市场经济之下,各要素所有者将手中的要素投入生产,并依要素稀缺性对产出品进行分配。这种分配是通过货币完成的,随之而来的财富保有则是由货币表现的。这两个环节都必然地构成货币需求。而传统经济学崇尚货币数量论和货币外生论,故而本质上是货币供给决定货币需求的理论,相应其对货币需求的描述通常是从货币供给端或商品及劳动力要素货币化已经完成后开始定义的,也就是只考察第二个环节。这显然与事实不符。

在分配过程中,社会的产出品首先表现为一种对货币的索取权,它是一个将特殊等价物交换为一般等价物,从而将自身产品价值贮藏的过程。这种商品的货币化需求,是货币需求的最初形式。① 在现代信用货币体系之下,货币是一种债权,故而我们将这种商品对货币的索取权称为"债权性货币需求"。这个债权性货币需求被满足的过程,就是商品行使其货币索取权的过程,同时也是将商品转换为债权的过程。债权性货币需求被满足后,形成一个短暂的贮藏性货币。如果这个短暂的贮藏性货币被用于满足消费性、投资性或闲置性货币需求(指购买商品后闲置,即购买者闲置而非直接将货币闲置),则需要形成一个货币再次向商品的转换,这是货币行使其对商品索取权的过程。商品和货币两者间这种互为索取权、互为一般或特殊等价物的便捷的能力,构成了现代市场经济货币化的基础。

由商品换债权,再由债权换为商品,卖即是买,买即是卖。这其中包含了一个对流通中货币占用的过程和一个货币再次投放的过程。由此完成了一个完整的交易性货币需求的循环,回到初始状态,货币再次进入流通。这个完整的

---

① 交易性货币需求的最初形式是卖,买的行为则应当理解为货币供给。而这种卖,就是对货币的购买。"货币是不能无偿取得的,然而,对于购买它的人来说,它之所值就是它之所费。对于没有金银矿山的国家来说,提供货币的就是商业;但是,如果这些国家没有可以支付之物,那么它们就不会有金,也不会有银;而且,如果它们有可以交换的产品,它们所能拥有的货币量也就是它们想买的货币量,或者适合它们购买的货币量。"(弗朗斯瓦·魁奈:《经济表的分析》——《魁奈〈经济表〉及著作选》,华夏出版社 2017 年版,第 367 页。)

交易性货币需求,始终是把信用货币这一债权作为一般等价物(也就是作为一种商品)来买和卖的需求。这种需求与商品货币条件下商品换金银、金银换商品完全相同。交易者既是货币的需求方,又是货币的供给方,独立地完成了货币由需求到供给的全过程,故而并不占用交易性货币存量,而只占用流量。

如果我们把整个银行体系看作一个仓库,经济社会商品货币化的过程就是商品所有者将其手中的商品存入库房,从而把商品转换为存货凭证(货币)的过程。这一凭证既是存货单,又是提货单,但所提货物并不需要与所存货物相同,它们只是相对于货币具有相同的稀缺度(资产及其他财物货币化过程也是如此)。这种"入库"的需求就是债权性货币需求。这些仓单的持有者,有些很快就会用它们换取库中自己需要的商品,以一种债权兑付(行使债权)的形式与原有债权性货币需求相抵消,完成存货单向提货单的转化,达到平衡。这两个过程、两个反向的货币需求,共同构成一个完整的货币的交易性需求,是一种自行兑付的债权债务关系,独立完成入库和提货的全过程。

而另外一些仓单的持有者不急于从仓库中提取货物,他们会长期持有这一债权,我们称这部分债权性货币需求为"贮藏性货币需求"或"货币的贮藏性需求",这部分仓单就是贮藏性货币。这些仓单持有者把仓单作为自身财富的保有形式,使它的兑付过程变得十分漫长。这些不急于兑付的贮藏性货币需求,需要在银行体系中沉淀下来。如果真的有这样一个仓库,那么仓库中的商品就是一般等价物,是通过仓库的作用将入库的特殊等价物标准化为一般等价物。由此生成的提货单便是一般等价物的索取权。然而,事实上这样的仓库并不真实存在,这部分仓单所对应的资产在银行的资产负债表上,只能以银行对外债权,而不是商品库存的形式存在。银行想要满足这部分沉淀下来的债权性货币需求,就必须将这些未能自行兑付的银行的负债,通过信贷转化为银行对第三方的债权(银行的资产)。[①] 银行只能通过把形形色色的商品转化成债权的方式,实现其标准化。这些贷款人的需求为债务性货币需求。银行通过自身的资

---

① 宏观地看,不需要考虑银行资产及负债的操作次序,不需要纠结究竟是鸡生蛋还是蛋生鸡。无论是中央银行还是商业银行,无论货币投放的路径多么崎岖、多么千回百转,最终效果都是一样的。

产和负债业务，来满足市场中货币的贮藏性需求与债务性需求。也就是说，银行把一个贮藏性货币裂变成两个货币：一个用于满足贮藏性货币需求，另一个用于满足债务性货币需求。

当一个债务性货币需求被满足时，与商品销售一样，也可以得到一个短暂的贮藏性货币。所不同的是，并不是用商品换得债权，而是用负债换得债权。当这个短暂的贮藏性货币被用于满足消费性、投资性或闲置性货币需求时，由债权转换为商品的过程，与普通的交易性货币需求中买的部分没有区别，它同样是一个货币再次投放的过程。货币由此完成了一个完整的循环，再次进入流通。

贮藏性货币需求使货币从交易中分离出去，债务性货币需求把这些分离出去的闲置的货币替换下来，重新投入交易。这个循环过程与交易性货币需求的循环过程的不同之处不仅在于中间多了一个环节和一个参与者，更在于由商品到货币再到商品的过程完成之后，并没有回到初始的债权债务状态。两方与银行之间的债权债务关系始终保持着。也就是说，微观地看，货币的交易性需求，由一个债权性货币需求被满足的过程和一个债权核销过程实现自我平衡，它是货币的债权性需求中不需要银行系统以外的债务人相平衡的部分，它需要的只是流量；货币的贮藏性需求，是一个需要由银行系统之外的债务人所提供的债务性货币需求来平衡的债权性需求，它需要存量。

但是，从银行端观察，银行的负债是不能够孤立存在的。用于融通市场交易的银行负债，同样需要资产去平衡。宏观地看，从来不存在完全效率的市场，交易过程中由卖到买，总是会有时滞的。那些微观层面上短暂的贮藏性货币一闪即逝，仿佛从来不曾存在过。然而，在任何一个时点上，把它们汇集在一起，都占用着大量的货币。因此，市场流通中，如果没有足够的沉淀下来的货币，就无法保证足够的流量，而这部分货币并不是通常理解的、以保有财富为目的的贮藏性货币，它的存在并不是出于人类的某种主观的动机，而是市场交易的效率，在客观上不足以消除这部分货币闲置。这显然是以萨伊定律为信仰的古典经济学所不愿意接受的又一个事实。

沉淀在流通中起到暂时性贮藏作用的货币,从微观的角度,我们有时也会称为“短暂的贮藏性货币”,个别情况下,在所起到的作用与贮藏性货币相同时(比如对债务性货币需求的支持或者换个角度讲是对债务性货币需求的占用上),并不必要对其进行严格的区分。从我们对储蓄的定义来讲,因为它们都已经进入货币闲置阶段[①],既不是自我核销的债权,也不是生产者闲置,故而它们无论接下来如何转化,都应当归为储蓄。但是,这两者在流通的效果上有着巨大的差异。尽管它们都占用了货币,但流通中的沉淀并没有退出流通,它所占用的货币可以在流通中反复使用,正是它的存量保证了交易性货币的流量。而贮藏性货币是退出流通的货币,它对交易性货币的挤占导致流通的不畅。所以我们仍旧把这些短暂的贮藏性货币归类为交易性货币,以与贮藏性货币区分。从宏观的角度,我们可称之为“交易性货币沉淀”。在货币总量或债务性货币需求受限时,它是贮藏性货币的减函数。交易性货币的流量与交易性货币沉淀正相关,故而与贮藏性货币负相关。[②]

交易性货币沉淀与交易性货币流量的不同之处在于,它需要有债务性货币需求与之相对应。宏观地看,它在整体上的这种对应,这种平衡的稳定程度即它对债务性货币需求的依赖性高于以保有财富为目的的贮藏性货币。除非市场交易效率明显提高,否则它所对应的负债不仅永远不需要偿还,并且只会随着经济的发展和交易需求的不断扩大而需求越来越旺盛。一旦这部分沉淀不足,交易性货币流就会受阻。

由这些沉淀在流通环节的货币和真正的贮藏性货币组成的债权性货币需求是一个存量,必须找到相对应的债务性货币需求与之相平衡;当债务性货币需求充足时,银行想要满足这些债务性货币需求,也必须找到足够的沉淀下来的债权性货币需求。故而可以说,它们是互为供需的。当银行中介意愿不足,债权性货币需求不足或债务性货币需求不足时,都会造成货币的不足。它们都是货币的需求方,也都是货币供给者,共同提供了货币的有效供给。并且当贮

① 分别属于必要的货币闲置和货币囤积(非必要的货币闲置)。

② 读到这里,如果仍旧对传统经济学中那些把贮藏性货币与交易性货币混为一谈,大谈货币数量论的理论抱有幻想,这本书也就没有必要继续看下去了。

藏性货币需求过高时，债务性货币需求被大量占用，即使总的货币存量水平并不低，仍旧会出现流通领域内交易性货币沉淀不足，货币流量无法保证商品货币化的现象。而在突发的金融动荡所导致的贮藏性货币对交易性货币的挤占和瞬间猛增的资产的交易性货币需求的双重作用下，则会直接造成流动性危机。

如果不存在贮藏性货币需求和交易性货币沉淀，那么不仅不能满足债务性货币需求，甚至不需要满足债务性货币需求。每张入库单都会很快按其入库量提取等量的库存，这样一来，每张开出的仓单会很快回到仓库，使提货量与入库量相平衡。仓库也就无货可贷。那么每件商品或资产便全部可以顺利入库。这样不仅不会出现所谓的货币超发和通货膨胀，像萨伊定律所描述的那种供给可以产生自身需求的情况也会真实出现。因为不存在入库与出库不平衡的问题，货币需要的就只是流量，即使是在商品货币之下，对一般等价物也不存在对其商品属性的占用，即所谓的货币超额需求为零。这就是萨伊所描述的货币只是"面纱"的状态。传统的货币需求理论大多没能摆脱萨伊定律的局限，正是由于无视这些购买力漏出，自然也就不会重视货币供给不足的可能，于是仅仅从所谓"收入"的角度，甚至仅仅从个人微观动机的角度考虑货币需求，不仅不包含由于货币供应不足而无法实现的产出(潜在产出)，甚至不包含由于货币供应不足而无法实现货币化的产出(潜在储蓄，是已经实现未能货币化的产出，即生产者闲置)。认为既定货币供给之下所实现的收入，就是经济体在没有货币供给约束之下实际可以达到的收入水平，其实质是用货币供给定义货币需求。这些与事实不符的理论，对宏观经济分析构成了严重的干扰。正确的态度应该是分析问题，而不是掩盖问题。

首先，贮藏性货币需求和交易性货币沉淀是真实存在的。交易性货币沉淀尚可以用来支撑交易性货币流量，而贮藏性货币则是完全不参与交易的货币，它们的存在使提货量小于入库量。部分入库商品无人认领、旧仓单无法核销、新仓单无法开出，进而妨碍后续商品入库。如果银行系统不能有效地把这部分债权性货币需求通过贷款与债务性货币需求相平衡，再转化为交易性需求中的提货部分,那么这种供需失衡将导致流通中的仓单稀缺、商品入库困难、产出中的部分商品无法实现货币化,进而引发再生产过程的中断。

其次,即便银行体系能够很好地转化这部分债权性货币需求,但银行在把贮藏性货币需求转化为债务人的提货后会产生一个新的矛盾:商品及资产入库,仓库开出仓单,持有者用仓单提货,这原本是一个平衡的体系,是贮藏性货币需求使仓单闲置,造成了供需的失衡,银行据此对外贷款,实质是虚增提货单。[①] 故而如果对外贷款数量超过了贮藏性货币需求[②],则提货量将大于入库量,仓单价格便会下降。即使对外贷款未超过贮藏性货币水平,因为贮藏性货币随时可以行使索取权从而转化为交易性货币,当这些闲置的仓单重新回到流通,还是会使提货量大于入库量。这就要求债务人具有一定弹性,可以随贮藏性货币需求的波动反向调节[③],而不是追随古典经济学理论,否认货币的效用,无所作为,听任大量商品无法实现货币化。

此外,由于交易性货币沉淀与贮藏性货币需求共同占用债务性货币需求和货币存量,故而在货币存量不变的情况下,二者是相排斥的。其中交易性需求的高频性决定交易完成数量明显高于交易性货币沉淀。它对债务性货币需求的占用远低于贮藏性货币需求(对债务性货币需求的占用)。很少的贮藏性货币需求,就会占用过多的银行体系信用能力。特别是贮藏性货币需求出现波动时,它对货币存量占用的增加或减少,便会加倍反映在交易性货币流量上。并不需要货币存量变化,却可以从根本上改变供需关系。这种改变,远大于货币存量变动的差距。也就是说,货币结构的变化远比货币总量的波动对经济的影响大得多,而且它对利率变化的反应也是不确定的。故而货币政策对此完全没有效果。

---

① 一张闲置的仓单即使被银行转化出去,成为第三方的提货单,它本身并没有就此放弃提货权,它仍旧是一张提货单。也就是说,一张仓单或一笔存货对应了两张提货单。如果贮藏性货币需求永远不提货(事实上,确实存在大量的贮藏性货币需求是永久性的),那么库中有无货与之对应,都无关紧要。然而,闲置的仓单一旦变成提货单,就会出现过多的提货单追逐过少商品的现象。

② 虚开的提货单超过闲置的仓单量。

③ 一个贮藏性货币裂变为两个货币,同时满足一个贮藏性货币的需求和一个债务性货币的需求。债务性货币需求将转化为交易性货币需求买的部分。因此,如果贮藏性货币需求也转为交易性货币需求,与之对应的债务性货币需求就必须及时核销,否则商品供需就会失衡。

到这里可以总结一下(详见表 3—1):

1. 一个完整的交易性货币需求包括一个卖的部分和一个买的部分:卖的部分属于债权性货币需求,买的部分分别为消费性、投资性和闲置性货币需求。

2. 债权性货币需求包括交易性货币需求中卖的部分和贮藏性货币需求。

3. 债权性货币需求中未被满足的部分为潜在储蓄,对应生产者闲置。

4. 由于货币不足,无法形成足够的投资诱导,从而未被生产出来的潜在产出部分,并没有达到形成债权性货币需求的水平,不作为货币需求或储蓄考虑,称为潜在的货币需求。

5. 交易性货币需求(卖的部分)与债务性货币需求对接,形成交易性货币沉淀。

6. 交易性货币需求(卖的部分)与消费性、投资性和闲置性货币需求对接,形成一个完整的交易性货币需求,自我完成了由货币需求到供给的平衡,在不占用新货币的情况下,以流量的形式,实现交易性货币的循环使用。

7. 贮藏性货币需求通过银行中介与债务性货币需求对接,形成贮藏性货币。

8. 以换取贮藏性货币为最终目的的卖,不计入交易性货币需求。

9. 贮藏性货币需求与债务性货币需求每次对接都需要生成一个新的贮藏性货币,故而即使债务性货币需求将另一个新创造的货币送回流通(占用两个货币,返回其中一个),也只能看作产生不能循环使用的一次性交易货币。但同时也说明,贮藏性货币闲置的是货币,而不是商品,它与闲置性货币需求(购买者闲置)及生产者闲置都有着本质的区别。

表 3—1　　债权性货币需求分解

<table>
<tr><td colspan="5">债权性货币需求</td><td colspan="3" rowspan="2">交易性货币需求中债权自我核销的部分</td></tr>
<tr><td>未被满足的债权性货币需求</td><td colspan="4">已被满足的债权性货币需求</td></tr>
<tr><td rowspan="7">产出中未能货币化的部分；对应生产者闲置，只包括潜在的储蓄，并未包括潜在的产出</td><td colspan="4">卖的部分</td><td colspan="3">买的部分</td></tr>
<tr><td colspan="2" rowspan="3">贮藏性货币需求被满足后形成贮藏性货币</td><td colspan="5">交易性货币需求</td></tr>
<tr><td>短暂的贮藏性货币汇集为交易性货币沉淀</td><td colspan="4">交易性货币流量</td></tr>
<tr><td>是一个不完整的交易性货币需求</td><td colspan="4">一个完整的交易性货币需求</td></tr>
<tr><td colspan="3">为货币存量；需要与债务性货币需求对接，是一组沉淀在银行系统的债权债务关系，属于货币闲置</td><td colspan="4">为货币流量；包括一个卖的部分和一个买的部分，是一组随时自我清偿的债权债务关系</td></tr>
<tr><td colspan="3">经债务性货币需求对接后，转为买的部分，同样分为投资性、消费性和闲置性货币需求</td><td>卖的部分；是债权性货币需求的一部分</td><td colspan="3">买的部分；实质上是一种货币投放自我平衡之前的货币需求</td></tr>
<tr><td>消费性</td><td>投资性</td><td>闲置性</td><td></td><td>消费性</td><td>投资性</td><td>闲置性</td></tr>
<tr><td colspan="8">是否与储蓄相对应</td></tr>
<tr><td>属于潜在储蓄</td><td>是</td><td>是</td><td>是</td><td>否</td><td>否</td><td>是</td><td>是</td></tr>
<tr><td colspan="8">是否带来新的产出</td></tr>
<tr><td>否</td><td>否</td><td>是</td><td>否</td><td></td><td>否</td><td>是</td><td>否</td></tr>
<tr><td colspan="8">是否产生新的货币需求</td></tr>
<tr><td></td><td>否</td><td>是</td><td>是</td><td></td><td>否</td><td>是</td><td>是</td></tr>
</table>

投资性、消费性及闲置性货币需求

货币需求不是静态的，有些货币需求会转化为货币供给，有些则不能。交易性货币需求在买的部分，必然转化为投资性、消费性或闲置性货币需求，并形成货币投放，对应商品的有效需求。贮藏性货币需求除了可以通过直接转变为交易性货币需求进入买的部分，从而转化为货币供给外，还可以和交易性货币沉淀一同通过银行信贷，经债务人之手转化为买的部分。但是在转化之前，贮藏性货币需求并不形成商品的有效需求。

转化为买的部分后，消费性、投资性和闲置性货币需求之间又有所不同。这几种货币需求在被满足后，购买时都会产生一次性货币投放。消费是总需求的一部分，可以理解为那些造成社会产出品效用灭失，从而无法收回所投入货币的行为。因而它既没有产出，也不派生新的货币需求。它直接的货币投放对象是消费品而不是生产要素，因此并不直接影响就业，只能通过影响生产者预期，从而改变他们的投资行为对就业产生间接影响。

投资也是总需求的一部分，与消费不同的是它的生产性，它在原有社会产出品效用灭失的同时创造了新的效用，从而求得回收更多货币。产出是它的特征，它会派生出新的债权性货币需求。在投入产出过程中，劳动力不仅是必不可少的生产要素，也是投资行为的对象之一；而在社会生产过程中，也基本不存在劳动力要素单独使用的情况。因而可以认为，投资行为与劳动力要素使用具有伴生性，投资是唯一直接带来就业的货币需求和货币投放。

闲置性货币需求对应购买商品或资产后闲置（购买者闲置），既包括正常商业贸易行为，也包括非生产性的囤积及投机炒作。在传统的经济学理论中，它与投资性货币需求相混淆。这种货币需求所对应的闲置与潜在储蓄不同，后者是生产者闲置，在我们的定义里，是总供给与总需求差额的部分；而前者是购买者闲置，它是总需求的一部分，也是储蓄的一部分。它与交易性货币沉淀和贮藏性货币的“货币闲置”的不同在于，它是一种商品的闲置，故而它本身不占用存量货币。闲置性货币需求与消费性、投资性货币需求同样出现在交易性货币需求购买的部分，故而它是一种货币投放。这三者与债务性货币需求或交易性货币需求中卖的部分所形成的短暂的贮藏性货币对接时，占用交易性货币沉淀。闲置性货币需求不具有生产性，没有产出，不带来就业，但与消费性需求不同的是，它的效用并没有灭失，故而当它脱离闲置状态后，会再次产生一次性的债权性货币需求。在反复交易的过程中，必然也会占用交易性货币沉淀这一货币存量。

资产的货币化需求

它是闲置性货币需求的一种。交易需求不仅存在于当期产出之中，也存在于历史的积累之中。由于货币化能力是“财富”的必要条件，故而现代经济社会中被广泛认同的财富，无论以任何形式存在，都可以理解为一种货币索取权，也就是货币需求。它的交易方式本身与当期产出并无不同，对交易性货币流量和存量都会形成一定的占用。由于它本身并不是生产过程中的必要组成部分，它的发生往往与财富保有方式的改变相关联，因此更容易脱离生产而自我循环，形成闲置性货币需求。也正是由于这种货币索取权的存在，对货币需求（数量）的定义不能以满足当期的总产出为限。相应地，我们也提出了包括存量的广义总供给的概念。

商业与贸易

商品在不同的时间、地点会出现价格的差异，基于这种差异所产生的并不创造新价值的交易性货币需求，尽管并不全是囤积炒作，但显然不能与投资相提并论。经院学者更是依据《圣经》，将这种行为判为有罪。[①] 但是考虑到市场永远做不到传说中的那样“有效”，正是商业乃至适度的投机行为促进了商品的流通，故而正常的商业贸易、批发零售行为，与囤积稀缺商品或物资居奇、借以哄抬物价的行为，还是有本质区别的：前者提高了市场的效率（从而带来了间接的产出），后者只会降低市场的效率。

---

① “在贸易中按照高于买进时的价格出售物品是不合法的。因为克里索斯顿在论《马太福音》第二十一章时说过（讲道文第38篇，见《不完全著作集》）：‘谁要以获利为目的买进物品，不进行任何加工即照原样卖出，他就是那个被逐出上帝神殿的商人’；而卡西奥多鲁斯在评论《赞美诗》（*Psalm*）第七十章‘因为我不懂得知识’（根据另一种译本，不是‘知识’，而是‘贸易’）那段话的时候，也说出了同样的意思。他说：‘贸易不是别的什么东西，还不就是便宜地买进来，并想在零售时高价卖出去吗？’他还说：‘这样的商人，上帝是会把他逐出神殿的。’但是除非由于有罪，没有哪个人会被逐出神殿的。所以说，这样的贸易是有罪的。”（托马斯·阿奎那：《神学大全》——A. E. 门罗：《早期经济思想》，商务印书馆2011年版，第63页。）

潜在货币需求

债权性货币需求基于的是与商品或产出的对应。除此之外，还有一种潜在的货币需求，它对应潜在的产出。它与潜在储蓄所对应的生产者闲置不同，后者是一种产出品闲置，前者是一种生产要素或产能的闲置。它是由于生产者闲置和高利率所造成的投资诱导不足，或其他原因所导致的生产能力的不充分应用，所形成的对货币的潜在的吸收能力。由于它并没有形成真实的产出品这一货币索取权，所以它的货币化需求是潜在的。故而我们没有把它列入债权性货币需求及储蓄的考察范围。但它的存在证明了货币数量并没能保证正常经济运行所需，因此对"货币超发"这一概念的影响是显著的。

货币供需与商品供需

到这里，细心的读者会发现，通过一般等价物的概念，我们已经轻松地将货币的供给、需求和商品（包括资本物品等资产）的供给、需求放入同一间库房之中——商品的供给形成货币需求；货币的供给形成商品的需求。商品需求与货币需求不仅不会是割裂的，而且是互为需求的。

商品的供给与需求以及货币供给与需求既不是分别均衡，也不是交叉均衡的，而是以一种一一对应的关系共同与闲置相平衡。其中，商品的总供给（无论是流量还是存量）形成债权性货币需求；潜在供给或产出形成潜在的货币需求；总供给中未能货币化的商品是生产者闲置，又称潜在储蓄，是未被满足的债权性货币需求。商品的有效需求形成投资性、消费性和闲置性货币需求。这三种需求既可能来自交易性货币需求中卖的部分，也可能来自被满足的债务性货币需求，它们的实质是一种货币投放（所以也可以理解为一种货币供给），对应总供给中货币化的部分。因此，在商品市场中，商品的总供给函数即为货币的需求函数；货币的供给函数即为商品的需求函数，它们通过闲置得以平衡。于是静态之下有如下 6 变量方程：

$$（货币存量-贮藏性货币）\cdot V=P\cdot（总供给-生产者闲置）$$

由于贮藏性货币需求和交易性货币沉淀的客观存在,一方面需要足够的货币媒介完成总供给的货币化(保证商品入库),另一方面必须有足够的债务性货币需求相匹配。这一平衡的两方面中,任意一方面不足,则债权性货币需求就无法得到满足,货币化商品数量小于总供给,形成生产者闲置(不能充分入库)。

货币媒介供给不足或闲置过高,既会造成总供给的闲置——这种6变量方程中能够体现的闲置,还会造成产能和债务性货币需求的闲置。产能闲置是未能实现的产出和潜在的债权性货币需求,它不在总供给的范围内;债务性货币需求闲置是潜在的或闲置的商品需求,不在有效需求或总需求范围内。因此可以说,这个6变量方程不仅是一个静态下的、对于究竟哪些是自变量存在极大争议的方程,而且是丢弃了大量变量的方程。

交易性货币是纯粹的运输工具,它将总供给与总需求自动地实现连接。交易性货币需求是一种货币买和卖的需求(无论完成这些买卖过程的是债权还是商品货币,在这个过程中没有区别),它是与商品相平衡的,表现出货币在商品市场的供需。但转化为贮藏性货币需求的债权性货币需求,已经由货币的购买方转变为货币的出租方,经银行为中介,将货币转租给债务性货币需求方。故而,债权性货币需求与债务性货币需求在货币市场是出租方与受租方的关系,这是一种货币的自我平衡关系,本身并不涉及普通商品。债务性货币需求对货币支付租金并向银行中介支付中介费;债权方收取租金并向银行中介支付中介费用。当出租方租金与中介费用相抵时,出租方为零利率,当中介费用高于出租方利率时,出租方为负利率。理解这一点,是理解之后的利息部分的基础。

债务性货币需求被满足后,通常会转化为交易性货币需求买的部分,这是一种货币投放行为,故而在商品交易市场(货币的买卖市场)中,债务性货币需求是货币的供给方,债权性货币需求是货币的需求方;而在货币市场(货币的出租市场)中,债权性货币需求是出租方,债务性货币需求是受租方。货币在这两个市场中被投放、被索取、被出租,然后被再次投放。如此循环往复,任何一环出现瓶颈,都会阻碍货币的运转。因此,我们有理由认为,债权性货币需求与债务性货币需求同是货币需求,同是银行的客户;同时,它们也是银行的合作者,共同承担起货币供给的责任。货币的运转是一个循环，故而试图在这三者之间找到谁才是最终的货币提供者，就仿佛是在研判究竟是蛋生的鸡还是鸡生的蛋。正是因为债权性货币需求与债务性货币需求在不同市场上的多重身份，使得基于错误货币需求理论的传统经济学无法厘清彼此之间的关系。因为无法解释已经被他们定义为货币需求方的储蓄者为什么是利息的接受方（储蓄与投资关系中的供给方），故而只能将货币定义为现金，并将利息以机会成本的方式从债务性货币需求方偷换过来。基于传统经济学所擅长的“均衡大法”，这种以损失的利息代替得到的利息的方法不足为奇。约翰·希克斯和汉森的“IS－LM”模型尽管自称区分了产品市场与货币市场的不同，但模型并没有反映货币在两个市场中的需求与供给，因此并不是产品市场与货币市场的区别。事实上，所谓的IS和LM是分别基于货币内生和货币外生假设下货币市场的两条曲线，它们通过变换常数假设刻意制造出交叉，形成这一所谓“均衡”的假象。这是传统经济学所惯用的手法。

第三节 货币均衡与货币超发的标准

传统经济学利用人们对物价上涨的天生反感，首先把物价上涨的原因归于货币过多，并就势抛出一个叫作“货币超发”的概念。然而我们已经发现，传统经济学从来没有搞清楚，什么是货币需求、什么是货币供给？那么他们定义的所谓货币均衡，又是谁与谁的均衡？货币超发的标准又是什么？弗里德曼“通货膨胀在任何地方都永远只是一种货币现象”这种逻辑混乱的循环定义[①]，对判断所谓“货币超发”无法带来任何帮助。

从纸币超黄金储备而发到超美元储备而发[②]，到维持经济正常运行与抑制通货膨胀这种自相矛盾的目标设定，再到中国现实社会中猪肉价格上涨就是通

① 按照这句话本身的逻辑，不是货币（超发）现象的物价上涨便不是通货膨胀，那么又该如何定义货币超发现象呢？

② 自200多年前桑顿离经叛道地指出纸币发行不应当根据贵金属储备数量的变动，到布雷顿森林体系的解体，发达国家对这一问题的理解已经越来越清晰，但它们需要用这样的超发理论继续迷惑后发国家。

货膨胀，M2 超过 GDP 就是货币超发的认知[①]，人们对货币供需的理解从来就不需要逻辑。在这里，我们来分析一下传统经济学中耳熟能详的“货币超发”究竟是个什么东西。

M2 为代表的货币存量或物价为标准

说到货币超发，人们最爱拿 M2 与 GDP 进行各种比较。尽管不同国家 M2 有着不同的统计口径，但总的来讲，就是现金加各类存款。首先必须认清的是，它是一个存量的概念，无论是与交易性货币还是与 GDP、GNP 等流量都不存在固定的比较模型；其次，M2 中绝大部分是退出流通的贮藏货币，在中国它就是由中国人民银行和中国商业银行体系共同提供的债权凭证，作为中国老百姓财富的保有形式。

储蓄型社会和消费型社会的区别、财富保有习惯的区别、经济市场化程度的区别，等等，诸多因素决定了贮藏性货币与 GDP 关系的复杂性。由于我国的 M2 结构中，贮藏性货币的比例很高，贮藏性货币既不能满足消费也不能满足经济运行所需，它对交易性货币是一种挤占，而且它的主体并不是央行货币，所以用 M2 的数量为标准衡量货币超发完全是在误导。甚至由于这种误导使得我国货币投放长期不足，加之我国居民投资渠道较少，使得有限的货币存量在满足贮藏性货币需求之后，已经不足以满足生产所需的交易性货币（沉淀的）需求，影响了货币的产出，推高了社会资源闲置水平，从而导致 GDP 不能真实发挥。货币供应不足（而不是超发）进而导致股票市场长期低迷，进一步加重了居民只能以银行存款的形式保有自身储蓄的理念，由此也就形成了一个超常规模的货币占用，进一步挤占社会产出品的货币化空间。这种现象的出现，与我国货币经济经验积累不足有关。

总的来讲，这种脱离货币需求的比较方式本身就难以说明什么问题，也就难免得出不是鞋太小而是脚太大的结论。而传统经济学中其他类似的“货币超

① 详细分析见拙作《择善固执》中的两篇文章——《M2 与 GDP 的真实关系》和《猪肉价格＝通货膨胀?》。

发”概念，也都大同小异。从来就没有人搞清楚，货币超发究竟是超货币供给能力而发，还是超货币需求而发？如果认为是超货币需求而发，究竟是超储蓄（需求）而发，还是超债务性货币需求而发？超经济增长所需又该如何衡量？

以劳动力为代表的各种可能形成瓶颈的要素为标准，以储蓄水平、潜在储蓄水平，包括一切潜在产出的生产最大可能性边界[①]为标准，以债务性货币需求为标准，甚或以所谓的维持经济正常运行所需为标准，这些显然都是完全不同的标准。如果不能明确这些标准，那么所谓的“货币超发”其实就只是超金融资本利润最大化的意愿而发。货币中介的供给意愿，既不取决于货币需求，也不取决于货币供给能力。即使远低于货币需求和供给能力的货币量，只要超过了货币中介的供给意愿，中介就可以胡乱指定一个所谓的“货币政策中介指标”，然后高高举起“抑制通货膨胀”或“抑制资产泡沫”的大旗，声称这就是货币超发！[②] 当人为设置了这样一个标准之后，其他任何标准便都不再能够成为真正的标准了。

如果货币数量暂时超过经济瓶颈资源可以吸收的数量，继续注入货币短期已经无法促进经济增长、增加社会财富，只会提升瓶颈资源的价格。即使最宽容的传统经济学理论也会认为，已经进入所谓的“通货膨胀”状态。这就是所谓“货币长期必然中性”的逻辑基础。甚至凯恩斯也认为，充分就业之后，便会产生真实的通货膨胀。然而，事实上，价格恰恰是市场自我调节、提高瓶颈资源效率寻找瓶颈资源替代，从而打开瓶颈的手段。足够的货币所形成的价格机制是促进技术革命的动力。如果一味执念于价格稳定，则货币永远只能是经济体中的最短板，从而形成经济的桎梏。由于物价上涨对于带来产出不仅不存在根本

① “生产可能性边界（production-possibility frontier，PPF）表示在技术知识和可投入品数量既定的条件下，一个经济体所能得到的最大产量。PPF 代表可供社会利用的物品和劳务的不同组合。”［保罗·萨缪尔森、威廉·诺德豪斯：《经济学》（第 18 版），人民邮电出版社 2008 年版，第 9 页。］

② “全世界各中央银行都不愿意任令市场利息率尽快下跌，这对于目前说来是最大的流弊，对于经济在最近将来的发展也是最大的危险。战争结束已经 10 年了。储蓄量已经达到了史无前例的规模。但是其中一部分却由于各国中央银行不肯让市场利息率降低到使储蓄量能被投资需求全部吸收的水平，因而被浪费掉了，被洒在地上了。欧洲各国恢复金本位的时候，同时采取了一种政策，使利息率保持于人为的高度水平上，目的是为了便利紧缩的产生。1929 年联邦储备局和华尔街的斗争，一部分是前者搞错了方向，力图阻止利息率到达其自然形成的水平。”［凯恩斯：《货币论》（下卷），商务印书馆 1986 年版，第 191—192 页。］

性的矛盾，而且往往起到促进作用，相反紧缩货币对抑制产出却可以产生奇效，故而当所谓的“维持经济正常运行”以抑制物价上涨为前提时，抑制产出就成为维持经济正常运行的标准。这难道不是非常荒唐的事情吗？凯恩斯在写作《货币论》时就发现了这个错误：“我们必须承认，那些支持价格稳定的人们，我亦算其中一员，在过去犯了一个错误，因为他们用的语言似乎表明价格稳定是货币政策要达到的唯一目标，从而排除了调节银行信贷供应量，以适应工商界的要求这个方面——或者说，至少应把它看作目标之一。如果这个目标能够达到，其他目标也就水到渠成了。”①

货币需求为标准

传统经济学基本假设已经决定了，没有货币投放能力不足这个概念，货币即便不是面纱，也一定是外生的，只要简单地使用定义的“权力”把货币定性为“外生变量”，就可以一劳永逸地解决货币投放能力不足的大麻烦，就像他们解决有效需求不足等一系列麻烦一样，自然就不必花费精力思考这一问题。所以在这个学科中，只能把超过货币需求而发当作“货币超发”的障眼法。然而，我们已经在之前的章节分析过了，传统经济学家并不知道什么是“货币需求”，他们的货币需求函数通常是从货币供给已经实现之后开始定义的。至于那些因货币供应不足而没有被生产出来的商品，甚至是由于货币供应不足而无法货币化的商品所发出的货币化需求，并不在传统经济学家的货币需求范围内。② 于是他们只能用循环定义的办法解决这一问题。如弗里德曼的“货币数量的增长速度快于产出的增长速度”③，以及教科书中常见的说法，“货币发行增长速度超过货币需求的增长速度，即货币发行量超过了维持经济正常运行所需要的货币量”。无论是快于产出增长，还是超过了维持经济正常运行的说法，显然都是以

① 罗伯特·斯基德尔斯基：《凯恩斯传》，相蓝欣、储英译，生活·读书·新知三联书店2015年版，第451页。以上内容与《货币论》最终出版时的文字有一定出入。

② 传统经济学的逻辑是，既然没有被货币化，那就说明不被需要，所以不在货币需求范围内。这个逻辑真的很奇怪，既然货币供给是判断商品是否被需要的标准，那么定义“货币需求”又有什么意义呢？

③ “通货膨胀是而且只能是由于货币数量的增长速度快于产出的增长速度而造成的。”[保罗·萨缪尔森、威廉·诺德豪斯：《经济学》（第18版），人民邮电出版社2008年版，第602页，“货币主义”。]

货币中性为逻辑基础的。然而，当我们抛弃货币中性的执念后便会发现，经济增长是通过货币的媒介作用得以实现的。正是由于货币的不足阻碍了经济的增长。这里所说的“维持经济正常运行所需要的货币量”事实上是用既有经济水平去定义一个货币量为“所需要的货币量”，再用这个货币量定义相应经济水平为“正常”，这种所谓的“货币需求”事实上是由货币供给定义的。它不仅没有包括潜在产出，甚至没有包括潜在储蓄。如果真的是以维持经济正常运行所需为标准，便不会在产能及生产要素大量闲置的情况下，远远达不到生产的可能性边界时，声称货币超发。

非常难得的是，本身作为资产阶级经济学家的凯恩斯和阿瑟·刘易斯给出的却是完全不同的答案。相比较而言，阿瑟·刘易斯的“在任何情况下，用于创造有用资本的通货膨胀会自行消失”显得更为激进。凯恩斯在早期提出的“适应工商界的要求”的逻辑显得有些含糊，后期在《通论》中则明确为以就业水平为标准。显然这个标准已经明显优于主流经济学削足适履的逻辑。

就业为标准

我们可以把凯恩斯和现代主流经济学就这个问题的逻辑进行比较。

假设有10个人，每人每天可以种1棵树，但树种当局每天只提供9棵树种（货币供应量），则必然会出现1人闲置（失业）；如果树种当局每天提供11棵树种，则会出现“树种膨胀”（充分就业下树种过剩）。这就是凯恩斯主义货币理论中所谓的失业与通货膨胀的交替关系。在这个模型中，如果每个人每天的产量提高为2棵树，则树种当局必须把树种供应量增加到每天20棵树种，才能保证不出现劳动力闲置（失业），而增加到21棵时，才有可能出现“树种膨胀”；如果每个人每天的产量提高为10棵树，则树种当局必须把树种供应量增加到每天100棵树种，才能保证不出现劳动力闲置（失业），而增加到101棵时，才有可能出现“树种膨胀”……

用凯恩斯的话说，通货膨胀只有在充分就业后才可能发生；用弗里德曼的话讲，通货膨胀是而且只能是由于货币数量的增长速度快于产出的增长速度而造成的。这两种说法看似都有道理,并且至少全部超越了初级的货币数量论。但弗里德曼忘记了,产出的是树,不给它树种,是产不出树的。按照货币学派的逻辑,在树种当局把树种供应量由每天 9 棵提高到每天 20 棵的过程中,树种数量的增长速度严重大于历史上树的产出增长速度,如果这不是“树种超发”“树种膨胀”,又是什么呢?而在下一个周期中,面对区区 20 棵树的历史产出量及历史产出增长水平,树种当局如果提供 5 倍(100 棵)的树种,这更是证据确凿的“树种超发”和“树种膨胀”了!所以,昨天只产出了 9 棵树,今天就只能给 10 棵树种,明天给 11 棵!至于以现有生产力水平能够产多少棵树,以及只给这几棵树种会导致多少人失业,同时会对经济增长和产出产生多大的阻碍,都不重要!脚长得太快是脚的错误,鞋多大,鞋说了算!鞋的大小就是脚的需求;超过了,就是脚超前发育了,简称“超发”。

要知道,技术进步所引发的市场对货币需求的增长,远远不是教授们靠闭门造车计划出的“固定速率”可以满足的!产出速度达不到货币增长速度的原因,正是由于货币供应的不足。而按照货币学派的逻辑,当货币供应不足,阻碍了产出增长时,就要削减货币供应速度,以防通货膨胀!这就好比一个面对太阳的人,总想躲在自己的影子后面,于是就不停地倒退!倒退!倒退!再倒退!

即使不以维持价格稳定为标准,经济正常运行所需要的货币量本身也是一个难以定义的概念。而由财富的种种定义方式出发,我们不难发现,货币数量不是由财富决定的,恰恰相反,是货币数量所决定的货币化能力决定了财富的数量。收入亦是如此。如果真的以维持经济正常运行所需为确定货币需求量的标准,那么货币的需求不仅应当包括已经实现货币化的产出——收入,还要包括因货币不足导致无法实现货币化的生产者闲置和潜在产出。果真以这个角度出发,在潜在产出能力巨大,甚至生产者闲置——潜在储蓄水平——居高不下的现代工业社会,不仅传统经济学所极力鼓吹所谓的“货币超发”全无可能,即使是满足维持经济正常运行所需要的货币量也是一项难以完成的任务。

凯恩斯的理论则是从资源匹配的角度出发的。无论匹配方式多么复杂、货币需求或经济正常运行的逻辑被描述得多么难以捉摸,货币是否超发的标准终究会以生产及消费过程中,某种要素用尽为界限。[①] 货币数量对物价的影响是不确定的,但作为瓶颈要素,货币对参与生产的其他要素的使用及闲置程度的影响却是确定的。参与生产的各要素为达到充分参与生产活动,所需要的货币数量显然不会完全相同。因而凯恩斯假设的整个经济体系所有生产要素同时达到一个确定的均衡状态是完全不可能的。由于不同生产要素稀缺度不同,总产出取决于瓶颈要素,商品出清并不代表所有生产要素的出清,自然也就不能等同于充分就业。也就是说,即使静态地看,商品出清和充分就业(劳动力出清)也并不存在共同的平衡点。

动态地看,由于科学技术的不断进步,在充足货币的作用下,哪个要素用尽的状态是不断变化的。故而货币需求因所站要素立场不同、所追求的要素用尽的目标不同而不同。而凯恩斯的逻辑,或者说是立场,是无论历史上提供了多少树种、种出多少棵树,今天提供的树种是前天或昨天所种树的百倍、千倍、万倍,只要还有剩余劳动力,树种就不会闲着,就不会种不成树,也就不会树种膨胀。[②] 凯恩斯对货币需求的这个理解,已经不限于潜在储蓄所对应的货币化需求,而是直接涉及闲置劳动力及潜在产出所对应的潜在货币需求。相比弗里德曼对货币需求的理解,这样的货币需求模型毫无"稳定性"可言。但非常明显,观察劳动力闲置(失业)为标准尽管不够完美,却比传统经济学打着维持经济正常运行所需(宏观视角,消除潜在产出为标准)的旗号,只是观察树种(货币)供应的历史增长速度要可靠、可行,也进步得多。然而,令人遗憾的是,凯恩斯的货币需求函数受到剑桥学派的影响,同样选择了微观视角,从而放弃了货币—劳动力模型及有效需求理论这一宏观角度,自然也就不会涉及潜在产出及潜在财富的问题。

---

① 货币不可能绝对超发,只会相对于某种资源超发。如果市场真的具有这样神奇的效率,可以根据货币的数量,使得所有生产要素和商品随时调节至全部出清的价格,那么便不应存在"货币超发"及"通货膨胀"这样的概念。同时,这样的"经济学"也就不具备任何实用价值。

② "当我们有失业的工人和厂房时,只有完全低能的人才会说我们无法负担公共工程项目支出。因为正是这些失业工人和厂房才能让我们完成这些项目。"(凯恩斯:《如何造成一种繁荣的波浪》,1928 年 7 月 31 日刊登于《旗帜晚报》。参见罗伯特·斯基德尔斯基:《凯恩斯传》,相蓝欣、储英译,生活·读书·新知三联书店 2015 年版,第 459—460 页。)

储蓄为标准

以上讨论所基于的仍旧是货币供给能力不可能不足。凯恩斯理论所基于和针对的,更多的是那个年代中发达资本主义国家中普遍出现的货币供给意愿不足。而对货币供给能力不足往往直接排斥于基本假设之外,从而忽略了货币超就业水平而发和超储蓄水平而发的区别。然而在现实世界中,特别是在后发国家,显然没有这么幸运,我们经常会发现货币投放能力不足以满足货币需求才是常态,因此超货币投放能力而发才是最需要谨慎对待的。金本位下,黄金是有限的,即使在信用本位之下,货币当局也不是上帝,所以货币不是外生的。货币当局没有能力在储蓄不足的情况下向市场投放足够的货币,因为储蓄就是信用本位下的一般等价物;货币当局也没有能力在债务性货币需求不足的情况下,向市场投放足够的货币,因为货币投放只能是借出去,不可能是撒出去。

中央银行及商业银行体系只是中介,它们所提供的货币是连接储蓄与债务性货币需求的桥梁,因此,无论是储蓄还是债务性货币需求不足,银行中介都无法独立形成货币的有效投放。那么此时,如果超过货币供给能力,提供货币以满足货币需求和就业是否应定义为货币超发呢?这就可谓"仁者见仁,智者见智"了。

在储蓄不足时,倾银行中介之力能够做到的无非是高效地将储蓄转化为投资。在短缺型经济之下,则只能以强迫储蓄的形式压缩民众的消费水平,从而将全民储蓄最大潜力转化为投资,以保证较高的投资水平。如果货币的发行水平超过入库水平的承接能力(贷款超过贮藏货币需求),则会出现由于过度举债使总需求大于总供给的情况导致物价上涨,而且并不以充分就业为必要条件。在阿瑟·刘易斯看来,即使因此造成短期的供需失衡而付出所谓"通货膨胀"的代价,也是值得的。我们完全认同这种观点。但这终究会是一件很有争议的事情。而不应该有争议的是,在储蓄充足、债务性货币需求强劲,因而完全有能力满足经济增长所需交易性货币需求时,中介却以所谓的避免货币超发为借口,人为地把货币打造成经济增长瓶颈,使储蓄无法完成转化,从而带来巨大的损耗，进而闲置包括劳动力在内的其他要素，用以获取超额货币利益[①]，这就是金融资本的利欲熏心之处了。

债务性货币需求为标准

或许因为主流经济学尚处于商品货币时代，且他们用作货币的这种商品是可以外生的，故而他们的货币需求理论中，并没有债务性货币需求这个概念。然而，当储蓄及储蓄的动力充足，中介也较为积极，安全债务人（债务性货币需求）却明显不足时，对"中介"而言，货币投放同样是一个无力承担的任务。在经济不景气或投机气氛严重时，既没有投资和消费带来的交易性货币需求，又没有安全债务人带来的债务性货币需求，此时货币当局的货币政策即使将利率降为零，所增加的也仅仅是贮藏性货币需求[②]——凯恩斯称之为"流动性陷阱"，或闲置性货币需求——投机炒作。对于这样的状态，尽管表面看似中介已经尽全力在提供货币，但如果把债权人、债务人、中介看作货币供给的一个基础循环，这种现象仍旧应该定义为货币供给不足。此时只有启动财政政策以提高债务性货币需求，才能够实现对经济体有效的货币投放。这同样不是货币超发。

总之，货币数量不能作为衡量货币是否超发的标准；维持经济正常运行也难以定义；在储蓄或债务性货币需求不足时，其他标准难以实施；在高储蓄率的条件下，储蓄和信贷需求完全得到满足也非银行系统意愿及能力所及。事实上，所谓"货币超发""超额货币"也只是计划经济思维模式之下的一个伪命题。[③]相比较而言，凯恩斯以保证充分就业作为衡量货币数量是否恰当的标准，可能

---

① "储蓄量已经达到了史无前例的规模。但是其中有一部分却由于各国中央银行不肯让市场利息率降低到使储蓄量能被投资需求全部吸收的水平，因而被浪费掉了，被洒在地上了。"[凯恩斯：《货币论》（下卷），商务印书馆 1986 年版，第 191－192 页。]这就如同让粮食烂在池子里，却让老百姓饿肚子。

② 即，将货币闲置。即使银行通过信贷与债务性货币需求对接，也无法转化为投资或消费，由于利率为零，债务人仍会选择将货币闲置，从而生成一个新的贮藏性货币。

③ "其实，在国内外的学术界和宏观货币调控部门，对于判断货币供给是多是少，都有一个非常执着的思路。那就是，把自己论证的货币需求理论模型作为标准：如果货币供给多于根据这个货币需求函数所计算出来的量，意味着有了超额货币；如果货币供给少于这个量，则意味着相应的货币'失踪'。进入理论思维境界，这样思考问题是自然而然的逻辑。"（黄达、张杰编著：《金融学》，中国人民大学出版社 2017 年版，第 360 页。）

更容易被各方所接受,而阿瑟·刘易斯“创造有用资本”的理论则更为激进。

第四节　货币非中性

中性货币是19世纪古典经济理论的一个基本公理。中性货币假设,经济中货币数量的变动对经济系统的就业和生产总水平完全没有影响。在中性货币的经济中,就业和产出仅仅由经济体系中的非货币因素决定。到20世纪早期,货币中性的假定变成了正统经济学教科书中流行的基本公理。直到今天,中性货币仍然是现代主流经济理论的基本公理之一。因此,对那些受教于古典经济理论的人来说,货币的中性就是宗教信条,是无须证明或辩护的。

例如,麻省理工学院经济系和享有盛名的国家经济研究局的杰出成员奥利佛·布兰查德(Oliver Blanchard),曾经以惊人的坦率批评当前主流经济学家所广泛使用的所有宏观经济模型,内容如下:

“我们看到的所有模型都是以货币中性为既定假设。这的的确确是一个基于理论考量而不是经验证据的信仰问题”(布兰查德,1990,p. 828)。

换句话说,即使货币中性这一基本的古典假设没有任何经验证据基础,所有的主流宏观经济模型(包括联邦储备系统、经济顾问委员会、国家经济研究局等使用的模型)仍然以货币中性公理为基础。对货币中性的不可动摇的信念仅仅是主流宏观经济学家的信条,这一信条使宏观经济学家们可以宣称,如果政府单独或者通过国际合作以消除对市场的所有管制,即“使所有市场自由化”,那么一国或全球的经济将达到充分就业的繁荣目标。因为这一结论需要以货币中性公理为基础,所以主流经济学家假定货币中性已经得到了证明。(一个认为《圣经》中关于上帝在六天内创造了人类和万物的故事是事实的虔诚教徒,一定拒绝承认任何证明人类是经过数百万年从低等生命进化而来的“科学”进化论证据。类似地,一个真正信仰古典经济学公理基础的人,将拒绝承认货币在长期最终是非中性的。这并不是否认一些“新凯恩斯主义”学派,甚至一些旧古典学派的货币主义者承认短期货币可能是非中性的,因为自由市场在短期存在一些“暂时性的”攻击方面的失灵。然而,所有的主流经济学家都相信货币在长期是中性的。)[①]

货币无用论的完美故事

在一个小小的村落,有两户人家——猎户张三一家和渔夫李四一家。另外还有一个游手好闲的王五。那一年,张三打了 1 000 斤野味,李四打了 1 000 斤鱼。但是张三家自己只能吃掉 900 斤野味,李四家自己只能吃掉 900 斤鱼。于是张三、李四分别把自己剩余的 100 斤产品交给了王五,各换回 10 张白条。然后张三用 10 张白条从王五那里换回 90 斤鱼,李四同样用 10 张白条从王五那里换回 90 斤野味。20 张白条再次回到王五手中,王五得鱼和野味各 10 斤,说是他应得的利息。

转过年来,张三家打了 1 100 斤野味,李四家打了 1 100 斤鱼。张三家自己仍旧只能吃掉 900 斤野味,李四家自己只能吃掉 900 斤鱼。于是张三、李四都把自己剩余的 200 斤产品交给了王五,各换回 20 张白条。然后张三用 20 张白条从王五那里换回 160 斤鱼,李四用 20 张白条从王五那里换回 160 斤野味。白条转一圈儿,王五得鱼和野味各 40 斤,说是今年白条发太多了,为了抑制白条膨胀,今年特意把利息提高了。张三、李四欢呼雀跃,口中振振有词地念道:“总产量由 2 000 斤涨到 2 200 斤,只上涨了 10%;白条却由去年的 20 张涨到 40 张,上涨了 100%! 货币超发导致通货膨胀,去年 1 张白条换 9 斤野味或鱼,今年只能换 8 斤,证明货币增加,只会带来物价上涨,如果不加息,那还了得?

① 保罗·戴维森:《约翰·梅纳德·凯恩斯》,华夏出版社 2009 年版,第 33—34 页。

那不是白条膨胀吗?”(这是什么逻辑?笔者至今没搞懂。)

就这样,一年又一年。王五年复一年地用提高利率的办法,把野味和鱼的价格搞得越来越高,并因此获得了把利息越推越高的“合理”依据。张三、李四家则是父子齐上阵,结果把产量越搞越高。那一年,张三家打了 3 000 斤野味,李四家打了 3 000 斤鱼。张三家自己仍旧只能吃掉 900 斤野味,李四家自己只能吃掉 900 斤鱼。他们还是都把自己剩余的 2 100 斤产品交给了王五,各换回 210 张白条。然后张三用 100 张白条换回 500 斤鱼,李四用 100 张白条换回 500 斤野味。张三、李四各自收藏白条 110 张。此时的王五却有些心慌:之前从张三、李四那里得到的鱼和野味都是自己的“应得利润”,而此次多拿的鱼和野味却为自己带来了真实的 220 张白条的债务。不过王五还在安慰自己:“不怕的,这个债,是不用还的。”

但是,再转过年来,张三家和李四家,全家齐动员,再无人员闲置,结果张三家打了 4 000 斤野味,李四家打了 4 000 斤鱼,打算把自己剩余的 3 100 斤产品全部交给王五时,却被王五拒绝了。理由是,债务已达上限,白条已经超发。他对张三、李四说:“我所提供的白条,是让你们用来交易的,不是让你们用来储蓄的。如果你们不肯用我给你们的白条多买些鱼和野味,我总不能看着这些白条留在你们手里吧?是你们的储蓄断送了你们的生计,这怨不了任何人!”

张三和李四望着手中的野味和鱼一天天腐烂,于是转过年来,他们除了自用的 900 斤鱼和野味,不再多产一斤产品,家中人口更是无所事事。小村的总产出水平由上一年的共 8 000 斤骤减了 77.5%。张三再也吃不到鱼虾,李四再也吃不到野味。全村陷入一片萧条之中。王五则一无所获,并且面临被张三、李四追债从而破产的风险。

此时赵六站了出来,“深刻”地检讨道,这都是王五滥发无用的货币闯下的祸!货币是中性的,它是不会带来产出的,所以多发的那些货币只能不断推高物价,却并不能为这个社会带来福利和就业。低利率会导致通货膨胀,这就是金融资本家王五剥夺生产者张三、李四的手段!供给是可以自动产生它的需求的,所以张三多打的 3 100 斤野味和李四多打的 3 100 斤鱼并不是真实的供给,它们只不过是王五用白条制造出的虚幻的泡沫，任何泡沫都是会破灭的，任何白条都是需要还的！所以最终，张三和李四又回到了没有泡沫和债务的干干净净的 1 800 斤产出的自然经济……

这的确是一个很奇怪的结论，但这个理论被古典经济学家们讲了几百年，除了凯恩斯空前绝后地质疑过，其他学派基本将其当作普世价值来接受。然而，无论货币中性的信仰多么坚定，如果没有王五的这些白条，张三和李四用于交换的那些商品就根本不会被生产出来，这是一个不争的事实。而物价不断上涨的原因，正是在抑制通货膨胀的理论掩护之下的高利率推高了生产和交换的成本。并且张三和李四越是轻信王五的“货币无用论”，认为白条是中性的、是不值得自己学习效法的，就越无法摆脱对王五白条的依赖，就越是只能接受王五以抑制通货膨胀为借口的高利贷的盘剥。①

货币是市场经济条件下，一切经济活动的桥梁。货币化是市场经济发达程度的标志，它是商品与货币相互转化的一种能力。当货币供应不足时，就会阻断其他商品的货币化，从而使广泛的商品交换无法实现。此时货币体现的已经不再是充当货币的那种商品固有的价值或稀缺，而是作为货币本身的效用。而这种效用来源于，且仅仅来源于其公允性；通俗地讲，只要大家都觉得它有价值，那么它就（能用于充当交易的媒介，可以带来产出）有价值。纸币（白条）在充当货币职能时，其价值与商品货币无异（所不同的，仅仅是退出货币职能后的形式），对于生产者和储蓄者张三、李四而言，即使产品换回的只是一些“毫无价值”的白条，他们仍旧愿意将这些产品生产出来，否则就会放弃生产。这就是这些白条的价值。我们在谴责王五重利盘剥的同时，必须认清的是，正是货币中

① “现在还没有可以替代美元的货币。你无法获得足够多的安全的欧元债务，整个欧元区都是一个净出口地区。此外，你需要以安全的欧元计价的国库券时，市场却在小心提防着大多数的欧元区国家，尤其是那些正运行财政预算赤字与贸易逆差的国家（即发行大量欧元债务的国家）。德国是一个净出口国，同时是财政廉洁的典范，所以，德国并不会发行大量的欧元债务。那么，中国的人民币可以替代美元吗？不能。因为它的货币供应同样太低，且中国是一个比德国还要典型的国家——一个更大的净出口国，同时，并不发行大量的国债。日元呢？由于中国和日本均为出口国，因此它们都创造了充足的本国储蓄以吸收其政府债务。我们别无选择，因为当今世界还没有可以替代美元的货币。这样的现状可能终究会改变，但短时间内还不会发生。”（L. 兰德尔·雷：《现代货币理论》，中信出版社 2017 年版，第 179 页。）这是何等的自信！同时又是对张三、李四何等的讽刺！

性理论,使得张三和李四忽视了货币的重要性,从而给王五创造了这种盘剥的机会。

货币中性论的逻辑不能自洽

货币中性论是与货币数量论的逻辑一脉相承的,其根源都是古典经济学所谓的"均衡论"。奇怪的是,主流经济学家们一边口口声声"货币即使短期是非中性的,长期也一定是中性的",但是他们所传承的货币数量论却是一个假定货币在一夜之间增加数倍并且按比例在原持有者中分配这种超短期和超静态的基础之下的货币理论。这种以不给市场任何调节资源配置的时间为手段的证明方法,是要证明货币中性,还是要证明市场无效呢?在这种超静态的思维模式之下,奢谈"长期"没有任何意义。

货币最初的形式是放弃其商品属性的一般等价物。放弃一个,取得一个,货币的产出性是催生这种行为的动力。当执行货币职能时,商品货币的商品属性处于闲置状态。如果我们服从古典经济学家们"货币中性论"甚至"货币面纱论"(总之是货币无用论)的假设,就不会有什么力量可以驱使金银的所有者以放弃金银的商品属性为代价,换取其货币属性。孟德斯鸠提出货币符号论的时候,并没有否认货币的价值,他认为在交换过程中,贵金属货币、纸币和商品都只是符号,故而如果有足够的贵金属储备,纸币和贵金属的效用没有任何差异。他说:

> 货币是代表一切商品价值的符号。之所以用金属作为价值符号,是因为金属经久耐用,使用时损耗较小,可以多次分割而不毁坏。选用贵金属的原因则是携带方便。
>
> ……
>
> 白银是商品的价值符号,纸币是白银的符号。纸币如果有足够的贵金属储备,就完全可以代表白银,两者的效用没有任何差异。
>
> 正如白银是一种物品的符号,从而代表各种物品,每种物品也

> 是白银的符号，从而代表白银。白银可以代表任何物品，任何物品都可以代表白银，白银和所有物品都可以互为符号；换句话说，由于白银与其所代表的物品价值相等，因而可以任意拥有其中的一种，在这种情况下，国家必定兴旺发达。[①]

如果就此认为货币（包括纸币）没有内在价值，就等于说贵金属和商品也都没有内在价值，显然这样的逻辑无法成立。众所周知，市场经济是由利润驱动的，利润是市场经济中生产活动得以维持的必要条件。但利润并不能以生产的结果——庞大的商品堆积——的形式表现，它只能来自货币化的剩余产品，被马克思称为剩余价值。市场经济因此必然是货币化的经济。市场经济下的分配就是对货币的分配，或者说货币是一切利润或剩余价值的表现形式。

当资本相对于劳动力等要素极为稀缺的时候，资本可以获得最大的产品分配权。但如果货币不足，随着资本积累的逐渐完成，资本相对于货币的稀缺性下降，资本的货币分配权也必然随之下滑，如此便形成所谓的“报酬递减”或凯恩斯所讲的“资本边际效率递减”，也即马克思所说的“利润率趋向下降”。随着利润率降低，投资诱导不足，社会生产的动力逐渐消失，生产的停滞使劳动力进一步过剩。这一过程的发展表面上是资本相对于劳动力稀缺度的变化，实质却是资本及社会产出品货币化能力，也就是资本相对于货币稀缺度的下降。当货币数量不足以为各行业支付利润时，市场经济的运行便终止了，此时资本和劳动力都表现为过剩，劳动力无法就业。[②] 因而在生产流通领域，货币展示的是其他要素的价格，体现的却是自身的价值，它就是市场经济的血液。显然，所谓的货币数量论、货币面纱论、货币中性论都是基于非生产性的货币理论；也就是说，它们成功地证明了，在非生产条件下，货币是非生产性的。

在货币数量论看来，货币数量增加了，故而增加的货币无论是用于养猪（投资），还是吃猪肉（消费），再或者既不养猪也不吃猪肉而是把货币封存起来（闲

---

① 孟德斯鸠：《论法的精神》（上卷），商务印书馆 2012 年版，第 457—458 页。

② “失业问题之所以发生，是由于人们想得到的东西（即货币）像天上的月亮一样，是无法被生产出来的，而对这种东西的需求又不能压制，所以劳动力就无法就业。”（凯恩斯：《就业、利息和货币通论》，宋韵声译，华夏出版社 2005 年版，第 181 页。）

置),对猪肉价格的影响都是一样的。是的,货币中性的信仰正是这样的。在他们的理论中,货币的投资性、消费性和闲置性使用没有区别,它们都是没有产出,也不会带来就业的。或者如一些主流经济学家的理解,货币短期可以用来养猪,长期只能用来吃猪肉。但是,如果说投资和生产不会带来产出和就业,或者长期而言,投资和生产不会带来产出和就业,那么整个人类社会便会停滞,中性的又何止是货币呢?

总之,货币是否中性并不取决于长期还是短期;货币是否有产出也不取决于闲置的货币。货币的产出性以及对物价的影响取决于它满足什么样的货币需求,与货币的供给数量无关。如果增加的货币满足的仅仅是贮藏性货币需求,那么它既不会带来产出,也不会带来就业,同时,也不会带来物价上涨。[①]如果满足的是投资性货币需求,则直接带来产出和就业;如果满足的是消费性货币需求,则通过对投资的刺激间接带来产出和就业。这两个货币需求都会因为增加了需求而带来暂时的物价上涨,区别在于,投资性货币需求所带来的供给会大于需求,从而导致将来的物价下降。闲置性货币需求则既不带来产出,也不带来就业,它所带来的物价上涨终会由于囤积品的再次流通转为下跌。所谓"货币长期是中性的",无非是假设长期之下,投资性货币需求将全面退出(因为树长不到天上去)。但是我们知道,投资退出的原因恰恰是货币不足。只有在过度紧缺的货币之下,投资性货币需求才会因失去了利润的牵引而撤出。换句话说,所谓的"货币中性"正是货币紧缺的结果,而不应成为采取货币紧缩政策的借口。即便在两次石油危机那样的特殊经济条件下,经济遇到暂时性的巨大瓶颈,充足的货币供应所带来的产出和就业也远优于紧缩性货币政策。

① 在商品货币条件下,这种情况发生在新增金银全部被民众收藏起来,并不进入流通时。在信用货币体系下,是一种自我循环的贮藏,比如张三和李四交换一张一万亿元的欠条,于是两个人立即都变得极为"富有",但这丝毫也不会影响产出、就业和物价。除非是极低利率下的流动性陷阱,否则这种自我循环的贮藏性货币并不常见。更多的则是债务性货币需求不足,使得贮藏性货币难以成功转化。

信用货币同样非中性

> 这一理论需要解释。首先我们必须理解为什么在自然灾害期间需要铸币。在古代,不仅有金属货币,谷物也用作货币。然而,谷物不是价值标准,只是交换媒介。一旦有自然灾害,就如同现代的危机,因为谷物很贵,没有足够的谷物可以用作货币。所以政府供给金属币以代替谷物,让它退出流通,目的是养活人民。这是货币在此时铸造的原因。
>
> 按照数量理论,货币越多,价格越高。年景不好时,谷物已经很贵,为什么还要铸币,令谷价更高?为了回答这一问题,我们必须了解古人的处境。当时的人大多是农民,他们自有谷物作为粮食,但除了用谷物交换就不能得到其他必需品。这样,他们的谷物将不够用。因此,政府供应货币,目的是让他们用以交换其他物品。这只是为了提高购买力,而不是专门为了提高谷价。即使农民没有足够的食物,也可以用钱买;否则,他们根本没有交换媒介。因此,即使增加货币量会稍稍提高食物价格,对他们来说也比根本没有钱要好。但农民如何得到货币呢?在坏的年景,政府将借贷或分发给他们。简而言之,古代政府铸币的目的有如现代政府发行钞票以缓解经济危机,确实存在着对货币的巨大需求,但没有供给过量。
>
> ……
>
> 它与数量理论不矛盾,而是相合的。①

推演到这个位置,仍旧能够得出"与数量理论不矛盾"的结论,足见信仰力量的强大。

商品货币作为一般等价物,暂时闲置了其原有的商品属性。这使得在获得货币的同时,减少了商品的有效供给。作为一般等价物的商品货币,它必然是

① 陈焕章:《孔门理财学:孔子及其学派的经济思想》,翟玉忠译,中央编译出版社2009年版,第266页。

总供给的一部分,却无法满足投资或消费需求,故而它只是总需求中闲置的部分(购买者闲置)。商品货币的存在,本身便已经证明了总供给与总需求的非均衡性和货币的效用。

信用货币的出现,就像金属货币替代谷物一样,但它代替商品货币完成一般等价物职能的同时,并不占用商品。这样就可以将商品货币从货币流通中置换出来,恢复其原商品属性下的使用价值,不仅可以提高经济运转的效率,也增加了可用于投资或消费的商品的数量,从而增加商品的有效供给。但是货币的效用并不会因这一过程而改变,故而总供给增加了。这再次证明了,货币,包括信用货币的非中性。

特别是货币存量中,交易性货币沉淀是无法消除的,在一个正常运行的经济体中,交易性货币沉淀也是难以退出的。这一货币形式存在的稳定性决定了,宏观地看,无论是商品货币还是信用货币,容器内是否内置了储蓄,都不影响它行使这一货币职能。也就是说,在流通领域,这一货币容器[①]可以完整地代表一般等价物的全部价值。而由此带来的利益,自然而然地由信用货币的提供者享有。[②] 贮藏性货币则不完全相同。储蓄者将货币收藏起来,形成经济循环过程中社会购买力的漏出现象,同时形成贮藏货币。而银行将这些存款放贷出去,借款者又将其用于投资或消费,形成新的购买力,将更多的社会产出品货币化,从而将更多的潜在产出转化为真实产出。从这个意义上讲,货币具有把潜在的社会购买力重新注入经济循环的功能。但贮藏性货币只有在这一货币需求不发生逆变时,才能以容器的价值代表储蓄的价值。由于贮藏性货币随时可能转化为交易性货币,因此这种购买力的漏出并不稳定。故而信用货币对储蓄

---

① 有关货币容器与货币之间的关系,详见本章第六节。

② “在现代信用货币制度下,由于信用货币是各国法定支付手段,而流通中总有最低数量的货币需求,因而货币发行成为发行者的一项长期占有的稳定收益。为了使这一收益归国家所有,各国通过法律程序规定,由中央银行垄断货币发行权,独占发行利益。比如《中华人民共和国人民银行法》第 17 条规定:‘人民币由中国人民银行统一印制、发行。’”(王广谦主编:《中央银行学》,高等教育出版社 1999 年版,第 96 页。)

的这种占用，则必须具备一定比例的偿付手段。[①] 尽管如此，只要贮藏性货币不出现集中兑付要求，用信用货币代替商品货币就是有效率且无风险的。

信用货币作为中介将储蓄转化为投资和消费的过程，可以看作凭借银行信用，将大量不适合充当一般等价物的非标准化的闲置商品标准化为一般等价物，用于流通，却并不妨碍这些商品在投资、消费中的使用。它将这些储蓄的商品的使用权和所有权一分为二：商品所有权以索取权的形式，行使贮藏性货币职能；商品使用权则通过信贷的形式，转化为投资和消费。由于货币持有者对商品的所有权并不影响商品的使用，由此避免了商品货币下，一般等价物在展现货币属性时，必须退出商品属性的浪费；同时也解决了大量所有权人不愿以使用价值的形式保有其财富的问题。但如果发放的使用权超过了储蓄水平所对应的所有权的数量，则必然会稀释原有的所有权和使用权。这就是所谓的强迫储蓄。由于货币是非中性的，强迫储蓄，如果用于生产性用途，货币的产出在未来将会填补这些透支的储蓄。

我们在储蓄的定义中，特意保留了储蓄与举债消费之间的转化痕迹，而没有像传统经济学那样，把转化为举债消费的部分从储蓄的范围中抵消掉。一部分人的储蓄被借贷给其他人消费掉，但是我们不能假装什么都没有发生过，因为它本身就已经完成了货币创造。储蓄是一种货币需求，转化为消费的储蓄是一种被满足了的货币需求。

一部分人的储蓄，却被另一部分人消费掉了，这看起来确实像 1－1＝0 的

---

① 新中国的历史上，也曾经出现过居民储蓄集中转为消费导致的供需矛盾的爆发："一九六二年货币流通量达到一百三十亿元，而社会必需流通量只要七十亿元，另外六十亿元怎么办？就是搞了几种高价商品，一下子收回六十亿元，市场物价就稳定了。"[陈云：《工作要抓实》——《陈云文选》(第 3 卷)，人民出版社 1995 年版，第 377 页。]我们在第二章"储蓄面面观"中已经详细分析过，这是储蓄不足的后发国家，政府为了发展生产而超额举债所产生的一种必然后果。尽管有着短缺型经济的无奈，但终究会影响央行货币的信用。陈云同志的这个举措，就是以部分偿付政府债务的方式向社会证明政府的偿债力，恢复人民币的信用。用我们的理论分析，贮藏性货币需求原本与债务性货币需求相平衡，当贮藏性货币需求转为消费这一交易性货币需求时，形成一个由债务性货币需求超过债权性货币需求导致的失衡现象。提供商品，就是提供新的债权性货币需求。所以，这个举措也可以看作，用债权性货币需求平衡了债务性货币需求。这种以货币的产出抑制物价的做法，明显好于以加息为手段暂时性稳定贮藏性货币；后者增加了债务性货币需求的利息负担，抑制了产出。

事情。但考虑到货币创造的因素,就完全不同了。在这个过程中,所产生的一个债权和一个债务,并不是1—1的关系。被当作"—1"的那部分如果是一个安全债务人所创设的债务,就是一笔货币投放,它并没有随着消费而灭失;相反,它始终作为一般等价物用于流通。我们之前分析了当储蓄大于投资和举债消费之和,社会资源闲置严重的情况下,增加货币供应就是增加财富,所以被当作"—1"的那部分本身就是财富,甚至是比前面那个"1"更大的财富。是它完成了前者的货币化,并且可以在经济体内循环使用。是的,在信用本位之下,安全债务人向经济体投入自身信用,就是投入财富。在储蓄充分的条件下,只要找到足够乐于消费的安全债务人,就能够创造出足够的货币有效供给,任何衰退都可以平稳度过。

政府是最优秀的安全债务人。一旦政府没有能力以举债的方式承接过剩的储蓄需求,或者不愿意承接,而把消化这部分储蓄需求的责任推给商业银行体系,由于银行信贷体系对抵押物的依赖性(而且越是金融能力差的国家,其商业银行体系对抵押物的依赖就越强),在市场这只"看不见的手"的作用下,银行体系在吸收了过量储蓄的同时,难免陷入抵押物炒作。

贮藏性货币同样非中性

一般认为,货币具有价值尺度、流通手段、贮藏手段、支付手段和世界货币五项职能。然而归根结底,这些职能均来自货币的贮藏性职能,其他职能都是在这个职能基础上的派生。既然说是"职能",基于的必然是效用,是可以带来产出的东西。需要货币的这些职能,却否认货币的产出,进而宣称货币是中性的,这是非常荒谬的事情。

我们把货币分为贮藏性货币与交易性货币,分别用于满足货币的贮藏性需求与交易性需求。人们往往过于强调货币的交易性需求,而忽视了在社会产品丰富的情况下,贮藏性需求才是货币最主要的需求,且对货币的交易性需求有着巨大的排挤和侵占效应。当货币主要被用来收藏而不是用来交易的时候,大量的货币需求就会长期停留于持有金银或债权的状态。而交易性货币所依赖的职能同样是货币的贮藏性职能，它只不过是用其贮藏性职能在流通中对供给和需求的不断的穿针引线，把货币贮藏性这一职能的产出性发挥到了极致。故而交易性货币的产出性明显高于贮藏性货币，而贮藏性货币也并非没有效用。

生产过程中运转的交易性货币是资本和商品的标准化表现形式。它将非齐性[①]的资本和商品暂时性地转化为标准化的货币形式，从而大大提高了资本运转的效率，增加了社会的产出。但是当这些货币转化为贮藏性货币，从而退出流通时，其原本代表的资本形式便已经闲置下来。这种资本形式必须通过一个债务性货币需求才能重启。如果资本都是齐性的，并且在所有人的手中的产出都是相同的，不仅利息与利润之间的区别不复存在，也失去了这种资本使用权让渡的必要。只有在以上条件下的贮藏性货币，才可能是中性的。然而事实显然并非如此，正是由于资本在不同使用者手中的产出具有巨大差异，低产出的资本所有者，通过贮藏性货币让渡其闲置的资本使用权，可以在不改变资本所有权的前提下，将资本使用权配置到高产出的使用者手中。高产出的货币生产性使用者通过信贷获得的是标准化的商品或资本的索取权，而不是具体的、非标准化的资本物品，也只有这样，才能充分发挥资源的配置效率，使资源能够准确地送达最高产出的生产性使用者手中。

储蓄需求的起点是社会的产出品，这本身是一种市场供给，需要通过货币化与投资、消费这些市场需求对接。流通中的货币的作用，就像运输中的车辆，它们可以按照投资、消费这些市场需求，把那些产出品分门别类地运抵目的地。这些车辆本身确实具有贮藏的功能，也正是因为它们有这个功能，才能够作为这一载体。但如果误认为车辆就是产出品最终的目的地，产出品只要被装上车，便完成了任务，可以只装车不卸货（始终持有金银或债权，不进行购买这一反向交易），就会阻碍经济的发展。荒谬的是，当人们发现，用车辆存储商品的办法实在低效时，便会建立起一个车辆中性论、无用论的信仰。

贮藏货币与交易性货币确实存在不同，它是一种相对闲置的货币。但必须认清，所谓的闲置是从贮藏性货币需求的角度，而不是从货币职能的角度。

---

① 要素的齐性是指同一要素的不同个体间不存在差异；非齐性则是指要素的不同个体间是存在差异的。

从职能上讲,贮藏货币起到的是一个"蓄水池"的作用。[①] 蓄水池有蓄水池的效用,它不仅是交易性货币的后备军,还可以通过为闲置品提供容器把闲置品转移出去,形成新的投资或消费。人类对财富的追求并不是商品的使用价值,而是货币化的价值;而贮藏性货币的数量直接决定了可以货币化的商品数量,这本身就为商品生产提供了动力。如果没有这些贮藏性货币,最初的社会产品便无法完成货币化,那么这些产品最多只能称为"准储蓄",它们不仅无法与投资、消费这些市场需求对接,甚至根本不会被生产出来。正是因为贮藏性货币的这种缓冲作用,它才能在需要时"既是排水渠,又是引水渠"。它满足的是闲置性需求,因此它是闲置出现的结果,而不是原因。它的使用价值在于避免闲置品的流失,并用自身的闲置将储蓄者手中的闲置品置换出去。尽管从微观来看,贮藏性货币之后不继续带来产出,但在它被闲置的时候,已经完成了商品使用权由储蓄者向消费者或投资者转移的过程。故而宏观地看,如果不是这些贮藏性货币的存在,被闲置的就将是那些本应用于消费和投资的众多商品,进而使更多的商品无法被生产出来。信用货币与金银唯一的不同,在于储蓄——这种贮藏性货币需求,需要与一个债务性货币需求对接来完成储蓄者手中的商品向消费或投资的转移。但是,换个角度来讲,正是贮藏性货币使得债务性货币需求得以满足,从而形成融通储蓄与投资的桥梁。是货币将非生产性的储蓄(闲置)转化为生产性的投资,它缓解了市场经济所固有的不能自我平衡的问题。这也就是妄谈市场自然均衡论的古典经济学不愿接受货币价值的原因。

总之,无论是金银还是信用货币,贮藏货币是一种货币闲置,但它的存在恰恰减少了社会其他商品的闲置。就货币贮藏者微观而言,闲置的是资本或商品;但就社会宏观而言,闲置的仅仅是货币。因此,尽管贮藏性货币的活性和产出均远低于交易性货币,但它同样不是中性的。

此外,人类所追求的财富是源源不断的货币,而不是最稀缺的货币,这一点

---

① "货币贮藏的蓄水池,对于流通中的货币来说,既是排水渠,又是引水渠。"[马克思:《资本论》(第一卷),人民出版社 2004 年版,第 157 页。]

已经被美元成功替代黄金成为全球储备货币这一铁的事实证明过了。《圣经》中说,"贪恋金钱是万恶之源",然而,这正说明了金钱可以诱发人类的欲望。财富来自货币化的价值,价值来自欲望的满足,必首先源自欲望的产生。贮藏货币的欲望不断得到货币的满足,这本身就是一种财富创造。

第五节 基于货币数量论的通货膨胀理论

"通货膨胀"一词被用在各种不同的但又相互有关的意义上。这种情况可能有损于交流思想,甚至有损于思考问题。一名读者或听众可能以为一名作者或演说者是在某种意义上使用这个词,而事实上他想说的却是别的意思。更糟糕的是,使用这个词的人也许自己也不知道他指何而云。一再碰到这种情况,特别是近来,当有人使用这个词时,我便十分确信,若问他用这个词是什么意思,他是经不起检验的。这种害处可能不止于此,它还可能在政策制定中引起混乱。如果严令取缔这个词,只要是可能做到的话,那也许会是一件好事。

——罗伊·哈罗德[①]

尽管我对哈罗德的通货膨胀理论并不完全认同,但我认为,他对"通货膨胀"一词的描述却是极其精准的。

萨缪尔森说:"每当报纸告诉我们'通货膨胀率在上升'时,其确切含义是指价格指数在向上移动。"如果我们从萨缪尔森所说的报纸和大多数教科书中对通货膨胀的定义——"商品和服务的货币价格总水平持续上涨的现象"——来看,看不到它与货币数量的关系,英文"inflation"一词中,也并不包含"通货"的

① 罗伊·哈罗德:《动态经济学》,商务印书馆 2013 年版,第 99 页。

相关内容[1]，但是出于货币数量论与中性论的信仰，导致所谓“通货膨胀”永远只能是一种货币现象，它利用人们对“通货膨胀”固有的认知，将物价上涨与“通货＋膨胀”“货币超发”等同了起来。

坎蒂隆效应

货币数量论认为，物价会随货币数量同比例变动。这显然是一种超静态的思维模式及诸多与现实完全不符的假设之下的一种理论。凯恩斯在他的《货币论》中这样说道：

> 货币变化不会以同一方式、同一程度或在同一时间中对所有的物价发生影响这一点，正是这种变化之所以重要的原因。不同物价水准的动态之间的分离正是所产生的社会扰动的试金石和尺度。[2]
>
> 货币购买力（或消费品物价水准）以及全部产品的物价水准和货币量以及流通速度的关系绝没有旧式数量公式使人认为具有的那种直接性质；这种公式，不论怎样小心防护，都会使人得出这种印象。[3]

---

① “‘通货膨胀’与‘通货紧缩’这一对词汇最为典型。据译文的字面来看，它们有共同的特点：‘通货＋膨胀’和‘通货＋紧缩’是极其显然的复合词。而原来的英文，是膨胀（inflation），是紧缩（deflation），是不是有‘通货’含义，至少在字面上没有直接表示。正是由于中文的复合形式，于是我们这些年的简化语是‘通胀’，而不是‘膨胀’；是‘通缩’，而不是‘紧缩’。这就反过来更加强了其复合词的特点，以至于对我们的经济是否已经陷入通货紧缩局势的发问竟然使用‘通货状况如何’的提法。它们都是外来的经济学术用语，译文已定型化。就译文的中文含义加以推演，很容易把通货膨胀理解为货币当局扩张货币供给的政策行为，把通货紧缩理解为货币当局紧缩货币供给的政策行为。而通货膨胀与通货紧缩的本意却都是用来指一定的客观经济过程的。”（黄达、张杰编著：《金融学》，中国人民大学出版社 2017 年版，第 437 页。）把物价上涨与“通货＋膨胀”牵强附会在一起，这里显然存在着偷换概念，但把这个偷换概念的责任归于中文译者，显然是不客观的。

② 凯恩斯：《货币论》（上卷），商务印书馆 1986 年版，第 88 页。

③ 凯恩斯：《货币论》（上卷），商务印书馆 1986 年版，第 136—137 页。

凯恩斯的这个思路极有可能是受到了坎蒂隆理论[①]的影响：

在坎蒂隆写于18世纪20年代但发表于1755年的《商业性质概论》(*Essay on the Nature of Commerce*)中，可以发现关于重商主义二难推理的一个很不同的结论。这是在《国富论》之前，最系统、最明了，同时也是所有经济学原理论述中最有独创性的著作。坎蒂隆首次提出 V 的增加与 M 的增加的影响是不相同的。他表明货币数量增加对价格和收入的影响取决于现金注入经济的方式，从而为其货币分析打下了基础。坎蒂隆说："洛克先生已经清楚地看到，货币的充裕使一切东西变得昂贵，但他没有考虑到这是怎样发生的。这个问题的最大困难在于了解货币的增加，是以什么方式、按什么比例提高价格的。"人们经常引用他的一段论述，在其中他描述了国内金矿产量的增加最初怎样影响该行业的收入，然后扩展到消费品，接着是食品，从而引起农业利润的上升和实际工资的下降；这导致货币工资上升的压力和支出增加与价格上涨的进一步循环。他强调了 M 增加不仅提高价格水平，而且也将改变价格结构的事实，他认为这取决于新现金的最初接受者和他们对商品的相对需求。由于受注入性质的支配，现金注入具有不同的影响，这在后来被称为坎蒂隆效应；休谟在《论货币》(*On Money*，1752)中对此讲述得不太清楚，大概传给古典经济学家的是休谟的

---

① "在该国物价由于货币量增加而上涨的程度，取决于这一货币所造成的消费和流通状况的变化。新进入流通的货币，无论经过何人之手，必将使消费增加。但其量视情况的不同，可能大一些，也可能小一些。根据得到货币的那些人的想法，这一货币将或多或少地被导向某些特定的产品和商品。不管货币的充盈程度如何，某些东西的市场价格将比另一些东西上涨得更多。在英国，当谷物价格只上涨四分之一时，肉类价格可能上涨二倍……我的结论是：在一国流通的货币量的增加总要引起消费的增加，总要使支出达到较高的水平。但是，这一新增货币所导致的价格上涨并不会与货币数量成比例地对所有的产品和商品发生同等的影响，除非新增加的货币补充到了货币原来所在的同一流通渠道中；这就是说，除非当流通中的货币量加倍的时候，那些向市场提供两盎司白银的人恰好是(而且仅仅是)过去向该市场提供一盎司白银的人。这种情况是难得发生的。我认为，当大量剩余的货币流入某国之后，这笔货币将使该国的消费发生新的变化，甚至使流通速度发生新的变化。但要确切说明这种新变化的程度则是不可能的。"(理查德·坎蒂隆：《商业性质概论》，商务印书馆1986年版，第84—85页。)

> 看法，而不是坎蒂隆的。它的现代变形在凯恩斯的《论货币》（*Treatise on Money*，1930）第7章“价格水平的扩散”中，即“货币的变化并不以同样方式、同样程度或在同时影响全部价格”，依此，它在20世纪30年代，成为与弗里德里希·哈耶克和莱昂内尔·罗宾斯的名字相连的奥地利经济周期理论中的主要的甚至是核心的因素。[①]

现代经济学家将货币对经济的不确定性影响称为“坎蒂隆效应”。在凯恩斯提出相关理论之前，坎蒂隆的货币理论即使在被杰文斯发掘出来之后，在古典经济学中始终难以获得一席之地。或许正如杰文斯所说，“经济学”是有国籍的。[②] 凯恩斯之后的“经济学”尽管变换了一个新的国籍——美国，然而在思维上反而越发回归古典，从而开启了新国籍下的复古运动。

坎蒂隆或凯恩斯的理论只能算是对传统货币数量论的一个补充，他们所侧重的是不同的消费者在获得货币后不同的消费行为，会带来物价不同的上升方式，然而对货币的生产性使用，也就是使得货币完全无法实现“中性”的部分却没有一个足够的认识。[③] 即便如此，该理论已经无法被古典经济学所接纳。

比较而言，阿瑟·刘易斯则坚定地站在了货币非中性的立场上，明确地提出“在任何情况下，用于创造有用资本的通货膨胀会自行消失，因为到适当时候，新资本源源不断地生产出消费品，这些消费品不但会制止物价上涨，甚至还会使物价下跌”。[④] 这一理论，显然更前进了一步。

货币是有产出的，但不仅贮藏性货币与交易性货币产出不同，投资性货币

---

① 马克·布劳格：《经济理论的回顾》，姚开建译校，中国人民大学出版社2009年版，第10页。

② “此书曾被亚当·斯密错误地引用过一次，除此以外，直到今天此书在英国一直湮没无闻，完全没有被人理解。但在法国，此书却一直被明确认为是法国学派的各种主要思想的源泉。众所周知，法国学派在很大程度上是《国富论》的基础，而且就该学派的许多学说来看，它注定将被人们认为是经济学中真正科学的学派。那么经济学是什么国籍呢？对于这个问题，现在读者可以自己去回答。”（W. S. 杰文斯：《理查德·坎蒂隆和政治经济学的国籍》——理查德·坎蒂隆：《商业性质概论》，商务印书馆1986年版，第182页。）

③ 凯恩斯对货币数量论的修正仅限于认为在充分就业到达以前，货币数量会使物价作出比较缓和的上升；而在此以后，二者会作出相同比例的变化。我们将在第四章第五节“凯恩斯的两要素模型”中详细介绍。

④ 阿瑟·刘易斯：《经济增长理论》，商务印书馆1996年版，第244页。这段话可以理解为“货币非中性”的最强有力的宣示，也正是本书最重要的观点之一，因此会在书中反复提及、验证。

需求与消费性货币需求、闲置性货币需求产出不同，同样是投资性货币需求在不同产业上也存在着巨大的差异。[①] 货币是用于扩大再生产还是用于购买市场中现有的资本物品，效果也是完全不一样的。[②]

即使简单地从消费和投资两种用途区分，当货币供应充足时，消费旺盛可以造成物价上涨，但产出过剩也可能造成物价下跌，即物价涨落的效果是不确定的；当货币供应不足时，消费不足可以造成物价下跌，但产出不足也可能造成物价上涨，即物价涨落的效果同样是不确定的。归根结底，供需才是决定物价的最直接的因素，动态地看货币对供需的影响，极为不确定。这些差异和不确定性全部可以构成货币数量论无法成立的原因。那些试图将物价与货币数量进行拟合的经济理论，注定是失败的。

供需关系与价格决定

商品价格体现的是稀缺性，它是由供需决定的。但在货币经济之下，商品与货币是互为供需的(其中，商品货币化需求是决定力量)。故静态而言，商品的货币价格涉及商品自身稀缺性和货币稀缺性之间的比对。除此之外，动态而言，货币波动还可以通过对供给或需求的影响来改变供需关系，从而间接起到影响价格的作用。但是这种影响的方向是不确定的。

由于货币是一般等价物，它本身就是一种特殊的商品，与普通商品互为供需，故而并不存在所谓的“双重均衡”的问题。同时由于我们加入了“闲置”这个经济中最重要的变量，从而放弃了商品及货币全部以单一的非产出方式出清的假设，使得我们可以轻松地在商品及其闲置与货币及其闲置之间找到静态的平衡关系，并从货币产出性的动态进行调整，最终摆脱传统经济学人为制造的“均

① 比如人类社会进入工业化及城市化之后，工业产出水平的提升速度远远高于农业，但工业品与农产品消费增长的差异并不会如此明显，农业甚至优先于工业。当货币这种产出水平的“非齐性”体现在产出物稀缺性比对的巨大变化时，类似工业品与农业品相对稀缺性的这种对立的存在，构成了货币数量论下的通货膨胀理论永远无法自圆其说的又一重要原因。

② 扩大再生产不仅增大了商品市场中商品的产出量，也增加了资本市场中资本物品的数量和产出量，从而可以起到抑制这两个市场价格上涨的明显作用。然而扩大再生产得以实现的前提条件却恰恰是充足的货币供应。

衡”及“货币数量论”的困扰。[①]

货币数量论所涉及的货币通过自身的稀缺性,对商品供需关系的影响是一种超静态的影响。但是,既然已经涉及货币数量的变化,就不再是一个静态的问题,其影响的范围也不再仅仅限于商品需求。而货币数量等因素的变动对供给和需求的影响往往是多方面、动态且不确定的。所以这些因素在总量上并不存在与价格波动间确定的逻辑关系。也就是说,无论通货是“膨胀”了还是紧缩了,对价格涨跌的影响都是不确定的。那种认为不需要区别货币用途,增加的货币不仅必然以同等比例分布于最初的持有者,并且必然被均匀分配于现存消费品的所谓“货币数量论”,与现实完全脱节。

事实上,无论是持币的一方还是持有商品的一方,都不会以“出清”作为交易的唯一且必须达成的目标。价格的决定,并不是商品总量与货币总量精准的稀缺性比对。货币数量论似乎认为消费者消费一定数量的某种商品愿意支付的最高价格与手中的货币数量的关系是线性的,并且只接受按照这个价格成交;供给方显然只是价格的被动接受者,全然忘记了自己的价格诉求以及包括闲置和扩大再生产在内的根据价格调整供给数量的权利。

凯恩斯曾经感叹:“经济学者们在论述所谓价值论的问题时,他们习惯于说,价格取决于供给和需求的情况,而特别是边际成本和短期的供给弹性被认为起着重大作用。但当他们进入著作的第 2 卷,或更经常地进入另一本著作中的货币和价格论时,我们便不再看到这些简单、通俗却易于理解的概念。我们便进入了另一个世界:在那里,价格取决于货币数量、取决于货币的收入流通速度、取决于就交易量而言的流通速度、取决于货币贮藏、取决于强迫储蓄、取决于通货膨胀、取决于通货收缩,如此等等。然而,人们很少或根本不去把这些意义比较含糊的在货币方面的说法与过去的供给和需求弹性等名词联系起来。如果我们对所学到的这一切进行思考,并且试图把它们统一起来的话,那么在较简单的货币方面的讨论中,似乎可以说,供给弹性应该等于零,需求则与货币

---

① 详见本章第二节“货币需求与货币供给”。

数量保持相同比例的变动;而在较深奥的论述里,我们坠入大雾之中;在雾中,什么都看不清,而任何事情都有可能。”[①]值得注意的是,这里所说的需求只能理解为需求的价格,因为根据古典经济学的理论,总需求函数完全可以置之不论;也就是说,总需求的数量是取决于总供给的。于是,总需求的数量取决于总供给(所涉及萨伊定律,我们将在第四章中详细讨论);总需求的价格取决于货币;货币是中性的,不影响总供给;货币是外生的,不受总供给影响。总之,数量和价格分别由商品供给和货币供给确定,并且二者互不相关。

由于商品和货币是互为供需的,在商品、货币双出清的假设下,可以把商品供需曲线中的需求函数用货币的供给函数替代,之后我们便可以清晰地看到:古典经济学货币数量论,只不过是在供需理论的基础上,包含了一个静态下商品和货币全部出清的假设。于是得到这样的结论:全部的货币换取全部的商品,交易数量由现有的全部商品数量决定;商品价格由被决定了的商品数量和既定的货币数量决定,即 $P=MV/T$。

货币数量论的这一假设即使在静态理论上也难以成立,而把这一超静态的思维方式应用于均衡分析之中,则尤为不可取。如果放弃了消费者实际支付的价格、愿意支付的价格和手中持有的货币数量的同步性假设,那么增加的货币所首先调整的就必然不是价格,而是货币或商品的闲置水平。[②] 如果将货币的用途范围扩展到投资,则非常明显,生产者并没有经济学家们所赋予的、以自身成本定义均衡价格的能力,故而动态之下,商品的闲置将更加复杂。

约翰·斯图亚特·穆勒说道:“为了说明使用流通媒介的情况下不可能发生所有商品的过剩,必须把货币本身看作一种商品。必须毫无疑问地承认,不可能同时存在所有其他商品过剩和货币过剩的情况。”[③]这的确可以理解为对他的《政治经济学原理》和萨伊定律的重要补充。

---

① 凯恩斯:《就业、利息和货币通论》(重译本),高鸿业译,商务印书馆 1999 年版,第 304 页。

② 消费者并不会因为自己手里的货币由 5 元上涨到 10 元,而主动对市场上售价 5 元的商品支付 10 元;生产者更不会因为消费者口袋里的钱多了,便主动上调积压商品的价格。他们也不会去关心经济学家们为他们评估的商品的货币效用究竟是多少。

③ 约翰·斯图亚特·穆勒:《政治经济学未解决的问题》——马克·布劳格:《经济理论的回顾》,姚开建译校,中国人民大学出版社 2009 年版,第 119 页。

既然是相对稀缺性的比对,理论上或许可以假设不可能存在货币以外的其他商品过剩和货币同时过剩的情况,但现实中商品和货币同时存在闲置,则是一种必然现象。即使没有贮藏性货币的存在,商品交易也不可能完全依靠交易性货币流量支撑,必然存在交易性货币沉淀,那么这一货币闲置、这种购买力漏出所对应的商品,则会过剩。① 并且现实中,由于市场的信息并没有那么透明,所谓的完全竞争的市场②也并不真实存在,贮藏性货币更是无法避免,因而闲置情况远比理论中要严重得多。③ 许多因素都会影响到参与交易的商品及货币数量。即使是在相同的货币占用之下,成交价格与数量也可以有无数种组合;而更多的货币则可以使交易更充分。也就是说,更多的货币,不仅可能提高价格,

---

①　只要市场上有提单的存量存在,证明库内有货没有被提走,包括且不仅限于以下情况:"很自然发生的情况是,在既定的时期,很可能存在非常普遍的尽可能少地拖延出售的倾向,并伴随尽可能长地拖延所有购买的倾向(对货币的超额需求)。这实际上总是被描述为一般过剩时期的情况。在充分解释之后,没有人会在这个词的意义上争论一般过剩的可能性。"(约翰・斯图亚特・穆勒:《政治经济学未解决的问题》——马克・布劳格:《经济理论的回顾》,姚开建译校,中国人民大学出版社 2009 年版,第 119 页。)

②　"亚当・斯密认识到,只有在完全竞争成立时,市场机制的优点才能充分体现出来。完全竞争指的是什么? 它指的是,没有一家企业或一位消费者足以影响整个市场的价格。"(保罗・萨缪尔森、威廉・诺德豪斯:《萨缪尔森谈效率、公平和混合经济》,商务印书馆 2012 年版,第 101 页。)琼・罗宾逊认为:"完全竞争是在对每一位生产者的产品的需求都富有完全弹性时出现的情况。在这种情况下,首先,卖主为数大,唯如此,任何一位卖主的产量在该商品总量中所占的比重都微不足道。此外,买主就其在彼此竞争的卖主中的选择上都毫无二致,结果,市场就是完全的了。"(琼・罗宾逊:《不完全竞争经济学》,华夏出版社 2013 年版,第 6 页。)

③　瓦尔拉斯认为,可以像自然科学理论中假定无摩擦一样,假定市场中的竞争是完全的:"我假定市场中的竞争是完全的;就同我们在纯粹力学中一开始时假定机械是完全无摩擦的情形一样。"(莱昂・瓦尔拉斯:《纯粹经济学要义》,商务印书馆 1989 年版,第 73 页。)这个无摩擦假设,可能是经济学家们最喜欢的自然科学理论。将一些变量人为限定,甚至忽略,这是一切自然和社会科学无法回避的研究方法。但前提条件是,必须明确人为设定和限制了哪些假设条件,从而严格限制结论的适用性;而不是隐瞒这些条件之后,无条件地扩大结论的适用范围,并且社会科学不能简单地模仿自然科学的研究方法。这本不应是一个需要过多讨论的问题,更何况经典力学的研究并没有止步于零摩擦假设。所谓"完全竞争"的假设本身就是完全违背市场经济规律和人性的一个理论。任何参与交易的市场经济主体都有权自行决定(而不是由经济学家们去决定)随时加入或退出一个不利于自己的竞争。要素及商品所有者们既不会为了出清而接受包括负价格在内的一切价格,更不会根据自己的成本,尽其所能地提供最大数量的商品,他们必然以闲置为武器,独立且自觉地在竞争中谋取自己的利益,这种市场行为并不以垄断为必要条件,但它可以被看作对货币垄断的一种抗争。故而零摩擦、零闲置的假设使得经济学研究毫无意义。

也可能提高参与交易的商品数量。[①]

马歇尔的消费者剩余[②]和生产者剩余理论，提供了一个非常好的思考这一问题的角度。该理论比较清晰地描述了无论是个体的供给还是需求，对价格的认同都是一个区间，而不是一个点。马歇尔提出的消费者剩余是一个与效用相关联的概念，尽管古典经济学从来不知道效用是什么，但承认了消费者剩余的存在，便承认了消费者愿意或者说能够支付的货币量与实际支付的货币量存在差异。这不仅给古典经济学的“无懈可击”的以货币衡量的“效用论”[③]带来了挑战，同时也意味着，市场并不必然地按照消费者愿意支付的最高价格成交，那就更不可能按照消费者可供支配的货币数量成交。反观生产者也是一样。为了便于表述，我们假设，如果一件商品，市场中的每一个卖家愿意接受的最低价格都是 1 元，而每一个买家愿意支付的最高价格都是 10 元，愿意购买和愿意出售的商品数量相同。即使竞争再充分、信息再透明，也不会有任何确定的所谓“均衡”价格产生。此时闲置就是双方博弈的手段，并且不以垄断为构成要件。当引入闲置这个变量之后，便不再需要假设愿意购买和愿意出售的商品数量相同。而动态之下，生产者会把产量完全竞争到利润或生产者剩余为零的水平，只不过是经济学家们一厢情愿而已。[④] 作为另一个极端下的静态的一厢情愿，

---

① 以 10 元/件的价格成交 1 件，$MV=PT=10$，可以为生产者带来 9.1 元利润；以 1 元/件的价格成交 100 件，$MV=PT=100$，可以为卖家带来 10 元的利润。显然后者的货币量更多、交易更充分，所以后者的物价也更高吗？多出来的 90 元货币，是造成“通货膨胀”的罪魁祸首吗？古典经济学就是这样一边鼓吹生产者会勇往直前地生产到边际利润为零，只要市场上还有一分钱利润，便能够立即增加供给；一边却又认为货币是中性的，增加的货币只会提高价格，而不会提升产出。事实上，市场上的买卖双方都不可能这样极端，他们既不可能耐心地等到经济学家规定的均衡价格出现才进入交易，也无法做到恰好在边际利润为零时收手。交易一旦开始，供需关系便随时在改变，双方用闲置保证每一个时点供需均可平衡。生产者也只能以商品甚至产能的闲置为手段，将价格维持在自己的成本之上。

② 马歇尔将消费者消费一定数量的某种商品愿意支付的最高价格，与这些商品的实际市场价格之间的差额定义为“消费者剩余”。马歇尔说：“他宁愿付出而不愿得不到此物的价格，超过他实际付出的价格的部分，是这种剩余满足的经济衡量。这个部分可称为消费者剩余。”[马歇尔：《经济学原理》(上卷)，商务印书馆 1964 年版，第 142 页。]

③ 在琼·罗宾逊看来，新古典经济学的“效用是一个循环论证且无懈可击的形而上学概念，效用是商品使人愿意购买它们的品质，人们愿意购买商品这一事实表明，商品具有效用。”(琼·罗宾逊：《经济哲学》，商务印书馆 2015 年版，第 55 页。)

④ 事实上，首先改变生产者预期并最先阻止生产者扩大再生产的，并不是价格和利润水平的评估，而是产品的积压(生产者闲置)。调整价格往往在这个过程之后。

则是假设产量并不会随价格增加，增加的只是价格。与这两个极端假设相对立的，是永恒的闲置和各要素产出率没有最高，只有更高。

货币、商品及产能（要素）闲置的存在，必然使得交易双方力量的比对与双方总量的比对出现偏离。当总量差异并不明显时，这种偏离对价格的影响会显著高于总量比对的影响。换个角度说，因为现实中，“必然出清”的假设并不存在，故而商品及各生产要素与货币的稀缺性比对，并不必然地以价格作为唯一的表达方式。因此即使不考虑货币的产出性，货币的增减首先影响的也必然是货币、商品及产能的闲置程度——交易的充分性——而不是价格。存在这种所谓货币价格“刚性”（或称“黏性”）的绝不仅仅是劳动力要素（并且，作为闲置能力最差的要素，劳动力是最没有条件发挥其所谓的价格刚性的）。

由于成交价格是通过双方的闲置得以平衡的，成交之外的供给和需求以闲置的形态存在，闲置就成为议价能力的必要组成部分。[①] 议价双方既可以价格为手段获取满意的数量，也可以数量为手段获取满意的价格。也就是说，不仅确定的价格可以决定双方的被动闲置水平，双方的主动闲置也可以决定价格水平。交易双方可以提供无穷多组解。故而对于数量和价格问题，任何数学模型都是苍白无力的，唯一可以确定的是，在市场经济条件下，即便最强势的经济主体，价格和数量最多只可以决定其一。[②] 而在大多数情况下，数量和价格相互影响、互为因果，二者均不能确定。

也就是说，静态之下，闲置的存在使得在任何市场上，在每一个确定的价格之上，都可以找到所谓的“均衡”（闲置下）的供需关系。如果闲置不能等同于均衡，则不存在均衡；如果闲置可以等同于均衡，所谓的均衡便有无数组解（每一个价格都可以是均衡价格，都可以有一个成交数量与之相对应）。只不过这样

---

① 在理论上不承认议价能力和闲置这种足以证明市场无效率的东西的存在，丝毫无助于经济学研究。

② “在市场经济条件下，即使是最强势的经济主体，价格与交易量，二者最多只能决定其一。无论是买方还是卖方，如果想作为价格的决定者，成交数量就只能交由市场决定；相反，如果想作为成交数量的决定者，价格就只能交由市场去决定。”这是本书作者对市场经济普遍存在的这一规律的一个总结，描述了交易者将供给或需求闲置作为手段，调整价格的行为。金融学中“蒙代尔不可能三角”以及凯恩斯所说的“对应于货币当局的各种不同的利息率政策，就会有长期均衡的各种不同的位置”（凯恩斯：《就业、利息和货币通论》，宋韵声译，华夏出版社 2005 年版，第 148 页），不过是这一普遍规律在货币这一特殊商品上的体现。

的所谓“均衡”并不来自市场的力量，而是来自外生的价格。同理，如果来自外生的数量，同样可以产生这样的价格“均衡”。非常讽刺的是，这两种“均衡”在新古典经济学的理论中同时存在。在这一点上，新古典经济学的均衡理论并没有比古典货币数量论显得更高明：

> 马歇尔坚持认为，他关于这个问题的系统表达是与瓦尔拉斯的论述相同的。然而，瓦尔拉斯认为，他的方法并不产生像马歇尔一样的结果。作为事实，瓦尔拉斯是正确的。现在标准的瓦尔拉斯方法把供给和需求曲线看作在既定价格上与需求和供给数量相一致的水平线的尾端点。但是，马歇尔把图表看作一组垂直线的尾端点，每个都与这种价格相等，在其上一个既定的数量被生产和消费；马歇尔不是把价格看作自变量、把数量看作因变量，他把数量看作自变量、把价格看作因变量。马歇尔谈论一个数量的供给价格；所要问的，不是在一个既定的假定价格上他将需要或供给多少，而是对一种商品的一定数量，他愿意支付或接受什么样的最高价格。马歇尔的需求表实际应称为“出价曲线”和“销售曲线”，因为它们描述了最高价格，在其上人们将愿意支付或接受一种商品的一个确定数量。
>
> 取决于数量的瓦尔拉斯方法依靠价格运动达到均衡，而取决于价格的马歇尔方法则依靠数量的运动；这就是说，瓦尔拉斯提供所谓的市场的“价格调节者模式”，而马歇尔提供一种“产量调节者模式”。当然，非均衡中的价格和数量的变动，对于简单问题来说，在两种方法间不存在差别。但两种体系的动态假定是很不相同的。
>
> ……
>
> 不论是马歇尔还是瓦尔拉斯都没有认识到，为什么他们的方法直接导致对立的结果。马歇尔通常考虑表明外部经济存在的向下降的长期供给曲线。在长期生产理论的范围内，考虑卖者根据

> 需求的变动调整产量似乎是唯一合理的。另一方面,瓦尔拉斯考虑的是在市场周期中一条向后上升的供给曲线——实际上是一条"出价曲线",当商品存量是给定的时候;他发现假定买者根据需求的变化调整价格是合理的。实际上,当马歇尔在其《原理》第5篇第2章中讨论一个市场周期中谷物价格的决定时,他使用了瓦尔拉斯价格调整模式的语言;与此相似,当瓦尔拉斯用产量调整表明在长期均衡中价格将是稳定的时候,在《纯粹经济学要义》中也存在根据。不过,不论是马歇尔还是瓦尔拉斯都没有认识到这个问题,即在非均衡中买者或卖者是否调整产量或价格都不可能在一个事先基础上被决定:这些是完全不同的行为假定。[①]

尽管这段描述并不能完整、准确地反映马歇尔和瓦尔拉斯的理论,但有一点是清楚的,那就是新古典经济学家们在既搞不清交易双方究竟是根据"既定"的价格选择了交易数量,还是根据"既定"的交易数量选择了价格,更搞不清这些"既定"价格或数量来自哪里的情况下,却有能力对两个自变量,轻松地运用手中的定义权,使供需比对达到他们所说的均衡[②],哪怕他们所说的并不是同一个均衡。

门格尔则着重提出,这一现象与是否存在垄断无关:

> 不管出售某商品一定量的人是一个垄断者还是多数供给竞争者,也不管此商品一定量在供给竞争者间的分配情况如何,对于该商品的价格形成与该商品在竞买者间的分配的影响是完全相同的。
>
> 所以,某财货出售量的多少,无论是在垄断交易中还是在竞争

① 马克·布劳格:《经济理论的回顾》,姚开建译校,中国人民大学出版社2009年版,第314—317页。

② 瓦尔拉斯认为,只要列出与变量同样多的方程,就可以证明一般均衡的存在。但是如果一个方程中仅定义了两个变量,却都是自变量,那么所谓"均衡"的逻辑就不再是方程和变量的数量证明均衡的存在,而是以一个并不存在的均衡假设证明变量的数量。所谓的供需均衡,表面看是两个变量、两个方程,但如果这两个变量都是自变量的话,这两个方程中的任何一个都不能成立。如果将两个方程均加入闲置,则是两个方程、四个变量。人为地将自变量定义为因变量,将变量定义为常数,这样的证明方法被古典经济学广泛地应用在储蓄=投资、总供给=总需求及货币数量论等诸多领域。然而,事实上,只要"瓦尔拉斯们"有能力多提供一组方程,市场就可以不费吹灰之力地多提供几个未知数。

> 交易中，对于价格形成与财货分配都有决定性的影响。但某商品的一定量，或由一个垄断者单独出售，或由多数竞争者共同出售，却对经济生活现象并无任何影响。
>
> 同样的情况，我们也可见于商品按一定价格提供的时候。
>
> 如前所述，价格的高低，无论是对该商品的总销售量还是对各竞买者事实上所获得的数量，都有极重要的影响。但这个商品，或由单一经济主体提供于市场，或由多数经济主体提供于市场，但无论是对于总销售量还是对各竞买者所买到的数量，则均无直接的或必然的影响。①

但是，门格尔同样说不出这个预先被设定的"一定"的数量或价格是从哪里来的，究竟是预先设定数量还是预先设定价格，难道是由经济学家们的模型所决定的吗？

事实上，供需双方究竟是选择价格还是交易数量完全是因人而异的，完全没有"理性""经济人""均衡价格""均衡数量"的真实存在。真实的世界中，价格落于何处，很大程度上取决于各自的闲置及议价能力。当双方都以闲置为手段求取有利于自己的价格时，价格便不再是供需关系的唯一表达方式，而另一表现方式则为闲置。固然垄断所带来的集中大幅提高了闲置的能力②，由此获得了高于对手的议价能力，但即便是交易双方极为分散，也不能保证交易的任何一方以商品或货币的出清为交易必须达成的目标。因此，不约而同地退出或进入交易、不约而同地追涨杀跌同样时有发生，在经济学家们眼中，双方对闲置的选择从来既不理性，也不经济。

如果我们把商品供需均衡理论中的需求函数用货币的供给函数替代，并且加入闲置变量，则问题便简单地回到了这个6变量方程的讨论：

$$(\text{货币存量}-\text{贮藏性货币})\cdot V=P\cdot(\text{总供给}-\text{生产者闲置})$$

---

① 卡尔·门格尔：《国民经济学原理》，上海世纪出版集团2013年版，第131页。

② 门格尔之所以认为，一个垄断者单独参与交易，与由多数竞争者共同参与完全没有区别，其原因在于，他忽视了垄断者明显高于分散交易者的闲置能力。后者受制于囚徒困境，无法充分利用闲置带来的议价能力。

它既是货币供需方程,又是商品供需方程。即便假设商品都是愿意尽快参与交易的——人类从不存在囤积商品的现象和欲望,货币也绝非如此。由于约翰·斯图亚特·穆勒所说的购买者积极性远低于出售者这一非常普遍现象的存在,在非短缺型经济下,无论是商品出清还是货币超发,都是一件非常困难的事情。生产者甚至没有能力将价格"均衡"于自己的成本之上,要素出清更是天方夜谭,他们不会按照经济学家们的伟大模型,以低于成本甚至负的所谓"均衡价格"实现出清。货币数量论这种认为双方参与交易的部分必然代表总体的逻辑,即使在静态之下,仍旧无法成立。相同地,所谓货币存量之下,如果全部作为贮藏性货币,则没有货币参与交易。它与货币存量减少一半,却全部参与交易的效果的差距是极为显著的。萨伊定律的逻辑如果成立,"通货"就只是流量,那么货币存量凭什么作为货币数量论的依据呢?而在货币存量中,贮藏性货币与交易性货币沉淀的分配比例的变化,对物价或资产价格的影响远大于货币存量变化的影响。古典经济学家们解决这个问题的方法却很简单,那就是,他们说他们有权将货币流通速度计划成"常数"。

总之,由于无论是在动态还是静态之下,不同货币结构对商品供给和需求的影响都有着巨大的差异,故而货币对价格的最主要的影响,不是货币数量问题,而是货币结构,或者说是货币质量问题。商品与货币之间的对应,既不"均衡"(闲置永远存在)也不静态(货币总会带来产出,从而改变供给)。这使得试图简单地通过调节货币数量,从而改变商品与货币的稀缺性比对的努力成为缘木求鱼。

被误读为"通货+膨胀"的几种情况

无论教科书中是如何定义的,大家口中的"通货膨胀"想表达的意思就是货币太多了,而指认的标的却是任何情况下的价格上涨。但是,我们必须看到,现实生活中许多价格上涨本身是合理的,并且大多数价格上涨并不是由货币太多造成的。以下是几种生活中常见的被认作货币太多的情况:

劳动者工资上涨

“通货膨胀”就像一个垃圾箱,人们只管打着“抑制通货膨胀”的旗号,把自己不喜欢的东西扔进去,从来没有人关心扔进去的究竟是什么。于是最令资产阶级经济学家痛恨的劳动者工资的上涨,便成为这个垃圾箱的常客,名曰“收入性通货膨胀”。他们利用部分劳动者只希望自己工资上涨,却不希望他人工资同样上涨的狭隘心理,使这种论调得以甚嚣尘上。①

正如保罗·戴维森所说的那样:“中央银行公布的通货膨胀目标是用来激发工商企业员工的恐惧感的工具,如果他们允许(要求)工资和价格上涨,将令他们面临失去谋生的工作机会的危险。这一限制货币收入需求增加的政策可以称为‘恐惧性收入政策’。这样做的目的是要让广大劳动者相信,中央银行会不惜一切代价阻止高额通胀型工资或其他收入要求在市场上合法化。一项紧缩性的货币政策能够充分减少市场需求。而对于利润亏损的恐惧能够令经理人员的腰杆更硬,他们可以拒绝工人提出的增加工资的要求。另外,员工们对于失业的恐惧也能够扼杀他们提高工资和福利待遇的要求。紧缩的货币政策就是古典理论中应对收入性通货膨胀的政策。”②当社会产出水平上升时,劳动力要素以工资形式参与分配,其分配数量理应有所增加,这时增加的不仅仅是货币数量,更重要的是社会产品的分配数量和质量。而当这种分配增加时,即

---

① 即使是李嘉图也不能认可这样的说法。李嘉图说:“一般说来,工资上涨是因为财富和资本的增加造成了劳动的新需求,而这种现象又必然伴随有商品生产的增加。要流通这些增加的商品,即使其价格和以前一样,也需要有更多的货币,同时就需要更多的用以铸造货币,而又只能通过进口获得的外国的这种商品。每当一种商品的需要量增加时,它和那些用它来购买的商品比起来,价值就会上涨。如果帽子的需求增加,其价格就会上涨,购买时就必须用更多的黄金。如果黄金的需求增加,黄金就会上涨,帽子的价格就会下跌,因为购买等量的黄金时必须用更多的帽子或其他各种物品。但我们在以上假定的情形下如果说由于工资上涨,商品就会涨价,那就无异于说了一句绝对自相矛盾的话。因为我们首先说黄金的相对价值由于需求的缘故将提高,然后又说黄金的相对价值由于物价上涨的缘故将降低,这两种说法是全然不能相容的。”[大卫·李嘉图:《政治经济学及赋税原理》——《大卫·李嘉图全集》(第1卷),商务印书馆2013年版,第85页。]可惜的是,李嘉图的这一逻辑并未被广泛应用于其理论体系。

② 保罗·戴维森:《凯恩斯方案:通向全球经济复苏与繁荣之路》,机械工业出版社2011年版,第75—76页。

使是增加速度低于产出增长速度,分配比例仍在下降[1],也必然会有其他要素持有者及其代言人下意识地认为自己的利益受到了损害,因而有意无意地将这种现象解读为"通货膨胀"。

价值回归造成的物价上涨

我们知道,市场无效性最突出的一个表现就是价格经常是与价值背离的,以至于当市场价格偶尔追随一下价值,人们却是那样不适应。当某项资源由于缺乏稀缺性而造成相对于货币过剩时,它将长期表现为被低估的状态。即使所有人都可以清醒地认识到它的价值也无济于事。抛开空气、阳光等完全没有可能价值回归的资源不谈,即使是石油、土地、劳动力价格,又哪里是其价值的真实反映呢?石油价格的上涨很大程度上是一种价值回归的过程,是由于石油重要的性能及作用所带来的需求,在它那源源不断的供给能力稍有停歇之时,终于暂时改善了稀缺性的不足所引起的。而在古典经济学中被当作通货膨胀同义语的劳动力价格上涨,则不仅是价值回归,也是人类社会进步的体现。

社会资源产出提升

当某项资源产出水平提升时,它的价值是提升的,但如果货币数量不能满足其产出品货币化的要求,则会由于该资源相对货币稀缺度下降而出现价格下跌。如果社会主要资源产出水平普遍提升时,却仍旧保持货币数量没有改变,则会出现货币相对于社会主要资源的普遍性稀缺及大量社会资源的闲置。特别是劳动力资源出现严重闲置时,那将是严重的经济危机。这就是资本主义经济大发展与货币供应瓶颈的尖锐矛盾必然造成经济危机不断出现的根本原因。如果满足这些产出品货币化的要求,资源价格必然上涨。

---

① 即列宁所说的"工人的相对贫困化":"工人的相对贫困化,即他们在社会收入中所得份额的减少更为明显。工人在财富迅速增长的资本主义社会中的比重愈来愈小,因为百万富翁的财富增加得愈来愈快了。"[列宁:《资本主义社会的贫困化》——《列宁全集》(第二十二卷),人民出版社 1990 年版,第 240 页。]

生产力提升在不同部门的不均衡性造成的所谓"结构型通货膨胀"

即使按照"货币价格总水平"的定义标准去衡量,它也不能达到通货膨胀的标准,但是,在现实生活中,它是最常被称为"通货膨胀"的一种现象。

当一个国家处在工业化及城市化进程之中时,社会资源在参与工业生产时的产出率会出现显著上升,然而如果仍旧将它们应用于农业,产出水平则没有明显提高。也就是说,相同资源占用下工业品产出量与农产品产出量的差距在不断加大。这样一来,资源被农业占用的机会成本将显著上升,农业品价格即使出现明显上升,仍旧难以阻止资源向城市及工业流动。农业产品与工业品价差拉大成为必然。这种商品相对稀缺性的改变,无论货币数量为多少,甚至是否存在货币,都是无法阻止的:如果满足工业品货币化需求,则会出现在工业品价格相对稳定的同时,农业品价格大幅度上涨;如果为了稳定农业品价格以紧缩货币,则无法保证工业品的货币化,从而导致工业崩溃。

然而,全球一体化之下,工业品货币化的压力往往会在市场那只"看不见的手"的作用下,以增加出口的方式予以化解。故而抑制农产品价格上涨的努力,这种紧缩的货币政策必然导致外向型的工业品货币化方式出现。这必然进一步引发农业资源向工业流动。农业资源匮乏,农产品进一步稀缺,价格上涨自然也在情理之中。

从货币需求的角度解释,工业的高速发展会使投资性货币需求优先选择工业,而消费性货币需求则仍旧会优先选择农产品(民以食为天)。这样一来,一旦工业品的高产出被货币化,势必推高农产品的价格。而这些所谓"多出来"的货币,并非像传说中的那样来自"货币超发",相反,它是工业品真实产出的结果。因而,在推高农产品价格的同时,我们看到的是工业品价格的下降。当我们回顾近二十年来,手机、电脑、家用电器和汽车这些必不可少的重要工业品的价格走势时,任何"通货膨胀"的理论都是苍白的。

我们必须认清,工业品货币化与农产品价格上涨,是同一个货币运转过程中的两个不同的必要组成部分,如果割裂地看待它们,就会使自己陷入通货膨胀与通货紧缩的自相矛盾之中。在这种情况下,如果我们以抑制通货膨胀为借口,减少货币供应,实际上是以阻止工业品货币化为代价,抑制农产品的价格上涨,这无异于因噎废食。也就是说,如果 20 年来农产品价格不上涨,那么工业产出品的货币化就会出现问题,工业生产将无法继续,工业人口将无法就业。

从价值的角度解释,价值取决于效用,效用是对人类欲望的满足。故而人类失去欲望时,价值便失去了其价值;人类的欲望增加时,不仅增加了创造价值的动力,也提供了创造价值的条件。社会总产出的提升和货币量增加推升了人类的欲望(金钱的邪恶之处),尽管会使那些产出增加不明显的商品相对于其他商品、人类欲望及货币的稀缺性上升,给了一些人宣扬通货膨胀的口实,但社会的产出和财富都是增加的。然而当社会总产出提升,货币量却没有足够的增量时,商品相对于人类欲望和货币则会变得过剩。财富是货币化的价值,当货币化不足时,财富将消失,随之而来的是生产的动力将消失,价值因此也将无法实现。

货币供给能力不足造成的物价上涨

货币首先是一般等价物,是从社会产品中分离出来,既不能用于消费,也无法用于投资,而只能专职用于交换媒介的那部分产品,所以货币并不是任何人、任何时候都有能力提供的,它必须在社会总产出水平用于消费和投资之外尚有剩余的情况下才可以实现。也就是说,当一个社会经济体的产出扣除消费和投资所需之后,没有足够的闲置或闲置很少,不足以分离出足够的一般等价物时,就会出现由于货币有效供应不足所造成的物价上涨(信用货币没有足够的储蓄作为填充)。它的起因是经济体过于虚弱,分离不出足够的一般等价物作为货币。强行分离的结果必然形成所谓的“强迫储蓄”。这就是短缺型经济下的表现,也是最接近被描述为“货币超发”的一种情况。一旦这种货币的信用丧失,一方面是流通领域有效货币紧缺,另一方面是原本被称作货币的政府或中央银行的债务丧失货币属性,暴露其债务属性。在商品货币条件下,失去货币属性的商品仍旧是商品,它的固有的商品属性的展现可以有效地阻止这种货币价格的下跌。而信用货币下，一旦公众不再相信货币发行者的偿债能力，这种债务的贬值、这种被误称为“恶性通货膨胀”的东西，将使货币发行者难以应对。但是，在这种情况下，谁都无法否认，那些所谓的“恶性通货膨胀”，如果向经济体内注入足够多的有效货币，比如外汇或黄金，所谓的“通货膨胀”就会立即消失。靠注入通货可以消化的“膨胀”显然不是“通货膨胀”，用“货币有效供给不足”描述更为准确。

所谓“输入性通货膨胀”

一个封闭的经济体，它的经济水平与物价都远低于国际市场。当这样的经济体由封闭转向开放时，这种与国际市场物价的差异在全球化的作用下，要么会推高国内物价，要么会推高汇率，否则国内的商品就会源源不断地流向国际市场。如果此时错误地把国内物价上涨理解为所谓的“通货膨胀”，而采取抑制价格、压缩货币的手段，这种对“物价稳定”的反市场的要求，不仅会导致国内货币供应不足，在市场这只“看不见的手”的作用下，还会把全部压力转移为出口需求。

一般等价物锁定过多

货币是一般等价物，在商品货币时期如此，在信用货币时期仍旧如此。世界上除了美国完全依托本国政府的信用发行高基货币外，大多数国家需要以外汇储备作为本币发行的依据。而一个国家所谓的外汇储备，其实质是它把自己的产品送到国外作为一般等价物，换回他国政府信用，并依此发行本国货币。

因此，外汇储备对于发展中国家而言，是必不可少的。中央银行终究不是万能的，尤其是一个尚不够强大的经济体，其中央银行尚需外国政府信用为自己背书。特别是经济波动之中所造成的外汇储备的流失，会导致自身信用在危机中受损。当其安全债务人地位受到质疑时，其投放货币的相应货币属性将迅速转为债务属性，这些本不必偿还的债务一旦进入偿还流程，随之而来的必将是货币的大幅贬值。并且由于这种货币贬值的原因包括了本国国民改变自身储蓄方式的因素,故而不以本国储蓄不足为必要条件。有人将这种货币贬值称为通货膨胀,这是一种容易造成误导的命名方式,会令人误以为货币过剩了。而此时的货币仍旧是不足的,转变为债权性的货币已经退出了其货币属性,就像腐烂的食物。可能将食物大量腐烂的情况称为食物过剩或食物膨胀吗?货币的货币属性被大量转为债务属性这一现象直接导致了货币的不足,大量债务无法清偿,这二者同时出现,怎么可以简单地用“通货膨胀”四个字来形容?

但同时需要考虑的是,无论以哪种形式、出于什么样的原因,被锁定的一般等价物越多,外汇占款过多,剩余的可供消费与投资的产品就越少。特别是当国内货币供应者以抑制通胀为借口不断降低一般等价物(外汇储备)的效率时,国内就会由于货币供应不足而不得不加大出口以换取更多的外汇,结果是更大力度的外汇被锁在一个叫“池子”的东西里而无法起到货币的作用。于是,原本可以用于国内消费或投资的大量社会产出品便被这样过度地锁定为一般等价物,严重扭曲了社会产出品中的一般等价物比例和结构。然而,这种由于货币供应不足而造成的过度的外汇占款,也被冠以了通胀之名。

一个国家如果物价过低,代表这个国家货币不足、货币价格过高。这绝非什么好事。我们一向把货币看作一种商品,在自由贸易条件下,在这个国家货币这种商品不足,就无法阻止货币这种商品(比如美元)的进口贸易。在这种价格落差之下,无论如何操作,本国价格与国际价格接轨都是无法避免的,这不仅不是所谓的“通货膨胀”和“货币超发”,相反,它完全是由货币不足造成的。如果进口的货币商品被当作通货膨胀予以打击、进行封存,货币进口商(普通商品的出口商)将被迫进口更多的货币。而这种货币封存的行为不仅会造成国内商品的不断流失,还会干扰产出,从而造成物价的上涨。这种物价上涨与货币正常供应下的效果不同的是,产出低于后者,供国内消费和投资的商品低于后者。

通缩(货币供应不足)引发的物价上涨

这是一个很普遍的现象。当货币供应不足时,不仅会降低需求,同时也会降低供给,并且由于生产者往往会比消费者敏感,首先降低的会是产出,而不是需求,因此就会由于供需失衡而出现物价上涨。此时经济学家们的对策,却是进一步减少货币供应,从而使这一问题恶化,直到经济危机发生。紧缩货币的作用只是降低市场的效率,减少产出,增加交易成本。当增加的交易成本体现于商品价格时,也必然导致物价上涨。

货币错配

当一个发展中国家拥有大量外汇储备时,央行为了抑制外汇占款所造成的物价上涨,继续积极地提高货币租金(利率),导致大量国际"热钱"涌入。而"热钱"进入后是不会带来产出的,它只会追求国内稀缺资源或资本物品的闲置性占有,从而使社会可利用资源减少、需求增加、产出降低。之后,货币当局以抑制通胀或资产泡沫为借口在国内回收流动性,所收回的却实实在在的是可用于生产领域的货币,因此严重干扰了国内的正常生产活动,降低了产出。简言之,是用"热钱"置换出了生产性货币,使货币结构恶化,从而造成经济供需失衡,物价或资产价格上涨。我们在之后的章节会论述,不仅发展中国家会犯这样的错误,大萧条前的美联储也同样采取过这样的策略,被伯南克称为"积极地破坏稳定"的手段。[①]

货币的时间价值

如果别人家的母鸡全部会下蛋,只有自家的母鸡不下蛋,那么自家的母鸡贬值就是必然的(详见本章第六节)。与其坐在那里抱怨别人家的母鸡超发或者超生,不如好好想一想,如何让自家的母鸡学会下蛋。

银行系统收取的中介费和财产保管费

货币作为商品索取权,中介费和财产保管费必然造成这种索取权利的扣减。具体内容详见本章第六节。

---

① "从1928年中期到1931年春爆发金融危机这段时间,美联储不仅拒绝将流入美国的大量黄金货币化(monetize),而且实际上设法把正的储备流入转换成了M1货币存量的负增长。因而,在1931年前,美联储的政策实际上是在积极地破坏稳定(destabilizing)。"(本·S. 伯南克:《大萧条》,宋芳秀、寇文红等译,东北大学出版社2009年版,第132页。)

价格双轨制的危害

市场经济运转机制的驱动力不是价值的比对,而是基于相似稀缺性的交换。也就是说,市场是靠价格而不是价值驱动的。经济学的荒谬就在于对价格和价值概念的混淆。对市场模式的价值标榜,恰恰导致经济学永远理解不了市场经济,他们对价格的判断永远是错误的,却仍旧自以为是地认为,是市场错了,没有按照他们心目中的"价值规律"去运行。于是在自我标榜崇尚市场经济的同时,经济学家们最喜欢做的一件事情,就是质疑市场的定价能力,动辄为市场贴上"通货膨胀""泡沫"的标签。出于对市场定价机制的误解,政府甚至会直接出手管制价格以"抑制通货膨胀"。于是便会出现政府管制价格与市场价格间的巨大差异,形成价格双轨制。

价格双轨制赋予了一个群体以远低于市场正常价格水平购买商品的权力。经验告诉我们,哪里存在这样的权力,哪里就必然存在腐败。价高者得,是市场经济的铁律。它尽管不尽合理,却是筛选购买者的唯一合法途径。它是以价格为手段检验市场参与者,对稀缺产品稀缺性的认同度。当放弃这一手段时,远低于市场价格的产品,只能沦为权贵手中的玩物。这样的权力形成一个又一个的"肥缺"。微观地讲,我们没有权力怀疑任何一个具体的个人在这样的"肥缺"上会放弃原则、失去廉洁。但从宏观上讲,我们没有权力相信什么人在这样的"肥缺"上能够坚持原则、保持廉洁。显然,归还市场的定价权才是解决问题的最合理、最有效的方法。

在"市场先生"眼里,并不存在无差别的竞争者。"价高者得"是市场经济的铁律。所愿意支付的价格,就是不同竞争者最根本的差别。所以这个标准很容易形成,并且一视同仁。市场这只"看不见的手",就是以价格作为判断经济主体对资源需求紧迫性的标准,进而作为资源配置及供需调节的手段,得以准确地将资源送至对资源稀缺性认同度最高或者可以带来最大产出的经济主体手中,实现市场配置的高效率。然而在控价销售时,就会出现远高于商品可供给数量的无差别竞争者(以价格作为差别的权利被剥夺),必须对其进行选择才能实现销售。由于竞争者的差别消失，这种选择就失去了标准，只能随心所欲，个人偏好就成为唯一依据。这意味着，如果抱着一颗没有个人喜好的公心进行选择，销售行为就无法生成。（选了甲就没有理由不选择乙；甲、乙如果都选，就没有那么多商品。）也就是说，不论选择者是否愿意按照个人偏好去选择，放弃了市场规则后，无论他如何选择，体现的都仅仅是个人偏好。这样就形成了商品销售与满足个人偏好的伴生性，既而发展为与腐败的伴生性。

同样对一件商品存在需求，我的需求甚至可能比别人更急切，却仅仅因为别人能够支付的价格高于我，便可战胜我而得到“市场先生”的青睐，这公平吗？是的，这并不完全公平，它仅仅是比其他方案更公平、更有效率而已。当“市场先生”的这种“部分公平”触及公共物品，特别是那些人类生存所必需的商品时，必须通过转移支付等手段保证弱势群体的基本生存所需。这也是标准。但仅适用于与人民生活密切相关的生活必需品，或特殊时期。[①]

第六节　货币的时间价值及利息

货币的时间价值来自货币使用者新创造的价值。它决定了不同时点上同等数量的货币价值并不相等，进而使得参与货币提供的三方（债权性货币需求、债务性货币需求和货币中介）拥有了分享货币时间价值的权利。货币中性论者无法承认货币具有时间价值这一事实，但同时，却极力主张货币容器的提供者依赖其垄断的地位索取高额利息的权利。于是传统经济学提出了一个“自然利息率”[②]或

---

① 比如战争、饥荒等时期的价格管制或配给制。在这种特殊时期，由于市场无法获得自发调节的足够的时间周期，价格并不能及时起到促进生产的作用，粮食等人类生存必需品如果完全交由市场分配，则弱势群体所丧失的便可能是生存的权利。

② 庞巴维克是这样定义自然利息的：“一个人用其资本于生产上，其资本的效用在于：从资本上所得到的总产品，其价值常是超过生产过程中所用掉的财货的总值；超过的价值就是资本的利润，或者叫作自然利息。”（庞巴维克：《资本与利息》，商务印书馆 2010 年版，第 7 页。）庞巴维克的学生维克塞尔则称：“贷款中有某种利率，它对商品价格的关系是中立的，既不会使之上涨，也不会使之下跌。这与如果不使用货币、一切借贷以实物资本形态进行、在这种情况下由供求关系所决定的利率，必然相同。我们把这个称为资本自然利率（natural rate of interest on capital）的现时价值，其含义也是一样的。”（维克塞尔：《利息与价格》，商务印书馆 1959 年版，第 98 页。）

"均衡利息率"的概念,以证明利息的合理性。然而不同的货币持有者由于货币的使用方式不同,所带来的产出是各自不同的,市场只能保留产出水平高于利息率的那部分投资,并且非货币化的产出也不能形成利润。因此,脱离了货币产出的概念,把一个足以侵蚀掉全部投资利润的利息率水平定义为"自然利息率"[①],这比亚当·斯密的资本利润之半作为利息[②]更加荒谬。

由于每个人所带来的产出都是不同的,每一个人所能接受的生产性货币使用的利率(无论是债务性货币需求还是货币持有者的机会成本)也是完全不同的。利率越高,放弃货币生产性使用的就越多。由此形成了一个可以接受的利率分布。这个分布中并不存在任何自然的利率,相反,它是一个恶性循环:货币越少,利率越高,货币的生产性使用者的负担就越重,利益的损失就越大,从而整个经济社会的损失就越大,但货币低产出使用者因放弃货币生产性使用而获得的货币让渡性收益就越高。这是对货币高产出群体的掠夺和对货币低产出群体的补贴。这是一个奖懒罚勤的机制,必然抑制货币的生产性使用,从而降低了产出,久而久之,必然推高物价。否认货币的时间价值,是货币中性论必需的逻辑前提,而货币中性是古典经济学的信仰,于是古典经济学只能以所谓的"通货膨胀"这一明显歪曲事实的名称去定义这种货币供应不足的现象,并以"抑制通货膨胀"为借口,进一步减少货币供给、抬高利率,从而进一步抑制产出。也就是说,它不仅不会自我均衡,相反,只会形成恶意的自我强化。这是用谋杀的办法来证明货币是死的(中性)。这确实是人类历史上少有的成功的谎言。也正是因为这一谎言,使得货币利息失去了货币时间价值这一逻辑基础,从而无法自圆其说。

---

① 很难理解他们是怎样对这个所谓的"均衡"自圆其说的:一边主张货币是中性的、没有产出的,一边主张把货币的租金哄抬到侵蚀掉全部资本利润的水平,使得大量投资无法实现。这不是什么均衡的利息率,而是足以令投资和生产窒息的利息率。

② "英国商人辈以二倍利息的利润,为妥当适中合理的利润。据我所见,这所谓妥当合理的利润,不外就是普通利润。在普通纯利润率为百分之八或百分之十的国度,借资营业者,以所得利润之半作为利息,颇称允当。这是因为,固然无论投资安危,求借人终须对出借人负完全责任,但大部分事业,有其余一半利润,也就很够补偿他担当这种责任的危险和运用这种资本的辛劳。可是,一国普通利润率如果大大超过此限,或大大低于此限,利息和纯利润的比例就不能这样。利润率过低时,必不能以一半作利息;利润率过高时,以一半作利息,犹恐不够。"[亚当·斯密:《国富论》(上),郭大力、王亚南译,译林出版社 2011 年版,第 85 页。]

利息是资本的租金、货币的租金,还是储蓄的租金?

就像地租是土地的租金一样,利息也是一种租金,但它究竟是谁的租金?

> 假如一个人在不论自己如何需要,在到期之前却不得要求偿还的条件下出借自己的货币,则他对自己所受到的不方便可以索取补偿,这是不成问题的。这种补偿,我们通常叫作利息。[①]

按照威廉·配第的这个说法,利息应该理解为货币的租金。凯恩斯认为:

> 今天的利息与地租在性质上相同,都不是真正牺牲的报酬。资本的所有者能获得利息是因为资本的稀缺,正好像地主能获得地租是因为土地稀缺一样。不过,土地稀缺还有其真正的理由,而资本稀缺,如果从长时期的观点看,则是毫无真正理由可言的。[②]

按照凯恩斯的这个说法,利息原本应当是资本的租金,只是现实中既没有反映资本出租者真实的牺牲,也没有反映资本真实的稀缺性(所以它并不反映真实的资本的供需)。凯恩斯在利率究竟由谁决定这一问题上与古典经济学理论有一场辩论。古典经济学理论承认利率由市场的供需关系决定,但认为这种供需关系背后的因素仅仅是储蓄和投资:

> 韩德森将古典理论的要旨总结如下:"利率的实际行为是由资本市场的供求关系决定的。正统经济学理论认为,资本市场的供应和需求背后的基本决定因素是储蓄和投资。"[③]

而凯恩斯则认为:

> 只要有足够的货币,利率可以被降低至理想的水平并保持下去。[④]

古典经济学在讨论货币需求的时候,并没有区分买卖市场和出租市场的不

---

① 威廉·配第:《赋税论》,商务印书馆1981年版,第45页。

② 凯恩斯:《就业、利息和货币通论》,宋韵声译,华夏出版社2005年版,第288页。

③ 罗伯特·斯基德尔斯基:《凯恩斯传》,相蓝欣、储英译,生活·读书·新知三联书店2015年版,第601页。

④ 罗伯特·斯基德尔斯基:《凯恩斯传》,相蓝欣、储英译,生活·读书·新知三联书店2015年版,第601页。

同;从不考虑债务性货币需求的存在;在讨论货币供给的时候,大谈货币供给是市场的外生变量;但当谈论利息的时候,则强调是"资本市场的供求关系决定的""背后的基本决定因素是储蓄和投资"。这样的逻辑,是基于将利息与货币割裂。凯恩斯认为,李嘉图对古典经济学的利息观的表述是最明白透彻的。[①]李嘉图说:

> 决定货币利息的不是银行贷款时的利息率(不管是五厘、四厘还是三厘),而是投资所能得到的利润率,这种利润率与货币的数量或价值完全无关。无论银行贷出一百万、一千万还是一亿,都不能持久地改变市场利息率,而只能改变这样发行出去的货币的价值。在一种情形下经营同一种企业所需的货币也许会比在另种情形下多十倍乃至二十倍。因此,向银行申请借款的多少取决于运用这笔借款所能得到的利润率和银行贷款时所索取的利息率之间的比较。如果银行索取的利息率低于市场利息率,那么货币不论有多少都可以借得出去;如果高于市场利息率,那么愿意向银行借钱的人便只有奢靡浪费的纨绔子弟了。[②]

李嘉图的这个说法非常明确地指出了,货币的利息与货币无关。这或许就是凯恩斯所说的后来的一些经济学家"总觉得李嘉图的说法有欠妥之处"的原因,但是基于货币中性的信仰,这又是一个必然的结论。故而,后来的许多经济学家们在谈及利率时,都是避开货币的概念,坚称利息是资本的租金。凯恩斯列举了几位经济学家的观点,其中包括瓦尔拉斯和马歇尔:

> 瓦尔拉斯在其《纯粹经济学大纲》的附录Ⅰ(Ⅲ)中,论述了"储蓄与新资本的交换"。在书中,他明确表示:相对于每一个可能的利息率,有一个人们要进行储蓄的总数,也有一个人们要投资于新

---

① "李嘉图的话说得明白透彻,其意思也比后来的一些经济学家的说法容易理解。后来的一些经济学家虽然都未超过李嘉图的理论,但还是总觉得李嘉图的说法有欠妥之处,只是说不出欠妥之处何在。"(凯恩斯:《就业、利息和货币通论》,宋韵声译,华夏出版社 2005 年版,第 147 页。)

② 大卫·李嘉图:《政治经济学及赋税原理》——《大卫·李嘉图全集》(第 1 卷),商务印书馆 2013 年版,第 309 页。

资本资产的总数,而二者趋于相等。利息率就是使这二者相等的变数。所以利息率被固定在这一点上,在这一点上,储蓄量(新资本的供给)等于储蓄的需求量。[①]

马歇尔关于利息率的见解可以在他的《经济学原理》(第 6 版)第四卷第 534 页和第 593 页中找到,其要点有如下文:

“利息在任何市场中都是为了使用资本而支付的代价。这趋于达到一个均衡水平,在这一水平上,市场对资本需求总量等于资本供给总量……”[②]

凯恩斯对马歇尔的这一说法反驳道:“这里值得注意的是,马歇尔使用的名词是‘资本’,而不是‘货币’;是‘供给量’,而不是‘贷款’。但利息却是为了借贷货币而支付的代价。从这个意义上讲,‘对资本的需求’在上下文中的意思应该是‘为了购买一定量的资本品而对贷款的需求’。但是,使资本品的供给量和需求量相等的是资本品的价格,而不是利息率。利息率能使货币贷款的需求和供给相等;换句话说,使债务的需求和供给相等。”[③]显然古典经济学讨论的是资本的“利息”,而凯恩斯讨论的才是货币的利息。并且凯恩斯对西方主流经济学早就已经堂而皇之地把利息定义为资本的租金,仍旧没能适应。

我们可以看到,庞巴维克是这样定义利息的:“凡是拥有资本的人,一般都可以从他的资本上得到经常性的纯收入,这种纯收入就叫作利息”[④];“从资本得到的收入,德文有时叫作资本的租金,我们就叫利息”。[⑤]

但是,“资本”又是指什么呢?于是,希克斯提出这样的疑问:“决定利率的是什么?一直到最近,经济学家也许都会异口同声地回答,决定它的是‘资本’的需求和供给;但是由于他们对‘资本’的确切解释不太肯定,他们只是表面一致而非真正一致。资本是不是就是指具体的财物以及对它们中的特定数量进

---

① 凯恩斯:《就业、利息和货币通论》,宋韵声译,华夏出版社 2005 年版,第 136 页。
② 凯恩斯:《就业、利息和货币通论》,宋韵声译,华夏出版社 2005 年版,第 143 页。
③ 凯恩斯:《就业、利息和货币通论》,宋韵声译,华夏出版社 2005 年版,第 143 页注解。
④ 庞巴维克:《资本与利息》,商务印书馆 2010 年版,第 1 页。
⑤ 庞巴维克:《资本与利息》,商务印书馆 2010 年版,第 7 页。

行处理的权力这种意义上的‘真实资本’呢？如果作这种解释，那么左右利率的力量很自然地就是一些技术的和心理的因素，这些因素影响对现在和将来财物需求的相对急迫程度；也就是说，我们得到了一种如庞巴维克所精心构思的那种理论。或者，‘资本’是不是指可贷放基金——处理特定数量货币的权力这种意义上的‘货币资本’呢？随我们采取的解释不同，就会产生很大的差异。”①

而马克思认为：

> 事实上，只有资本家分为货币资本家和产业资本家，才使一部分利润转化为利息，一般地说，才产生出利息的范畴；并且，只有这两类资本家之间的竞争，才产生出利息率。②
>
> 从质的方面来看，利息是资本的单纯所有权所提供的剩余价值，是资本自身提供的剩余价值，虽然资本的所有者一直处在再生产过程之外；因此，是资本在和自己的过程相分离的情况下提供的剩余价值。
>
> 从量的方面来看，形成利息的那部分利润，表现为不是同产业资本本身和商业资本本身有关，而是同货币资本有关，并且剩余价值的这一部分的比率，即利息率，又把这种关系固定下来。③

我们认同马克思的观点。资本并不等同于货币；货币也不能混同于产业资本或商业资本；资本与货币有着千丝万缕的联系。产业资本或商业资本在社会产出品分配中所获得的部分是利润。货币所获得的部分才是利息④，它源自资本所有权与使用权的分离，既包括了对资本所有权人的补偿，又包括了对所有权转移所支付的中介费用。

债务人支付利息所获得的是标准化的商品或资本的索取权，而不是具体的非标准化的商品或资本物品。也只有这样，才能充分发挥资源的配置效率，使

① 希克斯：《价值与资本》，商务印书馆 1962 年版，第 170 页。

② 马克思：《资本论》(第三卷)，人民出版社 2004 年版，第 415 页。

③ 马克思：《资本论》(第三卷)，人民出版社 2004 年版，第 423 页。

④ 把利润用一个新名词“自然利息”遮盖起来，就像把价格打扮成“交换价值”一样，除了便于将概念混淆之外，没有任何好处。

资源准确送达需求最迫切的使用者手中。因此,利息是货币,而不是资本的租金。但是,由于社会产出品的分配是依据各要素的稀缺性而不是各自的产出进行的,故而并不能根据利息或利润的结构区分货币资本和产业、商业资本各自的产出。因为古典经济学既不承认货币的产出[①],更不承认要素并不依其产出而分配,所以只能将资本和货币反复混淆,再反复将货币定义为面纱而抽离,这样的方法是不可能理性面对利息问题的。

利息是货币的租金。租金是一种另类的价格。既然是价格,就由供需决定。货币在买卖市场和出租市场中具有双重的供需关系。在买卖市场中的价格,是货币的购买力;在出租市场中的价格,才是利息。在货币出租市场中,货币的需求是由债务人的意愿决定的。[②] 它的供给除了受储蓄意愿的影响,在金本位制下,还受到黄金开采量和黄金在货币属性和商品属性间转化(黄金的货币属性的闲置程度)的影响;在信用本位之下,货币是通过中央银行和商业银行吸收储蓄向市场投放自身信用产生的,它的供给还受到参与货币投放各方的信用承载能力和信用投放意愿的影响。

货币在出租市场中,就像一个盛满水的容器。比如说一只瓶子(或称为货币容器),储蓄是里面的水,利息就是一瓶水的租金。贮藏性货币需求是水的提供者和瓶子的需求者;债务性货币需求既是水的需求者,也是瓶子的需求者。在买卖市场中,交易性货币需求则更多地表现为瓶子的需求者。在瓶子的供应者(银行这个中介)面前,无论是贮藏性货币需求、债务性货币需求还是交易性

---

① 随便在古典经济学著作中,都不难找到类似这样的描述:"在完全不熟悉这一问题的人看来,资本就是货币。要揭穿这一误解,就得重复一下绪论中说过的话。货币不是财富,同样也不是资本。货币本身并不能执行资本的任何职能,因为它不能向生产提供任何帮助。为了向生产提供帮助,必须把货币换成别的东西;而任何能与其他东西交换的东西,都能在相同程度上对生产作出贡献。"[约翰·斯图亚特·穆勒:《政治经济学原理——及其在社会哲学上的若干应用》(上卷),商务印书馆 1991 年版,第 72 页。]这是一种多么神奇的逻辑?"总之,在社会经济中,货币从本质上来说是最无意义的;它的意义只在于它具有节省时间和劳动的特性。它是一种使人办事迅速和方便的机械,没有它,要办的事仍可办到,只是较为缓慢、较为不便。它像其他许多机械一样,只是在发生故障时,才会发生它自己的显著而独特的影响。"[约翰·斯图亚特·穆勒:《政治经济学原理——及其在社会哲学上的若干应用》(下卷),商务印书馆 1991 年版,第 14 页。]显然,在市场原教旨主义者们看来,市场这台"永动机"是永远不会停滞或发生故障的。

② 债务人绝不可能将自身投资可以获得的全部的利润,当作所谓"自然利率"或"均衡利率"。

货币需求[①],都是容器的需求者。因此,在决定容器租金的供需关系中的需求端,不仅包括货币的贮藏性需求与债务性需求,也包括货币的交易性需求。区别在于,不考虑时滞的理想状态下,交易性需求是自带入库、出库的,所以并不占用储蓄或债务,而只需要货币容器。

货币是非中性的,是有时间价值的。贮藏性货币的活性和产出皆远不及交易性货币,但它同样非中性。[②] 既然它们是有产出的,那么作为中介的银行和作为出租方的储蓄者分享社会产出品的方式——利息,就是天经地义的。故而无论是一些货币非中性论者主张零利率还是货币中性论者,反而主张高利率,都是没有价值基础的。但正如庞巴维克自己所说的那样:"因为现在一般对于利息之社会的和政治的问题与利息的理论问题都很注意,致使这种趋势更见加强;而且许多学者急于证实利息存在的正当,宁愿放弃他的学说的统一性,也要把许多赞成利息存在的论证堆积到一起。"[③]

货币的利息是有价值依据的。然而,正如我们已经熟知的那样,资本主义从来不是以价值作为分配依据的。债务人支付的利息可以理解为对货币容器提供者和储蓄者的租金,它既包括货币作为财富贮藏工具的租金,也包括货币所贮藏的储蓄的租金,是包含了中介费的租金。因此,在债务性货币需求强劲的情况下,货币的利率既受到储蓄是否充足的影响,又受到货币容器本身供给的影响。储蓄和货币容器二者中,其一存在不足,利率就会居高不下。当作为媒介的货币容器出现瓶颈时,储蓄与债务性货币需求之间并不存在直接的供需关系。作为债权性货币需求与债务性货币需求之间的桥梁,货币中介有能力在储蓄和债务性货币需求都很充裕的条件下,在一定程度上人为地制造货币的稀缺,从而可以从双方攫取最大的利益。如果水很多,瓶子却很少,那么这种货币供给和需求背后的基本因素就绝不是水的供需,而是瓶子的供需。凯恩斯认为

---

① 交易性货币需求使用的同样是货币的贮藏性职能,与贮藏性货币需求不同的仅仅是贮藏时间的长短。

② 详见本章第四节。

③ 庞巴维克:《资本与利息》,商务印书馆 2010 年版,第 408 页。

利息是(放弃)"流动性的报酬"[①],而不是储蓄的租金,这样的利息理论只能在储蓄和投资需求皆非常充裕,因货币容器供应不足,二者皆大量闲置这个大前提下来理解——就如他所说的,资本稀缺毫无真正理由可言。

相反,只有当货币容器供应充足时,没有了货币瓶颈的干扰,储蓄与债务性货币需求之间的比对才能够成为利率的决定力量。此时一个储蓄充足的社会当然完全能够做到让"利率可以被降低至理想的水平并保持下去"(储蓄充足和货币容器充足两个条件必须同时具备)。

在古典经济学的理论假设中,"瓶子"甚至一瓶水永远是中性的,它只是"面纱",并且古典经济学不肯承认货币的内生性,所以货币是不可能出现稀缺和瓶颈的,也就本不应该有利息。于是,当他们谈及货币利息的时候,便只能避开货币这个话题,大谈"资本"的需求和供给。与之相对应,在谈及高企的利率的时候,古典经济学总是归咎于储蓄的不足,而凯恩斯却认为是由于货币像月亮一样,无法被生产出来。希克斯和汉森的"IS－LM"模型则是基于双方这一系列的自相矛盾的假设之下,试图在凯恩斯和古典经济学的利息理论之间进行调解。然而模型中的IS函数的逻辑是在不考虑银行中介的前提下,货币市场的供给者(债权性货币需求)与货币市场的需求者(债务性货币需求)之间形成的货币的租金,这是不考虑中介费(瓶子租金)的租金。它反映的是一个基于货币内生假设下的货币出租市场的函数关系。而LM曲线已经变成了典型的货币外生假设下的函数。它反映的是把债权性货币需求和债务性货币需求打包看作货币出租市场中央行货币的需求方,去争夺外生的、有限的央行货币,从而愿意支付的中介费。此时货币的利率反映的只是瓶子的供需关系,与瓶子中的水无关。这两个方程中的"利率"并不是相同的东西,故而是无法联立的,更不可能出现所谓的"均衡"。并且这两个模型所基于的都是不考虑货币对收入的影

① 所谓流动性,就是交易性货币需求,主要表现为对瓶子的需求。

响所造成的动态变化；也就是说，基于货币中性的假设。[①] 罗伯逊、俄林等人提出的可贷资金理论所谓同时考虑了实质因素和货币因素，但事实上同样并没有完全厘清二者之间的关系。其他许多传统经济学的利息理论，也都犯有大同小异的错误。

信用货币投放是一种信贷行为，是中央银行或商业银行与货币获得者之间的一种双向债权债务关系。央行货币投放对象从央行获得一笔借款，承担对央行的有息债务的同时，获得货币——对央行的无息债权。这种单向付息的双向债权债务体现了利息的一个特殊属性——中央银行获得的利息及商业银行获得的存贷息差是货币作为容器本身的租金，它完全不包括储蓄的租金，它是一种中介费和财产保管费。本应由储蓄者得到的这部分租金，换取了持有货币所得到的便利及应支付的财产保管费用。央行收取的中介费和财产保管费必然

① 保罗·戴维森讲述了希克斯本人最终放弃了他的IS－LM模型的过程："希克斯的IS－LM模型如何？希克斯写道(1946，pp. 1－4)，他'有幸提出了一个分析方法……特别设计出来以揭示整体经济体系的一般均衡方法……利用这个方法，我们将能够明白为什么凯恩斯先生得出了不同于以前经济学家的结论'。希克斯(1937年)利用这个一般均衡方法发展出了著名的IS－LM模型，希克斯声称该模型能够解释凯恩斯的分析方法。在希克斯的IS－LM体系中，经济的真实和货币方面被划分为两个独立的子方程。这两个子方程的独立需要假定货币中性。因此，这个IS－LM模型仅仅是萨缪尔森新古典综合凯恩斯主义的另一个古典理论版本。

"1971年，我在六天的国际经济学委员会关于宏观经济学的微观基础的会议上遇到了希克斯。在会议上，我的演讲(戴维森，1977，pp. 313－17)强调契约的重要性，强调存在现货市场和期货市场的重要性，以及对流动性需求的重要性。在会议最后的讨论中，我强调一个事实：古典的'一般均衡模型被设计出来，并不是为了回答令人感兴趣的货币、通货膨胀和失业等宏观经济问题的，也无法回答这些问题……如果我们(经济学家)坚持把凯恩斯的宏观经济学分析与不相容的一般均衡基础搅和在一起，我们在宏观经济学上将无法取得任何进步；我们在解决宏观—政治—经济问题时，也将退回到凯恩斯以前的那些灾难性的解决办法上来'(戴维森，1977，p. 392)。在会议结束前，希克斯告诉我，与参加会议的其他人(其他参加会议的人包括未来的诺贝尔奖获得者加林·库普曼斯和约瑟夫·斯蒂格利茨)相比，他的宏观经济学方法的微观基础与我的更为相近。

"接下来的几年中，希克斯和我在英国有过几次私人会面，继续我们对凯恩斯通论的微观基础的讨论。到20世纪70年代中期，希克斯(1977，pp. 140－1)准备承认他的IS－LM模型是凯恩斯理论的一个'浓缩版本'。到1979年，希克斯(1979，p. 38)声称，经济学是镶嵌在过去的时间和关系中的，而不是镶嵌在未来的时间和关系中。希克斯(1980－1，p. 139)在发表于《后凯恩斯主义经济学杂志》上的名为《ISLM：一个解释》的论文中放弃了他的IS－LM模型，他写道：'随着时间的流逝，我对IS－LM工具越来越不满意。'在这篇论文中，希克斯承认IS－LM方程并没有全部描述凯恩斯的一般理论方法。"(保罗·戴维森：《约翰·梅纳德·凯恩斯》，华夏出版社2009年版，第206－207页。)

造成保管凭证因随时间扣除费用而减值。[①] 如果将这一减值谎称为"通货膨胀",借以提高中介及保管费用,过高的中介费和财产保管费将构成对储蓄者和债务人的双重盘剥,是"通货膨胀税"的最重要组成部分。[②] 并且央行的高额财产保管费用是对财富创造欲望最强有力的打击,从而可以有力地阻止财产的形成。但是另一方面,如果央行收取的中介及财产保管费用过低,则可能造成由于对央行货币这种财产保管方式的需求过高,从而超过央行的货币提供能力,即凯恩斯所说的"流动性陷阱"。

直接持有央行货币的储蓄者并不享受租金,可以理解为这部分本应属于储蓄者的租金被其得到的便利而支付的中介费和财产保管费用所抵消。储蓄者只有将这种凭证转借出去,才可以得到额外的补偿。这种额外的补偿与商业银行所获得的息差均来自货币生产性使用者(即投资者)所新创造的价值,是对货币产出的分享。

资本依其产出能力与其他生产要素(如土地、劳动力等)共同参与生产,并依其稀缺性参与分配。储蓄货币的行为是一种资本的闲置行为[③],故而储蓄经货币再次转化为资本时,资本的初始分配成果需要在储蓄者、货币容器提供者和债务人(负债的投资者)之间依各自的稀缺性进行二次分配,形成债务人利息。在债务人支付的租金总量之下,储蓄者与货币容器提供者之间的分配关系(总利息分解为储蓄者利息和保管费、中介费)必然同样是依各自的稀缺性确立。

---

① 正如熊彼特所说:"利息是现在购买力对未来购买力的一种贴水……对现在一百马克的估价要更高于对未来一百马克的估价,这是不需要解释的;在这些场合,利息可能存在,那也是不言自明的。"(约瑟夫·熊彼特:《经济发展理论》,商务印书馆 1990 年版,第 180 页。)显然,利息是货币购买力下降的原因;利率上升是货币购买力加速下降的原因,而不应作为结果。以提高利率应对货币购买力下降,无异于抱薪救火,必然形成恶性循环。

② 见本章第四节"货币非中性"中"货币无用论的完美故事"。瑞典经济学家维克塞尔的学生林达尔注意到了存款利息率和放款利息率的差别,但是他认为,"如果放款利息率和存款利息率之间有很大的差异,这必定会促使人们直接磋商借贷,不通过银行作为媒介。尽管风险较大,但资本所能获得的净收入较多。但是,这个问题不在我们研究范围之内,它似乎和物价水平高度这一问题没有直接的关系"。(林达尔:《货币和资本理论的研究》,商务印书馆 1963 年版,第 161 页。)于是,这个问题便这样轻松地被均衡掉了。

③ 从储蓄者的微观角度,这是一种资本闲置;从宏观角度,资本一边经债务性货币需求重启,一边形成货币闲置。

与各要素提供者、储蓄者、债务人相比,货币容器的提供者是最集中的,因此也是最容易形成垄断的。[①] 但这种垄断者仍旧只是作为市场经济主体之一,只能按照市场经济法则运转。并且,集中并不等同于唯一,在市场经济条件下,作为这种"集中"内部一分子的中央银行或政府并不存在独立于市场、违背市场经济规律、使货币容器的供应完全外生于市场的能力。

此外,央行无法对现金持有者征收高于货币租金的中介费及财产保管费(现金无法负利率),但是随着人类财富的积累,现金保管越发不便,导致存款货币银行财产保管费用占总租金的比例不断走高,一些地区出现零利率,个别地区甚至出现负利率这种保管和中介费用超过总利息的现象。

众所周知,不易变质、易于保存、便于携带是货币最基本的属性,而欧文·费雪恰恰以两种不具备这样属性的商品——"硬面包"和"无花果"——为例,放置于一个非生产性的环境之下,说明货币如果失去了生产性且极易变质,从而保管成本过高,零利率,甚至负利率便是可能的。[②] 尽管现实生活中我们不可能用无花果或硬面包作为货币,但是随着人类财富的不断增长,纸币的保管费用及便携性却也不得不逐渐进入人们的考虑范围。于是自我保管货币的费用水平(零债权人利息)对应最低利息的历史,将面临被突破的可能。而如果将纸币委托存款货币银行保管,储蓄者所应得的租金不足以弥补保管费用,从而出现负利率,也并不是一件完全不能理解的事情。

货币的时间价值

货币的生产性使用者创造产出的普遍性,货币不足之下,资本等生产要素闲置的必然性和生产要素闲置的低产出甚至零产出共同决定了货币存在时间

---

① "那种以所谓国家银行为中心,并且有大的货币贷放者和高利贷者围绕在国家银行周围的信用制度,就是一个巨大的集中,并且它给予这个寄生者阶级一种神话般的权力,使他们不仅能周期地消灭一部分产业资本家,而且能用一种非常危险的方法来干涉现实生产——而这伙匪帮既不懂生产,又同生产没有关系。"[马克思:《资本论》(第三卷),人民出版社 2004 年版,第 618 页。]

② 参见欧文·费雪:《利息理论》,商务印书馆 2013 年版,第 163—168 页。

价值。货币的租金正是对货币产出品分配的权利。[①]

《新约·马太福音》中有这样一则寓言故事,被美国科学史研究者罗伯特·莫顿称为"马太效应":

> 一个国王要出门远行,将自己的仆人叫来,把财产托付给他们。他按照他们各人的才干,一个给了五千块金币,一个给了两千,一个给了一千,然后动身走了。那领五千块金币的,立刻出去做生意,另外赚了五千。同样,那领两千块金币的,另外也赚了两千。可是那领一千块金币的,出去,在地上挖了一个洞,把国王的钱埋起来。过了许久,国王回来,跟他们结账。那领五千块金币的进来,带来了另外的五千,说:"主人,你给我五千块金币,你看,我另外赚了五千。"国王说:"很好,你这又好又可靠的仆人!你在小数目上可靠,我要委托你经管大数目。进来跟你的主人同享喜乐吧!"那领两千块金币的进来,说:"主人,你给我两千块金币,你看,我另外赚了两千。"国王说:"很好,你这又好又可靠的仆人,你在小数目上可靠,我要委托你经管大数目。进来跟你的主人同享喜乐吧!"这时候,那领一千块金币的仆人也进来,说:"主人,我知道你是一个严厉的人,你在没有栽种的地方也要收割、没有撒种的地方也要收获。我心里害怕,所以把你的钱埋在地下。请看,你的钱就在这里。"国王说:"你这又坏又懒的仆人!既然你知道我在没有栽种的地方也要收割、没有撒种的地方也要收获,你就该把我的钱存入银行,等我回来的时候,可以连本带利一起收回。夺过他这一千来,给那有一万的!因为那已经有的,要给他更多,让他丰富有余;

---

① 尽管从现实的观察中,这一点是显而易见的,亚当·斯密看到了这一现实:"使用货币所获较多的地方,通常对于货币使用权,皆支给多额的报酬;在使用货币所获较少的地方,通常对于货币使用权,亦支给少额的报酬。这很可说是一个公例。"但丝毫也不影响古典学派使用他们所最擅长的"均衡大法",本末倒置地得出如下结论:"我们由此确信:一国普通市场利息率变动了,资本的普通利润亦不得不相应而一同变动。利息率下落,利润亦随而下落;利息率上腾,利润亦随而上腾。"[亚当·斯密:《国富论》(上),郭大力、王亚南译,译林出版社 2011 年版,第 77—78 页。]

而那没有的,连他所有的一点点也要夺走。至于这个无用的仆人,把他赶到外面的黑暗里去,任由他在黑暗里切齿痛哭!”[①]

显然,同样的货币对这三个仆人而言,时间价值是不同的。对一个把货币埋在地里的仆人来说,这个世界上的货币永远不可能“均衡”,他所持有的货币占总货币量的比例一定是飞速下降的。

细分不同货币使用者的使用方式不同,进而产出是不同的。对于低产出的货币使用者而言,外部货币流通总量永远处于一种膨胀的过程之中,它们总是无情地不停稀释自己手中货币的购买力份额,使自己手中的货币相对于稀缺资源出现一个自然贬值率[②]。产生这一自然贬值率的原因,正是在于货币的产出(使得稀缺商品更加稀缺),而不是所谓的“货币超发”。相对于这个自然贬值率,以利息的方式予以补偿是完全合理的。但这也存在另一个问题,就是对持有现金的仆人而言,由于得不到这种补偿,这种补偿越高,他的机会成本就越大,损失也就越大。而对于货币的高产出使用者,外部永远是一个通缩的世界。如果以每个货币使用者的不同产出为依据,货币就无法有一个统一的时间价值。故而货币的时间价值同价值一样,只能定义在人类社会整体的水平之上。

从马太效应的寓言中我们可以看到,首先,利率并不是越低越好。过低的利率会造成货币闲置的成本过低,以及货币低效率的占用。这就使得第三个仆人免遭惩罚,这是对货币闲置的一种鼓励。适当的利率可以促进使用者竞争,避免闲置,用市场化的手段,将货币配置于高效率的使用者手中,从而提升货币整体的时间价值。

但利率更不可以过高。高利率会使受到惩罚的仆人过多。利率越高,对货币的生产性使用的打击便会越大[③],这会显著降低货币生产性使用的积极性,进而降低社会整体的货币的时间价值。

根据货币不同使用者产出的不同,他们所能接受的利率也是不同的。所有货币使用者可以接受的利率是一个分布。利率越高,货币的生产性使用成本就

---

① 《新约·马太福音》。

② 人们总是习惯将自己手中的货币与最稀缺的资源进行比较,而不是与产出最高的商品进行比较。

③ 即凯恩斯所说的“投资诱导不足”。

越高，需求就越小，带来的产出和就业也就越少。货币租金过高，会打击债务人举债意愿，使货币的生产性需求望而却步，安全债务人会因此放弃举债。一方面可能因缺少货币投放对象而减少货币供应，造成储蓄闲置、通货紧缩、就业及产出下降；另一方面则可能向非安全债务人、非生产性的货币使用者投放货币，酿成金融风险。

声称高利率可以抑制物价，是完全错误的。其目的无非就是加重对实体经济的盘剥。物价是由供需决定的，利率提高对民众消费还是储蓄的影响是不确定的[①]，但利率提高对成本的上升和对供给的打击却是确定的。这种提高生产成本、阻碍扩大再生产的行为，不仅不可能降低物价，反而只会推高物价[②]，而高物价必然推高货币需求[③]，在经济学“抑制通货膨胀”理论的指导下，这就为进一步减少货币、推高利率提供了完美的借口。由于这种利率的循环上升是由商品的稀缺性（超过货币）拉动的，因而货币供需的矛盾导致货币租金上涨的同时，商品比货币更稀缺，货币相对于商品价格下跌；反之亦然。在市场经济之下，这种所谓背离才是正常现象，并不存在什么“悖论”。[④] 正是由于货币是非中性的，低利率、宽松的货币所带来的高产出，会使货币相对于商品更稀缺；相反，高利率、紧缩的货币所带来的低产出，会使商品相对于货币更稀缺。这不是通过偷换概念的手段、把通货紧缩引发的物价上涨称为“通货膨胀”就可以解决的

---

① “由于个人储蓄通常构成社会总储蓄的主要部分，故以它为代表加以说明。作用有正、反两个方面：储蓄总额相对于利率的提高，可以是增加，也可以是减少；储蓄总额相对于利率的下降，可以是减少，也可以是增加。一般将储蓄随利率提高而增加的现象称为利率对储蓄的替代效应；将储蓄随利率提高而降低的现象称为利率对储蓄的收入效应。替代效应表示人们在利率水平提高的情况下，愿意增加未来消费——储蓄——来替代当前消费。这一效应反映了人们有较强的增加利息收入从而增加财富积累的偏好。收入效应表示人们在利率水平提高时，希望增加现期消费，从而减少储蓄。这一效应则反映了人们在收入水平由于利率提高而提高时，希望进一步改善生活水准的偏好。

“一般来说，一个社会中总体上的储蓄利率弹性究竟是大还是小，最终取决于上述方向相反的两种作用相互抵消的结果。由于相互抵消，尽管利率的收入效应与替代效应分别来看都很强，但利率的弹性却有可能很低。至于储蓄的利率弹性的方向——正或负，显然也取决于收入效应与替代效应的对比结果。”（黄达主编：《货币银行学》，中国人民大学出版社 2000 年版，第 104－105 页。）

② 那种降低投资可以降低物价的逻辑在这里就不再评论了。

③ “假设商品量已定，流通货币量就随着商品价格的波动而增减。流通货币量之所以增减，是因为商品的价格总额随着商品价格的变动而增减。”［马克思：《资本论》（第一卷），人民出版社 2004 年版，第 141 页。］

④ 详见下一单元“吉布森悖论”内容。

事情。

此外,投机者不仅远比消费者和投资者对高利率有着更高的耐受性,而且可以借此兴风作浪。但投机是没有产出的,这种货币使用方式不会带来价值。因此,以人为多创造一种资源的瓶颈去抑制其他资源的紧缺,无异于缘木求鱼。过高的利率并不能降低物价,但会降低市场的效率,从而降低产出,也就是降低货币的时间价值。随着经济效率的不断下降,经济终究是会崩溃的,经济崩溃了,物价也就下来了。也就是说,以提高利息、增加生产成本、降低经济社会的效率作为降低物价的手段,必然是以市场的崩溃为前提的。

同理,宣扬低利率会造成物价上涨也同样是谎言。金融资本家们出于自身利益,会以低利率诱发生产性货币需求,这种货币投放必然带来社会产出的增加和经济的繁荣。然后以"抑制通货膨胀"为借口,迅速提高利率,恨不得将创造的这些社会财富——这些货币的时间价值——全部收入囊中,甚至借机实现对产业资本及劳动者的洗劫。这才是资本主义周期性经济危机的根源所在。但是,如果他们不采取这样的政策,却又会陷入另一种尴尬境地:

> 从 2001 年初开始,曾连续七次降息。"9·11"事件之后,我们又四次降低联邦利率,接着在 2002 年,再度遭遇众多公司丑闻。到当年 10 月,联邦利率低至 1.25%,要放在 10 年前,我们会认为这是其低无比的利率水平 。(确实,自德怀特·艾森豪威尔时代以来,还未有过如此低的利率。)经济官员们终其整个职业生涯都在控制通货膨胀,我们却发现自己在出台这些减息政策时出奇地果断。不过,很显然经济一直处于反通胀状态,各大市场力量共同压住工资和物价,导致通货膨胀预期下降,于是长期利率随之下降。
>
> 所以眼下没有通胀问题。2000 年至 2003 年间,长期利率继续下跌——10 年期国债利率从近 7%降到不足 3.5%。显然,最终解释已经远远超出美国海岸,因为全世界的长期利率都在下行。全球化正在发挥着反通胀的影响。
>
> 我们把那个大问题放置一旁,着力解决美联储眼下遇到的难

题：经济萎靡不振。联邦公开市场委员会研究后认为，涨价不会马上带来威胁，因此我们可以灵活地降低短期利率。

然而，到了2003年，经济恐慌和反通胀状态持续过久，美联储不得不考虑到如下的怪异风险：价格持续下跌，通货紧缩。美国经济有可能螺旋式下跌，从此一蹶不振，就像日本经济长达13年未见起色一样。我发现这个问题非常令人不安。在现代经济中，久治不愈之病是通货膨胀，通货紧缩则极为罕见。毕竟美国不再采用金本位，我无法想象法币也会产生通货紧缩。我一直认为，如果有通货紧缩的苗头出现，我们开动印钞机，发行大量美元，就能令通货紧缩难以为继。现在，我可不再这么肯定了。可以说，日本打开货币水龙头，利率降到零，并且启动巨额预算赤字，物价却继续下跌。日本似乎无力摆脱通货紧缩的魔爪，一定非常害怕遭遇自20世纪30年代以来从未见过的跌跌不休。[①]

看来格林斯潘确实感到费解了。因为货币中性是他们的信仰。他们永远不能承认，货币是有产出的。较低的利率水平降低了那些从事制造业的国家的产出成本，使它们摆脱了那些高利贷者的强取豪夺之后，刺激了产出的积极性。正是这些产出创造了新的货币需求，降低了物价。结果是低利率和充足的货币供应之下，资产阶级经济学家所妖魔化的“通货膨胀”反而越低，这从根本上否定了他们用来反复污染经济学的货币中性及基于货币数量论的通货膨胀理论，再次验证了当货币被用来形成有用资本时，通货膨胀会自行消失，因为到适当时候，新资本源源不断地生产出消费品，这些消费品不但会制止物价上涨，甚至会使物价下跌。此时只有在扩大货币供给的同时刺激消费，才能抵消生产性货币需求对物价的冲击。

对于类似的现象，凯恩斯也有相同的疑惑。尽管凯恩斯已经认识到货币非中性，但是出于历史的局限性，以及受古典经济学均衡假设根深蒂固的影响，凯恩斯的理论还是过于静态，大大低估了货币的产出性，即货币创造自身需求的

---

① 《格林斯潘回忆录》。

能力。[1] 故而凯恩斯的理论不能解释美联储近几十年的实践中格林斯潘的困惑:为什么纸币工厂(中央银行)已经可以大量生产法币并且将利率长期维持在低位,会带来通货紧缩?事实上,由于货币时间价值来自货币的产出,故而它的初始形态是商品而不是货币。也就是说,货币的时间价值越高,来自商品的货币化需求便越大。尽管不能绝对地认为,利率越低,货币的产出便越高,利率越高,货币的产出便越低,但是由于低利率对产出的推动作用以及高利率对产出的抑制作用,在大多数情况下,这种规律是客观存在的。于是,源源不断的低利率的货币供应,引发的是更加汹涌澎湃的货币需求。

吉布森悖论

> 发现印度后利率为何下降一半?
>
> 印加·加尔西拉索(西班牙语编年史作者)说,西班牙征服西印度后,利率从百分之十下降为百分之五[博杜安(Beaudouin):《西印度西班牙人内战史》(1706 年法译本),第一章第六节,第 20—21 页]。这是理所当然的事。大量白银突然运到欧洲,需要白银的人立即减少,各种物品的价格上涨,白银的价格下跌。原有的比例被打破,旧债被废除。[2]

利息是货币的租金,它与货币的购买力是货币分别在出租和出售两个不同市场上的价格。这难免让那些坚定地认为市场永远有效的古典经济学家们产生二者应当同向变动的认知。[3]"币重而万物轻,币轻而万物重",白银突然增多,静态地看,暂时改变了白银与各种物品的相对稀缺性,从而出现兑换比例的下降;同时由于货币多了,作为货币租金的利率也出现明显的下降。美洲大陆被发现后,大量白银运往欧洲的案例,证明现实中确实存在利率与物价反向变动

① 不能彻底抛弃古典经济学的均衡理论,就不可能真正接受货币非中性。

② 孟德斯鸠:《论法的精神》(上卷),商务印书馆 2012 年版,第 461 页。这里所说的"西印度"指美洲。

③ 即利率与物价反向变动。然而事实上,出租与出售价格背离的现象,在许多产品上均有发生。最典型的就是房屋市场,买房的人多了,租房的人便少了,房价上涨的同时,房租却是下降的。这些现象是符合市场规律的。

的情况。信奉货币数量论的古典经济学家们就此制定出了通货膨胀的标准模板。以货币中性论和充分就业(均衡论)为基础假设的货币数量论,必然地把这一偶发现象看作常态。[①] 这一逻辑在亨利·桑顿手中发展为货币数量论的一个间接机制。[②]

然而英国经济学家、历史上英国银行学派[③]的主要代表人物托马斯·图克在对通货和价格史深入研究后却发现,现实经济中,市场利息率和物价水平是正相关的,即利率下降往往是伴随着传统经济学家们所定义的"通货紧缩"而发生的;相反,利率上升恰恰与购买力下降,即他们所定义的"通货膨胀"同在。凯恩斯在《货币论》中称这一现象为"吉布森悖论"。[④] 马克·布劳格认为:"桑顿在1803年已认为,银行信用的扩大只有通过银行贷款率以及货币利息率的下降才能有影响。只要信用的增加停止,价格就停止上升,利息率就会返回到它先前由真实资本的不变的报酬率决定的均衡水平。按这种观点,人们可能会期望利息率和一般价格水平呈相反方向移动。但是,托马斯·图克,1838—1857年间以连续卷出版的有影响的《价格史》(*History of Price*)作者,对李嘉图货币理论作出了最初的批评。他认为恰恰相反,市场利息率和价格水平是正相关的。这个发现在后来得到证实,被凯恩斯在《论货币》(1930)中称为'吉布森悖

---

① "众所周知,低利息是说明一个国家繁荣状态的最可靠的标志,这是完全正当的意见;不过,在我看来,其原因却与一般人所理解的有些不同。低利息一般都归因于货币量的增多。然而不论货币怎么增多,除了使劳动(产品)价格上升(如货币量一旦确定下来),绝不会产生别的影响。"(大卫·休谟:《论利息》——《休谟经济论文选》,商务印书馆1984年版,第44页。)

② 休谟的货币数量决定物价的货币数量论,被称为"直接机制"。"间接机制首先由亨利·桑顿在他的《大不列颠纸币信用的性质》(*Nature of the Paper Credit of Great Britain*,1802)中论述,这个论述货币理论的最伟大的专门著作产生于古典时期,其后由李嘉图和穆勒逐字逐句接受下来。"(马克·布劳格:《经济理论的回顾》,姚开建译校,中国人民大学出版社2009年版,第123页。)

③ "银行学派是19世纪中叶与通货学派相对立的英国资产阶级货币金融学派和理论。银行学派的代表人物有图克、富拉顿和威尔逊等。银行学派认为,银行券是适应工商业者对信用的需要而发行出去的,若市场不需要时,就会流回银行。因此,银行不可能随意增加银行券的发行。他们反对通货学派的全额黄金准备制度及政策主张,强调银行券的发行要适应经济发展的需要而伸缩。"——摘自百度词条

④ "在过去几年内,吉布森先生发表了一系列的文章(大半发表在《银行家杂志》上)。其中强调指出:在一百多年的时期内,利息率(按统一公债的收益计算)和物价水平(按批发物价指数计算)之间具有非常密切的相关联系…… E. G. 皮克先生在《银行家杂志》1928年5月号第720页上发表了一篇文章,所用的统计数字和吉布森先生的不同,却强有力地证实了后者所得到的结果。这篇文章说明,长期利息率的相关程度比短期的高。"[凯恩斯:《货币论》(下卷),商务印书馆1986年版,第183—187页。]

论’。”[1]

事实上,人类社会通过征服金银矿产区而导致货币数量突增的“通货膨胀”,从而可以导致物价上涨的现象是极为罕见的。这种货币数量偶发性的迅速的“外生”变化所带来的所谓“货币中性”的状态,是基于超静态模式下,不给市场留有任何自我调节时间的结果。这是自称崇尚“长期”和“市场万能”的古典经济学家们最擅长的手段。然而现实之中,这种币材突然增加的情况并不多见,且其推高物价的效果不能持久,市场会通过部分白银货币属性的退出、部分被贮藏和货币的产出性来自发进行调节。

在不考虑货币中介干扰的情况下,物价与利率同向变动本就是一种极为正常的现象。物价的上涨(货币价格下降),是债权性货币需求不足在货币买卖市场(商品市场)中的极为正常的表现(在这个市场中,它是货币的需求方);利率上涨,是债权性货币需求不足在货币出租市场中极为正常的表现(在这个市场中,它是货币的出租方)。反观之,债务性货币需求是货币出租市场的货币需求,是商品市场的商品需求(货币供给)。故而,债务性货币需求高涨,必然同时推高货币的租金和商品价格;债务性货币需求低迷时,则恰好相反。诚然,低利率带来的繁荣在导致物价上涨压力的同时推高了利率,为货币的出租者带来分享更高经济成果的机会,但由于货币是有产出的,当货币产出到来时,既缓解了物价上升的压力,又增加了储蓄,使利率无法过度上涨。这正是市场的自我调节机制在起作用。令人遗憾的是,自我标榜崇尚自由市场经济的西方经济学家对此一无所知,每每主张以计划的方式强行干扰。[2]

市场这种固有的特性会在货币政策的干扰下不断强化和恶化。特别是如果把物价上涨作为违背市场规律强行提高中介费的借口,则是对货币生产性使用者的一种掠夺,既提高了生产者的成本,又抑制了产出,从而形成不断推高物价的恶性循环。直至阻断市场的正常运转,它所引发的价格下降是以经济崩溃为代价的。相反,充足的货币供给所带来的利率下降对产出的刺激会起到抑制

---

① 马克·布劳格:《经济理论的回顾》,姚开建译校,中国人民大学出版社 2009 年版,第 496 页。

② 经济繁荣不需要政府和央行干预;经济危机才需要。而古典经济学家们的理解恰好相反。

物价的作用。于是我们也就不难理解，为什么货币中介提高利率可以完美地打造传统经济学家们口中的“通货膨胀”；不断减息却造成了格林斯潘所说的“反通胀状态”。自2008年美国次贷危机以来，西方发达国家源源不断地推出量化宽松政策所导致的持续的低物价，进一步验证了格林斯潘的这个判断。而20世纪60年代末到80年代所谓“滞胀”的事实也证明了，即便是在萧条期，只要勇于大幅提高利率，达到推高物价的目的，也是完全没有困难的。

经济现实中，这种被凯恩斯称为“吉布森悖论”的普遍现象证明，高利率对产出的打击远高于对消费的抑制，它为货币非中性提供了事实的佐证。同时也是对传统经济学形形色色所谓货币均衡理论的驳斥。而反复地、精准地在时点和时长两个角度上的合拍，也使得所谓“时滞”的谎言越来越无法掩盖事实的真相。大量事实已经证明，当年欧文·费雪的辩解是苍白无力的[①]，而货币中性论者的那种认为低利率会刺激投资，故而会导致商品“价格将不断地涨了再涨”的静态思维下的变化推演[②]，更是已经越发没有参考价值。

马克·布劳格认为：“考虑到维克塞尔的著作，凯恩斯《通论》中论‘古典利息率理论’的章节完全建立在马歇尔和庇古的基础之上是令人惊讶的，他们都

---

① 欧文·费雪在不得不承认物价与利率同向这一事实的同时，仍旧坚持“事实上，任何时候利率的任意提高确有压低一般商品价格水平的倾向，而利率的压低有提高价格的倾向。这是已经十分确定的事实，各中央银行也据以制定它们的银行与信用政策。利率变动对物价与商业活动的影响也被商情预测机构用来预测最近将来的商业与物价动态。利率随价格变动的事实，在长期与循环期的大多数情形下，与下述另一事实是没有矛盾的，即利率的每次涨跌都引起价格的相反变动。在一定限度内，利率下跌可以而且往往几乎是促使物价即刻上涨、商业活动即刻增加。这种影响可以延续好几个月，一直到上涨的物价又占取了优势，从而再度提高利率为止。在利率是因、物价变动是果的情形下两者的一致，与在物价变动是因、利息变动是果的情形下发生的一致是正相反的。”(欧文·费雪：《利息理论》，商务印书馆2013年版，第393—394页。)

② “利率的降低即使是偶然的、暂时的，也将促使价格作确定的上涨，不论其涨势大小，即使在利率回复到原来价值以后，仍将作为一个长久的特点持续下去。如果利率停留在低水平上，继续到一个相当时期，其对于价格的影响必然是累积性的；那就是说，在均一的时间间歇、在完全相同的情况下，这种影响将反复地继续下去。生产者对原料、工资、租金等将增加支出，但对于他自己的产品也将获得相应的较高价格。这时他的情况与价格未上涨以前完全相同，因此对于所需要的贷款，他能够按以前同样的利率支付。但是如果信用机构继续推行较低利率，他对于原料、劳动力和土地，就能够出比以前稍高的代价，而在若干程度上竞争也迫使他这样做。结果工人和地主的要求提高，这将使消费品的价格进一步上涨，如此价格将不断地涨了再涨……我们得出的结论是：只要市场情况没有变动，信用机构所布置的利率，其任何恒久性的降落，不论怎样微细，将促使一般价格水平在一个持续的、带几分均一的情况下，上涨到无限制程度。同样地，当利率上涨时，不论怎样微细，若持续到足够长久，将促使一切货物和劳务的价格不断地、无限制地下降。”(维克塞尔：《利息与价格》，商务印书馆1959年版，第91—96页。)

相对很少注意利息率和价格运动之间的相互关系。维克塞尔的理论的确出现在马歇尔组织得较为粗糙的著作《货币、信用和商业》(*Money*, *Credit and Commerce*, 1923)中,但只是以在J. S.穆勒著作中曾见到的那种形式;而穆勒又是从桑顿那里学来的。但是,维克塞尔是穆勒之后第一个系统揭示了桑顿观点本质的学者。"[①]但瑞典经济学家甘纳·米尔达尔却认为,维克塞尔基于所谓"自然利息率"的理论,只不过是对其老师庞巴维克理论的继承。[②] 并且维克塞尔对古典经济学的货币数量论更是全力维护。尽管他也提出传统货币数量论的一些假设与现实不符,但他并没有,甚至没有试图对这一理论有所突破。他说:"我们对数量论加以批驳,这样做比提出一套更加好的、更加正确的理论来代替它要容易得多。到目前为止,在这方面每一次的尝试都失败了,或者更恰当地说,几乎并没有作过一次认真的尝试……"[③]接下来,他对货币数量论的一些反对者逐一批驳,并得出这样的结论:"这些意见没有什么成就;数量论还是不能被抛弃在脑后的。上面的例证说明,这些意见陷入了甚至更加不完全的和绝对难以维持的概念,或已陷入了半神秘的臆测中的危险。无论如何,比较地说,到目前为止对于一般价格水平的动荡所提出的所有各种解释方法中,数量论还是最适当的;实际上它是唯一能够在若干程度上试图作出合理解释的。"[④]于是,在货币数量论的这个大逻辑之下,货币对于这个零摩擦的、已经自然均衡的世界,其作用自然仍旧只能是影响价格。

凯恩斯在《货币论》中,对自然利率的概念是反复提及并极为借重的,并自诩发展了这一理论。但是到了《通论》时期,凯恩斯已经认识到,这是一个没有什么用处的概念,他解释道:

> 我在《货币论》中,把我认为的唯一利息率称为自然利率(the natural rate of interest)。所谓自然利率,是使一个时期中的储蓄量(按照我在那本书中的定义)与投资量保持相当的利率。我相

① 马克·布劳格:《经济理论的回顾》,姚开建译校,中国人民大学出版社2009年版,第496页。

② 参见米尔达尔:《货币均衡论》。

③ 维克塞尔:《利息与价格》,商务印书馆1959年版,第42页。

④ 维克塞尔:《利息与价格》,商务印书馆1959年版,第49页。

信，这是在维克塞尔的“自然利率”的基础上又向前发展了一步，把他的概念更加明确了。按照维克塞尔的定义，他的所谓“自然利率”是使某种物价水平保持稳定的利息率，但到底是哪一种物价水平，他没有明确规定。

但在当时我忽视了这样一个事实：按照这个定义，在一个特定的社会中，每一个假定的就业水平都有一个不同的自然利率与之对应。同样，有一个利息率，就有一个就业水平与之对应。对于该就业水平而言，这个利息率就是自然利率。意思是说，在该利息率和该就业水平下，经济体制会处于均衡状态。这样，说只有一个自然利率，或者说从以上定义中，不管就业水平如何，只能得出一个利息率，都是错误的。在当时，我还不甚了解，在某种条件下，经济体制可以在达到充分就业前就能达到均衡。

我现在不再认为自然利率这个概念非常有前途，我觉得这个概念对于我们的分析没有多大用处，也没有什么重要性。自然利率只是一个维持现状的利息率，一般来说，我们对维持现状本身没有什么特殊的兴趣。

如果存在这样一个利息率，它堪称唯一的、重要的利息率，那么我们就可以把它称为中立利率(neutral rate of interest)。所谓的中立利率是指，假如经济体制中其他条件不变，就会在一系列的自然利率中，出现一个与充分就业一致的自然利率，这个利息率就是中立利率。对这种利息率也许称为最佳利率较为合适。

如果按照更为严格的定义，所谓中立利率，就是某一种均衡状态下的利息率，在该均衡状态下，产量与就业量所达到的水平使整个经济体制的就业弹性为零。①

这标志着凯恩斯为所谓“均衡”理论以及货币政策目标制定了新的标准，从而抛弃了古典经济学以货币数量论为基础的利率物价理论。

---

① 凯恩斯：《就业、利息和货币通论》，宋韵声译，华夏出版社 2005 年版，第 186—187 页。

第七节 货币的内生性

货币供给是外生变量,还是内生变量?这是一种计量经济学语言。

如果说是外生变量,则意味着货币供给这个变量并不是由经济因素,如收入、储蓄、投资、消费、闲置等因素决定的,而是由货币当局的货币政策决定的。如果说是内生变量,就是说,货币供给的变动,货币当局是决定不了的。起决定作用的是经济体系中实际变量以及微观主体的经济行为等因素。并且计量经济学认为,一个变量在一个理论模型中不能既作为内生变量,又作为外生变量。

如果放到我们的理论体系中,我们把货币比喻为一个装满水的瓶子。货币内生论看到的是一瓶水;外生论看到的只是一只瓶子,并且只是央行提供的瓶子。

我们知道,商品货币体系中,货币数量受限于适合充当一般等价物的商品的数量,凯恩斯甚至形容货币像天上的月亮一样可望而不可即;信用货币体系下,货币数量由储蓄、债务人和中介平台,三者共同决定,缺一不可。仅凭央行货币政策是无法操控货币的。即使是与政府合作,由于政府特殊承债能力所决定的安全债务人的地位可以使信用货币成为一种公共物品,政府的确对提供充足的货币有着不可推卸的责任,但政府对货币等公共物品的供应能力仍旧无法超出市场规则所限定的范围。政府如果不愿意举债,就无法增加国民财富,但政府如果过度举债,就会使自己的信用下降。政府信用本身就是一种财富,信用下降代表着财富的灭失。

公共物品是政府按照市场经济规律,以市场经济主体的身份[①]参与市场经济活动的最重要的方式,但政府从来不可能随心所欲地决定公共物品的数量。因而政府对货币的支撑不能仅仅依靠举债,还需要经营,在消费性支出包括无偿提供的公共物品消费方面,只能量力而行。经营的目的就是提高政府的信用能力。从货币的角度,政府举债是一种货币投放,还债是一种货币回笼。这就

① 作为市场经济主体,身份只允许有两个:一个是买家,另一个是卖家。

要求政府有能力逆经济周期而动，不仅具备货币投放的(举债)能力，而且有能力随时提供货币回笼的手段。政府举债不能完全用于福利及消费性支出，需要一定比例分布于投资与储备。投资是有回报的(无偿提供的公共物品应列为消费而不是投资)，储备可以用于清偿债务。储备是一种闲置，政府用于保证自身债务偿付能力的这种闲置，是一种必要闲置，它与货币投放相结合时，就是一般等价物。它与民间囤积所不同的是，它并不追求利益最大化，因而自身可以逆周期而动。但它并不能改变交易对手的行为，所以仍旧必须遵照市场规则。

信用货币体系下，中央银行的央行货币是中央银行以政府债券为储备对外承担的债务，商业银行的存款货币是商业银行以央行货币为储备对外承担的债务。毫无疑问，中央银行作为央行货币的投放者和商业银行信贷政策的制定者，对货币供给必然具有一定影响力。但央行的影响力也不是绝对的。其一，社会储蓄不足时，央行和政府都无能为力；社会储蓄意愿强烈时，央行会被倒逼投放货币。其二，债务性货币需求不足时，央行货币无法投放；债务性货币需求充足时，市场会自发形成央行货币的替代品，并倒逼央行货币投放。其三，央行和商业银行都不能超过储备物或抵押物保障的自身信用能力投放货币。其四，央行只能影响而不能决定商业银行的行为。其五，货币的结构——贮藏性货币和交易性货币的比例——对货币供给效果的影响不是货币当局可以左右的。总之，尽管货币当局的确可以通过向市场投放自身信用的方式实现货币供给，但对货币数量形成影响的绝非中央银行一家，中央银行甚至无法形成绝对垄断。央行或政府只能以市场经济主体的身份，在遵循市场法则的前提下，完成货币投放。这一过程必然受到收入、储蓄、投资、消费、闲置等诸多因素的影响。货币当局对货币供给的垄断性只能体现在货币的债权和债务性需求皆极为充沛之时。此时货币容器的供应不足可以使金融资本通过这种垄断获取自身利益的最大化，但这种对价格(货币租金)的操纵，基于的是储蓄与债务性货币需求的闲置，故而这种垄断必须首先制造这种闲置，这就仍需要遵循市场法则：在市场经济之下，即使是最强势的经济主体，价格与交易量，二者最多只能决定其一。无论是买方还是卖方，如果想作为价格的决定者，成交数量就只能交由市场决定；相反，如果想作为成交数量的决定者，价格就只能交由市场决定。本书作者将这一市场法则用自己的网名命名为"有智思有财不可能三角"。这一法则广泛地存在于一切商品买卖和出租的交易之中，其中价格既可以是买卖价格，也可以是租金。所谓"蒙代尔不可能三角"（也称克鲁格曼不可能三角、三元悖论），只不过是这一法则在货币这一特殊商品上的应用。它说明，货币当局并不存在超越于市场规则之外的能力，自然也就不存在市场外生变量之说。

央行为什么不可能真的坐在直升机上撒钱？

传统经济学思维在反驳货币非中性时，最喜欢提出的一个反问就是，如果货币是非中性的，那么打开印钞机不就可以增加财富吗？迷信央行货币政策的学者也认为，央行可以坐在直升机上撒钱。

我们在之前的章节中已经论证了在一定条件下，增加货币供应就是增加财富，但是，这恰恰证明了，没有什么人可以随心所欲地增加货币。事实上，尽管货币当局在一定范围内对货币供给的确具有一定影响能力，但货币供给总是要被动地决定于客观经济过程，而货币当局并不总能有效地控制其变动。货币政策的调节作用有着很大的局限性。

中央银行货币投放能力首先必然地受到债权人（储蓄）制约。如果经济体内并不存在足够的储蓄能力，坐在直升机上撒下来的，就仅仅是没有水的空瓶子。我们认为，合理的货币投放是把国民储蓄通过货币向投资融通。其前提条件是具有足够的储蓄，且储蓄者愿意以对中央银行债权的形式保有自身财富。超出储蓄水平的货币投放（超过债权性货币需求）必然威胁债务人的安全性；超过一定程度，就会使储蓄者改变财富保有形式。而作为货币投放最主要的安全债务人的政府，最有把握的事情是将既有储蓄和潜在储蓄变成自己的负债，从而为经济体提供货币。但是，如果政府向经济体提供超出储蓄水平的债务性货币需求，将必然冒着信用受损的风险。在这种情况下，如果政府采用直接与央行交换信用的方式强行向市场投放货币，那么这些货币将被市场强行逼出[①]，从

① 即所谓的"恶性通货膨胀"，实则是货币的有效供给不足。

而无法形成货币的有效供给。这是储蓄不足的经济体经常出现的情况。

除了储蓄不足对货币当局货币供应能力的限制外，安全债务人不足同样会限制央行货币投放能力。金本位之下，货币代表的是黄金和黄金索取权，充足的货币供应受制于黄金储备的数量。信用本位之下，信用货币代表一种债权债务关系。央行货币的有效供给能力既涉及债权人（储蓄者），又涉及债务人的承债能力。如果货币当局没有能力把货币投放（借）给具有足够承债能力的主体，那么即使国民拥有大量储蓄，货币当局具有货币投放意愿，实际上却仍旧没有货币投放能力。

美元本位之下，各国货币代表的是美元索取权。全球充足的货币供应首先受制于美联储的货币投放能力。不发达国家的本币，如果以单纯美元索取权的形式存在，就只能把购买美元作为唯一的货币投放方式。这样的国家，本币随国际资本的流入而增加，美元储备相应增加，往往导致国际短线资本更大规模的流入。然而当国际资本流出时，只能抛出美元储备回笼本币。而随着美元储备的下降，必然导致国际资本甚至本国储蓄的进一步流出。由于没有其他的货币投放方式予以对冲，这部分减少的货币便无法得到补充，必然造成国内严重的通货紧缩。这样的央行连保持自身货币政策独立性都无法做到，坐在直升机上撒钱就更是天方夜谭了。

由于美联储的强势地位，它可以利用全球储蓄投放美元，那么它是否真是拥有了坐在直升机上撒钱的能力了呢？仍旧不是。联储看似可以随心所欲地投放货币，但事实上美联储投放的每一美分都只能是借出来的，而不可能是“撒”出来的。那些举债者，那些债务人，就是美联储货币投放的对象。美联储货币投放同样受制于安全债务人的承债能力和安全债务人的举债意愿。央行的安全是第一位的，如果不能确定债务人的安全性，是不敢妄作最终贷款人的。

当美国政府这个最主要的安全债务人由于过度承债而不得不缩减自己的债务时，储蓄者的储蓄需求便只能由其他债务人满足。

在联邦债务极低的美丽新世界里，美联储将如何运作？在1月末的会议上，我们花很多时间来计议这个问题。不用说，对国家来说无债一身轻,却会陷美联储于尴尬境地。我们货币政策的主要调节手段就是买入或卖出国库券——山姆大叔的债务凭证。可是,债务一减少,国库券也就少了,美联储就需要新资产来影响货币政策。在近一年的时间里,美联储高级经济学家和交易员们一直在探求这样一个问题:我们还有别的什么资产可以买卖吗?[①]

格林斯潘,一个任内督促着美国总统把政府债务削减为零的联储主席,难道真的是在政府债务极低之时,才突然发觉联储失去了有效的货币投放方式吗?而他的另一段对民间债务的精彩论述,则更加值得深思:

1956年3月,《财富》杂志宣称:"消费者短期债务……正趋于历史转折关头……必须自我调整到美国的抵押能力之内,美国的抵押能力并非无止境的。"一个月后,该杂志又说:"同样的一般性意见适用于抵押贷款——但是强烈程度加倍。"该杂志的首席经济学家桑迪·帕克和共同执笔人吉尔·伯克仔细阅读美国家庭欠款的详细数据后,得出上述沉重结论。(数据是我汇编的,当时我是《财富》杂志的顾问。)他们的担心很难说与众不同——很多经济学家和决策人担忧美国家庭的债务/收入比太高了,美国家庭处于拖欠贷款和违约的危险之中。但是,后来表明这是杞人忧天,因为资产和家庭资产净值上升之快,是我们以前所不知道的。

将近50年后的今天,家庭的债务/收入比仍然在上升,批评声仍然不断。事实上,由于家庭和企业债务不断增加所引起的忧虑不安一浪接一浪,我不记得有消停10年之久的时候。这种担心忽视了现代生活的基本事实:在市场经济里,不断上升的债务和进步携手同行。更正式地说,只要劳动分工和专业化作业不断加强,债务相对于收入几乎总会上升,这会提高生产率,而且资产与负债占收入的百分比也随之上升。如此一来,家庭的债务/收入比上升,或者所有非金融债务对GDP的比例上升,其本身并非焦虑的衡量

① 《格林斯潘回忆录》。

标准。[①]

一边是极力主张政府削减债务以至于影响到美联储货币投放，一边却对美国民众大谈“在市场经济里，不断上升的债务和进步携手同行”，难道这样的道理，只适用于民众吗？这是怎样的一种双重标准？我们知道，一个国家金融体系的货币投放是依靠中央银行和各商业银行共同完成的。中央银行是以买入政府债务作为主要货币投放方式的，而商业银行是以某种资产为抵押向家庭和企业贷款，作为主要货币投放方式的。政府由于拥有国家机器，具备税收能力，从而收入最为稳定、承债力极强。相反，作为纳税人的企业和家庭的“抵押能力”却是明显“并非无止境”的，无论最终把哪种抵押品卷入这个货币放大器之中，都难免造成抵押物过度膨胀的结局。但总的来讲，无论是商业银行还是中央银行，甚至是政府，向市场投放的信用越多，所需要的风险准备就越多，所以他们向市场投放货币的能力是由其承债力决定的。其承债力必然受到这个市场各方面经济因素的制约。格林斯潘的理论相当于把“举债”这一经济发展过程中必须完成的艰巨任务，推卸给了商业银行和民众。这肯定是一种不负责任的行为，难免导致金融危机；但换个角度讲，这也构成了对货币外生理论这一另一极端逻辑的巨大讽刺。

货币投放体系中的商业银行

作为信用本位下货币供给主体之一的商业银行（存款货币银行）首先是货币（债务性）需求方，既是中央银行的货币投放对象，又是储蓄者的债务人，然后通过信贷把所举之债（货币）投放出去。在整个过程中，商业银行起到的是一个承上启下的作用，并用货币乘数效应将央行货币量数倍放大。但是，如果没有充足的储蓄或债务人没有足够的承债意愿或能力，这样的货币供给便不是有效供给。因此，安全债务人和储蓄的数量不仅制约着中央银行，也同样制约着商业银行的货币投放能力。

---

① 《格林斯潘回忆录》。

由于商业银行体系及其债务人的信用能力普遍较弱,在商业信贷的过程中,抵押物起着极为关键的作用。并且金融能力越差的国家,对抵押物的依赖便越严重。因此,如果中央银行货币供应不足导致商业银行体系投放需求加大,这个压力最终必然传导给抵押物。当货币需求强劲时,土地作为各国最常用的银行抵押物被大量引入银行体系,并必然推高土地价格,从而引发进一步的闲置性需求及相对应的货币需求。一个国家的货币供应,适度地依赖土地(而不仅仅是外汇)是良性的。但是,当国家货币供应过度依赖土地时,土地价格越高、涨得越快,商业银行的抵押物便越充足,货币投放的冲动便越高涨。结果是土地泡沫无法避免。一旦土地价格出现下跌,整个银行体系就会出现普遍的抵押物贬值。商业信贷能力由此受损。因为越是在通货紧缩的条件下,抵押物贬值就越严重,所以越是需要商业银行大量提供货币的时候,商业银行的货币投放能力往往就会越差。这一切都并不是中央银行或政府可以左右的。当商业银行集体收缩信用时,其货币乘数的收缩所带来的蝴蝶效应是央行货币无力填补的。

总之,由于在日常经济活动中,商业银行所提供的货币索取权被普遍当作货币使用和认同,并且占据了流通中货币量的主要部分,因而不能控制商业银行存款货币,仅控制央行货币发行量是不够的。如果说央行对自身货币投放尚有一定决定权的话,货币政策对商业银行体系所提供的货币索取权影响力就小得多了。任何对央行货币数量的调节,都可能遭到商业银行反向行为的对冲。

贷款、储蓄对货币创造的倒逼

1994 年以前,人民银行对银行系统的再贷款是基础货币供给的主渠道,财政透支也构成基础货币供给的重要部分。当时无论是企业还是政府都存在预算"软约束",在银行体制又不健全的情况下,企业投资和政府支出的扩张造成银行贷款大量增加,形成对中央银行货币投放的倒逼机制。在 1995 年《中国人民银行法》颁布后,财政不能再向中央银行透支,中央银行也加强了再贷款管理。

> 但 1994 年外汇管理体制改革后，由外汇占款形式投放的基础货币大量增加，特别是当国际收支“双顺差”局面形成后，通过外汇占款形式被动投放的基础货币源源不断地增加。面对这个问题，人民银行采取了很多措施收回多投放的货币：先是收回再贷款；后来通过公开市场操作收回流动性；在对冲工具不足的情况下，还通过发行央行票据来对冲外汇占款。尽管如此，由于外汇占款太多，基础货币仍然增长很快。从 2002 年末到 2010 年 9 月末，外汇占款由 2002 年底的 2.21 万亿元增加到 19.5 万亿元，增长了 7.8 倍；外汇占款占基础货币的比例由 49%增长到 121%。受此影响，基础货币也扩大了 2.6 倍。①

这篇文章提出了一个非常有意思的问题，我们之前也曾经讨论过，人们口中的“货币超发”究竟是超什么标准而发？是超货币供给意愿而发，还是超货币需求而发？如果认为是超货币需求而发，那么是超债务性货币需求而发，还是超债权性货币需求而发？

现有信用货币体系下，中央银行所投放的央行货币中的通货和商业银行体系提供的货币索取权形成一个总的货币供给，在储蓄者（债权人）和债务人之间形成融通。因而货币需求包括来自债权和债务两个方向的需求。这两个需求的波动不仅影响着中央银行和商业银行货币的有效投放能力，还会对货币投放数量起到倒逼的效果，这种倒逼，可以理解为货币需求对货币创造（供给）的倒逼。故而既然存在“倒逼”问题，显然不是超货币需求而发，而是超货币供给意愿而发。

《怎样看待部分人士热议的所谓“货币超发”问题》一文中所提到的两种倒逼的状态，前者是债务性货币需求的倒逼，后者是储蓄（债权性货币需求）的倒逼。两者皆倒逼中央银行提供了超过其意愿的货币供给，故而如果以央行货币意愿作为定义货币超发的标准，则这两种情况都应被看作货币超发；如果以储

---

① 《怎样看待部分人士热议的所谓“货币超发”问题》——《金融时报》独家专访中国人民银行研究局局长张健华。

蓄为标准,前者则为货币超发或强迫储蓄;但如果前者以债务性货币需求为标准,后者以储蓄(债权性货币)需求为标准,则两者都不构成货币超发。无论是哪种倒逼,都证明是市场的力量,是货币的需求在发挥作用,货币不是外生的。

我们的货币需求理论,明确了社会产出品货币化的过程是一个债权性货币需求被满足的过程。当这个货币需求被满足后,如果没有沿着交易性货币的路径循环下去,而是形成了贮藏性货币,就会挤占交易性货币需求,从而推高贷款利率。现代储蓄者大多并不是把货币直接埋藏起来,而是存入商业银行,转化为对商业银行的债权,故而此举也压制了存款利率。于是,从两方面刺激了商业银行的积极性。当商业银行接受这笔储蓄的时候,便同时向储蓄者提供了自身的信用,完成货币创造。在利润的驱使之下,商业银行会努力为其寻找匹配的债务性货币需求。在整个过程中,央行货币(对中央银行的债权)起着桥梁的作用,并通过商业银行创造存款货币给央行基础货币带来乘数效应。债权和债务是一对孪生兄弟,一部分人掌握的债权越多,另一部分人需要承担的债务就越大,大量的储蓄需求只能由大量的债务来满足。储蓄的倒逼机制,既是货币需求对货币供给的倒逼,又是债权对债务的倒逼。当国内的债务人无法满足这种倒逼时,国内的储蓄就会通过与海外债务人的对接,以外汇占款的形式倒逼国内货币投放。[①]

由于货币是有产出的,这种债权性货币需求与债务性货币需求对货币供给的倒逼往往是交织在一起的。当货币产出高于借贷成本时,便激发出了强烈的债务性货币需求。商业银行通过贷款投放形成存款。产出商品形成债权性货币需求,回补储蓄。存、贷款规模不断扩大的过程,就是全民对商业银行的债权和商业银行对全民的债权同时不断扩大的过程,这就是货币创造的实质。而全民存款(对商业银行债权)不断激增的同时,全民对央行货币的需求也必然扩大。当许多经济主体要求将对商业银行债权转变为对央行债权时,除非央行任由商业银行倒闭(就如 1929 年美国曾经发生的那样),否则,就只能由央行投放

---

① 国内货币供应不足,储蓄的需求就会导致商品堆积的压力。这种压力向海外传导,无法通过本币货币化的储蓄,首先货币化为外汇,然后通过外汇占款倒逼国内货币投放。

央行货币来解决。特别是在巨大而强劲的货币产出的牵引之下，央行如果用不断提高存款准备金率、发行央票、公开市场业务及存贷比等法宝应对，降低商业银行货币效率的同时，却必然倒逼自身货币投放规模的上升，如果央行是以外汇作为高基货币的投放标的，还会拉动贸易顺差的上行。央行就像湖心的一条小船，当它自信地用力拉紧拴在码头上的绳索（货币政策），试图将码头（货币需求）拉向湖心（货币政策目标）时，最终发现，被拉动的恰恰是自己。传统经济学用否认货币产出性的方法解决这个问题，必然面临失败。

如果仅把央行货币定义为货币，那么包括商业银行存款货币在内的其他货币形式就只能算作货币索取权。同样，如果把央行发行货币与商业银行存款货币定义为货币，那么其他债权债务关系，包括信用卡、应收、应付、白条、代金券、支付宝，甚至比特币，仍旧是货币索取权。无论货币当局如何定义"货币"，货币索取权的定义权始终在市场手中。由此，当货币当局不愿用"货币"满足货币需求时，这部分货币供给就会由货币索取权——这些劣币——所替代。在大部分时间里，货币需求如果不能被高等级的信用主体满足，就会由低等级的信用所填补，直到信用危机发生。包含货币索取权的货币供给，始终无法摆脱货币需求的拉动。而当货币索取权的所有者们争相行使这一权利时，货币当局除了被动提供自身信用或坐视经济崩溃外，没有第三种选择。

货币生产的资源禀赋

信用货币体制下，尽管货币仍旧像天上的月亮，但在一定程度上，已经可以依靠经济体系"生产"出来。货币可以理解为一种特殊的商品，它是将商品货币的原有商品使用价值或信用货币原有债权属性转换为货币属性这一新的使用价值后的一种商品。其中，信用货币这一商品具有高利润的特征。正是这种高利润，导致低附加值的制造业（往往也是高就业的劳动密集型产业）大规模消亡。金融业会按照自身的口味选择占用或闲置资源，在金融业选择过后，其他产业往往会因为重要瓶颈资源已被占用或价格过高而不得不选择退出，从而使部分非稀缺资源出现闲置。这不仅会使大量产业萎缩，一旦劳动力资源出现大量闲置,经济就会出现问题。

争夺货币这种商品的生产权,就是争夺产业链的最高端。没有金融业辅助的制造业,难以获得更大的发展;没有制造业支撑的金融业,危机四伏。但货币的生产对其他产业特别是制造业有着明显的排挤效应。故而货币不仅不可能是外生的,相反,完全需要依赖经济体自身经济实力,才能化解制造业和金融业这一对矛盾。

消费和金融产业的兴起既是制造业得以可持续发展的必要条件,但同时也会侵蚀制造业所需的资源要素。金融业的发展对生产性资源——如土地、劳动力、基础设施资源——的侵占会逐渐对制造业形成排挤效应。特别是作为金融体系最重要的抵押物——土地,它的价格一定会随着金融业的发展而上涨,但它又是制造业不可或缺的要素。土地价格上涨对制造业的打击往往令其难以承受。

金融业的竞争力体现在债务性货币需求;制造业的竞争力体现在债权性货币需求。货币作为融通制造与消费的桥梁,强势货币,有利于金融业扩张,但不利于制造业的国际竞争力;相反,弱势货币,在提升制造业国际竞争力的同时,打击的是金融业的信用能力。所以在币值上升的时候,要保证制造业国际竞争力下降的打击不足以致命;而在币值下降的时候,则要保证在金融业不崩溃的情况下,制造业能重获国际竞争力。这就要求国家具有足以支撑制造业和金融业两个产业的资源禀赋。“特里芬难题”是每一个试图生产货币这种商品的国家所必须面对的问题。

美国是一个土地辽阔、自然资源丰富、技术先进的国家,而且是世界第一军事强国,这使得它有能力在发展庞大金融产业以牟取暴利的同时,仍旧剩余大量廉价资源(特别是土地)发展其他产业,且长期不出现明显瓶颈。如果用资源禀赋理论解释,则可以认为美国最具有大量生产并对外输出国际货币的资源禀赋。尽管如此,美国也不得不以放弃诸多低附加值产业为代价,即便美国在这些产业的国际竞争中同样具备强大的竞争力。这就是国际贸易理论中的比较优势理论。

相反，资源匮乏的国家，更适于进口货币这种商品，而把自己有限的资源投入竞争激烈程度相对较弱的产业中去。仅凭一句"货币外生"这种口号式的信仰，便主观地认为自己有能力生产货币，实非明智之举。然而另一方面，中国这样在人口和国土面积等资源禀赋上同样具备明显优势的国家，如果一味妄自菲薄，不敢越雷池一步，更非上策。

货币效率

在这里我们提出一个"货币效率"的概念。它既包括了传统经济学所说的货币流通速度（费雪方程式中的V），也包括了货币的杠杆派生。货币流通速度主要由货币在贮藏性货币需求与交易性货币需求之间的分布和交易频率决定；杠杆则受中央银行货币相对其储备而言的放大率、商业银行体系的货币乘数等逐级放大的影响。货币效率是货币最终供应量相对于储备的放大倍数。一国货币的最终供应量是以央行储备作为初始，央行、存款货币银行、非银行债权债务人逐级向市场体系投放自身信用，形成各级索取权，反复交易决定的。央行只是货币效率众多提供者中的一方，并不能完全脱离市场的左右。它既无法决定货币流通速度，也无法决定市场中的杠杆。即使是储备的多少，也并不由央行决定。无论是在金银本位还是在信用本位之下，在一个开放的经济体中，对于金银储备或外汇储备的数量，市场具有比央行更大的决定权。总之，货币效率所涉及环节之多、参与变量之复杂，除非将市场完全置于非市场经济条件下，否则央行不可能掌握所有环节。经济学家可以根据自己的理论需要，假设这个或那个环节是"稳定的""不变的""定量"。然而事实却是残酷的，决定货币效率及其在各环节间分配的众多经济变量，完全不能理解经济学家们的高深理论以及他们所创造的汗牛充栋的数学模型。

信用货币本身是一种债权债务关系，它与普通债权债务关系的区别在于，它有更高的信用度。然而，如果货币发行主体限制货币供给量，那些劣等的债权债务关系并不是不可以替代货币。也就是说，从应收账款、三角债到代金券、游戏币、白条，所有的债权都可以理解为货币的替代品，而高利贷则是央行货币不足时债务性货币需求的必然归宿。这些杠杆的存在,可以作为货币的补充,但由于其公允性的差异,使其无论是流通速度还是继续放大杠杆的能力都会受到很大的限制,即这些货币的效率是不足的。[①] 当这些低效率的货币(劣币)、这些脆弱的杠杆,充斥市场的时候,不仅不能认为是央行货币政策发挥了巨大的效力,相反,应该清醒地认识到,这是央行货币政策的失败。一旦市场开始怀疑这些劣币的财富保有能力,杠杆便会折断,市场也会在交易中拒绝接受它们,市场的流动性便会迅速锁死,各级经济主体也会争相去杠杆。这一现象在 1929 年源自美国的大萧条中得到了充分的体现。[②]

---

① "明斯基指出,'每个人都能够创造货币',但'问题在于如何让它被普遍接受'。"(L.兰德尔·雷:《明斯基时刻:如何应对下一场金融危机》,中信出版社 2019 年版,第 96 页。)由此可以看到,当被普遍接受的、公允性强的"良币"不足以满足市场所需时,市场将被迫选择那些并不能被普遍接受的"货币"。当经济被迫由这种缺乏公允性的货币作为支撑时,不仅严重降低了市场的效率,并且使得流通货币集体退出货币属性的风险与日俱增。

② "究竟是什么导致了货币供给的下跌?故事开始于 20 世纪 30 年代初的恐慌,因为许多银行破产,导致存款人遭受了巨大损失。由于担心更多的银行破产,人们开始将钱从银行取出,并以现金形式持有。这一行为导致通货—存款比(C/D)上升。通货—存款比从 1929 年的 0.17 上升到了 1933 年 3 月的峰值 0.41。

"恐慌也改变了仍然开门营业的银行的行为。它们同样担心可能会发生新的恐慌,从而引发大幅提款。为了防范流动性风险,银行开始选择持有更多的准备金。准备金—存款比(R/D)从 0.14 上升到了 0.23。

"通货—存款比和准备金—存款比的上升,同时减少了货币乘数 m。货币乘数从 1929 年的 3.8 下降到了 1933 年的 2.4。尽管基础货币增加了,但这种增加不足以抵消货币乘数下降所带来的影响。其结果是货币供给下跌,从而促成了大萧条的发生。"(黄达、张杰编著:《金融学》,中国人民大学出版社 2017 年版,第 341 页。)弗里德曼在《美国货币史》中对这段历史进行了详细的介绍,但他仍旧认为,美联储有能力用自身的力量,完全填补货币效率的这种多重下降。

第四章

效率、公平与木桶理论

自由竞争的市场经济是财富创造的制度保证。然而在自由市场经济初期，竞争使得财富向少数人手中集中是一个无法改变的趋势。财富创造与财富向少数人手中集中成为市场经济的双刃剑，被西方经济学称为效率与公平问题，并构成马克思主义理论中生产力与生产关系矛盾运动的基础。

我们可以把全部经济学理论简单划分为两个部分：一部分是资源论，另一部分是社会论。

资源论强调的是效率，应当遵守市场竞争法则。资源的价值必须通过“稀缺”和货币化成为财富，只有这样，才能实现总体价值的最大化。我们用木桶理论[①]加以分析描述。在自由市场经济条件下，社会的再生产过程及资源配置方案，会由那只“看不见的手”通过竞争，自觉搭建在这只木桶之上。分工、绝对优势、比较优势、资源禀赋、自由放任，都暗含着竞争和木桶理论。对于市场而言，平等地对待劳动力和其他要素资源，就是它的公平所在。

但是，社会是人类的社会，不是资源的社会。与资源论不同，社会论所强调的是对人类的公平，一切“价值”都需要搭建在“人类”这一平台之上，而市场的“稀缺”原则却并不以人类为中心。[②] 劳动力资源作为生产要素之一，在自由的市场经济这只木桶上，是与其他资源平等的，只有当它成为最短板时，才能占据

---

① 社会可以创造多少财富取决于木桶的最短板，因此全社会资源必须围绕最稀缺资源运转才能取得效率最大化。之后会详细介绍这一理论在经济学中的应用。

② 所谓的“公平”是指对人的公平，尽管以此为标准，对其他要素资源显然并不公平。

主导地位。这就构成了资源论与社会论的矛盾。

与一些稀缺要素相比较,劳动力要素在历史上几乎从来没有稀缺过。于是,在人类社会中,劳动力这块长板与木桶法则之间的斗争无处不在。前法国总理爱德华·巴拉迪尔曾经说过:“什么是市场?市场就是丛林法则、自然法则。而什么是文明呢?文明就是同自然作斗争。”[①]这种斗争显然是必要的,但与自然科学同理,首先必须学会尊重自然、认识自然,然后才能与自然作斗争。

静态而言,价值更能代表公平,但稀缺所代表的效率——这种不肯围绕价值运转的生产、分配方式——却可以创造更多的价值,因此动态而言,效率可以为公平提供更高阶的物质基础,它体现的是动态的公平。应该看到,随着生产力的发展,劳动力的相对稀缺程度在稳步上升,人类文明终究是在不断进步的。市场对大多数人而言,也许不够友善,但市场和竞争也并不必然地成为人类的敌人。

非劳动力要素资源的有限性,在一定程度上决定了他们的稀缺性。但生产力水平的提高,必然会以提升单位要素产出效率的方式降低其稀缺性。劳动力要素的相对稀缺性随之相应提高。以 21 世纪人类社会的生产力水平所应该达到的文明程度,我们可以做到的不仅仅是展望未来。竞争下的公平,首先体现的应该是公平的竞争机会;其次,竞争当以保证失败者的基本生存条件为限。无论是战争、瘟疫还是饥饿,都不应该再次成为解决人类社会矛盾的方式。

第一节 《悯农》——悲情中的经济学

春种一粒粟,
秋收万颗子。
四海无闲田,
农夫犹饿死。

这是一件体现文人墨客悲天悯人情怀的经典作品。至今广为传颂,并被世

---

① 格林斯潘:《动荡年代:勇闯新世界》,企鹅出版社 2007 年纽约,第 277 页。

人引为警句。然而，作为现实社会中所存在的一种经济现象，除了它的文学价值外，如果不能挖掘出它的根源，甚至连逻辑关系都是错乱的，又如何能避免这一悲剧的发生呢？最终不过只是“少年不识愁滋味，为赋新诗强说愁”罢了。

耕作，是人类赖以生存的最基本的生产活动。这一活动如果缺少了土地或劳动力这两个生产要素中的任何一个，都是无法完成的。这就决定了，这一生产过程本身便是一个土地与劳动力两要素相匹配的过程。而土地与劳动力要素的这种结合，便产生了“春种一粒粟，秋收万颗子”的效果。效果产生了，产品如何分配呢？亚当·斯密告诉我们，这个不用我们担心，市场会用一只“看不见的手”完成这一切的。那只“看不见的手”又是如何完成分配的呢？原则很简单，生产活动依各要素产出率（价值）所决定的配比参与生产，却依其稀缺度（所决定的价格）对产出品进行分配。[①]

劳动力与土地两个要素，在匹配过程中必然会出现其中一个用尽、另一个剩余的现象，这就使得相对稀缺的要素处于分配的主动地位，可以获得超额收益，而相对过剩的要素将面临被选择的命运。如果相对过剩的是劳动力，部分劳动力最终将因无法获得与之相匹配的土地要素而被闲置。被闲置的劳动力的下场自然可想而知，其他的劳动力为了避免被闲置的命运，迫于这种竞争的压力，只好听任把自己放在一个不利的分配地位上。因此，到了“四海无闲田”的程度，农夫不被饿死才是怪事！因而，“四海无闲田”，农夫不是“犹饿死”，而是“必饿死”！

相反，如果相对过剩的要素是土地，部分土地最终将因无法获得与之相匹配的劳动力要素而被闲置，这时地主的下场也是不言而喻的。如果真的出现这种情况，只怕这首诗要改为“春种一粒粟，秋收万颗子；四海无闲人，地主犹饿死”了。当然，地主那么可恨，饿死就饿死吧，诗人是没空去同情他们的。

---

① 假设土地亩产量不变，有十个人、十亩地。如果每个人耕种一亩地，则劳动力要素和土地要素均无闲置；而如果两个人才能耕种一亩地，则劳动力要素用尽，土地要素闲置五亩；如果劳动力提高效率，每人可耕种两亩地，则土地要素用尽，劳动力要素闲置五人。劳动力要素由每人耕种半亩到一亩，再到两亩的过程，是一个劳动力要素产出率和价值上升的过程，同时也是其分配地位随其要素稀缺性下降的过程。在市场经济之下，这是一件绝对顺理成章的事情，毫无悖论可言。之前所举的汽油的例子也是一样的道理。

然而，现实却是残酷的。劳动力要素的提供者是分散的，土地却是集中的。试想，地主们会不会允许“四海无闲人，地主犹饿死”的那一天到来呢？当然不会！那么他们会怎么办？当然是减少土地供应量！当地主把土地供应减少到使农夫再次过剩、再次闲置、再次犹饿死、诗人再次赋诗的时候，他们的目的便达到了。此时尽管有闲田，只不过，那些被地主放入“池子”中的闲田，对农夫而言，“像天上的月亮一样”可望而不可即。所以，未雨绸缪，地主们会事先把土地供应控制在足以造成“农夫犹饿死”的水平上。也就是说，当某项重要生产性资源掌握在极少数人手中时，他们会闲置部分稀缺资源，以获取最大的收益。这不仅不公平，同时也会带来效率的损失。

以上是一个典型的两要素模型。现代工业化生产，所涉及的要素已远远不止两个。随着生产所涉及的要素越来越广泛，几乎所有要素都可能出现瓶颈，也都可能出现过剩。唯一不同的是，社会是人类的社会，除劳动力外的其他任何要素出现过剩、被闲置，按照市场那只“看不见的手”的“物以稀为贵”的法则处理，都可以认为是有效率的，也可以被我们认为是公平的。但当其他要素出现瓶颈后，劳动力要素形成大量过剩，即我们所说的失业问题出现时，我们便无法坐视。特别是，当有人故意闲置部分原本并不稀缺的要素，人为造成瓶颈，从而导致失业发生时，更是不应被容忍。

第二节　马太效应

众所周知，当人类社会进入资本主义阶段之后，人类财富出现了爆发式增长，但随之而来的，是不断的经济危机和金融危机，就业问题时刻困扰着这个社会。这一切，又是如何发生的呢？

正如《新约·马太福音》中所说的那样：“凡已经有的，要给他更多，让他丰富有余；而那没有的，连他所有的一点点也要夺走。”

这就是资本主义的（市场）经济法则，一切资源围绕最稀缺资源，即木桶的最短板运转，是达成效率最大化的不二法门。每个人都是市场的仆人，市场这个“国王”是不会把稀缺资源配置给没有产出的仆人的。在这个规则之下，“公平”不能等同于“平均”。“马太效应”的公平性体现在公平的竞争机会。反观之，对于把稀缺的货币资源采用了三种不同使用方式的仆人，如果将其产出物平均分配，则是另一种不公平。但是，自由放任的市场会使劳动者之间的竞争完全失控。基于不同人群掌握稀缺资源的数量及使用资源的能力上的巨大差异，自由放任的竞争会使稀缺资源逐渐向少数人手中聚集。当生产所必需的自然资源和社会资源最终被少数人垄断之后，垄断者必然利用手中的资源尽量多地淘汰低技能生产者，从而进一步加剧劳动者之间的竞争。

哈耶克认为：“非人为力量所造成的不平等比有计划造成的不平等无疑更容易忍受些，其对个人尊严的影响也小得多。在竞争的社会里，任何一个企业对某个人说，它不需要他的服务，或者说，它不能给他提供一个更好的工作，这不算是小看他，也不算是有伤他的尊严。”[①]这或许就是站在国王立场上对我们这些仆人的“尊严”的一种理解？

将稀缺资源仅配置给最优秀的生产者，这显然有利于产出水平的提高。但这种产出的提高是基于单位产出或单位稀缺资源，配置最少的劳动力，也就是劳动力最大限度地闲置。在此基础上的社会效率的最大化只能以剥夺大量劳动者生产资料甚至生存权为交换。这必然大幅降低全社会整体消费能力，从而造成相对生产过剩的危机。这种生产效率的提升所带来的产出品增加不仅不能增加社会财富，相反会因为社会产出没有足够的消费者而无法转化为财富。随着矛盾不断扩大，这个失去公平的社会，最终也必将失去效率。这一点马克思在《资本论》中已经论述得非常清楚：

> 社会消费力既不是取决于绝对的生产力，也不是取决于绝对的消费力，而是取决于以对抗性的分配关系为基础的消费力；这种分配关系，使社会上大多数人的消费缩小到只能在相当狭小的界限以内变动的最低限度。其次，这个消费力还受到追求积累的欲望、扩大资本和扩大剩余价值生产规模的欲望的限制。这是资本

① 弗里德里希·奥古斯特·冯·哈耶克：《通往奴役之路》，中国社会科学出版社1997年版，第126页。

> 主义生产的规律,它是由生产方法本身的不断革命、由总是和这种革命联系在一起的现有资本的贬值、由普遍的竞争斗争以及仅仅为了保存自身和避免灭亡而改进生产和扩大生产规模的必要性决定的。因此,市场必须不断扩大,以致市场的联系和调节这种联系的条件,越来越取得一种不以生产者为转移的自然规律的形式,越来越无法控制。这个内部矛盾力图通过扩大生产的外部范围求得解决。但是生产力越发展,它就越和消费关系的狭隘基础发生冲突。在这个充满矛盾的基础上,资本过剩和日益增加的人口过剩结合在一起是完全不矛盾的;因为在二者相结合的情况下,所生产的剩余价值的量虽然会增加,但是生产剩余价值的条件和实现这个剩余价值的条件之间的矛盾恰好也会随之而增大。①

第三节 庞大商品堆积的货币困扰

市场那只"看不见的手"对资源进行配置的唯一依据就是稀缺,往往与价值背道而驰。价值是效用,生产要素的效用取决于其产出能力。价格则属于价值的分配范畴,是价值的交换层面(所以不应再引入"交换价值"这一概念使二者的界限变得模糊)。交换是一种市场化分配手段,这种分配手段的特点就是不以效用为标尺,而是以稀缺为标尺。价格交换的是价值,却不以价值为标尺,这也许会超出一些人的理解能力,导致各路经济学人士绞尽脑汁试图证伪这一点。但他们必然失败的原因只有一个——这尽管残酷,却是事实。当生产要素的产出能力大幅提高时,它的价值是随之上升的。然而,正是这种价值的上升,在市场那只"看不见的手"的作用之下,其增加的产出品所带来的稀缺性的大幅下降,进而形成过剩,必将沿着市场化分配手段这一逻辑传导至生产要素本身,从而造成价格与价值的逆向而行。在市场的这个逻辑之下,生产要素往往是用自身价值提高的方法制造了自己的过剩,从而使这一要素的所有者在市场经济

① 马克思:《资本论》(第三卷),人民出版社 2004 年版,第 273 页。

分配的法则下，越来越处于不利的地位。

随着劳动生产率不断提高而来的是劳动力过剩，导致消费不足、产品过剩，然后传导为生产要素全面过剩。当一个又一个的过剩均以价格为表现形式时，体现的是货币稀缺下的瓶颈效应。除非货币数量或效率的上升能够满足各要素产出的增长速度，否则这种过剩只会越来越严重。

庞大的商品堆积

马克思指出："资本主义生产方式占统治地位的社会的财富表现为'庞大的商品堆积'"。[①] 但他同时也指出："资本主义生产的目的是资本增殖，就是说，是占有剩余劳动，生产剩余价值、利润。"[②]

然而，无论是资本增殖还是利润，都无法通过"庞大的商品堆积"直接完成，剩余产品并不是生产的最终目的，利润和剩余价值的最终指向必然是货币化的剩余产品。我们完全可以直接理解为，"资本主义生产的目的，是货币而不是消费"，与"庞大的商品堆积"一起堆积起来的是越来越难以得到满足的庞大货币化需求。

> 货币作为独立的价值形式和商品相对立，或者说，交换价值必须在货币上取得独立形式，这是资本主义生产的基础。而这所以可能，只是因为某种特定的商品成了这样的材料，所有其他商品都用它的价值来衡量，它也因此成了一般的商品，成了一种同一切其他商品相对立的真正意义上的商品。这一点必然会在两方面显示出来；而特别是在资本主义发达的国家更是这样，在那里，货币在很大程度上一方面为信用经营所代替，另一方面为信用货币所代替。第一，在信用收缩或完全停止的紧迫时期，货币会突然作为唯一的支付手段和真正的价值存在，绝对地和商品相对立。因此，商品会全面跌价，并且难以甚至不可能转化为货币，就是说，难以甚

---

① 马克思：《资本论》(第一卷)，人民出版社 2004 年版，第 47 页。

② 马克思：《资本论》(第三卷)，人民出版社 2004 年版，第 280 页。

至不可能转化为它们自己的纯粹幻想的形式。但是,第二,信用货币本身只有在它的名义价值额上绝对代表现实货币时,才是货币。在金流出时,它兑换成货币的可能性,即它和现实的金的同一性就成问题了。为了保证这种兑换的条件,就采取各种强制性的措施,如提高利息率等等。这种做法可以由于错误的立法或多或少地被导致极端,这种立法是以错误的货币理论为依据,并且为了货币经营者奥弗斯顿之流的利益而强加于国家的。但是,信用货币的这个基础是和生产方式本身的基础一起形成的。信用货币的贬值(更不用说它的只是幻想的货币资格的丧失)会动摇一切现有的关系。因此,为了保证商品价值在货币上的幻想的、独立的存在,就要牺牲商品的价值。一般来说,只要货币有保证,商品价值作为货币价值就有保证。因此,为了几百万货币,必须牺牲许多百万商品。这种现象在资本主义生产中是不可避免的,并且是它的妙处之一。①

事实上,不仅资本主义,只要是在市场经济之下,在市场这只"看不见的手"的作用下,经济生产活动就难以摆脱货币的困扰。所不同的是,在我国社会主义制度下,劳动者同样具有较强的储蓄能力,并由此产生保有自身财富的需求。并且这种需求同样无法通过"庞大的商品堆积"得以实现。我们无论选择何种财富保有形式,其最重要的评估指标仍旧是其货币化能力。如果要将这些剩余产品转化为投资,更是必须依赖货币。

于是,我们再次回到重商主义财富观的问题。这是一个古典经济学所深恶痛绝的观念。但马克思认为,如果不依靠出口贸易、不依赖货币,将这些"庞大的商品堆积",这些剩余产品转化为资本就只能依靠"奇迹"了:

首先,年生产必须提供用来补偿一年中所消费的资本的物质组成部分的一切物品(使用价值)。扣除这一部分以后,剩下的就是包含剩余价值的纯产品或剩余产品。但这种剩余产品究竟是由

---

① 马克思:《资本论》(第三卷),人民出版社 2004 年版,第 584 页。

什么构成的呢？也许是那些供资本家阶级满足需要和欲望的物品，即加入他们的消费基金的物品吧？如果真是这样，剩余价值就会被挥霍尽，这样就只能进行简单再生产了。

要积累，就必须把一部分剩余产品转化为资本。但是，如果不是出现了奇迹，能够转化为资本的，只是在劳动过程中可使用的物品，即生产资料，以及工人用以维持自身的物品，即生活资料。所以，一部分年剩余劳动必须用来制造追加的生产资料和生活资料，它们要超过补偿预付资本所需的数量。总之，剩余价值所以能转化为资本，只是因为剩余产品（它的价值就是剩余价值）已经包含了新资本的物质组成部分。（注：我们把出口贸易撇开不说。一个国家借助出口贸易可以使奢侈品转化为生产资料或生活资料，或者也可以反过来。为了对我们的研究对象在其纯粹的状态下进行考察，避免次要情况的干扰，我们在这里必须把整个贸易世界看作一个国家，并且假定资本主义生产已经到处确立并占据了一切产业部门。）①

可以看出，在不依赖海外市场（所提供的增量货币）的情况下，这种剩余产品向积累的转化是需要多么精准的对接！而且这种扩大再生产必须永不停息。积累只能表现为资本的规模不断扩大的再生产，一旦有人退出，不再把货币投放回扩大再生产之中，资本主义的经济就崩溃了。

尽管马克思与凯恩斯所使用的表述方式不同，但是他们分析经济危机的焦点都汇集在社会产出中无法转化为投资和消费的那部分“或有储蓄”的货币化问题。② 只不过，在马尔萨斯和凯恩斯看来，这个缺口体现了“有效需求不足”，而马克思认为，它是“相对生产过剩”的结果。

---

① 马克思：《资本论》（第一卷），人民出版社 2004 年版，第 670 页

② 货币化后才是储蓄，否则只是积压产品。不能货币化的产品并不能形成剩余价值，甚至不能补偿成本。“总商品量，即总产品，无论是补偿不变资本和可变资本的部分，还是代表剩余价值的部分，都必须卖掉。如果卖不掉，或者只卖掉一部分，或者卖掉时价格低于生产价格，那么工人固然被剥削了，但是对资本家来说，这种剥削没有原样实现，这时，榨取的剩余价值就完全不能实现，或者只是部分地实现，资本就可能部分或全部地损失掉。”［马克思：《资本论》（第三卷），人民出版社 2004 年版，第 272 页。］

"庞大的商品堆积"就是市场这只"看不见的手"最后力所能及的地方。然而人们对财富的追求,却不肯停留于此。于是,市场自身能力无法实现"庞大的商品堆积"的货币化,便成了发达国家经济危机的根源所在。

庞大的商品堆积是工业化、市场化的必然结果。解决庞大的商品堆积的有效方法就是把它们转化为债权堆积,这就必然形成相应的债务堆积。这使得人类社会暂时摆脱了庞大的商品堆积只能转化为金银堆积的困境。人类认可债权、股权为其财富保有形式,是人类财富得以爆炸性发展的原因。它使得人类财富不再受任何如黄金、土地等实物数量的限制。但当庞大的商品堆积无法顺利转化为债权(债务)堆积时,仍旧会爆发经济危机;当庞大的商品堆积所转化的债务堆积无法偿付时,就会爆发金融危机。而这两种危机的焦点,仍旧是货币。

剩余产品

马克思把代表剩余价值的那部分产品称为剩余产品,它是必要劳动之外的剩余劳动的产出品。也就是由劳动者创造的被资本家所无偿占有的那部分产品。我们知道,企业主是为了追求剩余价值(利润)而从事生产的,所以剩余产品是市场经济之下投资与生产的诱因。任何储蓄者,都不会乐于把自身的储蓄投入没有利润的投资中去,在一个宏观的视角之下,即使在非资本主义经济下,如果不存在剩余产品,生产就会失去动力,扩大再生产也会失去物质基础,社会将陷入短缺型经济。然而在剩余产品的利益驱动之下,当这些产品被生产出来后,剩余产品的所有权和它的最终消费群体间的错位则必然导致剩余产品的货币化危机。

利润(剩余价值)的性质决定了它永远只能归属于少数人,所以它并不具备广泛的消费基础。利润只能通过再投资(扩大再生产)所带来的就业和工资转化为消费,但前提是,必须能够产生新的利润。如此一来,利润堆积的过程便是经济体内,投资与消费逐渐失衡的过程。相对于利润而言,消费只是流量,而剩余产品的积累却是一个源源不断的累加的过程。正是由于这个不同,二者对货币的需求出现了本质性的区别，与消费所形成的交易性货币需求具有的高周转及债权债务自我转化的特点不同，剩余产品所引发的货币化需求，如果不能全部被投资所吸收，最终就会转化为贮藏性货币需求，需要以稳定的债权债务形式沉淀于经济体内。当不断增长的剩余产品超过社会货币化能力时，经济的运转便停滞了。

一边是庞大的商品堆积，这些剩余产品的所有者并不具备同样庞大的消费能力；另一边是需求旺盛的广大消费者无法获取这些产品的使用权。如果真的达到了马克思所说的基于这种对抗性的分配关系，使社会上大多数人的消费缩小到只能在相当狭小的界限以内变动的最低限度，这不仅不公平，而且缺乏效率。

我们之前已经多次谴责了资本家的贪得无厌，显然，扩大劳动者的消费能力可以有效地缓解这种危机。但同时，我们不得不承认的是，正是企业家们对利润的这种执着的追求，才促使这些剩余产品被生产出来，否则社会可能仍旧深陷于短缺型经济而难以自拔。所以，除了提高劳动力要素的分配水平外，最有效率的做法，应该是把这些剩余产品借给那些需要它们的人。这仍旧需要足够的货币供应和政府部门的介入。对储蓄者而言，与其保有商品堆积，不如保有对政府的（直接或间接）债权，而且生产者为了获取这些债权，仍旧会把他们的产品生产出来。政府可以用这些债务，对所有消费者以公共物品的形式，提供生存必需的消费品和那些可以广泛提升国民福祉的公共服务。储蓄者对政府债务的保有，可以把货币从闲置中解救出来，用于流通。如果由中央银行购买政府债务，更是可以完成高基货币投放。

第四节 凯恩斯和他笔下的“萨伊定律”

凯恩斯在他的《通论》中从就业入手，支离破碎地论证了资源投入产出循环的大致规则，并对古典学派的一些理论进行了批驳，有时显得极其睿智，而有时也是一塌糊涂。他的理论在诸多问题上与马克思经济学颇为近似，但在表述方式上有所不同,特别是他无法像马克思一样对阶级对立问题进行剖析,使得他在许多问题上不得不半途而废。

凯恩斯对古典学派的反驳首先从“失业”的定义开始,提出除“摩擦性”失业与“自愿性”失业之外,必然有“非自愿性”失业的存在。这一点原本无须争论,特别是在美国1929年大萧条之后已经是有目共睹的事实了。在经历了大萧条之后,甚至是时隔近百年之后的今天,把讨论回到庇古教授的《失业论》这一凯恩斯时期“唯一存在的对古典学派的就业理论的详细论述”[①]上来,事实上已经没有太大意义了。无数的证据已经证明了“非自愿性”的存在以及它的根源所在,只是新时代的古典学派经济学家们必须无视它们,甚至歪曲和掩盖它们罢了。

凯恩斯在使用大量笔墨证明了非充分就业确实存在之后,提出了自己的“有效需求理论”,他认为,有效需求不足是人们无法充分就业的根源所在。

他的这一重要理论的论证过程是这样的:他首先从数学关系上论证了总需求与总供给各自有独立的函数形式,决定它们两者的那些变量之间并不存在完全确定的函数关系。其中,总供给(总产量或收入)取决于就业量,而总需求取决于消费的数量和投资的数量,尽管消费的数量在消费倾向不变的情况下取决于收入,从而也取决于就业量,但投资的数量却不主动随收入或就业量波动,而是取决于资本边际效率和利息率的比对所形成的投资诱导。因而有效需求与总供给曲线不可能完全重合。正是由于社会愿意投资的数量往往无法随产出的增加而同步增加(所以需要外力),结果必然造成“有效需求不足”,从而出现供需失衡,无法达到充分就业。这与古典经济学描述的那个“均衡”的世界显然是不同的。

凯恩斯将古典经济学供给与需求的“均衡”理论及萨伊方程式总结为一句话——“供给创造自己的需求”[②],并将相关理论称为“萨伊定律”。根据萨伊定

① 凯恩斯:《就业、利息和货币通论》(重译本),高鸿业译,商务印书馆1999年版,第12页。

② “自从萨伊和李嘉图时期以来,古典经济学者们都在讲授供给创造自己的需求的学说。其大意是,全部生产成本必须直接或间接地被用来购买所生产出来的产品。但对该学说,他们并没有很清楚地加以说明。”[凯恩斯:《就业、利息和货币通论》(重译本),高鸿业译,商务印书馆1999年版,第23页。]

律，供给可以创造自己的需求，所以经济一般不会发生任何生产过剩和就业不足的危机。[①] 果真如此，只要不停地生产，便可无限度地扩大就业，直到劳动力要素没有闲置。然而，古典经济学所忽略的恰恰是货币。货币不足，导致社会产出品中大量无法实现货币化；社会需求中的一部分无法转化为有效需求（投资或消费），由此产生凯恩斯笔下的"有效需求不足"。古典经济学否认货币的作用和货币供给能力不足的可能性，就可以否认提高货币有效供给的必要性，从而使货币供给不足的状态可以长期持续。相反，认清货币的效用（缺少了货币，劳动力就无法就业）及货币供给能力的有限性（像月亮一样无法制造出来），正是凯恩斯远远超过货币学派等古典经济学理论之处。

尽管马克·布劳格认为，萨伊从来没用过"供给创造自己的需求"这样的话来表示他的市场定律[②]，但是很显然，"供给创造自己的需求"不仅是古典经济学货币中性论、面纱论的基石，也是对古典经济学均衡假设的一种精准的描述。并且萨伊在他的《政治经济学概论》中，确实曾经这样写道："值得注意的是，一种产物一经产出，从那时刻起就给价值与它相等的其他产品开辟了销路。一般地说，生产者在完成他的产品的最后一道加工后，总是急于把产品卖出去。因为他害怕产品在自己手中会丧失价值。此外，他同样急于把出卖产品所得的货币花掉，因为货币的价值也易于毁灭。但想要摆脱手中的货币，唯一可用的方法就是拿它买东西。所以，单单一种产品的生产，就给其他产品开辟了销路。"[③] 李嘉图则说："产品总是要用产品或劳务购买的，货币只是实现交换的媒介。某一种商品可能生产过多，在市场上过剩的程度可以使其不能偿还所用资本；但

---

① "萨伊定律所说的不论产量在什么水平，总产量的总需求价格总是等于其总供给价格，实际上这也就等于说，社会上不存在阻挠充分就业的力量。"（凯恩斯：《就业、利息和货币通论》，宋韵声译，华夏出版社2005年版，第21页。）

② "他从未使用'供给创造自己的需求'这样的话来表示他的市场定律；这些词是凯恩斯发明的，很明显从未被凯恩斯以前的任何人使用过。詹姆斯·穆勒和麦克库洛赫在他们的著作中的许多地方讨论过这个问题，有时表述了萨伊恒等式，有时表述了萨伊方程。但是，对这个问题给予真正清楚介绍的古典作家是约翰·斯图亚特·穆勒。在他出版于1844年但早在1830年就完成的《政治经济学未解决的问题》（*Unsettled Questions of Political Economy*）的第二篇论文中首先表明，他完全知晓萨伊恒等式只适用于物物交换经济中的货币计算。"（马克·布劳格：《经济理论的回顾》，姚开建译校，中国人民大学出版社2009年版，第119页。）

③ 萨伊：《政治经济学概论》，商务印书馆1963年版，第144页。

就全部商品来说,这种情形是不可能有的。"[①]

并且,如果古典经济学真的认为,那"只适用于物物交换经济中的货币计算",那么又何来如此坚定的货币中性的信仰及货币数量论下的通货膨胀的"鬼故事"呢?难道是要证明在物物交换的经济中,货币是没有产出的,只会带来物价上涨的吗?而如果扩展到货币经济,按古典经济学的逻辑,仅凭所谓的"产品总是要用产品或劳务购买的"或者"一切卖主不可避免都是买主"[②]证明供需可以自然均衡,显然是不能成立的。正如马克思所指出的那样:"经济学辩护论者的方法有两个特征:第一,简单地抽去商品流通和直接的产品交换之间的区别,把二者等同起来;第二,企图把资本主义生产当事人之间的关系归结为商品流通所产生的简单关系,从而否认资本主义生产过程的矛盾……例如,让·巴·萨伊由于知道商品是产品,就断然否定危机。"[③]凯恩斯在 1930 年 1 月 5 日写给庇古教授的信中也表达了类似的观点:"我主要是对你的那种方法有疑虑:你先把经济问题在以物易物的原始经济条件下抽象出来,然后在后面的阶段里将货币问题考虑进去。就短期内出现的问题来看,这个方法未必合理,因为短期经济问题常常不可避免地与货币因素纠缠在一起。"[④]

在凯恩斯看来,萨伊定律所谓的"供给可以创造自己的需求"只可能是一个特例。因为在大多数情况下,总供给与总需求之间必然存在一个差额,这个差额可以分为两种情况进行分析:

第一种情况,总需求大于总供给。此时供给相对需求为稀缺,需求相对供给为过剩,供需平衡的瓶颈是供给,所以可以表述为"供给(瓶颈因素)可以创造自己的需求(非瓶颈因素)",即萨伊定律所描述的情况。此时企业家间的竞争

---

① 大卫·李嘉图:《政治经济学及赋税原理》——《大卫·李嘉图全集》(第 1 卷),商务印书馆 2013 年版,第 246 页。

② "穆勒说得好,'构成商品支付手段的东西仅仅是商品而已。各人用以购买他人产品的支付手段是由他所拥有的那些东西构成的。一切卖主不可避免地都是买主'。"[马歇尔:《经济学原理》(下卷),商务印书馆 1964 年版,第 361 页。]

③ 马克思:《资本论》(第一卷),人民出版社 2004 年版,第 136 页注解。

④ 罗伯特·斯基德尔斯基:《凯恩斯传》,相蓝欣、储英译,生活·读书·新知三联书店 2015 年版,第 484—485 页。

总会导致就业量的扩大，直至充分就业的状态。充分就业之后，劳动力供应出现瓶颈，总供给无法上升，如果总需求继续上升，则会出现“真正的通货膨胀”。但凯恩斯认为，这种情况在资本主义制度下几乎是不可能出现的。原因是，达到充分就业有着极大的障碍，这一障碍阻挠了充分就业，从而使萨伊定律无法成立。

第二种情况，也就是大多数情况下，由于投资无法与产出同步增长，造成有效需求不足，从而使总供给大于总需求。凯恩斯的表述是这样的：“为了能维持既定的就业量，就必须要有足够数量的现期的投资来补偿总产量多出在该就业量时社会所愿意消费的数量部分。这是因为，除非存在着这一数量的投资，企业家的收入会小于使他们提供这一就业量所应有的数额。”①此时企业家们没有雇佣劳动者的动力，就业水平无法上升，甚至会不断下降，因此无法达到充分就业。表现为有效需求相对供给为稀缺，供给相对需求为过剩，供需平衡的瓶颈是需求。萨伊定律便不能成立了，因此发生经济危机便成为可能。

显然，凯恩斯认为萨伊定律描述的是第一种情况，而他与古典学派的分歧也正在于决定供给与需求的诸多因素中，究竟谁更稀缺的问题。在凯恩斯看来，究竟哪个因素更稀缺的问题，并不存在萨伊定律中所表述的那种确定性答案。进而，他认为第二种情况才是经济中的常态，而第一种情况是一种罕见的现象。

在对供给与需求的诸多决定因素进行进一步分析的过程中，凯恩斯只选择了货币与劳动力两个要素，于是这个供给与需求此消彼长的游戏便演化为一个货币、劳动力互为稀缺的两要素模型（下一节我们将详细介绍）。在社会生产过程中，劳动力需要货币，货币也需要劳动力，正是这种相互需求造成了这种相对稀缺要素可以创造自己的需求（因为非稀缺要素必然处于部分闲置的状态）的经济现象。

终于，凯恩斯找到了达到充分就业所存在的“障碍”。事实上，使萨伊定律在资本主义制度下无法成立的根本原因并不是劳动力无法充分就业，而是资本

---

① 凯恩斯：《就业、利息和货币通论》（重译本），高鸿业译，商务印书馆1999年版，第32—33页。

主义制度下，货币要素的提供者们出于自身利益最大化的考虑，一定会人为地制造货币要素的稀缺。而劳动力不能充分就业（劳动力要素部分闲置），只不过是货币供应不足的另一后果而已；即货币瓶颈才是劳动力闲置与供给无法创造足够的有效需求的根源。因为凯恩斯所使用的是仅考虑货币与劳动力两个生产要素的静态模型，所以他自然地把充分就业（劳动力瓶颈）与货币供应充足等同起来，把货币瓶颈与劳动力闲置等同起来。

第五节　凯恩斯的两要素模型

经济的波动必然引起人们的恐慌。一些人在为过多的货币追逐过少的劳动力而恐慌；另一些人在为过多的劳动力追逐过少的货币而恐慌。我们不知道究竟应该恐慌哪个？但我们知道，如果劳动力要素的所有者和提供者在为前者而恐慌，那一定是恐慌错了方向。

在《通论》最后一章“关于‘通论’可能产生的社会哲学的总结”中，是这样开篇的：“我们所生活其中的经济社会，有两个显著的缺点：第一是不能提供充分就业，第二是财富和收入的分配不尽公平合理。本书的理论对第一个缺点的作用是显而易见的。”①

按照市场经济的法则，各生产要素依其产出率（价值）参与生产，却依其稀缺性（价格）对产出品进行分配。这一分配原则决定了，在一个不能提供充分就业的经济社会，财富和收入的分配是不可能“公平合理”的。所以，凯恩斯所说的这两个显著的缺点有着密切的关联性。如果说《通论》中前面的章节还是更侧重资源论的话，那么最后一章讨论的显然就是社会论的部分。在这里，已经不再仅仅从效率的角度讨论就业问题，而是把关注点放在了公平合理上。尽管篇幅不长，但内容却是惊人的。其中不乏这样的段落：

> ……资本家利用资本的稀缺性扩大其压迫力量……今天的利息与地租在性质上相同，都不是真正牺牲的报酬。资本的所有者

① 凯恩斯：《就业、利息和货币通论》，宋韵声译，华夏出版社2005年版，第286页。

能获得利息是因为资本稀缺，正好像地主能获得地租，是因为土地稀缺一样。不过，土地稀缺还有其真正的理由，而资本稀缺，如果从长期的观点看，则是毫无真正理由可言的……

所以我认为，资本主义制度中存在食利者阶级是一种过渡现象，当其完成自身使命后便会退出历史舞台，资本主义将因这个阶级的消失而大为改观。除此之外，我的主张还有一大好处，食利者阶级或毫无用处的投资者阶级的消亡绝不会是突然的，就像我们近来在英国看到的那样，它们的消失会是一个逐渐而漫长的过程，从而不需要革命。①

这段话最清晰不过地概括了凯恩斯理论与马克思“对抗性分配关系”理论的异同，既体现了凯恩斯对现有资本主义生产方式下（尽管他并没能像本书作者那样，对这种生产方式进行精准的描述），食利者阶级人为制造货币过度稀缺，从而扩大劳动力过剩这一“压迫力量”的谴责②，又表现出了一种明显的改良（而不是革命）的意愿。

凯恩斯所观察到的，其实是资本主义制度下，资产阶级为了保证其持有要素参与分配时的优势，而采取了人为制造资本要素稀缺的假象。他们利用货币这一资本载体的限量供应，使储蓄无法货币化为资本，以保证劳动力要素的相对过剩及资本—货币要素的人为稀缺，从而使真正可以产生自身需求的并不是供给，而是货币。长期以来货币供应不足阻碍了就业，并成为资本主义经济发展的桎梏。这当然是与资本主义经济下的生产方式密不可分的，同时也是资本主义制度下价格与价值必然背离以及经济危机产生的原因。大家不妨扪心自问：当你垄断性地占有生产活动中一项资源，你是否会努力提高这一资源的使用效率或加大这一资源的投入量，去尽量满足市场渴求，从而降低手中资源的稀缺性，使自己在社会产品分配的过程中处于越来越不利的地位？如果不会，那你是否也会为了降低这一要素的效率或者减少它的投入以造成它的虚假的

① 凯恩斯：《就业、利息和货币通论》，宋韵声译，华夏出版社2005年版，第288—289页。

② 马克思和恩格斯在其早期的著作中对剥削的定义为“通过我使别人受到损失的办法来为我自己取得利益”。［《德意志意识形态》——《马克思恩格斯全集》（第三卷），人民出版社2016年版，第479页。］

稀缺而编造各种谎言呢? 货币容器的提供者们正是这样做的。

如果不能认清这一点,单凭凯恩斯的充分就业后才会出现真正的通货膨胀及资本主义制度下充分就业甚或近乎充分就业都是罕见的这两个论点,是无法揭穿"抑制通货膨胀"(实则是抑制充分就业)的谎言的。

凯恩斯的两要素模型

在《通论》中,经历了一系列论证之后,凯恩斯指出,古典学派的理论最好被视作充分就业条件下的分配理论。充分就业假设在凯恩斯看来等于先假设有效需求永远是足够的,即货币供应是足够的。①

古典经济学完全建立在充分就业这一虚假的假设之上,试图掩盖货币稀缺下的劳动力闲置现象及由此引发的过度压迫。故而凯恩斯在失业问题上的讨论,确实意义重大。《通论》中的那段有关失业之所以出现,原因在于货币像月亮一样可望而不可即的话,更是耐人寻味。凯恩斯所自认为的,《通论》对现有经济社会不能提供充分就业这一缺点的(论证)作用是显而易见的,绝非自夸。他在证伪古典学派充分就业假设的过程中,使用的是一个货币、劳动力两要素模型,在这个模型之下,所谓失业,就是劳动力相对货币过剩的问题,充分就业则恰好相反。

尽管凯恩斯在古典经济学的熏陶之下,他的产出、收入、投资、消费、储蓄的方程式从来没有配平过,导致他的有效需求不足理论难以找到对应关系,但是他在货币与劳动力互为稀缺这个思路上的分析,贡献是极大的。

首先,他认为,"经济学家常用的几个单位不能令人满意。这一现象可以用

---

① 由此来看,所谓古典学派在研究生产的资源(要素)投入产出过程时,永远首先假设劳动力资源已经是最稀缺的,并在此基础上建立了货币永远相对劳动力过剩的假设前提。这真的有些"居安思危"的味道,但显然这与事实是不相符的,丝毫无法掩盖人为造成劳动力相对过剩的真实情况。之所以经济学理论会被这样的思路主导,古典经济学对劳动力要素相对稀缺的零容忍才是最核心的原因,他们对这一点的容忍度之低甚至远超资产阶级本身,以至于古典学派经济学家们认为有必要时刻提醒货币资源的掌握者保持货币相对稀缺的重要性。只有通过人为制造货币本不存在的稀缺,使劳动力相对过剩(过多的劳动力追逐过少的货币)才能使投入产出过程中货币要素的提供者可以在分配时获取最大利益。而这一切都可以装扮成一个美丽的谎言,叫作"抑制通货膨胀"。

国民收入、实际资本数量以及一般价格水平这三个概念为例来说明”。[①] 接下来，他逐一列举了这些概念的含混不清及统计口径的混乱之处。

在这一点上，我们完全认同凯恩斯的观点，古典经济学对这些概念的定义和使用完全是一塌糊涂。他们不仅可以把简单的问题搞得过于复杂，还能够利用其混乱的统计口径反复地偷换概念，对复杂的问题形成足够的误导。从这几个窗口往里看，的确只会使经济学理论更像数字游戏，甚至完全丢弃了逻辑，最终只是陷于混沌。凯恩斯自己又何尝不是在这些混乱的概念中迷失了方向？所以换一个思路是完全必要的。

凯恩斯接着提出了一个简单的思路："在讨论就业理论时，我建议只引进两个数量单位，即币值量(quantities of money value)[②]和就业量。"[③]"当我们讨论整个经济制度的行为时，如果我们只采用两个单位，即货币和劳动力，那么我们就可以免去许多不必要的麻烦。"[④]

那么把经济体系简化为只对这两个单位(变量)进行讨论的适用范围是什么？而那些被免去的许多"繁难之处"是否真的不必要？货币与劳动力的关系是什么？在这个思路之下，基于一系列假设，凯恩斯提出：

> 如果我们把假设简化，即假设进入边际成本的不同生产要素所得报酬都以相同的比例变动，也就是说，都随工资单位变动作相同比例的变动，又假设设备与技术不变，则一般价格水平一部分由工资单位所决定，一部分则由就业量所决定。因此，货币变动对于物价水平的影响，可认为是由对工资单位的影响和对就业量的影响两部分组成的。
>
> 为了说明这一概念，让我们进一步简化假设。首先，假设所有

① 凯恩斯:《就业、利息和货币通论》，宋韵声译，华夏出版社 2005 年版，第 29 页。

② 凯恩斯提出的这个"币值量"的概念可以理解为有效货币的数量，以区别于滥发的货币。但之后既没有对这个概念进行过多的解释，也没有再强调它，事实上是直接以是否达到充分就业，作为界定货币数量是否仍旧齐性的标准。

③ 凯恩斯:《就业、利息和货币通论》，宋韵声译，华夏出版社 2005 年版，第 32 页。

④ 凯恩斯:《就业、利息和货币通论》，宋韵声译，华夏出版社 2005 年版，第 34 页。

> 闲置资源都是相同的,而且在进行生产时可以相互代替使用,同时又具有相同的效率;其次,假设进入边际成本中的各生产要素,只要尚未全部利用,便不会要求增加货币工资。在这种假设条件下,只要存在任何失业现象,我们就有不变的报酬和刚性的工资单位。也就是说,只要存在任何失业现象,货币数量的增加对价格没有任何影响。就业量的增加恰好与有效需求的扩大成同一比例,而这种有效需求的扩大是由货币量的增加引起的。但是,一旦实现了充分就业,伴随有效需求扩大或同比例增加的,是工资单位和物价。所以,只要有失业现象,供给曲线便具有完全弹性。一旦达到充分就业,供给曲线就完全没有弹性。如果有效需求和货币数量保持同比例变动,我们便可将货币数量理论确切地表达为:“只要存在着失业现象,就业量会和货币数量作出相同比例的变动;当达到充分就业时,价格水平会和货币数量作出相同比例的变动。”①

存在劳动力等要素大量闲置的条件下,增加货币数量,首先调整的是闲置程度,而不是价格,这一点是没有异议的。这与我们之前所总结的,价格并不是供需比对的唯一表达方式,也是一致的。但货币相对过剩必然不会是以闲置的形式表现的假设,即凯恩斯所说的“有效需求和货币数量保持同比例变动”,只具备理论价值。这一假设,现实中并不真实存在。

之后凯恩斯基于更多变量,又提出了一个较复杂的答案。高鸿业对凯恩斯所论述的这部分内容进行了总结:

> 凯恩斯的简单答案的政策含义是:处于经济萧条的时期,当大量的人力和机器设备被闲置不用时,货币数量的增加不会引起物价上涨,因此国家可以使用膨胀性的货币和财政政策,一直达到充分就业之点为止。
>
> 然而,简单的答案系建立在严峻的假设条件之上,而事实上凯恩斯认为,至少有五个原因使严峻的假设条件遭到破坏,以致使现

① 凯恩斯:《就业、利息和货币通论》,宋韵声译,华夏出版社2005年版,第227—228页。

实与简单的答案之间有一定程度的背离。

……

在考虑到上述五个原因以及它们的相互影响之后,关于货币数量与价格水平之间的关系,凯恩斯给予了较复杂的答案。其内容大致为:在充分就业到达以前,货币数量会使物价作出比较缓和的上升;而在此以后,二者会作出相同比例的变化。①

凯恩斯的这些表述是他对古典的货币数量理论的一个妥协,同时沿用了古典经济学的"边际"理论。萨缪尔森则借用"菲利普斯曲线"的形式表现出来,用以描述失业率与所谓的通货膨胀率之间的交替关系。我们可以看到,模型的实质是把劳动力和货币简化为仅有的两个生产要素。资本所有者以货币要素参与生产,而劳动力要素的所有者以劳动力要素参与生产;资本拥有者以利息的形式参与社会产出品的分配,而劳动者以工资的形式参与社会产出品的分配。②当货币相对于劳动力稀缺时,劳动力相对过剩,表现为闲置,出现失业;而当劳动力相对于货币稀缺时,货币相对过剩③,表现为价格变动,为通货膨胀。这一模型在其他要素充裕,货币不会出现闲置,且不出现技术进步或改变资源配比④的静态分析中,是有些道理的。这并不是一个很复杂的模型,其核心是两要素可交替出现稀缺、交替形成瓶颈,从而制约经济增长,只要抓住这一点,其他许多问题都可以迎刃而解。

在这个模型之下,是否充分就业问题的争论便转化为货币是否会相对稀缺

---

① 高鸿业:《一本拯救资本主义的名著:高鸿业解读〈就业、利息和货币通论〉》,山东人民出版社 2002 年版,第 103—104 页。

② 忽略产业资本与金融资本之间的分界,把利息模糊为货币或资本的租金,而工资可以理解为劳动力的租金。事实上,凯恩斯尽管在利息究竟是谁的租金的问题上与古典学派发生了分歧,但总体来讲,他与大多数传统经济学家一样,分辨不清资本与货币的区别,也没有勇气正面承认货币是一种独立的生产要素。但他借重商主义之口,将货币定义为一种生产要素:"赫克舍尔教授把他们的这一方面的理论总结如下:在某种限度内,比较敏锐的重商主义者在这方面所采取的立场同其他方面一样明朗。他们认为,货币(用今天的术语来说)是一个生产要素,其地位和土地同等重要,他们有时称货币是'人为的'财富,以区别于'天然的'财富,资本的利息是租用货币的代价,如同地租为租用土地的代价一样。"(凯恩斯:《就业、利息和货币通论》,宋韵声译,华夏出版社 2005 年版,第 261 页。)

③ 过剩的货币因为没有足够的劳动力与之相匹配,故而没有产出。但这不能等同于货币本身是中性的,更与是短期还是长期无关。

④ 不改变资源配比,也就不需要考虑劳动力和货币这两个要素间的可替代性。

(从而导致劳动力出现闲置)的问题,凯恩斯将其总结为有效需求是否可能不足的问题。于是就涉及我们上一节所讨论的与古典经济学“萨伊定律”的直接矛盾。凯恩斯在对古典经济学“有效需求不可能不足”的反驳中,由高利率和资本边际效率递减所导致的投资诱导不足以及边际消费倾向递减,得出有效需求不足才是现实经济中的常态,推导出非自愿性失业(劳动力闲置)必然存在这一事实。之后又提出了“月亮理论”。

从这个模型背后我们看到的是,基于市场经济的基本原则,在投入产出过程中,要素依稀缺度参与分配。为了提高货币的租金必须抑制劳动力的就业和租金,货币不足才能造成劳动力要素的过剩和闲置[①],这是货币提供者的必然选择。凯恩斯在这里引用了一句19世纪的谚语:“约翰牛(指英国人)可以忍受许多东西,唯独受不了年息2厘。”至于这样的货币租金下的劳动力闲置产生的一系列社会问题,显然并不是货币提供者关心的问题。

如果用我们的理论分析,有效需求对应总供给中货币化的部分,故而货币不足,有效需求必然不足。

货币来自总供给中分离出来的一部分作为一般等价物,因而当社会总供给不足时,货币有效供给必然不足,这便是所谓的“短缺型经济”。这种情况下,导致货币瓶颈的原因,并不是货币供给意愿不足,而是能力不足,故而调节难度的确很大。[②] 但是需要认清的是,资本主义经济危机的货币供给不足从来不是来自短缺型经济的原因。相反,资本主义经济危机往往表现为社会产出品或供给

---

① 凯恩斯反驳了庇古等人提出的可以通过降低劳动力要素价格的方式解决劳动力要素过剩和闲置的问题。庇古最终接受了凯恩斯的观点。事实上,即使不考虑工资下降所带来的循环通缩问题,单就商品需求的价格弹性而言,也不是无限的,降价便可出清并不存在必然性。而对生产要素而言,则更不可能。并且劳动力要素在使用上具有时效性,无法储存和延期,故而不仅供给弹性差,在各要素中,需求弹性也是最差的。

② 尽管阿瑟·刘易斯主张:“在任何情况下,用于创造有用资本的通货膨胀会自行消失,因为到适当时候,新资本源源不断地生产出消费品,这些消费品不但会制止物价上涨,甚至会使物价下跌。”(阿瑟·刘易斯:《经济增长理论》,商务印书馆1996年版,第244页。)但也有经济学家指出:“由于短缺,存在一种普遍的窖藏倾向,这种窖藏倾向是企业部门的需求几乎永远得不到满足的主要原因之一。任何财务上的和盈利上的考虑都不能有效地抑制企业夸大了的需求。于是,产生了一种恶性循环:短缺→数量竞赛→投入需求增加→短缺日益深刻→……”(亚诺什·科尔奈:《增长、短缺与效率》,商务印书馆2013年版,第80页。)

能力(特别是劳动力)和社会需求均大量闲置。[①]

商品货币时代货币不足的部分原因,是适合充当一般等价物的商品不足。这种不足进而导致货币持有者将原本用于交易的货币封存起来,使其变成了贮藏性货币,并自称为“储蓄”。如果是在国际贸易中,这一行为则被称为“重商主义”。凯恩斯在为重商主义辩护时,提出重商主义论点中存在真理的部分,也就是重商主义认为商品恐惧和货币稀缺引发失业这一理念。凯恩斯认同这是“常人最自然的态度”。但这种常人最自然的态度背后,是对资本失去稀缺性后,利润获取能力丧失的恐惧。利润是资本主义生产运行的动力;也就是说,对货币所有者而言,货币是用来获取利润的,不是拿来提供就业的。结合资本主义分配方式,充分就业之下,货币所有者利益的损失是必然的。在货币稀缺的条件下,商品货币化受阻总是先于充分就业而出现,利润总是先于充分就业而消失。于是在资本主义制度下,充分就业甚或近乎充分就业都是罕见的。

进入信用货币时代,在储蓄充裕(债权性货币需求充足)的条件下,货币供给不足的原因,则仅仅是央行的货币供给意愿不足或政府的举债意愿不足。这一现象是不可原谅的,因为此时只要启动公共物品投资(就能提供债务性和交易性货币需求)和中央银行货币投放,就可以提高货币有效供给,从而完成经济的循环。然而在这种情况下,资产阶级经济学家仍旧大力鼓吹“抑制充分就业”,其目的便昭然若揭了。

但这一切都只能说明,从历史上讲,货币瓶颈是造成劳动力闲置的根源。当需求大量闲置、供给能力也大量闲置时,货币便成为唯一的瓶颈。此时增加货币的供给,效果必然立竿见影。然而可以产生瓶颈的生产要素有很多,货币只是这些要素中的一个。当劳动力和货币相对于第三要素皆表现为过剩时,凯恩斯体系必须调整。故而在凯恩斯所列出的五条会使假设条件遭到破坏的原

---

① 其中贸易顺差和外汇储备过高,超过了必要的一般等价物的要求,也是社会产出品过度闲置的一种典型表现形式。

因中，最重要的一条就是其他资源要素，先于劳动力形成瓶颈的情况[①]：

> 如果在失业的专业化的资源之间，保持着完全符合需要的比例关系，那么各种失业的资源会同时达到充分就业。但一般来说，当对某些劳务和商品的需求达到它们的供给暂时已经完全没有弹性的情况时，多余的其他资源仍然可以存在并且还没有就业。这样，当产量增加时，会不断地碰到“瓶颈状态”；处于该状态，某些商品的供给已经不再具有弹性，从而它们的价格必须上升到必要的程度，以便使需要转向其他方面。
>
> 随着产量的增加，只要每一种有效率的资源都处于尚未全部就业的状态，一般的价格水平很可能不会上升很多。一旦产量增加到足够的程度，以致开始接触到“瓶颈状态”时，一些商品的价格很可能要急剧上升。
>
> 然而，在本点以及第(2)点中，供给弹性部分地取决于时间的长短。如果我们假设足够的时间，使机器设备能改变其数量，那么最终的供给弹性会具有较大的数值。这样，当一次温和的有效需求的变动出现于失业普遍存在的情况时，该有效需求被消耗于提高价格的部分会很小，从而主要被用于增加就业。与此同时，一次较大的有效需求的变动，由于事先没有被预见到，则可以造成一些暂时性的“瓶颈状态”，从而会被消耗于提高价格，而不是增加就业量。这种后果在开始时出现的程度要大于在其后出现的程度。[②]

历史证明，当石油危机出现时，可用能源这个曾经“不必要的麻烦”成为优先于劳动力充分就业的瓶颈时，凯恩斯的这一模型自然无法应付。这可以理解为凯恩斯这一模型自身的限制条件，但更多的则是后人在使用上的一个误区。并且在此类情况下减少货币数量、提高货币租金的办法不会缓解这种瓶颈状

---

① 其他四条涉及劳动力的非齐性、货币数量上升提升了包括劳动力要素在内的卖方的议价能力所导致的交易的不充分性等对模型构成干扰的因素。作用大多体现在物价的渐进性作用上，不在这里做单独论述。

② 凯恩斯：《就业、利息和货币通论》(重译本)，高鸿业译，商务印书馆1999年版，第311—312页。

态，而只会增加失业。

模型的补充说明

边际消费倾向递减

在凯恩斯看来，当社会的实际收入增加或者减少时，社会的消费也将增加或减少，但后者的增加或减少不会像前者那么快。特别是当实际收入增加时，社会愿意用于消费的收入比例逐渐减少，而将其余的部分更多地用于储蓄，导致消费增速无法达到收入增速。这种现象被称为“边际消费倾向递减”。同时凯恩斯认为，投资乘数(政府运用财政政策投资可以带来的国民收入数倍的增加)由边际消费倾向决定。一个足够高的边际消费倾向，才能对投资拉动就业提供好的乘数效应。

传统经济学所谓的“边际递减”，就是一个相对稀缺性变化的过程，凯恩斯所谓的“边际消费倾向”也不例外。社会是人类的社会，商品社会中，人类既是商品的生产者，又是消费者。故而，当市场经济与工业化相结合，导致劳动生产率水平显著提高时，除去分配不公的因素外，人类欲望的增长并不能同步于人类产出能力的增长，形成欲望相对于产出的稀缺，表现为单位新增产出所诱发的新增消费欲望的下降，即所谓的“边际消费倾向递减”。在市场经济的生产方式下，产出稀缺度的下降必然在那只“看不见的手”的作用下，传导给作为商品生产要素的劳动力。故而劳动生产率水平的提高就是人类自身作为消费者相对自己的另一个身份——生产者——变得越来越稀缺的过程。当商品产出水平受到生产者悲观预期的影响，自觉调整以抑制其稀缺度下降时，便造成了劳动力进一步过剩。商品相对于消费者过剩导致商品价格下跌；劳动力过剩导致失业，即人类作为消费者，没有能力为自己的另一个身份——生产者——提供足够的就业机会。我们在第二章第一节“财富观与价值观”中讲过，在人类欲望和货币量没有提升或提升不够快的前提下，要素或资源效用提升得越快，单位要素或资源满足人类欲望的能力越强，要素的稀缺性反而就会变得越差。市场的这一规则适用于所有要素,在这里只不过是出现在了劳动力自己身上。这一导致供需失衡的因素回避了社会产出品在不同社会群体间分配的不均衡性这一主要矛盾,同时凯恩斯也认为,它并不是有效需求不足的主因。

边际消费倾向递减和投资诱导不足都是市场自然的属性,导致市场无法成为一台“永动机”,它的内部能量在运转之中是不断减少的。任何“无摩擦”的假设都只能停留在书本上。[①] 如果没有一个来自外部的货币供给者,市场便会周期性地衰竭,劳动力就会出现周期性的大规模失业。这既是源自人类的本能,又是市场的本性。承认市场的丑陋,然后克服它,才是解决问题之道。一味否认和掩盖它的存在,为市场护短,主张放任的古典经济理论,并不是对市场的爱护。

要素是否齐性

凯恩斯除建议只引进币值量和就业量两个数量单位外,还认为币值量是绝对齐性的,而就业量可以变成齐性:

> 在讨论就业理论时,我建议只引进两个数量单位,即币值量和就业量。前者是绝对齐性的,后者则可以变成齐性……我们把报酬相同、效率不同这一劳动力的不齐性包含在资本设备中,并把它看作资本设备所具有的性能。所以当产量增加时,我们不认为是劳力逐渐不适于利用一个齐性的资本设备,而认为是该资本设备逐渐不适于雇用劳动力。[②]

首先,劳动力绝不是齐性的。并且第二次世界大战后全球货币实践已经证明,充裕的货币可以带来加速的产出,故而至少宏观地看,货币齐性的假设也并

---

① 教科书中自然界的均(平)衡状态包括匀速直线运动和静止状态,然而现实中却只有静止状态。经济学的理论研究同样如此。只不过自然界阻力来源终究有限,作用方式相对简单,使得实验室中物理学研究的零阻力假设的意义远大于社会科学无摩擦假设。人类社会任何运动的阻力不仅来源变幻莫测,且大小、时间、地点不一。不同地区、不同人种、不同文化的社会行为的巨大差别,也决定了这种阻力的存在不仅具有必然性,而且存在着巨大的差异性。这一切都使得零阻力或固定摩擦系数的假设之下的社会研究失去了其意义。总之,在人类社会中,阻力才是主角,这使得零阻力为假设前提的经济学研究就像一场没有主角的闹剧。

② 凯恩斯:《就业、利息和货币通论》,宋韵声译,华夏出版社 2005 年版,第 32 页。

不存在。退一步讲,即使货币是齐性的,但是在包括机器设备、厂房、流动资本等货币的不同生产性使用上是具有极大效率差异的。这种差异恰恰是货币使用的差异,本身与劳动力无关。因此劳动力和资本物品都不会是齐性的。

凯恩斯使用的“劳动力供给是齐性的”[①]这一假设条件,即假设不同劳动者之间技能、效率完全没有差别,使他在这个问题的分析上进入了另一个误区。这种分析方法掩盖了资本与劳动力互为稀缺的本质——竞争的真实形式。劳动力存在技能高低之分,资本物品、机器设备存在优劣之分,各要素中的优秀者获得优先选择和匹配的权利。当劳动力相对过剩而资本物品相对稀缺时,劣等设备仍旧不会被闲置,而技能较低的劳动者因竞争将面临失业;反之,当资本物品相对过剩而劳动力相对稀缺时,技能较差的劳动者仍能就业,而劣等设备同样因为竞争,必然会被闲置。齐性假设会掩盖这个双向选择的过程。

动态地看,当产量增加时,如果这一增加来自机器设备及其他资本物品数量或效率的普遍提高[②],劳动力效率却并没有同步提升,与之同时增加的必然是劳动力的稀缺性,而这种相对稀缺性的提高,正是由于劳动力要素效率没有像机器设备同样普遍提高造成的。相反,当产量增加是由于劳动力的效率普遍大幅提升时,稀缺性大幅提高的却恰恰是效率没有提高的机器设备等其他生产要素。此时要么提高机器设备等其他要素的效率,要么增加它们的数量,否则,资本设备的所有者减少对劳动者的雇用就是必然的。

这种不齐性在分配中的作用体现在,某个要素的个别所有者提高要素使用效率的目的是为了战胜自己的竞争对手——这一要素的其他所有者。当这种个体的效率大幅上升,如果与其相匹配的分工并不会带来该要素整体的稀缺度下降,那么这个个别要素的所有者获得的收益是上升的。但是这种竞争的最终结果必然是,这一要素整体产出率的上升引发要素稀缺度的下降和要素收益的下降。

这里有一个值得注意的问题:要素自身效率上升和部分被替代有时难以区

① 凯恩斯:《就业、利息和货币通论》,宋韵声译,华夏出版社 2005 年版,第 32 页。

② 效率提升表现为单位资本占用的产量提升。

分。特别是当劳动力与机器设备相结合时。每个劳动者过去操作一台设备,现在可以操作十台,既可以看作劳动者劳动技能的普遍大幅上升,也可以看作自动化替代了部分人工。但是,无论是劳动者技能的提升,还是机器设备对人工的替代,这二者都会以单位劳动力要素所对应的社会产出品的数量的上升为表现形式。后果反而是劳动力要素的稀缺性下降。这种要素间的匹配规则是非常明确的,它与要素内部的不齐性并不冲突。既然《通论》是以就业这一劳动力要素的使用作为核心研究课题,那么就不应该把对劳动力要素稀缺性变化如此直接的一个因素归入资本设备性能中予以忽视,而应该根据它们的表现形式,全部归为劳动力要素产出率的提高。

劳动力要素产出率的提高导致资本设备的不足,劳动力由此过剩;过剩便会闲置,当这一闲置表现为高效率工人与低效率工人按照相同的(低)效率水平工作时,劳动力便可看似“齐性”了。但这种现象是不符合资本设备所有者的利益和市场经济的丛林法则的,所以它只能是一种幻觉。这种“齐性”的幻觉,丝毫不会改变资本设备的所有者通过鼓励劳动者竞争,提高劳动者效率以减少劳动力使用的冲动。只有劳动力之间不断竞争、不断淘汰弱者、不断提高劳动生产率,才能保证资本永远的相对稀缺。换言之,资本所有者是不可能允许劳动力要素出现所谓“齐性”的。

但是我们也要考虑到,正是要素中个体效率提升和整体效率的提升所带来的要素所有者的收益的反向变动及巨大差异导致了竞争,提升了效率,形成了生产力发展的动力。它正是市场经济的优势。资本主义的高速发展基于的正是各要素的内部效率差异推动的内部竞争,扩展为劳动生产率与其他要素产出效率不断出现交替大幅上升的你追我赶的竞赛。在这个过程中,随着资本积累,社会总产出能力及产出品数量不断提高带来的必然是劳动力要素与资本物品及其他要素间交替出现稀缺和瓶颈,这才是市场竞争的本质。凯恩斯理论假设效率不变,却把注意力集中在人的心理因素各种预期之上,必然会误入歧途,最终得出“充分就业后便会出现真正的通货膨胀”这种静态思维下的错误结论。[①] 这种思维与“货币长期仍旧中性”理论类似，以静态的思维模式去思考“长期”，可以说是传统经济学的通病。

事实上，所谓“充分就业”下增加投资导致“通货膨胀”的担心，仍旧不过是出于对劳动力资源相对于货币资源由相对过剩转变为相对稀缺，从而使得货币资源的掌握者们在产出品分配时丧失优势地位的恐惧而已。至于物价，仍旧是由供需决定。价格上涨对需求的抑制和对产出效率提升的刺激是市场的本能。那些自称相信市场自我调节能力的传统经济学家们既然不相信非充分就业之下物价可能会无休止地下跌，那么为什么会相信充分就业之下物价会无休止地上升呢？

如果要素是齐性的，要素间的竞争就只存在价格竞争，而不存在效率竞争。从凯恩斯的两要素模型出发，只要劳动力要素的数量无法继续增加（充分就业），那么单方面增加投资就会出现增长瓶颈，产出水平并不会因此提高。继续增加非稀缺资源——货币（投资），所带来的只是工人分配上的优势即工人收入的增长，所增加的收入无论是用于投资还是消费，都必然使供需失衡，从而造成物价上涨。这一切看似符合逻辑，然而它却是建立在完全无视劳动产出率不断提高这一基本事实、假设效率不会变化这一虚假前提之下的。现实中，随着资本的积累，资本深化、产业升级、劳动者技能提高贯穿于整个资本主义发展的历史，单位产出品劳动力占用的下降速度之高，无时无刻不在制造着劳动力的过剩。这一点，从比凯恩斯早了几十年的马克思[②]的著作中可以找到清晰的论述：

> 因为对劳动的需求不是由总资本的大小决定的，而是由总资本可变组成部分的大小决定的，所以它随着总资本的增长而递减，而不像以前假定的那样，随着总资本的增长而按比例增加。对劳动的需求，同总资本量相比相对地减少，并且随着总资本量的增长

① “在到达充分就业以后，不论边际消费倾向的数值为何，任何进一步增加投资的企图都会使物价无休止的上升；即我们已经到达真正的通货膨胀的状态。”[凯恩斯：《就业、利息和货币通论》（重译本），高鸿业译，商务印书馆 1999 年版，第 123 页。]

② 1883 年 3 月马克思逝世，同年 6 月凯恩斯出生。

以递增的速度减少。诚然,随着总资本的增长,总资本的可变组成部分,即并入总资本的劳动力也会增加,但是增加的比例越来越小。积累作为生产在一定技术基础上的单纯扩大而发生作用的那种间歇时间缩短了。为了吸收一定数目的追加工人,甚至为了在旧资本不断发生形态变化的情况下继续雇用已经在职的工人,就不仅要求总资本以不断递增的速度加快积累。而且,这种不断增长的积累和集中本身又成为使资本构成发生新的变化的一个源泉,也就是成为使资本的可变组成部分和不变组成部分相比再次迅速减少的一个源泉。总资本的可变组成部分的相对减少随着总资本的增长而加快,而且比总资本本身的增长还要快这一事实,在另一方面却相反地表现为,好像工人人口的绝对增长总是比可变资本即工人人口的就业手段增长得快。事实是,资本主义积累不断地并且同它的能力和规模成比例地生产出相对的,即超过资本增殖的平均需要的,因而是过剩的或追加的工人人口。

……

随着已经执行职能的社会资本量的增长及其增长程度的提高,随着生产规模和所使用的工人人数的扩大,随着他们劳动的生产力的发展,随着财富的一切源流的更加广阔和更加充足,资本对工人的更大的吸引力和更大的排斥力互相结合的规模也不断扩大,资本有机构成和资本技术形式的变化速度也不断加快,那些时而同时地时而交替地被卷入这些变化的生产部门的范围也不断增大。因此,工人人口本身在生产出资本积累的同时,也以日益扩大的规模生产出使他们自身成为相对过剩人口的手段。[①]

将这两个理论对比后,就会发现,凯恩斯使用了一个要素"齐性"的假设,在否认了劳动力自身技能差别的同时,也掩盖了资本设备供应在量和质两个方面出现增长的情况下,资本对劳动力要素进行替代的真相。尽管许多要素之间很

① 马克思:《资本论》(第一卷),人民出版社2004年版,第725—728页。

难实现相互的替代，但是以机器设备为代表的资本物品对劳动力的不断替代，却恰恰构成了资本主义发展的最重要的特色。讨论闲置的货币是否齐性没有意义，因为货币的需求和使用必不齐性，这就决定了投资所形成的机器设备等“资本技术形式”并不齐性。[①] 这也就导致了劳动力之间竞争的同时，还要与机器设备的替代进行竞争，这些都会导致资本有机构成的变化（即我们通常所说的“资本深化”）。加大投资的同时，无疑也会加大包括提高机械自动化程度在内的新技术的使用，并加快低效率设备、技术的淘汰，从而改变要素配比，以提高自动化的途径提升单位劳动力要素的产出水平。因此，即使在劳动力要素数量无法增加（充分就业）的情况下，产出水平仍会提高。故而凯恩斯所描述的“任何进一步增加投资的企图都会使物价无休止的上升”的假设条件，在现实中是不存在的。至于这种进一步投资最终会导致劳动力的稀缺效应多一些还是资本的替代效应多一些，马克思认为，从历史数据来看，始终是后者。这是因为，资本技术形式的变化使资本扩张的过程中，更多的劳动力被资本（机器设备）所替代，从而使得劳动力要素在资本设备不断增加的过程中，不仅不会变得稀缺，相反会越发过剩。这表现为总资本中决定对劳动力需求的可变组成部分随着总资本的增长而加速减少，而且比总资本本身的增长速度还要快。[②]

仅以机械化大生产代替小规模生产为特征的资本主义发展的历史告诉我们，资本所有者始终保持着主动权，但随着生产力水平的发展和资本的不断积累，人类社会对充分就业的努力和就业水平的提高也是有目共睹的。那么在生产规模不断扩大之后，是否终究有一天，劳动力会成为稀缺资源呢？我们相信这一天迟早会到来，这也是符合马克思主义历史发展观的。

站在资本所有者的立场上，当扩大再生产过程中因某项稀缺资源形成瓶

---

① 凯恩斯本人在他的货币论中曾经这样写道：“货币变化不会以同一方式、同一程度或在同一时间中对所有的物价发生影响这一点，正是这种变化之所以重要的原因。不同物价水准的动态之间的分离正是所产生的社会扰动的试金石和尺度。”［凯恩斯：《货币论》（上卷），商务印书馆 1986 年版，第 88 页。］

② 一个要素的数量或产出水平——生产率——的提高，如果增加了其他要素的占用，则必然改变生产中自身与其他要素的配比，从而造成自身稀缺性的下降。但是，如果这种数量或生产率的提高并不增加其他要素的占用，甚至减少它们的占用，则意味着对其他要素形成了替代。资本扩张的过程中，这种增加劳动力占用和替代劳动力占用的扩张是兼而有之的。

颈,从而使得在扩大生产规模时自身利益受损的情况,被称为规模不经济。这一瓶颈如果是劳动力,那么即使凯恩斯的充分就业后的通货膨胀不会到来,但分配关系的改变是完全可能的。然而在资本主义高速发展的历史上,持续的劳动力瓶颈确实从来没有存在过。如果考虑到不断发生的技术革新与产业升级,每一次接近充分就业都会带来转折——类似于"刘易斯拐点",但由于这个拐点并非经济增长的尽头,相反它是一个产业和技术升级的开始,所以拐点绝不会是一个、两个,而应是无穷多个。每一个拐点面前,资本所有者出于利益最大化的要求,要么选择退缩以保证资本的稀缺,要么就只能推动技术革命。每次技术革命都会带来新的就业需求和货币需求。然而,充分就业的假象与货币需求的高涨如果导致资本所有者的退缩,这种短暂的劳动力要素的瓶颈就会被当作"泡沫""通货膨胀"予以对待,被当作洪水猛兽去打压。这无异于削足适履,其结果不仅会使技术革命受阻,劳动力也必将出现大量闲置。

资产阶级经济学家为了避免劳动力稀缺(充分就业),故而不断夸大通货膨胀的危害,迫使劳动者放弃对充分就业的追求,为此甚至不惜人为制造货币供应不足[①],直至经济衰退和经济危机。这不仅仅是一种逐利,更是一种懒惰,它不仅丧失了公平,更是效率的一大损失。

生产要素的相对稀缺理论

凯恩斯的两要素模型不仅没有考虑劳动力要素以外其他可能形成瓶颈的要素,就连社会储蓄水平都没有考虑在内,而是假设,只要货币足以令储蓄充分转化为投资,就能保证充分就业(劳动力要素用尽)。这或许有一些"何不食肉糜"的逻辑,主要因为他所站的立场,他分析的是发达国家,以储蓄"过剩"为前提的就业理论(详见本书第二章的内容)。

这里我们广泛地假设,在静态之下,如果在货币与劳动力互为稀缺的模型中加入另一个原本相对劳动力并不稀缺的要素癸,当这一要素突然变得极为稀

---

① 货币是资本物品的载体,货币供应不足会直接导致储蓄闲置,阻碍资本形成,使可投入使用的资本物品数量下降。

缺时，这个过程中，如果要保持原有劳动力价格下的就业水平，货币就要保持与劳动力相同的稀缺度（充裕度），那么就必然表现为对要素癸的严重过剩。由此，“要素癸”的货币价格便会大幅上升。而如果要使“要素癸”的货币价格不变，就必须使货币保持与“要素癸”相同的稀缺度，结果必然是劳动力相对于货币的稀缺度大幅下降，劳动力的货币价格就会大跌，或以就业水平下降（劳动力闲置）的形式部分抵消这种稀缺性的下降。如果把货币稀缺度调整到劳动力要素和“要素癸”的稀缺度之间，由于这二者稀缺性相差过大，则会出现“要素癸”货币价格暴涨的同时，劳动力相对货币稀缺性仍旧是暴跌，失业严重。如果“要素癸”的名字叫“石油”，这一现象曾经被称为“滞胀”。

凯恩斯并不是不清楚这个逻辑，只不过他论述的重点并不在这里，故而他设计的模型只采用了两个要素。事实上，并不只是石油，除了劳动力、货币外，以石油为代表的能源、其他矿产、土地、机械设备、洁净的水和空气、阳光、适合人类生存的环境、技术，甚至包括信用、储蓄水平、安全债务人、消费、行政管理能力及管理权，等等，其中任何一处形成瓶颈，货币都会面临应当与谁保持稀缺度一致的问题。与劳动力一致，会被称为“通胀”；与“要素癸”一致，称为“通缩”，保持我行我素，称为“滞胀”。

生产力在发展，各生产要素的效率也在不断提升。但这种提升是不均衡的。将货币永远置于最稀缺的位置，将其他一切要素闲置，确实会显得很“均衡”。唯一的缺点不过是导致社会的停滞。当社会停滞了，各种商品及资源相对稀缺性就不会发生变化，作为一般等价物的货币可以从容与各要素及商品保持固定的稀缺度。但如果不想让社会停滞，就不能造成货币的过度稀缺。

当劳动力要素成为产出率提高最快的要素时（资本主义发展的过程中，正是这样的），其结果却是劳动力要素相对于其他要素的稀缺性大幅下降，劳动力要素的所有者，在分配中所处的地位向越来越不利的方向发展。这就是马克思主义经济学家总结的“无产阶级贫困化”。如果没有货币羁绊，劳动力要素产出率大幅提高必然意味着社会产出品的大幅增加，所以劳动力要素相对社会产出品的稀缺度是上升的，即劳动力相对于社会产出品的非货币价格是上升的。因此,尽管劳动力相对于其他要素的非货币价格在下降,只要是货币稀缺度与社会产出品相匹配,货币的稀缺度仍低于劳动力要素,劳动力的货币价格也还是上升的,只是明显低于社会财富总体的上升速度,这就是"相对贫困化"[1];但如果货币稀缺度高于劳动力要素,则劳动力的货币价格也将出现下降,这就形成了"绝对贫困化"。在资本主义制度下,绝对贫困化是相对的,但相对贫困化是绝对的。并且货币要素的提供者们绝不可能容忍劳动力的稀缺度长期高于货币,从而逐渐改变劳动力要素的所有者在分配中地位的情况发生,于是他们会打着"抑制通货膨胀"的旗号,努力降低货币的效率,力求保证货币的稀缺。在货币需求的带动下,这一努力有时是无效的,但是他们一旦成功,在劳动力货币价格不再上升甚至下降的同时,大幅下降的是稀缺度低于劳动力要素的社会产出品的货币价格。这必然导致生产者利益受损,从而降低生产,却又进一步造成了劳动力的过剩。严重时,便形成了经济危机。

凯恩斯批驳了庇古降低工资可以化解经济危机的理论,并提出货币工资常常是刚性的。于是一些自称"凯恩斯主义者"的主流经济学家们便荒唐地把失业归咎于工资的刚性(或称黏性),声称是劳动者们不肯降低劳动力的价格,才使得自己无法就业,经济不断恶化。事实上,工资下降并不能解决劳动力过剩的问题(它只会使闲置显得"自愿"一些),相反就像凯恩斯所说的那样,是闲置的压力导致了工资下降。[2] 当某个要素出现瓶颈时,使其他要素的配比达到平衡的并不是价格的下降,而是不肯接受这个价格的其他要素所有者将手中的要素闲置。出现在劳动力要素上时,被古典经济学称为"自愿性失业"。但劳动力要素恰恰是最没有能力承受闲置的,故而这种劳动力要素"自愿性"闲置的空间

---

① "工人的相对贫困化,即他们在社会收入中所得份额的减少更为明显。工人在财富迅速增长的资本主义社会中的比重愈来愈小,因为百万富翁的财富增加得愈来愈快了。"[列宁:《资本主义社会的贫困化》——《列宁全集》(第二十二卷),人民出版社 1990 年版,第 240 页。]

② "通货紧缩并不会'自动地'缩减工资。它是通过引起失业的方法来缩减工资的。昂贵的货币,对于正在开始的繁荣,将产生严重的阻碍作用。有些人在错误信念的引导下实施了这类政策,从而加剧了萧条。这些人是应该受到谴责的!"(凯恩斯:《丘吉尔先生政策的经济后果》——《预言与劝说》,江苏人民出版社 1997 年版,第 240 页。)

并不足以平衡货币的紧缩，却会导致社会消费力的进一步下降。[1] 并且如果假设劳动者不存在刚性消费需求，可以仅以价格（不利用闲置）去均衡劳动力要素的供需，理论上，这种恶性循环的结果是，当商品价格不足以覆盖除劳动力成本之外的其他成本时，劳动力要素最终的均衡价格可以是负数，商品将无人消费。也就是说，如果不是劳动力的货币价格还有一点点刚性支撑着商品价格，劳动力相对于社会产出品的非货币价格，会把社会产出品的货币价格进一步带入深渊！难道这就是古典经济学所吹嘘的均衡世界？

各要素间应当如何匹配（资源配置），是市场的事情。其中纵横交错、瞬间往复的过程，并不是我们能够和需要了解的。各要素价格的此消彼长，只是生产者从自身的利益出发进行调节的依据，而不是宏观政策制定的依据。宏观经济学只需要观察经过这只“看不见的手”匹配后的结果。但只要闲置的部分不是劳动力，瓶颈的部分不是货币，政府就不应过多地干预。因此，凯恩斯只选择这两个变量，作为他的宏观经济模型的观察或调整的对象，这种做法是极为合理的。但是，凯恩斯的继承者们试图用统计学及拟合的方法对此加以说明，由于模型缺少足够的变量和数据，不具备说服力，从逻辑上讲，这种互为稀缺的关系不仅存在于货币与劳动力两个要素之间，所有的相对稀缺的要素间都可以有一个自己的“菲利普斯曲线”。即使在石油危机之下，如果以其他商品及要素相对于石油的非货币价格和劳动力闲置为观察对象，我们可以发现，类似“菲利普斯曲线”所描述的交替关系仍然成立。

第六节 乘数效应与订单理论

“就业量取决于总供给函数与总需求函数的交点”[2]，凯恩斯对这个问题的

① 就像凯恩斯所说的那样：“那种认为借助于降低总成本——无论是限制产量还是削减回报率——就可以必然恢复平衡的想法，实际上只是一种幻想，因为工资收入者同时也是企业家的买主，企业家削减支出必然会削弱这些人的购买力，从而其销售所得也会减少，减少的数量与工资压缩的数量大致相等。”（凯恩斯：《1930年的大萧条》——《预言与劝说》，江苏人民出版社1997年版，第142页。）

② 凯恩斯：《就业、利息和货币通论》，宋韵声译，华夏出版社2005年版，第71页。凯恩斯的总供给函数与总需求函数是总供给和总需求的就业函数，这与西方经济学比较常用的价格函数有一定的区别。

理解尽管突破了李嘉图和萨伊无视总需求函数的逻辑[①]，但也表明了他并没有完全摆脱这种典型的传统经济学的均衡思维方式及货币中性假设。事实上，所谓总供给函数与总需求函数的“交点”，并不是什么“均衡”的位置，而是一个总需求、总供给、劳动力要素均以部分闲置为代价形成平衡的位置。总供给、总需求与就业静止于这样一个各方均大量闲置的位置上，原因是它们在这里遇到了一个共同的瓶颈——货币。货币可以形成瓶颈，证明了它的非中性。

货币不足，无论是首先导致产出品货币化不足，从而直接导致投资诱导不足，还是像凯恩斯所说的首先导致利息率高企以及消费不足影响了生产者对有效需求的预期，从而无法形成足够的资本边际效率和投资诱导，总之最终必然导致投资不足。

此外，投资和消费对就业的影响不是主要和次要的区别，而是直接和间接的区别。投资对就业的影响不需要通过有效需求来实现，相反，有效需求不足需要通过改变生产者预期、影响投资数量来影响就业。

就业是生产过程中劳动力要素的使用问题。只有投资是货币的生产性使用；消费的标的是商品，不是生产要素；闲置的标的无论是什么，都不是生产性使用。现代社会中，很少有仅使用单一劳动力要素完成生产过程的情况，因此，只有与足够的投资相结合，才可以使劳动力要素不被闲置，才能够使社会达到足够的产出，完成总供给。故而就业量取决于投资这一点，对于具有正常思维能力的人群而言，不难理解。反倒是凯恩斯先证明总供给函数是投资的增函数；然后大费周章地基于一系列可能并不存在的假设，证明他所谓的总需求函数也是投资的增函数；再基于就业量取决于总供给函数与总需求函数的交点，得以推导出就业量取决于投资。这反而令人觉得难以信服。

正是因为基于货币中性论的思维，无视货币瓶颈的存在，割裂货币与投资、产出、就业之间的关系，就有了“总供给函数与总需求函数的交点”这种试图掩

---

① “总需求函数完全可以置之不论，这也是李嘉图经济学说的基本观点。一百多年来，我们所承袭的经济学都是以这一观点为基础的。诚然，马尔萨斯曾经强烈反对李嘉图认为有效需求不可能不足的学说，但是无济于事。”(凯恩斯:《就业、利息和货币通论》，宋韵声译，华夏出版社 2005 年版，第 25 页。)

盖货币瓶颈制约的表述方式。把它用于货币、劳动力互为稀缺的论证，实属舍近求远。

投资不仅是就业的直接提供者，也是产出的提供者。因此它并不是一次性的货币投放。在货币第一次投入经济体后，会随着企业家对其产出品货币化及利润的追求，产生一个新的货币需求。而投资所带来的就业则会提供一个新的消费，消费同时也是一种货币投放。沿着投资带动就业→就业拉动工资→工资拉动消费→消费拉动投资→投资带来新的就业的思路，可以认为，在一个封闭的经济体内，从宏观的角度，生产者是用投资提供了就业，消化了自己的产出；劳动者创造产出的同时，用自己的就业（带来的工资收入进行消费）为自己创造了新的就业机会。这种货币需求与投放反复发生作用，必然形成一个类似于凯恩斯所说的乘数效应的东西。然而现实社会中，正如凯恩斯所描述的那样，这种投资的动力——凯恩斯称为“投资诱导”的东西——是会不断衰减的。

市场是由利润驱动的

1933年，在大萧条中就任的富兰克林·罗斯福总统在就职演讲中这样说道：

> 我们的苦恼绝不是因为缺乏物资。我们没有遭到什么蝗虫灾害。我们的先辈曾以信念和无畏一次次转危为安，比起他们经历过的险阻，我们仍大可感到欣慰，大自然仍在给予我们恩惠，人类的努力已使之倍增。富足的情景近在咫尺，但就在我们见到这种情景的时候，宽裕的生活却悄然离去。这主要是因为主宰人类物资交换的统治者们失败了，他们固执己见而又无能为力，因而已经认定失败，并撒手不管了。贪得无厌的货币兑换商的种种行径将受到舆论法庭的起诉，将受到人类心灵和理智的唾弃。
>
> 是的，他们是努力过，然而他们用的是一种迂腐陈旧的方式，面对信贷失败，他们只是提议贷出更多的钱。没有了使人民追随他们的错误领导的利润诱饵，他们只得求助于劝诫，含泪祈求人民

> 重新给予他们信心。他们只知自我追求者们的处世规则。他们没有远见,没有远见的人终究要灭亡。
>
> 货币兑换商已从我们崇高的文明殿堂落荒而逃。我们现在要以千古不变的真理来重建这座殿堂。衡量这重建的尺度,是我们体现比纯粹的金钱利润更高尚的社会价值的程度。幸福不仅仅在于单纯地占有金钱,还在于取得成就后的愉悦,在于努力创造时的激情。千万不能因为疯狂追逐那些转瞬即逝的利润而忘记工作的乐趣与激励。如果这些黑暗的日子使我们认识到,我们不应听任命运的摆布,而让命运为我们自己和我们的同胞服务,那么我们付出的代价就完全是值得的。
>
> 认识到把物质财富当作成功的标准是错误的,我们就会抛弃以名利为唯一标准来衡量公职和高级政治地位的错误信念。银行界和企业界常常将神圣的委托混同于无情和自私的不正当行为,我们必须制止这种混淆行为。人们的信心丧失也不足为奇,因为信心的振奋依赖于诚实信誉,依赖于责任的神圣性,依赖于可靠的保护和无私履行职责;而没有这些,就不可能有信心。

作为市场经济的大力鼓吹者,亚当·斯密向世人揭示市场以分工为手段,使工业生产能力出现了革命性的提升,并提出“看不见的手”的理论,清晰地讲述了市场是如何把个人努力转化为社会财富创造的。社会生产、财富创造的动力不是自觉,不是公益,更不是为了全民就业,而是为了利润。在这一点上,无论是马克思还是凯恩斯的理解,与亚当·斯密并无本质的不同。中国是一个社会主义国家,我们信奉马克思主义经济学。马克思把利润归为“剩余价值”,并与剥削联系在一起加以批判。但马克思从来没有否定利润是资本主义(实际上是市场经济)生产的原动力。[①] 无论是罗斯福的新政还是全球的社会主义实践,

① “资本主义生产的目的是资本增殖,就是说,是占有剩余劳动,生产剩余价值,利润。”[马克思:《资本论》(第三卷),人民出版社2004年版,第280页。]此外,马克思在《资本论》第一卷中还引用过这样一段话,用以佐证自己的观点:“资本害怕没有利润或利润太少,就像自然界害怕真空一样。一旦有适当的利润,资本就胆大起来。”[马克思:《资本论》(第一卷),人民出版社2004年版,第871页注解。]

都证明了仅以道德的感召，以“取得成就后的愉悦”和“努力创造时的激情”，终究无法替代利润的诱惑。当经济失去利润的指引时，社会就会迷失方向。于是，凯恩斯在对这种“赚钱游戏”进行抨击，主张对其限制的同时，选择了对现实的妥协：

> 就我本人而言，我相信确有社会的和心理的理由可以为收入和财富的不均辩护，却没有任何理由可以为今日如此悬殊的不均辩护。人类一些有价值的活动需要有赚钱这种动机，也需要有私有财产这种环境才能完全生效。不仅如此，因为赚钱机会和私有财产的存在，人类的危险性格或许会发展成为残暴、不顾一切地追求个人权势，或其他形式的狂妄自大。我们宁可看到一个人对其银行存款为所欲为，而不愿看到他对同胞手足为所欲为。虽然有时人们以为前者是后者的手段，但至少有时前者也是后者的替代。不过要鼓励人类的这些活动，满足人类的这些性格，赌注不必像今天这么大。即使赌注小得多，只要游戏者都已习惯于此，还是可以达到同样目的。一定不要把改变人性和管理人性混为一谈。虽然在一个理想的社会里，可以通过教育、感化和熏陶来使人们对下赌注漠不关心，但是一般人，甚至社会中相当多的一部分人实际上有强烈的赚钱欲望。所以，在服从规则和限制的前提下，允许这种赚钱的游戏的存在，对政治家来说，恐怕不失为英明而且精明的治国之道。[①]

我们必须承认，在现有生产力水平下，这种妥协是必要的。生产力决定生产关系，在生产力水平尚不够发达的条件下，利润对生产的牵引、对社会的驱动，仍旧是不可或缺的。然而令人遗憾的是，尽管从宏观上，利润是多么不可或缺、不可被替代，但从微观的角度，对支付利润的拒绝是人类的一种本能。即使远在马克思详细阐述剩余价值理论之前，人类社会对支付利润也是普遍采取拒绝的态度。故而人类经济社会对利润的容忍，大多来自信息的不对称。也就是

① 凯恩斯:《就业、利息和货币通论》，宋韵声译，华夏出版社 2005 年版，第 287—288 页。

说，利润产生的基础是市场的低效率，而不是高效率。这听起来有些匪夷所思，低效率促进了市场的发展和循环，高效率和充分信息却导致市场的崩溃。除资本稀缺性下降之外，市场提高效率是导致利润逐渐消失的另一重要原因。

消费者剩余在很大程度上来自生产者成本的不透明性。随着市场效率和透明度的提升，消费者预期的价格越来越接近生产者的成本，消费者剩余随之减少，消费者对生产者剩余的容忍度渐趋下降。而与消费者相比，生产者有着明显优于消费者的信息搜集能力和动力。他们在采购时会更为精打细算，尽力压缩成本。他们更不会接受为上游生产企业留下过多的利润。于是当投资和扩大再生产成为推动经济的主导力量时，规模经济带来的成本下降很快便会被新一轮竞争压力所吞噬。由于市场中所生成的利润不足，反复增加的竞争压力必然导致再生产动力逐渐衰减，最终导致经济停滞。那种把长期生产者价格定义在利润为零的位置上的所谓“均衡”理论，是对市场经济最基本规则——利润驱动——的一种彻底的无视。对市场而言，那不是均衡，而是死亡。事实上，生产者绝不会坐视利润的减少，他们会主动减少货币的生产性使用，降低供给以恢复利润。通过改变货币结构，解决货币不足的问题，这是市场的自发调节能力。但是，货币的生产性使用与就业相关联，当这种货币需求萎缩伤及就业并传导至消费时，一个循环性的紧缩便形成了。

投资乘数效应

消费本身并不是就业的直接提供者，它只能通过影响投资，间接促进就业。但由于它是利润的提供者，它的行为将对投资和就业形成极为深刻的影响。凯恩斯认为，政府运用财政政策增加投资可以带来国民收入数倍的增加，这个增加的倍数为投资乘数。而这种收入乘数效应也会带来总就业量数倍于这一投资所带来的初始就业量的变化。这个投资乘数取决于边际消费倾向：

> 如果边际消费倾向的数值接近于1，那么投资量很小的变化就会引起就业量很大的变化，同时，只要增加很小的投资就能达到充分就业。反之，如果边际消费倾向的数值趋近于零，那么投资量很

> 小的变化不会引起较大的变化，所以要形成充分就业的局面，就需要投资的大量增加。[①]
>
> 边际消费倾向越大，乘数的值也越大。假设投资量的变化为已知，那么与之相应的就业量的变化也就越大。[②]

我们已经知道，投资与消费是相互促进、相互制约的。当市场动力不足，政府以财政手段这一外力的形式介入时，消费或投资二者中短板的位置便是刺激效果最佳的位置。边际消费倾向高的情况，一般发生在积累不足的经济体，此时投资本身就是短板；反之，边际消费倾向低的情况一般出现在发达经济体，消费为短板。

一个欠发达的经济体中，尽管用很少的投资便可带来很大的就业和产出，但其固有的产出能力形成总量制约导致投资与消费是相互排挤的，扣除必需的消费外，已无多余的投资能力。它的本质是债权性货币需求不足。作为债务性货币需求投放主体的政府，如果要加大投资，就只能通过强迫储蓄。而如果政府举债消费，不仅不会产生投资诱导，反而会进一步挤压投资能力。所以这种乘数值大，并不意味着政府的操作空间大。

而发达国家的情况正好相反，经济危机的根源是庞大的商品堆积所代表的充足的债权性货币需求，不足的是债务性货币需求。消费需求被满足时，只能产生一次性货币投放。但这样反而不会产生新的货币需求压力，更不会像投资和闲置那样，产生资本或闲置物品反复货币化的需求。同时，消费不仅对庞大的商品堆积有着最直接的清理作用，且消费者对生产者利润的容忍度高于投资者。所以，尽管与投资相比，消费不是就业的直接提供者，甚至不是经济增长最主要的推动力，却是整个经济运转的最短板，处于经济循环的瓶颈位置。故而，它能比投资更有效地拉动经济。资本主义的经济危机从根本上讲是消费不足的危机，而不是投资不足的危机。[③] 只增加投资，不增加消费，尽管可以直接带来就业和产出，却是无法形成一个完整的循环，也就没有所谓的“投资乘数”。

---

① 凯恩斯：《就业、利息和货币通论》，宋韵声译，华夏出版社 2005 年版，第 92 页。

② 凯恩斯：《就业、利息和货币通论》，宋韵声译，华夏出版社 2005 年版，第 96 页。

③ 即便是凯恩斯所说的“投资诱导不足”，也是由消费不足引发的。

发达经济体如果要创造一个凯恩斯所谓的大的投资乘数,恰恰不是依靠投资,而是消费。

无法带来投资的消费(短缺经济)和无法带来消费的投资(发达经济体),都会因不能形成完整的循环而导致社会生产的中断。凯恩斯的治疗经济危机的药方——所谓的"政府投资"中,有很大比例属于公共物品提供。在之前的章节,我们分析过,以公共物品为代表的政府投资有着极大的消费属性,并且是强制性消费。公共物品投资仅自身便可完成由货币投放→投资→消费→货币回笼(税收)的全过程,不能简单地归结为投资在起作用。这同时意味着,一个积累雄厚的经济体中,政府财政有着巨大的操作空间。

凯恩斯所说的乘数效应的实质,来自政府投放所提供的初始订单带来的利润牵引。它对市场已经枯竭的能量进行了补充。普通消费者和投资者作为买方,对卖方的利润出于本能地拒绝,除非自身已经获得了丰厚的利润,否则无法接受他人的获利。但从宏观上讲,如果谁都不肯为对方支付利润,整个经济体就不可能存在利润。整体利润水平萎缩的结果,是经济必然会出现衰退。所以政府投放的利润就像最初的鱼食,搅动了整个池塘,带动整个生物链。政府购买,生产者生产,对劳动者支付工资,劳动者形成新的购买,从而形成新的生产,支付新的工资;如此往复。

在一个自由竞争的市场之中,这种利润的动力在运转中将逐步衰竭,无论是马克思的"利润率趋向下降"理论、凯恩斯的"资本边际效率递减"理论,还是西方经济学的内部收益率递减理论、自然利息率递减理论、报酬递减理论,所描述的都是市场这种利润自然衰竭的过程。在这个过程中,货币相对于劳动力和资本越来越稀缺,并且会随着技术的更新、资本的深化、扩大再生产而愈演愈烈,最终以庞大的商品堆积和劳动力的闲置作为结果。这种情况下,政府在向市场以订单的形式投放货币的同时,也是在向市场投放利润。之所以这件事情只能由政府来做,在于政府有税收做支撑、有赤字能力做后盾,因此只有它才能成为市场初始利润的创造者。

订单理论

市场经济是利润驱动型经济。这就决定了初始的订单对市场经济的重要作用。初始订单不足，就会导致经济体内大量原交易性货币沉淀为贮藏性货币，最终使经济体丧失活力。凯恩斯在《通论》中反复论述了经济体自发性初始订单不足的必然性。一个外来的初始订单可以引发一系列新的订单。尽管这些初始订单仅仅提供了有限的一点点利润，但它却会像燎原之火，迅速点燃市场的投资与就业，进而引发更广泛的消费行为。如此循环往复，乘数效应便产生了。

消费行为与投资行为的区别在于，它无法追求货币回报，因而它与投资行为相比较，是一种纯粹的货币投放行为。此外，消费者对市场信息的把握能力远不及投资者，并且投资者主观上对采购成本远比消费者更为敏感。因此，消费行为会比投资行为为生产者留有更大的利润空间。用马克思理论讲，这些利润（剩余价值）支撑了更大规模的扩大再生产；用凯恩斯理论讲，这些消费和利润会使生产者预期趋于乐观，形成投资诱导，从而刺激就业，进一步提升全社会的消费水平。这种生产者预期与消费者预期交替膨胀产生的乘数效应，是经济出现繁荣的必要条件，直至出现货币供应不足。在金本位制下，如果一个经济体每次出现这种阶段性的货币供应不足，都必须由海外订单重新点燃，那么当海外黄金暂时性枯竭时，经济危机便会周期性发生。布雷顿森林体系之后，美联储的货币政策周期代替了黄金开采周期，成为左右世界经济的指挥棒，并且在很大程度上熨平了这种周期性波动。客观地讲，美元在从中获取巨大利益的同时，曾经对全球化、市场化之下世界经济的繁荣稳定所作的贡献也是不可磨灭的。但世界经济过度依赖美元订单的现象，同样值得我们警惕。

自凯恩斯之后，已经有一些学者能够认识到经济萧条是货币匮乏引发的有效需求不足，于是，类似于“坐着直升机撒钱”“打开印钞机印钱”之类的言论不绝于耳。然而，被人们所忽视的是，不同的货币投放路径，所满足的货币需求不同，政策效果也是截然不同的。并且从来就不真正存在什么“坐着直升机撒钱”

“打开印钞机印钱”这样的货币投放路径。

按照我们的理论，总供给形成债权性货币需求；有效需求对应总供给中货币化的部分；债权性货币需求、债务性货币需求和银行中介共同完成货币供给。因此，导致有效需求不足的货币不足，原因便在于银行所提供的货币容器或债务性货币需求相对于债权性货币需求不足。并且这两者中任一不足，都无法起到刺激经济的作用。然而，凯恩斯之后的主流经济学，却并没有接受凯恩斯财政政策与货币政策相结合的理论，“笼统地讲，新古典主义者认为任何经济刺激只应该出自一个渠道，即中央银行印制更多的货币；新凯恩斯主义者认为应该由政府通过债券融资或直接斥资投入基础建设项目进行赤字预算”。[①]

首先，央行货币投放，如果不与财政政策相结合，要么便只能与外汇流入相结合，形成对海外订单的过度依赖；要么便无法有效地形成高基货币，货币的信用能力会因此受到影响。其次，看似都是缺少货币，但金融危机缺少的是流动性，需要的仅仅是货币容器；经济危机和萧条缺少的是订单，是债权性货币需求无法得到满足造成的，缺少的是债务性货币需求。政府订单优先满足的是债权性货币需求，如果与货币政策相结合，可以提供债务性货币需求。货币政策提供的只是货币容器，它优先满足的是债务性货币需求，但它本身并不提供债务性货币需求，故而它用于应对金融危机的效果会比较显著，对经济萧条无法单独发挥作用。此外，如果货币政策不与财政政策相结合，而是单纯依赖商业银行将货币投放出去，那么传导的路径也明显不佳。

商业银行货币投放只能形成贷款，而不是订单。订单是附着利润的货币供应，而贷款是附着（资金）成本的货币供应。利润是市场用于驱动生产的唯一手段，故而只有与订单相捆绑的货币才是真正具有生产性的。一个生产型的社会，借钱还货的货币（订单）广受欢迎，而借钱还钱的货币将被拒之门外。没有了订单的指引，商业银行就失去了放贷的依据，就算商业银行愿意放贷，一个经济体如果只能够轻松地以贷款的形式获得货币，却不能得到订单，那么对于生产性货币需求，这样的货币是不敢接受的。这样的货币投放路径，甚至只会用

① 罗伯特·斯基德尔斯基：《重新发现凯恩斯》，机械工业出版社 2011 年版，第 46 页。

于炒作金融产品或稀缺资源，从而形成脱离实体经济的自我循环。因此，在经济扩张时期，安全债务人和债务性货币需求充足，由商业银行投放货币可以起到很好的作用，然而在经济不景气时，这样的货币无法独自进入实体经济。社会订单已经出现不足时，单一的货币政策刺激往往效果不佳。当市场失去足够的利润牵引时，仅仅靠利率的降低是无法补偿的。利率如果降得过低，甚至会出现流动性陷阱。这就决定了，与财政订单相结合是中央银行货币投放最合理的路径。①

就财政政策而言，订单的效果也明显优于减税和发放失业救济金。

> 哀公问于有若曰："年饥，用不足，如之何？"有若对曰："盍彻乎！"曰："二，吾犹不足；如之何其彻也？"对曰："百姓足，君孰与不足？百姓不足，君孰与足？"②

上述内容比供给学派的减税刺激产出的经济理论早了两千多年。在农业社会，歉收之年，减税或许的确是一个让百姓休养生息的好办法；但在工业化大生产的时代，危机的根源已经不是歉收（供给不足），而是需求不足，减税的刺激作用便有限了。

在经济尚未冷却、订单并未完全退潮、生产者与消费者的预期尚未发生逆转的时候，减税、降息这类减少企业负担的政策，作用会比较明显。然而，当经济衰退已经使生产者预期转向悲观之后，一个拿不到订单的企业是不会因为利息减少、税收减少，甚至工资减少而主动开工的。简言之，市场需要的是订单；劳动者需要的是就业的机会。历史反复证明，一个经济主体不可能像古典经济学所描述的那样掌握全部信息，决策理性正确，他们会因增加一笔收入而增加支出，但在收入无法增加时，却往往会因为减少一笔支出而更加捂紧自己的钱袋子。不难理解，如果每一个经济个体都抱着量入为出的态度，那么就永远不

---

① 特别是一些如教育科研、国防、公共安全、环境保护、医疗卫生、基础设施等公共物品的提供，有的只具备社会效益，有的从投资到收益的周期过长，无论怎样努力降税、央行怎样努力提供贷款，这些订单，市场都无力自觉生成，却可以成为政府订单大展拳脚之处。

② 引自《论语·颜渊篇》。意为：鲁哀公问有若说："年景歉收，国用不足，怎么办？"有若尊敬地回答："何不减税？"（采用十取其一的税制。）哀公说："不减税（十取其二），我还不够，怎么还能减税呢？"有若还是恭敬地回答："如果百姓足了，您怎么会不足？如果百姓不足，您怎么会足？"

会有第一笔订单出现。正因为大家都不打算做这个第一笔订单的提供者,都选择等待,在外部订单出现之前,大家只会努力削减各种“不必要”的开支,这也是一个“乘数”效应,其结果就是订单循环往复地减少。相反,政府财政订单或海外订单作为破局者,尽管这些初始订单所提供的利润和就业并不庞大,所带来的资本边际效率和边际消费倾向之后都是逐渐递减的,但是在循环往复地生产、消费、再生产、再消费的过程中,乘数效应还是会发挥巨大的作用(降低的只是加速度,而不是速度),直到市场的摩擦力将这一加速度消耗殆尽,市场失速,等待下一次的外力推动。而萨伊、李嘉图所描述的那种无摩擦的市场,现实中并不存在。

至于发放失业救济金这种政策的作用,我认同凯恩斯的观点,低效,但是受古典经济学毒害过深的情况下,更容易被接受。①

阿马蒂亚·森在《贫困与饥荒》中说道:“社会保障系统会影响到每一个人可以控制的商品组合,它们是一个人交换权利的组成部分,其条件是这个人没有进行其他交换。例如,如果一个人用自己的劳动力换取了工资,即成为就业者,那么这个人就无权继续领取失业救济金;与此相类似,如果市场交换使一个人的收入超过了规定的贫困标准,那么他也没有权利接受救济。在已经建立了社会保障系统的私人所有制的市场经济中,社会保障是对于市场交换和生产过程的补充,这两种类型的机会结合起来决定了一个人的交换权利。”②但是,既然是排他性的交换的权利,它所体现的就绝不仅仅是补充,也必然包括了排斥,它是对劳动者劳动权利的一种侵犯,它会使劳动者越来越厌恶劳动。救济金的提供,应当只限于丧失劳动能力的群体,而不是失业者。失业者需要的是就业的机会。中国古代智慧尚能明白“以工代赈”的重要性,而今所谓的“经济学家们”却是无论如何也搞不懂的。

---

① “奇怪的是,人们根据一般的经验,想从古典学派的谬论中挣扎出来,往往宁愿选择全部‘浪费’的举债支出,而不愿选择部分浪费的举债支出,因为后者不属于全部浪费,所以要根据严格的‘经营’原则办事。例如,人们比较容易接受用举债来支持失业救济,但若政府用举债来兴办设备改良,其效益小于现行利率,人们就不太愿意接受了。”(凯恩斯:《就业、利息和货币通论》,宋韵声译,华夏出版社 2005 年版,第 99 页。)

② 阿马蒂亚·森:《贫困与饥荒》,商务印书馆 2001 年版,第 8 页。

第七节　木桶理论

这一节内容是借用管理学的木桶理论对本书中的许多重要观点的总结。木桶理论是管理学中经常用到的一个概念，是说一只木桶能盛多少水，并不取决于最长的那块木板，而是取决于最短的那块木板。木桶理论非常形象地描述了市场经济之下资源配置的方式。但经济学这门学科，并不喜欢使用这个理论，在一些经济学家看来，随便拿笔在纸上画几下，然后起一个名字叫作“无差异曲线”，就能实现不同要素间完美、自觉且无时滞地相互替代；或者仅用价格便可以填平各块板间的长度差异。于是，各块不同长度的板在市场那只“看不见的手”的作用下，物尽其用地“均衡”了。[1] 这种空中楼阁的理论，始终统治着经济学学科。

木桶理论的经济学应用

从被西方经济学奉为“圣经”的《国富论》中，我们或许可以找到木桶理论被经济学拒绝的另一原因。《国富论》的主题只有一个，那就是分工。分工促进了标准化和专业化的发展，使劳动个体能够在一个经过细分后的、极其狭窄的生产环节内，以最少的资源占用，通过不断重复和熟练，完成自己最擅长的工作，创造最大的产出，从而使效率发挥到最大。根据亚当·斯密的观点，企业内部的分工通过企业家们的计划、管理得以实现，因而管理学是一个主张主动干预的学科。而由于人类认知和管理能力的有限性，这种管理和计划的手段不适合超出企业自身的范围使用。故而企业外部分工这个经济学重点研究的对象，应当由市场那只“看不见的手”来完成。所以经济学家们或许认为，木桶理论这种

---

① 木桶理论显然是一个非均衡理论，基于闲置现象永远存在。传统经济学家必须无视闲置的原因在于，闲置意味着低效率和无能！传统的经济学理论怎么可能承认市场是一个永远达不到均衡的体系呢？在他们笔下，市场是最高效率的，只要不去管它，就可以自己“最优”的，怎么可以把闲置作为常态呢？然而他们所忽视的却是，人类所利用的资源和效率永远只是微不足道的。尽管市场那只“看不见的手”通过大量闲置所实现的高效率在人类眼中永远不够高，但那却是唯一可以提高效率的方法。

基于管理学主动干预为基础的理论不适用于经济学。

我们的研究却发现,市场那只“看不见的手”对资源进行配置的原则,恰恰也正是木桶原理:全社会资源必须围绕最稀缺资源运转才能取得效率最大化,因而各生产要素依其产出率(价值)参与分工,却依其稀缺性(价格)对产出品进行分配。内部分工靠计划、靠管理,人工补短板,适用木桶理论;企业外部分工靠市场,自动补短板,同样也适用木桶理论。

马克思指出,分配是与分工同时出现的,正是分工带来了不平等,它与私有制是同义语,讲的是同一件事情:分工是就活动而言的,所有制是就这个活动的产品而言的。[①] 可以这样理解,正是全社会资源必须围绕最稀缺资源运转这一市场经济的木桶原理,使得作为非稀缺资源的劳动力在生产活动的分工和分配中,成为作为稀缺资源的生产资料的从属品,受其支配,并自相激烈竞争。马克思在痛斥这一现象的同时,也论证了分工是社会发展的必然趋势。

无论是企业内部还是外部,木桶原理都是分工与分配的核心原则,区别只在于实施这一原则的手段不同。我们将木桶原理与经济学的分工理论相结合时,讨论的对象既包括劳动力要素,也包括其他所有生产要素。我们对经济学的木桶理论这样描述:经济社会就像一个由不同长度木板箍成的木桶,每块木板代表一种生产要素,木板的长度代表要素的充裕(稀缺)度,它不仅取决于要素的绝对数量,更取决于单位要素的产出(产出率)。木桶的“均衡”是靠众多长板的闲置得以实现的,社会可以创造多少财富则只取决于木桶的最短板。因此,全部社会资源的分工与分配必须围绕最稀缺要素(最短板)运转,才能取得效率最大化。而在货币经济之下,货币可以理解为木桶的一块板,但它更像倒入木桶的水。货币充足时,会自觉地向短板处流动甚至溢出,从而提升瓶颈资

---

① “分工包含着所有这些矛盾,而且又是以家庭中自然产生的分工和社会分裂为单独的、互相对立的家庭这一点为基础的。与这种分工同时出现的还有分配,而且是劳动及其产品的不平等的分配(无论是在数量上或质量上);因而也产生了所有制,它的萌芽和原始形态在家庭中已经出现,在那里妻子和孩子是丈夫的奴隶。家庭中的奴隶制(诚然,它还是非常原始和隐蔽的)是最早的所有制,但就是这种形式的所有制也完全适合于现代经济学家所下的定义,即所有制是对他人劳动力的支配。其实,分工和私有制是两个同义语,讲的是同一件事情,一个是就活动而言,另一个是就活动的产品而言。”[《德意志意识形态》——《马克思恩格斯全集》(第三卷),人民出版社 2016 年版,第 36—37 页。]

源的价格，意味着分配向短板倾斜。故而价格信号正是市场配置资源的依据，它调整的不是市场的均衡（市场从来不会为价格而均衡），它调整的是各方的闲置水平。市场通过价格识别木桶短板，制定分配标准，并在价格的刺激下，使短板资源的闲置下降、效率提升，在资源向高效率的使用者手中转移的同时，及时找到替代资源。人类财富的边界取决于木桶的容积，而人们能够看到和使用的仅仅只是木桶里的水。木桶容积中多于水的部分并不形成人类财富，流出去的水也不构成财富。

货币在木桶中的功效

不能被货币化的产出或资源，就不是财富吗？这个说法可能会使读者愤愤不平，难道它们就没有价值吗？请重读本书第二章第一节的内容，人类对财富从来不是按价值去定义的，我们从来没有把价值巨大的空气列为财富，在传统经济学中，空气这种不能货币化的价值甚至不被称为价值。人类所在意的，从来仅仅是货币化的能力。人类所定义的“财富”，从来都是与货币所进行的稀缺度的比对，“物以稀为贵”和“价高者得”的市场法则也都只能通过货币得以实现。货币化则是市场连接分工和分配的纽带。

在黄金被看作唯一货币和财富的时代，资本主义高速发展劳动力效率大幅上升使得货币成为经济和财富增长的唯一桎梏。在货币既定、财富既定之下，任何生产力水平的提高都只能是一场零和游戏。货币不足，通过阻止储蓄转化为投资，从而降低投资水平，进而形成生产的第一要素劳动力的闲置。许多经济学家已经认识到，在商品货币本位下，货币瓶颈的制约作用。凯恩斯甚至发现，在金矿易于开采的时期，世界上的实际财富增加得很迅速；在金矿不易于开采的时期，财富便停止增长甚至下降。并且他认为，举债支出可以达到同样的效果。[①] 因为此时由于货币数量低于木桶的最短板，故而只要增加货币有效供给，就可以增加商品货币化的能力，从而刺激生产，增加财富和就业（减少劳动

① “举债支出的分析与现实世界中开采金矿是完全相仿的。经验告诉我们，当黄金的埋藏深度有利于开采时，世界上的实际财富增加得很迅速；但当不利于黄金开采时，财富抑或停止增长抑或下降。”（凯恩斯：《就业、利息和货币通论》，宋韵声译，华夏出版社 2005 年版，第 100 页。）

力要素闲置)。如果用萨伊定律式的语言,则可以表述为,“货币可以创造自身的需求”。

古典经济学总是宣称:货币是中性的;货币是外生的;货币不可能不足。基于这三个错误命题,限制了货币的正常供应和人类财富的增长。如果说亚当·斯密的价值悖论还是在看到水的稀缺性不足之下基于错误逻辑发出的感叹,那么传统经济学所谓的长期货币归为中性的理论,则是仅仅出于对未来货币失去稀缺的过分担心,便凭借幻想提出的一个理论,但也丝毫没有阻挡住人类彻底破除货币瓶颈的努力。

信用本位之下,人类社会货币供给能力出现了一个较大的提升。当货币不断增加时,其稀缺性便会不断下降。如果供应量已经达到或超过其他稀缺资源时,短板效应就出现了。此时即使是凯恩斯及他的大多数门徒,也会对货币的产出性提出质疑。事实上,不仅是货币,任何生产要素都具备这个属性,例如凯恩斯所提出的资本边际效率递减理论、充分就业之后进一步增加投资就会出现真正的通货膨胀等理论,其实也只是货币稀缺性递减所触发的新的瓶颈(短板)效应而已。我们已经反复强调,稀缺性下降并不等同于价值下降,之所以有时看似产出也在下降,真实原因是某个非货币要素出现短板,导致其他要素因得不到足够的瓶颈要素相匹配,无法发挥效用。如果短板为积累,货币超出,则形成强迫储蓄(不以充分就业为必要条件);如果短板为劳动力要素,货币超出,则为充分就业,凯恩斯称其为真实的通货膨胀;如果短板为土地、能源等其他生产要素,货币超出,却未达到充分就业,则为所谓的“滞胀”。但是,单位要素充分使用下的产出水平并没有下降,因而不能认为是要素的效用下降了。无论是货币、劳动力还是其他要素因瓶颈出现而过剩,都不能等同于它们是中性的,或是没有价值的。[①] 而货币的暂时性过剩所引发的瓶颈资源的价格上涨,恰恰传递了重要的市场信息,是打开瓶颈、加长短板的先行条件。

短板要素的价格上涨,恰恰是减少其闲置、提高其产出率,使资源向更高效

① 社会化生产之下,任何要素都无法独立形成产出,因此,在木桶出现短板时,总体产出能力必然下降。并且短板要素并不固定,各要素都有成为短板和长板的可能,如果据此判断长板要素是没有产出的、是中性的,那么这个世间将不存在非中性的要素。

率的组合方式转移[1]，并寻找其替代，最终打开短板的钥匙。长期而言，短板加长或被替代[2]，从而带来新的产出是必然的；也就是说，长期而言，货币更不可能“中性”。

货币这种自带的加长短板的功能，是通过市场竞争得以实现的。

在自由竞争市场条件下，一切生产过程需要通过诸多生产要素间的相互匹配得以完成。而在这个过程中出现的竞争，就是以某个要素为出发点，争夺与其他要素进行匹配的优先权的过程。就某个具体要素资源的单一所有者而言，提高手中资源的产出率，是获取优先匹配的最佳方式，但当竞争迫使该要素的全部所有者普遍提高了这个要素的产出水平后，要素稀缺性的下降就必然损害该要素所有者的利益。由此引发的是新一轮提高产出率的竞赛。在这种你追我赶、循环往复地提升各要素效率的竞争之下，最终形成木桶短板的恰恰是效率提升最慢的那项资源。而随着这项资源在分配中超然地位的浮现，由于其价格的上涨，对其进行替代，以及提高其使用效率的研发，便会再次紧锣密鼓地推进。就这样，随着一块又一块短板的加长，木桶容积越来越大，人类财富不断积累。在市场的这一规则之下，要素的持有者越分散，竞争便越激烈。而货币由于供给过于集中，导致竞争不足，所以长期居于瓶颈位置，这一点暂时还难以彻底改变。

货币在木桶中的特殊性还在于木桶中的每一块板（生产要素），无论是数量还是产出率大幅上升，导致的自身稀缺性下降所伴随的价格下降（俗称“贬值”）是相对于货币而言的，而不是相对于其产出而言的。普通要素产出率上升，在导致其价格下降的同时，它相对于其产出物——商品的稀缺度——却是上升的。而货币的不同之处在于，它的价格恰恰是相对于其产出物——商品——而

---

① 熊彼特认为：“所谓经济发展，就其本质而言，在于对现存劳力及土地的服务以不同的方式加以利用。这一基本概念使我们得以声称：实现新的组合，是靠从原先的利用方式中把劳力及土地的服务抽调出来才得以成功的。”（约瑟夫·熊彼特：《经济发展理论》，商务印书馆1990年版，第109页。）但是，要素是不会主动从原先的利用方式中抽调出来的。市场将劳动力、土地等诸多资源要素重新组合的依据正是它的“价高者得”的原则：低产出的要素使用者由于无法支付高的对价，因此退出竞争，从而提升了该要素资源的产出水平。

② 市场同样不会自觉替代或加长，只能由货币驱动。

言的。故而,货币产出率的提升不仅不会造成货币对商品的所谓"贬值",反而会令货币价格上升;也就是说,不仅不会推高物价,相反只会降低物价。由此可知,处于瓶颈的货币,在数量增加时,尽管会造成其他要素价格的上涨,但由于其产出率随之提升,其效果相抵,并不会带来物价的明显上升。

用一个动态的木桶理论去衡量,凯恩斯的两要素模型显得过于简单和静态,它仍旧低估了货币的产出能力。近 30 年来,在全球一体化的进程之下,为后发国家带来较为宽松的货币,不仅使就业达到了一个较高水平,并且货币以其出色的产出能力使全球物价稳中有降。货币数量的增加及货币效率的提升所带来的货币稀缺度下降,更主要表现在货币相对于其他生产要素(如土地、劳动力要素)的比价关系上。货币产出越高的地区,这种比价关系的变化便越明显。就全球整体而言,货币的巨大产出能力使货币的增加带来了更大的产出,故而货币相对于其产出物——商品——之间的稀缺程度不仅没有下降,反而上升了。较为充裕的货币促进了劳动生产率及其他要素产出率的提升,增加了经济体对货币的吸纳能力,使得经济这一木桶并没因为货币数量增加而出现短板。人类财富随货币数量增加而不断聚集。

木桶理论与传统经济学均衡理论的对立

在经济运行之中,其中一个要素因稀缺而形成短板时,不仅会降低产出,也会减少其他非瓶颈要素的使用,从而形成闲置。正是被传统经济学家们所无视的闲置,解决了诸多要素间复杂的匹配及替代关系导致的供需数量无法对应的问题,同时构成对一切"均衡"理论最无情地嘲笑。所谓的"均衡""价格弹性"所基于的都是闲置。交易各方都不会以"出清"为唯一原则和目的,从而接受任何价格。因此市场并不会因价格而达成真正的供需平衡。所谓的总供给与总需求函数的交点,既不代表均衡的价格,也不代表均衡的就业,而是代表这个价格下供需双方的闲置水平。无论是供给还是需求,价格弹性都是有限的,它并不能使过剩要素被充分使用。价格下降或上升所起到的作用,仅仅是使部分供给或需求退出交易,长板被主动闲置,这样才能使过剩要素参与交易的数量满足最短的那块板的要求。

经济学本应是一种不断找到木桶的短板(瓶颈资源),不断加长木桶短板,从而不断扩充木桶容量,保证经济持续发展,以增加人类财富的工作。显然这是一个动态的过程。在这个动态的过程中,从来没有出现过,也不可能出现被主流经济学家们称为“均衡”的那种东西。即使退一步讲,货币数量可以保证充分就业,或者保证商品出清,所代表的也不是所谓的均衡。短板始终存在,闲置始终存在。只不过是闲置的部位各不相同。如果闲置可以等同于均衡,那么这个世界中还有哪个点不可以被称为“均衡”?如果闲置不能等同于均衡,又哪里会有什么均衡呢?故而,所谓的供需均衡其实是首先假设,它是均衡的(不存在闲置),推导出它是均衡的。如果某一要素用尽,其他要素闲置就可称为均衡,那么只要尽量削减货币供给,保证货币用尽,以便更多的资源被闲置,更多的劳动力无法就业,更多的商品不被生产出来,即便生产出来,也可以同样被闲置,那么经济就均衡了吗?这就不难解释,古典经济学所谓的抑制通货膨胀理论了。其逻辑是,不是短板太短了,而是长板太长了!这种削足适履即可天下均衡的逻辑,在传统经济学中不断泛滥。然而世界是多维的,要想看清每个侧面,就必须不停地变换角度,反复削足,最终必然在不断变换的角度中迷失自己。

经济学家们为了证明所谓的均衡,往往去建立一个两要素的模型,然后假想平面上可以有两条线,再假想出一个交点,工作就算完成了。然而真实的世界却既非平面,也绝不只是存在两个相互作用的要素。每个要素的供给和需求也并非齐性,而是一个个分布,通过这些分布中个体的差异进行竞争、替代,故而所形成的每个相互作用的要素间配置的关系和比例都有着多重选择的机会及偶然性。就单一要素而言,同要素甲均衡了,就无法同要素乙均衡;就要素的单一持有者而言,从来没有一个被传统经济学家们称为“理性”的东西出现。由于各要素间匹配和替代关系的复杂性,试图构建一个全要素模型去模拟所有要素间的普遍的,或者说一般的均衡状态,更是痴心妄想。更不可思议的是,这样一个由市场随机完成的过程,经济学家们试图代劳的意义又在哪里呢?难道在于批评市场永远没有自己聪明?

真实的世界中,要素运行体系就像这个木桶,它的高效性并不是靠均衡,而是靠市场法则得以实现的。“物以稀为贵”这一市场竞争法则不仅仅代表着价格的差异,它的实质是:一切要素在货币的作用下,围绕最短板(最稀缺要素)运转,非稀缺要素则被闲置。也就是说,尽管价格是由供需决定的,但价格却并不是供需关系比对的唯一表达方式。市场的有效性恰恰体现在,它绝不会仅仅通过价格的调整匹配完所有的资源。没有闲置,就没有价格竞争,就没有效率。这使得各要素在生产过程中稀缺度的匹配,并不会单一地体现在价格上,而是在价格和闲置程度两个方向上都有所展示。故而所谓的均衡永远不会存在,最短板的闲置度最低。

由于闲置是永恒的,各要素产出率没有最高,只有更高,货币并不会与各要素逐一以价格相均衡。然而劳动力与其他商品及要素完全不同,它的闲置意味着人类生存受到威胁。故而,失业绝不是劳动力价格的问题,更不是依靠降低劳动力价格可以解决的问题。通过工资变动,自发的充分就业假设并不成立。① 比较而言,从人类自身角度出发,凯恩斯将“均衡”理解为劳动力自身无闲置,即充分就业,尽管仍旧不合逻辑,但是最容易被接受。

根据木桶理论,经济运行中,最稀缺的那个要素,也就是木桶的最短板决定社会产出的大小,故而只有木桶最短板的增长效果是最显著的,它可以使最多的闲置资源被利用起来,使它看似可以创造自身的需求。当它逼近其他板的长度后,效果的递减就形成了传统经济学所说的“边际”效应。而我们从瓶颈和木桶的角度去理解稀缺性的作用,远比所谓“边际”描述要清晰得多。应对思路也会从减少要素投入、不断削去长板,转变为打开增长瓶颈,填补木桶短板,以保证充分就业。只有这样的思维方式,才更加具有建设性。

但是,也要认清,处于经济运行的不同时期、不同阶段,短板是不同的。经济发展过程中,触发每次危机的瓶颈并不存在确定性。因此也就不存在解决危机的万能处方,也不可能用某两个或多个要素建立的模型完整地表述清楚。市

---

① 竞争的效用就在于淘汰。被淘汰者被闲置,否则竞争便被阉割,这是最简单不过的道理。古典经济学所谓的可以导致均衡和充分就业的“充分竞争”,难道就是指被阉割的竞争吗?

场经济之下，危机多是由于货币不足引发，也只不过说明人类尚没有能力解决货币不足(并不代表它有必然性)。而造成货币不足的原因，同样并不确定——储蓄不足、安全债务人不足、安全债务人承债意愿不足、中央银行中介意愿或能力不足、金融体系意愿或能力不足、抵押物不足，等等。在货币供给问题上，如果将这些因素拼成一块大木板，其中最短的小木板决定货币数量。有效需求不足和相对生产过剩，放在这个木桶中则可以表述为债权性货币需求相对于债务性货币需求或中介意愿的过剩。

一只木桶由许多块板(理论上讲是无数块)组成，而每一块板又可以分解为无数的小板，但要素再多、木桶再大，静态之下，只需要观察最短板就可以了，这样就避免了传统经济学任选两块长板画出交叉曲线，试图求得均衡交点的误区。故而这个木桶模型明显优于一切可数要素模型。动态之下，能够觉察到下一块短板，已经是了不起的成就。因此，研究宏观经济的目的，就在于找到短板补齐它，而不是降低桶的容量，削减人类财富。当弗里德曼与舒瓦茨在《美国货币史》中评价 20 世纪 20 年代美联储的货币政策时，自豪地声称："经济活动的变动与联邦储备体系政策措施之间紧密的同步性在联邦储备体系内外产生了极大的信心，人们认为新的货币机制为熨平经济波动提供了精确有效的手段，其操作者能娴熟地运用它以实现政策目标。"[①]但他们并没有认识到，他们极力推崇的这种脚与鞋的"同步性"，是用削足适履的方法，使木桶的每一块板均严重闲置的结果。而这种计划思维下的"均衡"行为的另一个后果，就是即将到来的资本主义历史上最大的一次危机。很难想象，在同一本著作中，如何能够娴熟地将这两个时期割裂开来，仅仅在同一本书的几页之后，便转而大肆抨击美联储的无能(我们将在本书第五章第四节详细介绍)。

木桶中公平的体现

分析就业与物价的关系，使用木桶理论，可以使就业理论建立在多维的基

① 米尔顿·弗里德曼、安娜·J. 施瓦茨：《美国货币史》，巴曙松、王劲松等译，北京大学出版社 2009 年版，第 206—207 页。

础上，从而很好地避免陷入凯恩斯的两要素互为稀缺的二维模型。人类出于本能，在整个体系运转的过程中，总是希望自身——劳动力要素——成为资源运转的中心。然而，一旦把资源配置的权利交给市场，只有当劳动力要素足够稀缺时，才能减少它的闲置。显然这一过程不可能用拔苗助长的方式实现。而短板资源之所以成为短板，除了数量局限外，更重要的是效率局限。所谓效率局限，是一种内部的闲置，比如能源短板、土地短板都是由于人类对自然界资源的开发使用效率过低。这种短板所造成的瓶颈在市场经济中更是无处不在。如果在生产力水平不足以使劳动力要素稀缺的前提下，人为改变市场围绕最稀缺资源运转的模式，则会阻挠资源效率提升，难以达到理想效果。从马克思主义经济学和历史观中不难发现，人类演进的历史中，随着生产力的发展，人类对阻挠自身发展的各个短板资源的开发能力和使用效率不断提高，劳动力要素的地位也在不断提高。人类社会始终在朝着“以人为本”的方向缓慢地前进着。与马克思时代无产阶级为基本生存权而努力抗争相对比，如今一些发达资本主义国家对公平的要求已经有所提升，对教育、文化娱乐、医疗卫生等更高层面的公平诉求已经成为主流。①

人类可以做到的就是不断挖掘各类生产要素的数量，提高各类要素的使用效率，从而使劳动力要素的稀缺度不断提升。做大木桶的容积，并让它加满水，就是效率；努力补齐造成劳动力闲置的短板就是公平。两者结合就是社会进步。我们可以谴责人性的不足，却仍旧要尊重市场的投票权。故而在生产力水

---

①　托马斯·皮凯蒂在他的《21世纪资本论》中抨击道：“美国所有的著名高校都要收取非常昂贵的学费。此外，这些学费在1990—2010年间又增长了不少，这与美国高收入人群的收入增幅相匹配，这意味着美国不仅过去的社会流动下降，其未来的社会流动也会继续下降。现在高等教育的不公平问题正在美国引发越来越多的争议。研究表明，在1970—2010年间，家长收入属于美国收入后1/2的美国高校毕业生始终只占总数的10%—20%，而家长收入属于前1/4的高校毕业生比例却在同期从40%升到了80%。换言之，能不能上大学几乎就成了‘拼爹游戏’。

“这种入学不平等似乎也存在于经济状况较好的家庭，因为名牌私立大学不仅学费高昂（对中高收入家长来说也有些难以负担），而且录取与否很大程度上取决于家长对高校捐款的能力。例如，有一项研究表明，美国毕业生对母校的捐赠往往会集中发生在他们的子女到了大学入学年龄的时候。此外，通过比较不同来源的数据，可以估算目前哈佛大学学生家长的平均年收入是45万美元，这与美国收入最高的2%居民的平均年收入相同。这样的研究结果表明，大学对新生的录取并不是完全看新生的能力和资质。‘按材录取’的宣传与现实似乎走了两个极端。在此也要指出，美国大学的遴选过程往往是不公开的。”（托马斯·皮凯蒂：《21世纪资本论》，中信出版社2014年版，第499页。）

平不足以达到一切资源围绕劳动力要素运转的前提下，遵照市场规律、尊重稀缺资源的短板效应才是理性的做法。

第八节　就业与物价稳定

> 中央银行公布的通货膨胀目标是用来激发工商企业员工恐惧感的工具，如果他们允许（要求）工资和价格上涨，将令他们面临失去谋生的工作机会的危险。这一限制货币收入需求增加的政策，可以称为"恐惧性收入政策"。这样做的目的是要让广大劳动者相信，中央银行会不惜一切代价阻止高额通胀型工资或其他收入要求在市场上合法化。一项紧缩性的货币政策能够充分减少市场需求。而对于利润亏损的恐惧能够令经理人员的腰杆更硬，他们可以拒绝工人提出的增加工资的要求。另外，员工们对于失业的恐惧也能够扼杀他们提高工资和福利待遇的要求。紧缩的货币政策就是古典理论中应对收入性通货膨胀的政策。①

资产阶级经济学家喜欢把物价波动及经济危机的罪责全部归于无产阶级。当物价上涨时，他们总结说，是工人对高工资的追求推高了物价；当经济出现危机、物价下降时，他们总结说，是工人的工资过高导致无法充分就业。总之，物价涨跌，都是高工资的错。显然，资产阶级经济学家已经把保持非充分就业，从而削减工资作为他们努力研究所必须达成的目标。这简直已经不需要逻辑了。

诚然，一个过高的工资水平，如果不能通过提高劳动生产率予以消化，最终可能会传导到物价水平上（也有可能挤压了其他要素的价格）。但从这一逻辑的另一个角度看，高的工资水平支持着高的消费能力，从而对提升有效需求和投资诱导、削减庞大的商品堆积、降低相对生产过剩起着积极的作用。刺激企业家增加投资扩大就业的动力应该是产品有效需求的强劲，而不是劳动力价格

---

①　保罗·戴维森：《凯恩斯方案：通向全球经济复苏与繁荣之路》，机械工业出版社2011年版，第75—76页。

的下降,因为后者只会把人类生产消费活动变成一场零和甚至是负和游戏。并且,高的工资水平是企业家们提升生产技术水平的最强劲的动力。

在经济萧条之中,工人的工资过高导致无法充分就业的论调同样站不住脚。试图用工资下降均衡劳动力供需的失衡注定是失败的。由于工资水平下降时,社会整体消费能力只可能随之下降,然后通过生产者的悲观预期和不断降低的投资诱导,进一步削减有效需求,推高商品堆积,造成进一步的生产过剩,这简直是扩大危机、进一步拉低物价形成恶性循环的绝佳手段。价格下降所带来的平衡从来基于的都不是充分交易,而是卖方闲置,故而绝不存在古典经济学家们鼓吹的那种市场自发的、不需要货币支撑、仅靠工资下降实现的充分就业。

劳动者作为最主要生产要素的提供者,投资的主要支付对象同时又是消费的最主要的主体,它的稀缺或过剩的波动,对人类经济活动的影响是最大的。而非充分就业就是劳动力要素供需失衡的表现。由于劳动力要素的所有者在供需体系内的特殊地位,所以这种失衡必然沿着劳动力传导到整个供需体系,从而使得整个供需体系无法达到均衡。所谓所有消费品和生产要素的价格达到一个确定的均衡值是完全不可能的,但是其他生产要素或资源即使无法参与到人类投入产出活动的分配中来,也并不存在生存的问题,或它们是否生存并不导致人类社会的崩溃。所以,其他要素都可以闲置,但劳动力不可以闲置,劳动力闲置必然危及劳动者的生存,进而危及经济的安全和社会的稳定。那些阻挠充分就业的所谓“理由”都只不过是一些借口而已,并且无论是以什么样的借口,放弃充分就业的目标都是非常危险的。

按照资本主义的经济法则,一切资源围绕最稀缺资源,即木桶的最短板运转是达成效率最大化的不二法门。而这块最短板也因此获得了最大的利润分配权。但是,当金融资本有能力人为地将货币打造成木桶的最短板时,这一市场分配法则却是以牺牲产出为手段得以实现的。是提供更多的货币以创造更大的产出和就业,还是紧缩货币以获得更大的分配权?这或许始终是金融资本难以做出决断的一道选择题。而所谓“抑制通货膨胀”“抑制货币超发”,只不过是用来把货币打造成木桶短板的借口，利用的是人们在一种超静态思维下，对货币数量和物价之间关系的曲解。

银行体系通过货币不仅完成了商品间的交换，还将一部分人的储蓄转化为另一部分人的消费、闲置和投资，这是货币影响供需关系的主要方式。如果经济体储蓄不足，静态地看，债务人的过度举债导致了供需失衡和物价上涨；从动态的角度，它不仅影响到需求，并且转化为投资的部分必然带来产出，从而提高了供给。但是，如果用于消费和闲置而导致物价上涨，则不具备产出性。不过这种物价上涨的根本原因并不是货币超发，而是超储蓄水平的过度举债。因而，治理超储蓄水平的物价上涨，应该从调节政府消费性支出和打击民间囤积入手。以紧缩的货币政策保证物价稳定的想法并不可行，最受伤害的往往是有产出的生产性货币需求和与之相匹配的劳动力要素的使用。从就业的角度，劳动力可能相对于储蓄过剩，也可能相对于某种其他要素过剩，当然最可能相对于货币过剩。如果是相对于储蓄过剩，多少有些无奈，但如果仅仅是相对于货币过剩，则表现为潜在产出无法实现，甚至储蓄及潜在储蓄不能完全转化为投资。我们在之前章节反复论述，资本主义的经济危机与失业，根源在于资本主义的过高的储蓄需求之下，储蓄向投资转化的不畅。金融资本的贪婪使它没有尽到中介的责任，才是这种不畅的原因。在这种状态下，增加货币、提升就业并不会造成物价全面上涨。

凯恩斯则是把就业需求作为衡量货币是否超发的标准，这与自称崇尚自由放任，却力主代替市场计划出各种商品及要素的“合理”价格的古典经济学理论相比较，具有明显的先进性。但是凯恩斯的模型基于的是两要素假设，即使假设储蓄是充足的，如果除劳动力以外的其他要素先于劳动力达到充分使用，则在劳动力要素出现瓶颈之前，其他要素便会率先出现瓶颈。凯恩斯的模型中并没有考虑这种情况。那么定义于以劳动力要素为标准的模型是否需要调整？如果仍旧以劳动力为标准，在其他要素出现瓶颈的情况下，一定时间、一定范围的物价上涨在所难免。此时的物价稳定与就业之间，应当如何取舍？在这种情况下，继续把保证就业和经济正常运行当作最核心的货币政策目标，的确需要极高的社会责任心。这就是主流经济学以“滞胀”为由对凯恩斯理论进行攻击的实质。

在充分市场效率下,静态的商品价格反映的是商品相对于货币的稀缺度。这里包含了该商品供需关系的比对(商品自身稀缺度)、货币供需关系的比对(货币稀缺度)和两者之间稀缺度的比对。[①] 我们可以称之为这件商品的“货币价格”。而这件商品则可以称为货币的“非货币价格”。[②] 同理,1 件商品相对于另 1 件商品的稀缺度比对,我们也可以称之为该商品的“非货币价格”。如果商品甲与商品乙的货币价格同为 10 元,这个 10 元就是两个商品相对于货币的稀缺度,表示它们具有相同的相对货币的稀缺度。而商品甲相对于商品乙的稀缺度,即商品甲相对于商品乙的非货币价格为“1”。如果商品甲相对于商品乙的稀缺度上升为 10,则 1 件商品甲便由原先只能换取 1 件商品乙,上升为可以换取 10 件商品乙。这种变换关系,与它们各自相对于货币的稀缺度无关。此时,如果不肯放弃传统的超静态的均衡思维,那么即使在静态的条件下,货币也会陷入两难选择:如果让货币与商品甲保持相同的稀缺性,则商品甲仍旧是 10 元,而商品乙便要跌到 1 元!毫无疑问,出现这样的下跌,随之而来的是工厂倒闭、工人失业、社会动荡、经济危机。而如果让货币与商品乙保持相同的稀缺度,商品乙仍为 10 元,商品甲则为 100 元,这便是传说中的“通货膨胀”或“货币超发”。如果固执地保持货币数量不变,则二者兼而有之,称为“滞胀”。显然,以货币数量论下的物价为标准,妄言货币超发及通货膨胀,毫无意义。如果不打算把货币打造为最稀缺资源,那么所谓“货币超发”的标准便具有极大的随意性。

由于石油突然形成短板,造成货币、劳动力等其他生产要素的全面相对过剩,使凯恩斯模型的基本假设受到挑战,于是凯恩斯被认为过时了。当石油短板所造成的货币溢出传导到短期物价时,一旦被贴上“通货膨胀”的标签,那么一场全球性的以抑制通胀为借口的货币紧缩便开始了。这无疑是对经济致命

① 商品自身供需关系的比对是直接的决定因素。货币稀缺度既是标尺,也会通过影响商品供需影响价格。由于货币是有产出的,所以动态而言,货币对供需的影响是不确定的。

② 《管子》提出“币重而万物轻,币轻而万物重”,以此证明,货币与商品是互为价格的。

的打击,并由此产生了一个叫"滞胀"的名词。它的路径是这样的:紧缩银根→货币短缺→投资不足→产出下降→物价上涨→劳动力相对货币过剩→失业严重→消费萎缩→产出进一步萎缩到无法满足也在同样下滑的需求→物价进一步上涨。显然,紧缩货币只能加重所谓的滞胀问题。然而如果此时那条最初锁住经济的锁链突然被解开,一切便会另当别论。于是石油危机结束了。

无论如何,古典经济学家们就此得到了埋葬凯恩斯理论的口实。而他们之所以能够做到这一点并成功地把经济带入滞胀的原因,在于他们利用了民众及政治家们的如下心态:当发现在某些特定情况下,物价上涨并不能立竿见影地解决失业问题时,会"当机立断"地选择放弃就业目标,哪怕这样做同样无法解决物价上涨的问题。

木桶短板的存在必然带来长板的闲置,这是人类社会长期效率低下的根源所在,它使得人类社会的发展过程漫长和曲折。但是长板和短板的结构并不是一成不变的。而充足的货币正是提升短板效率、寻找短板替代,从而打破所谓"滞胀"的最重要的动力。如果因为过度恐惧物价上涨而放弃这一动力,就会迟滞技术进步的步伐,任由瓶颈资源辖制,阻碍社会的发展。并且每次技术进步打开一个瓶颈之后,货币供应如果不能跟上,社会财富不仅不能相应增加,社会资源闲置水平的大幅上升还会造成许多不良后果。这就是每次技术革命之后,危机往往如影随形的原因。因此我们认为,首先从社会稳定的角度,就业的要求高于物价稳定。维持经济正常运行,应该定义在充分就业的前提之下。并且尽管充足的货币供应在短期内的确会导致稀缺资源价格上涨,但这也会激发生产者通过技术革命提升稀缺资源的效率或替代性。货币可以自发地创造它的需求,自发地创造它的储蓄。[①] 故而即使在某要素出现瓶颈或充分就业之后,物价上升的压力也会被要素生产率的提高所逐渐抵消,从而并不会出现无休止的上升。

总之,大多数情况下,物价并不会因就业而上涨,即使因为其他因素的短板

---

① 通过充足的货币使潜在储蓄和潜在产出,转变为真实的储蓄。伯南克在接受国会盘问时直白地说道:"我们并不是在印发货币,而是在银行系统中创造储蓄。"(L. 兰德尔·雷:《现代货币理论》,中信出版社2017年版,第269页。)

作用带来暂时性的物价上涨,也应该是就业优先。1948 年 12 月 10 日,联合国大会通过第 217A(Ⅱ)号决议并颁布的《世界人权宣言》,正式把免于失业的保障列为人权。[①] 这比大萧条时期在就业和物价的取舍上又有了很大的进步。劳动者不能就业,远比物价上涨对经济特别是弱势群体的伤害大得多。故而不应再以控制物价为借口,限制就业机会的提供。

尽管不愿接受凯恩斯的理论,在就业与物价稳定之间更是不愿向前者倾斜,但资本主义国家近几十年来在失业救济方面有了巨大的进步。这样一来便不会再次出现大萧条时期劳动力闲置引发的生存问题,失业者可以获得基本生活所需。一个自由放任制度安排可以带来暂时最低的制度成本,却往往会被社会的动荡所淹没,而与社会动荡所伴随的必然是巨大的社会代价——另类的制度成本。显然,人类社会存在一天,制度成本便会存在。如果沿着制度经济学及帕累托理论去思考,既然发放失业救济金所带来的财富损失低于瓶颈资源低效率使用的财富损失,那么支付成本让低效率劳动力闲置比让其占用资源却没有足够产出更经济,并且避免了社会动荡,何乐而不为呢?客观地讲,这已经比托马斯·莫尔笔下"羊吃人"[②]的时代文明了许多,并且也的确起到了促进社会稀缺资源流入高效率使用者手中,从而全面提高社会总效率的作用,却也在不断起到鼓励劳动力资源闲置的作用,并不断增加着政府的负担。因而会出现另一个危机——政府承债能力不足。而在政府承债能力作为货币体系支撑的信用货币体系下,这一点的危害同样是极大的。并且,这一政策所带来的不仅是使劳动者放弃了就业的机会(从而不再占用稀缺要素),更会使他们逐渐丧失就业的欲望和技能。这种福利倾斜只会使经济社会越来越缺乏竞争的动力和活力,导致政府不得不反复用减税的办法刺激经济。起初效果会明显一些,随着

---

① 《世界人权宣言》第二十三条(一):人人有权工作、自由选择职业、享受公正和合适的工作条件并享受免于失业的保障。

② 15 世纪末期起,由于英国毛纺织业的发展,羊毛的需求日益增加,市场上的羊毛价格开始猛涨,养羊成为一个有利可图之业。于是,英国的乡绅、贵族纷纷把自己的土地和村社的公共土地用篱笆圈起来,变成私有的大牧场、大农场,有的还用暴力手段将农民的土地圈为己有,用来放牧羊群。牧羊所需要的劳动力有限,原先在乡村劳作、生活的大批农民失去赖以养家糊口的土地,被迫离乡背井,沦为流浪者。这就是英国历史上的"圈地运动"。托马斯·莫尔生活的年代正值"圈地运动"的高潮,他目睹了这场"运动"给农民带来的危害,将之形象地描述为"羊吃人"的运动。

政府税收收入这一承债的重要现金流担保的减少，支出却在不断增加，结果债台高筑，这种模式最终必然难以为继。并且，如果一个国家或经济体并不把国民就业当作目标，反而用高福利的方式让自己的国民安于失业，那么当它参与国际自由贸易的时候，这种福利补贴就会沿着贸易的通道，以商品为媒介传导到全世界。这对高福利国家来讲，明显是一种国民福利的损失。但由于这种福利本身是一种债务性货币需求，只要提供商品的国家不要求偿还这个债务，这一损失便可由高福利国家转嫁给高出口国家。

第九节　竞争与福利制度

当人类社会生产力水平发展到劳动者所消费的部分与其产出能力相比，已经微不足道的时候，物质财富在不同效率劳动者之间的公平，可以通过不同劳动者付出不同的劳动时间得以实现。到那时，闲暇将是最主要的差异化消费品。然而在生产力水平尚不够发达的现代社会，个体对财富追求所形成的竞争仍旧是人类社会得以发展的动力。现代社会生产力水平下，以保障人类基本生存为前提，追求人类财富的整体增长，仍旧是人类永不停息的目标。在这个过程中，公平与效率间的矛盾仍旧激烈。

假设有一块土地，如果李四的耕种效率是张三的10倍，李四有能力耕种完所有的土地。市场在那只“看不见的手”的作用下，会将全部土地配置给李四。从效率的角度出发，这是一个效率最大化的结果。市场化的分工及分配是提高经济社会运转效率的最佳手段，这就是经济达尔文主义：物竞天择，强者生存，弱者则被淘汰。为了保证效率，就必须保证最稀缺资源的充分利用，相对应，就必须让部分非稀缺资源闲置。当市场机制作为社会资源分配的唯一手段之后，强者完全摆脱限制其发展的社会束缚，获取足够支持其创造最大化、利益最大化的资源。与之相对应的是，弱者的基本生存所需资源，将因此被侵占和剥夺，即失去生存的权利。而如果将土地平均地分配给张三和李四，必然会使产出（效率）下降。于是我们不得不面对这样一个问题：如果以剥夺一半人的生产资料,导致他们无以谋生为前提,使社会的整体效率提高数倍,这样的方案是否可行?如果相信西方自由放任的理论,认为丛林法则不仅是最有效率的,也是最公平的,那么就必须接受这样惨痛的结局,否则就必须干预。而另一个极端的方案,不考虑个人的能力,将生产资料平均分配给张三和李四,则必然导致社会效率的大幅下降,这样的所谓公平则难以持久。于是,寻找公平与效率的平衡点便成为宏观经济学必须研究的一个课题。

贫穷不是社会主义,但竞争要有限度

邓小平同志曾经说过:"贫穷不是社会主义,社会主义要消灭贫穷。不发展生产力,不提高人民的生活水平,不能说是符合社会主义要求的。"毫无疑问,竞争所导致的财富不断向少数人手中集中是不利于社会稳定的。但是如果为了遏制这种财富的集中,导致社会陷入贫穷,同样是不理性的。

市场经济与计划经济之争,是对竞争的理解之争。即使在资本主义制度下,对竞争的争论从来就没有停止过。从亚当·斯密"看不见的手",到凯恩斯的"有效需求不足",再到哈耶克的"通往奴役之路",尽管所有人都认为没有竞争社会就会失去活力,但是否要对竞争予以限制以及如何限制,却众说纷纭。比较典型的就是哈耶克,他的极力反对政府干预经济甚至对政府福利保障都抱有极其强烈的敌意的经济理论,被所谓自由放任的市场经济的信奉者们奉为"圣经",然而他对于垄断的抨击却又充分展现了其双重标准。他不能接受垄断,故而掩耳盗铃地拒绝承认垄断是政府不干预的自由竞争下的必然结果。当你如此推崇这一方式的时候,却不肯接受其结果,其实质不过是叶公好龙。干预垄断,无论是用法律还是其他什么巧妙的手段,对竞争的伤害都远大于福利政策且效果不佳。对竞争的限制标准不应从打击胜出者一方考量①,而应该是以保护失败者的基本生存条件为出发点。科斯定理忽视的是,生存权是不能拿来交易的。当竞争危及弱势个体生存的基本需求,当强者的利润与弱者的生存发生冲突时,政府必须予以干预,否则我们还能称之为"人类社会"吗?竞争不

---

① 否则就成了一场只许输、不许赢的游戏了。

得危及个人生存权，这就是福利制度的一个基本任务。

福利制度的作用，应当是对竞争而不是对懒惰的保障

市场经济刺激财富积累的手段是竞争，这与大众所认知下的公平是相对立的。然而，公平在一定程度上只是民众的一种感觉。所以它受到民众对财富集中容忍度的影响。当财富集中的速度超过了民众宽容程度时，社会对不公平的抱怨就会大增。但当财富集中的速度无法引发竞争的刺激时，财富积累将停止。如果民众对财富集中速度的宽容程度低于引发竞争的速度，那么在这样的社会中，效率是不可能提高的。

丛林法则的残酷，使人类从来没有放弃过对公平的追求。每当社会生产力水平有所提高时，物权对人权的侵占总会相应降低。固然就人类的伟大目标而言，只有消灭了私有产权，才能从根本上保证物权不会凌驾于人权之上，然而在生产力水平尚不够发达的条件下，一个国家的民众如果在观念上拒绝接受私有产权和竞争，那么这个国家的经济是不可能得到发展的。懒惰和嫉妒都是人性的本能。嫉妒往往使人不得不放弃懒惰，巴菲特甚至认为竞争并不是推动人类前进的动力，嫉妒才是。但是嫉妒并不必然导致竞争，如果嫉妒的结果不是通过竞争赶超他人，相反是通过禁止竞争的手段阻止他人私有财产的积累，这种被懒惰控制了的嫉妒将会使社会丧失活力，从而无法前进。

如果我们把全社会的嫉妒心理描绘为一个嫉妒指数，那么嫉妒指数过高，则会诱发对公平的抱怨，从而造成社会的不稳定；嫉妒指数过低，则整个社会无欲无求，从而失去竞争和财富的积累。但是，我们假想，如果嫉妒引发的只是竞争而不是破坏，那么这个世界不仅效率会大幅提高，同时也会变得更加和谐。

总之，嫉妒是人类的天性，它的产出性来自竞争，而它的破坏性来自懒惰。保证一个社会足够的竞争意识，是社会财富得以不断增加的基础。故而福利制度的作用，应当是对竞争而不是对懒惰的保障。

失业救济与以工代赈

西方资本主义国家为了与社会主义国家竞争，经过多年的摸索形成了一套

完整的福利经济学理论,并自称“福利国家”。[①] 他们主张,一方面,把生产资料通过市场手段集中在少数高产出使用者手中,以获得最大的社会效率;另一方面,以税收和政府赤字的方式,通过社会福利,对那些放弃生产资料的低效率使用者进行补偿。补偿的方式可以是纯粹的失业救济金,也可以是对低端服务业的政策倾斜,从而使低端服务行业薪酬明显高出正常水平。于是,在资源有限的情况下,一个发达的资本主义国家的最终模式往往是不断升级的高端产业和价格昂贵的服务业的组合。但是过高的失业救济会使整个社会中自愿性失业的群体越来越庞大;劳动力价格的错配也会使得竞争逐渐集中于精英阶层,普通民众对竞争却越来越反感。当这种反感、这种竞争意识的丧失渗透到年轻人的教育之中时,国民整体素质的下降便难以避免。

市场的效率来自竞争。我们认为,在脱离了短缺型经济之后,此时的社会公平与效率平衡点的位置,应当是让每个劳动者获得公平且充足的竞争机会(而不应是过多的失业救济)。这样的平衡点,一方面,由于保留了竞争,故而可以减少大规模的效率损失;另一方面,人类社会的财富竞争本就不应该是一场零和游戏,公平且充足的竞争机会可以保证劳动者通过就业达到基本福利水平。[②]

尽管市场的效率来自竞争,却并不等于要把竞争搞到你死我活的程度。一方面,充足的竞争机会可以使竞争不会变得过于惨烈;另一方面,为了创造充足的竞争机会,即使在市场看来,牺牲了部分效率,违背了马太效应,也是值得的。

凯恩斯的《通论》中有这样一段奇怪的文字:

> 如果财政部把用过的瓶子塞满钞票,而把塞满钞票的瓶子放在已开采过的矿井中,然后用城市垃圾把矿井填平,并且听任私有企业根据自由放任的原则把钞票再挖出来(当然,要通过投标来取

---

① “大约一个世纪以前,许多西方国家开始对市场经济进行干预,并编织了一张社会安全网,作为与社会主义国家竞争的堡垒。这种新的模式称为‘福利国家’。走向福利国家的潮流逐步酿成了我们今天在北美和欧洲可以见到的混合型市场经济。在这些国家,市场要对绝大多数产品和服务的生产和定价负责,而政府则维持经济体系的正常运行,并向穷人、失业者以及老年人提供社会安全保障。”(保罗·萨缪尔森、威廉·诺德豪斯:《萨缪尔森谈效率、公平和混合经济》,商务印书馆2012年版,第145页。)

② 以人类今天的财富积累水平,是紧缺的货币使得这场厮杀变得过于惨烈。

> 得在填平的钞票区开采的权利)，那么失业问题便不会存在。而且在受到由此造成的反向推动下，社会的实际收入和资本财富很可能要比现在多出很多。确实，建造房屋或类似的东西是更加有意义的办法，但如果这样做会遇到政治和实际上的困难，那么上面说的挖窟窿总比什么都不做要好。[①]

这段话被后人演绎为挖一个洞再填上，就是凯恩斯的经济振兴和就业方案，完全无视了凯恩斯真正要表达的逻辑：只是"比什么都不做要好"。显然这番高论是对古典经济学家和政客们的嘲讽，更加有意义的办法会遇到政治和实际上的困难。同样，"如果我们的政治家们由于受到古典学派经济学的熏陶太深而想不出更好的办法，那么造金字塔、地震甚至战争也可以起到增加财富的作用"。[②] 这些语言只是讽刺政治家们受到古典学派经济学的熏陶太深，而并不是真的主张用造金字塔、地震甚至战争的方式去增加财富。说那就是"凯恩斯经济学"的核心，则完全是别有用心。

很明显，埋了再挖装满钞票的瓶子对社会产生的财富效应，与建筑住宅或类似的东西相比是不可同日而语的；而以地震和战争为代价增加财富，则只能看作上天对人类愚蠢的一种嘲笑和惩罚。金字塔是人类的财富，地震、战争本身是对社会财富的毁灭，而不是创造，埋瓶子的效果虽好于地震与战争，但本质是一样的，都是以劳动力等资源的滥用为手段解决资源(特别是劳动力资源)相对过剩所产生的闲置问题，它们都是没有产出的，也不会满足任何消费需求。仅以重建效果而言，如果人类还没有愚蠢到一定程度，是完全不必以这种方式来刺激需求的。

但凯恩斯还是认为，这总比什么都不做要好。好在哪里呢？好在它们都可以令政府这个安全债务人以订单的形式实现货币投放。储蓄者需要的是债权，企业需要的是订单，劳动者真正需要的则是就业而不是救济。因此，政府举债

---

① 凯恩斯:《就业、利息和货币通论》(重译本)，高鸿业译，商务印书馆 1999 年版，第 134 页。

② 凯恩斯:《就业、利息和货币通论》(重译本)，高鸿业译，商务印书馆 1999 年版，第 133 页。

以订单的形式投放货币就成为一件一举多得的事情。[①]

失业救济的作用，只能是使劳动者心甘情愿地处于失业的状态。这种“心甘情愿”无论是对劳动者还是社会，都并不会带来什么好处，它并不解决矛盾，只是掩盖矛盾。而最可怕的地方在于它抛弃了竞争，非但没有带来公平，反而损失了效率。

凯恩斯这段话的重点并不是世人所关注的“挖洞”，而在于由政府提供订单，遵从市场价高者得的规则，由市场经济主体通过竞争获得这些订单，重启经济，也就是我们中国人所说的“以工代赈”。

“装满钞票的瓶子”的基本逻辑，在于为竞争力较弱的群体提供的生存权仍旧必须通过竞争和劳动获取，以保证这个群体的劳动能力不会完全丧失，同时也不会破坏竞争的公平性。尽管政府介入大大降低了这一竞争的强度，提供了（市场所提供的竞争机会之外）额外的竞争机会，但它与直接分发的失业救济金是完全不同的。这种额外的竞争机会，维持了社会基本的活力，保证社会各阶层不会因此放弃竞争的意识和丧失竞争能力，从而形成市场经济的公平原则——公平的竞争机会。这才是真正尊重市场规则的刺激方案，也只有这样，才能保证在真正的就业机会来临时，劳动者不会放弃。这样做，尽管也会拉低劳动生产率的均值，但由于所提供的就业机会是额外的，从而对瓶颈资源的占用可以降到最低水平，故而对其他产出的挤出效应并不明显。所以即使这部分

---

① 很少有人认识到所谓罗斯福新政的成功之处，并不完全在于他的基础设施建设，更重要的是，种种原因改变了胡佛政府追求平衡预算的财政政策：“罗斯福总统执政的第一个任期内，美国每年都有高额的赤字：1936年美国国债提高到了337亿美元，约等于当时国内生产总值的40%。那个时代的许多‘专家’表示，如果继续实施这样的赤字财政政策，美国必有灾难降临。因此罗斯福在1937财政年度削减了政府开支，而美国经济却因此立即陷入急速衰退。1938年，美国政府又重新启动高额赤字支出政策。到了1940年，美国经济大幅度增长，此时美国国债的总量也上升到了430亿美元，大约为当时国内生产总值的44%。

“由于美国1941年参加了第二次世界大战，人们才把对于财政赤字和规模庞大的国债的恐惧抛在了脑后。1941—1945年间美国国内生产总值翻了一番多，与此同时其国债数额的增加值超过500%。到1945年年底，美国国债的数额大约达到当时国内生产总值的119%。如此庞大的国债不仅没有在战争结束时使美国破产，反而促进了美国的经济繁荣：截至1946年，美国家庭的平均经济生活水平比战争之前提高了许多。此外，这期间，也即从经济大萧条到第二次世界大战之间出生的一代美国人的子孙后代，并不需要偿还当时被认为是巨额的国家债务。相反，在此后的25年中，美国经济走上了一条前所未有的快速增长和繁荣之路；同时，收入分配上的不平等也大大缩小。可以说，那一时期是美国经济发展的黄金时代。”（保罗·戴维森：《凯恩斯方案：通向全球经济复苏与繁荣之路》，机械工业出版社2011年版，第61—62页。）

劳动力要素的投入完全没有产出，与其他全部“浪费式的”福利，如失业救济金相比，在经济总量上也并无损失。

以工代赈这种向被救助者提供就业的机会而非产出品的方式，与普通失业救济相比，最大好处在于可以轻松识别真正的需要救助者和懒惰者，从而为市场经济保留了竞争机制。但是，正如凯恩斯所描述的那样，世俗对效率与公平的理解永远是泾渭分明，如果提供就业，则必须以严格的企业经营的原则对当期经济效益加以考核；而如果是救济，则不能以就业作为交换。[1] 这种观念，人为地把竞争与社会福利对立了起来。其根本原因在于，市场原教旨主义者们认为，他们可以接受完全没有效率的失业救济，却无法接受以工代赈这种带有浓厚计划经济色彩（从而效率较差）的生产组织方式，他们完全忽视了失业救济对市场竞争机制的打击远高于以工代赈。而凯恩斯刻意强调的所谓“听任私有企业根据自由放任的原则，把钞票再挖出来”“通过投标来取得在填平的钞票区开采的权利”则证明了，政府向市场提供订单以解决就业问题，完全可以在不违背市场规则的大前提下进行。一味地反对政府对经济活动的参与，而宁愿选择完全没有产出的举债支出，实属因噎废食。

尽管不断遭到主流经济学的打压，凯恩斯所主张的政府为社会提供额外就业机会的理论还是被一些理性的经济学者接受了。美国经济学家海曼·明斯基在 20 世纪 60 年代便提出了政府应当作为“最后雇主”向社会提供无限弹性的劳动力需求的理论：

> 明斯基主张实施类似“新政”的就业计划，旨在使有工作意愿的个人都能获得有偿工作，而不是一味依靠社会福利。明斯基将该政策称为“最后雇主计划”——类似美联储在金融系统中充当“最后贷款人”的角色，财政部应当为无法在私人部门找到合适工

① “奇怪的是，人们根据一般的经验，想从古典学派的谬论中挣扎出来，往往宁愿选择全部‘浪费’的举债支出，而不愿选择部分浪费的举债支出，因为后者不属于全部浪费，所以要根据严格的‘经营’原则办事。例如，人们比较容易接受用举债来支持失业救济，但若政府用举债来兴办设备改良，其效益小于现行利率，人们就不太愿意接受了。与此同时，美其名曰开采金矿而在地上凿洞，不但不能增加世界上的真正财富，反而会引起劳动的负效用，然而它却是所有的解决办法中最容易被人们接受的一种。”（凯恩斯：《就业、利息和货币通论》，宋韵声译，华夏出版社 2005 年版，第 99 页。）

作的人在公共部门中提供职位。[①]

明斯基相信:"将政府变为最后雇主是一条具有实践价值的建议"[Hyman P. Minsky, "Effects of Shifts of Aggregate Demand upon Income Distribution", *American Journal of Agricultural Economics*, 50, no. 2(1968): 328—339.]……明斯基强调,只有政府才能提供具有无限弹性的劳动力需求——在合理的工资水平下,雇用任何有工作意愿的个人。这是因为政府雇用员工不以营利为目的,而私人企业则必须有利可图才能存活,因此他们只会雇用使其利润最大化的工人数量。[②]

在《明斯基时刻》的作者兰德尔的另一部著作《现代货币理论》中,称"最后雇主计划"是"现代货币理论者所推崇的最为重要的一项政策"[③],并列举了许多国家实施最后雇主计划的案例。美国、瑞典、印度、南非、阿根廷、埃塞俄比亚、韩国、秘鲁、孟加拉国、加纳、柬埔寨等国在私营部门需求不足时,都曾间歇性地实施过这种"最后雇主计划"。例如,韩国在1997—1998年的金融危机期间,实施了"处理失业问题的总规划"(Master Plan for Tackling Unemployment),规划资金占政府支出的10%。政府为公共事业项目雇用大量工人,进行包括培育森林、建设小型公共设施、修复公共设施、清理环境、任职于社区与福利中心以及针对年经人和能够熟练使用计算机的人的信息科技项目等工作。随后,整体经济得到扩张并开始蓬勃发展。

2005年阿根廷实施了家长计划,保证每一个贫困家庭的户主都能获得一份工作(Tcherneva and Wray)。该就业计划成功创造了200万个新就业岗位,不仅为贫困家庭带来了工作和收入,还为贫困社区带来了其所需的服务和免费商品。

印度在2005年通过了《全国农村就业保障法案》(NREGA)。这个计划保

---

① L.兰德尔·雷:《明斯基时刻:如何应对下一场金融危机》,中信出版社2019年版,第116页。

② L.兰德尔·雷:《明斯基时刻:如何应对下一场金融危机》,中信出版社2019年版,第130页。

③ L.兰德尔·雷:《现代货币理论》,中信出版社2017年版,第323页。

证每个农村家庭有一个成员，以不低于中央政府所规定的工资水平，可以从事100天不需要技能的手工工作。居民在注册申请后的15天内便可获得工作，一开始规定工资是每天60卢比，从2009年1月起改为每天100卢比。从2011年1月1日起，工资与消费者价格指数挂钩。如果申请者在15天之内还没有得到工作，邦政府将在头30天内给予相当于四分之一应得工资的补偿，剩余的时间则补偿相当于一半的工资水平。邦政府被要求负担这些补偿。法案要求至少三分之一登记和要求工作的人为妇女。劳动力主要从事公共工作和其他法律指定的活动，如水利和集水工作、防旱工作（包括造林和植树）、灌溉渠、土地开发、防洪以及乡村连接。[①]

这些案例说明，越来越多的国家认识到解决民众就业的重要性。但是正如凯恩斯所描述的那样，这些项目的效果也必然受到其产出性和竞争真实性的影响。作为福利提供的项目，产出并不是越高越好，但也不应走向另一个极端。政策的制定，不应只有“根据严格的经营原则”和“全部浪费”两个选项。如果这些项目不是以订单的形式，而是以政府直接组织生产的形式展开，或订单不以竞争的方式获得，这样的就业机会，就会加入过多的失业救济金的成分，从而削弱竞争机制。效率就会大打折扣。按照这一标准，阿根廷和印度的方案介于发放救济金和以工代赈之间。《增长为什么重要：来自当代印度的发展经验》一书中，提出了NREGA计划中出现的几个问题：由于缺乏竞争，一些项目有着严重的质量问题；规划不足，项目配置不合理；就业机会是平均分配的，且缺乏对劳动者的考核机制，工人的工作态度是随意的，破坏了市场的竞争机制。

当人类财富积累达到一个高度后，财富的数量取决于债权的数量，而债权的数量取决于债务的数量。这就为政府举债向低收入群体提供福利创造了条件。但是，债权是财富争夺的目标，竞争机制却是财富创造的保障。当政府一方面向财富的追求者举债，另一方面把举债获得的商品以福利的方式散发时，如果因此破坏了竞争机制，将会使社会失去财富创造和积累的欲望。因此福利

---

① 参见L.兰德尔·雷：《现代货币理论》，中信出版社2017年版，第310—311页。贾格迪什·巴格瓦蒂、阿尔温德·帕纳格里亚：《增长为什么重要：来自当代印度的发展经验》，浙江大学出版社2015年版，第136页。

的获得、获得的多少,同样应当以竞争为手段。匮乏的竞争机会,会使人类社会的淘汰机制像丛林一样残酷;不需要竞争的福利会使社会丧失竞争的意愿。故而政府所提供的额外的就业机会只能平等地摆在每一个劳动者面前,(和市场自身提供的就业机会一起)由市场决定它的获得者。只有这样,才能既降低劳动者整体的竞争强度,体现公平,又不会使社会失去活力。市场所能提供的永远只是一种交换的公平,而不是分配的公正。如果为了追求分配的公正而影响了市场交换的公平,则会极大地造成效率的损失。归根结底,社会的公平公正只能依赖社会财富的不断增加才能得以实现。在僧多粥少的情况下,应当竭尽全力煮出足够的粥,而不是频繁地调整分粥的规则,因为在没有足够粥的情况下,任何分配规则都注定是不公平的。

第五章

国民财富保有形式与货币化

交易性货币是财富的运输工具,贮藏性货币是财富的存储工具。所以货币既具有财富存储职能,又具有财富运输职能。货币供应是经济的内生变量,它的供给能力终究是有限的,用于贮藏所占用的货币过多,就会导致运输不畅。故而巨大的国民财富保有仅依靠货币是无法完成的,必须存在其他形式。

我们认为,价值是效用,而财富既需要有价值属性,又需要有货币化属性。这就要求理想的财富保有形式除了能够给人类以某种欲望的满足感,还要具有足够的稀缺性,这样才能够和货币构成无阻碍的双向转换。

人类社会经济持续发展的过程中,逐渐丰富的社会产品除了以货币形式保有外,必然也会存在以货币和债权债务为媒介,换取土地等不可再生稀缺资源的现象。随着人类生产能力变得越来越强大,财富自觉流向这些稀缺资源是一种必然趋势。无论是否存在货币,这种意向本身都是无法改变的。货币的作用,只是决定社会生产能力可以创造出的商品数量而已。社会生产所创造的商品越多,那些不可再生资源的相对稀缺性就会变得越高。在商品的货币价格不出现明显下降的条件下,这些稀缺资源价格上升就会越发明显。这种价格的上升,是由于货币的产出性改变了资源与商品的相对稀缺度,使稀缺资源获得了换取更多商品的权利,故而稀缺资源价格的这种上升恰恰证明了,货币是非中性的。换一个角度看,这种价值悖论决定了,货币的产出性越强,它相对于稀缺资源贬值的速度就会越快,人们就越发需要寻求其他的财富保有方式。

储蓄的本能不断激发出财富保有的需求,使黄金、土地、收藏品、债权、股票在历史不同时期,分别成为满足这种需求的工具。人类财富保有方式,这些对贮藏货币的替代品的充足性、丰富性,是保证生产力水平提高及劳动力转化为商品的动力,在生产力允许的条件下,满足这种需求的手段越丰富,社会产出就会越强劲。相反,这些容器的不足以及财富保有手段的过度稀缺,将直接导致劳动产出品的过剩,进而传导为劳动力过剩,是对劳动力转化为商品的重大打击,将直接导致财富增长的瓶颈。然而,这同时又是一个悖论,因为它们既是货币的补充和替代品,又是货币索取权,它们成为财富保有形式的原因恰恰是由于它们的稀缺性,一旦它们的稀缺性不复存在,或是货币的稀缺性明显超过这些容器,当这些财富保有形式被当作货币索取权集中行使这一权利时,它们不仅不能起到补充和替代货币的作用,反而会形成大量的货币占用,后果同样是灾难性的。故而,用黄金、土地、收藏品、债权、股票等作为国民保有财富的容器,同样必须保证货币不可以过度稀缺。

第一节 黄金、艺术品、文物:繁荣的盛宴

大部分商品被消费时,伴随着物质形态的明显改变,甚至会在闲置过程中明显损耗。所以它们的消费是一次性的。这本身就意味着,它们不适合作为财富保有形式。然而,有一些消费品,在消费的过程中,其物质形态是不会因消费而灭失的。这就是我们强调金银充当一般等价物所具备的先天优势——“不易变质、易于分割和熔合、便于携带”——的同时,总要加上一条“既可消费又易回收”的原因。除金银外,还有哪些商品具备既可消费又易回收的特质呢?文物、字画等艺术品和土地,是我们最经常接触到的这类商品。

中国有句老话,“盛世买古董,乱世买黄金”。对于文物、艺术品,并不是所有的人都能成为鉴赏家。它们之所以在盛世之时会成为人们争相收藏的热门货,很大程度上在于一种被凡勃伦称为浪费性的消费观:

金钱荣誉准则对消费品的美感与适用性方面的一般观念也有

> 类似影响，而且影响更加深远、更有决定性作用。人们对实用品或美术品的审美观念和实用观念，大部分是受金钱礼仪的要求的影响的。有些物品之所以很受欢迎，使人乐于使用，是由于它们具有明显浪费性；这类物品是浪费的，就其表面的用途说来实在是不适用的，然而正是由于这一点，才使人感到它们具有大致与这种不适用成比例的适用性。[①]

我们在之前的财富观与价值观一节中讨论过这个问题：由于稀缺可以给虚荣以最有力的支撑，故而在一定程度上，它本身也是一种价值。而这种价值在盛世之下，会显得尤为突出。

之所以乱世只能买黄金，是因为以黄金为代表的贵金属的货币化能力体现在它们是唯一可以自我实现货币化的商品。它们的货币化过程，并不需要额外提供货币供给。与之相比较，文物、艺术品作为财富保有标的，在盛世或乱世的不同条件下，货币化的能力是相差巨大的，因而带有极为明显的局限性。它的受众是有限的，价值的可辨识性和公允性皆远低于货币[②]，所以只能在一个特定的范围内流通，而无法在一个极为广泛的市场交易范围内得到几乎所有经济活动参与者的共同认同。因此，当这种财富保有方式需要由储蓄需求转化为交易需求时，其过高的交易成本将直接造成市场效率的严重下降。这种现象通常称作“流动性问题”，实质是这些财富保有形式自身货币化能力的天然欠缺的问题。

货币是商品的一般等价物，商品是货币的特殊等价物。这种特殊等价物的稀缺性，只有在转换为货币之后，才能得到所有人的认可。在经济世界中，商品及其他一切被称作财富的东西并不是通过其效用，而是通过其货币化能力体现其价值的。它们都代表一定的货币索取权。当这些索取权的所有者行使这一权利的时候，无论经济学家们的货币需求方程式是否包含了这部分需求，市场都不得不为这一“入库”需求配置货币供给。

---

① 凡勃伦：《有闲阶级论》，商务印书馆1964年版，第98—99页。

② 稀缺性并不完全取决于价值的可辨识性和公允性，后者决定的只是需求。因此，个别个体的强劲需求与一个更为稀有的供给相结合，同样可以形成稀缺。

尽管艺术品、文物的货币化能力低于金银,却至少在盛世仍旧可以被广泛地当作财富保有形式的原因,恰恰在于它们同除金银、土地以外的其他大多数商品相比较,具有更强大的货币化能力。我们称之为,具有优先的货币索取权。但这种货币化能力,需要普通商品流通领域额外的货币供给才能得以实现。在货币信用化之后,被列为"野蛮遗迹"的黄金也逐渐加入了这一行列。

把艺术品、文物、黄金等作为财富保有形式的持有者,一般情况下,会分担货币贮藏性需求的压力,但作为货币的索取权,它同时形成了一种潜在的交易性,甚至是贮藏性货币需求。这种需求具有极大的不确定性,难以测量和把握。随着人类财富的不断积累,这一需求也必然不断壮大。

下面我们再次用张三、李四模型对这一问题予以解读:

张三手中有一幅字画,打算卖 1 万元;李四手中有一件古董,也打算卖 1 万元。张三看上了李四的古董,但不卖掉手中的字画,便买不起李四的古董;李四看上了张三的字画,但不卖掉手中的古董,便买不起李四的字画。

这时张三需要向银行借入 1 万元购买李四的古董。于是李四卖掉了古董,便有钱买入自己心仪已久的字画。货币再次回到张三手中,张三清偿银行借款。双方仍旧以字画和古董的形式保有自己的财富,但很明显,在这个过程中出现了一个古董字画的货币化。这个过程与商品的投资、消费的交易性货币在流转方式上并没有什么不同,同样需要交易性货币流量支撑,甚至同样会产生交易性货币沉淀,在我们的货币需求分类中,属于交易性货币需求中的闲置性货币需求。与商品交易相比,同样需要货币作为媒介的原因在于,它们和商品本身都不具备足够的价值公允性。所不同的是,首先,这个过程是不带来产出的;其次,交易标的与生产领域庞大的商品堆积不同,它本身可以作为财富保有方式。①

张三、李四这一交换的货币化过程中,所涉及的货币完全是靠信用创设出来的,并没有占用任何其他商品,仅靠一系列债权债务的转换便完成了交易。马克思在论述一般等价物的作用时,所强调的最关键的因素就是"成为社会公

① 可以在一定程度上替代贮藏性货币,却无法代替交易性货币。

认”。所谓“货币”,不过是一种公认的容器,只要容器不被打破,它的财富贮藏职能就可以实现,此时它的使用价值并非来自其固有的商品属性,而是作为容器的货币属性。曾经的商品属性,作用只在于为它的公认性提供担保。正是这种担保,使货币成为财富的载体。而这种担保究竟是来自商品还是基于部分商品储备的索取权,在经济社会整体流通过程被打断之前并没有区别。然而由于这笔交易是不具备产出性的,交易标的数量并不会因为交易而增多,因此价格远比普通商品交易更加随意,这也就意味着暗藏了更大的风险。如果张三向银行借入的不是1万元,而是10万元去购买李四的古董,之后,李四再用这10万元买入张三的字画,张三依旧可以清偿银行借款。表面来看,这两个结果完全是一样的,所不同的仅仅是过程的区别,是过程中交易金额、交易性货币流量占用的不同。但是,如果李四卖掉古董后,并没有购买张三的字画(所创设的货币并没有核销),而是转为以货币或其他的形式保有自身财富,或将货币用于消费,那么这笔交易中的价格究竟是1万元还是10万元,这个货币创设行为所带来的经济后果的差别毫无疑问就是巨大的。

所幸的是,正是由于古董、字画及艺术品的价值可辨识性及公允性较差,它们难以成为银行的抵押物,因此它们的货币创设能力及货币化能力都会受到极大的限制。也正因为如此,其持有者相对稳定,对金融市场的影响也较小。与之相比较,以房产、股票作为国民财富保有形式,能够极大地替代贮藏性货币满足经济体的货币需求。由于其价值公允性远高于艺术品文物,货币化能力强,所以往往被优先充当货币索取权,甚至被当作货币投放的标的,运用得当,会对货币形成良好的补充。但是,也正是因为它们强大的货币化能力,它们作为货币索取权的这种属性,如果上述由1到10的游戏被频繁地使用于土地和股票作为银行抵押物的货币投放过程之中,则不仅不能缓解货币需求的压力,反而会酿成金融风险。

第二节 房地产:天使 vs. 魔鬼

中国人认为“有土斯有财”。威廉·配第曾经说过:“土地是财富之母,劳动是财富之父。”[①]理查德·坎蒂隆在他的《商业性质概论》中的第一句话就是:“土地是所有财富由以产生的源泉或质料,人的劳动是生产它的形式。”[②]然而古典经济学家们大多认为土地是自然的、无须付酬的礼物,地租则是一种最典型的、不劳而获的收入。

土地是消费品;土地是生产要素;土地是财富保有方式;土地是银行体系最重要的抵押物。无论经济学家们的视角如何,土地作为人类生产、生活不可或缺的资源,无论何时、何地都是人类争夺的对象。而土地价格波动也一向是经济社会所必须关注的重大问题。与古董、字画的极小众特点相比较,无论是价值的可辨识性还是公允性,土地都有着明显的优势。也正是因为这个原因,在许多国家,它不仅是银行体系最重要的抵押物,同时也会引发极为突出的货币需求问题。由于亚洲文化对土地特有的衷情,在日本、中国香港、中国台湾等国家和地区,都因房地产业引起过大的危机。近十几年来,这一问题也一直困扰着中国内地的货币市场。

如何看待房地产价格的上涨

与中国改革开放所创造的伟大成就相伴随的是,中国房地产业的蓬勃发展以及房价的不断上涨。这个现象造成了对中国民众的种种困扰。造成这种困扰的一个最重要的原因,就是我们无法接受一个事实:当一个国家经济起飞时,土地价格上涨是必然的现象,房地产价格的上涨不过是水涨船高。

其一,土地是一种消费品,在人类日常衣、食、住、行中占有重要地位。人类对土地和住宅的欲望几乎是没有止境的。土地应用范围之广泛,使得无论它的产出(价值)提升得多快,人类对它的欲望只会越发强烈。故而,它是“边际消费倾向递减”最慢的消费品。在地少人多、供给受限的情况下,“居者有其屋”的追求与“让房价不上涨”的政策目标是矛盾的。也就是说,如果要想让更多的人“居者有其屋”,让大家的需求更多地转化为“有效需求”,就必须加快房地产的

① 威廉·配第:《赋税论》,商务印书馆 1981 年版,第 66 页。

② 理查德·坎蒂隆:《商业性质概论》,商务印书馆 1986 年版,第 3 页。

货币化，所以只能容忍房价的上涨，从而用市场的力量去调节供需，逐步实现这一目标；相反，如果想“让房价不上涨”，就必须限制人们的购买能力，减缓土地及房产的货币化，使大家的需求无法过快地转变为“有效需求”，即让更多的人买不起房。

其二，土地具有与黄金类似的不易变质、易于分割和熔合、既可消费又易回收的一般等价物的特质。它与黄金相比唯一的缺陷，就是无法携带和运输。但是，在索取权代替实物成为财富保有方式的时代，它的不易被转移却也形成了一种优势。故而随着人类财富的积累和黄金数量的不足，土地成为人类社会财富保有方式是一种必然的趋势。这本身就导致其稀缺性不断上升。

其三，随着生产力水平的提高和社会商品的丰富，无论是消费还是财富保有，当不可再生的土地、黄金等稀缺资源的存量在货币、债权、股票的中介作用下，源源不断地被新创造出的商品置换出来时，土地黄金等稀缺品相对普通商品的稀缺性不断提升是必然的。因此尽管土地价格的上涨并不会直接造成商品产出的增加，但商品产出的增加必然会导致土地稀缺性的上升。而这种稀缺性的上升，如果以正常的货币供应的形式表现，则必然出现土地价格的上涨。相反，如果以错误的货币形式表现为土地价格的所谓平稳，则这种稀缺度的差异必然通过市场价格机制的传导后，畸形地表现为商品价格的下降，由此导致经济停滞就不足为奇了。如果使用传统经济学理论去分析，则一定会陷入通货紧缩论与资产泡沫论的两难假设之中。换一个角度讲，正是土地价格的上涨，为过剩的产品找到了“出路”。土地、黄金等物品原有持有者，其持有物稀缺性的上升，在正常货币供应下换取增量商品可以成为解决相对生产过剩或所谓有效需求不足的重要手段。因为土地的货币价格的上升，与土地相对于其他商品的非货币价格的上升是一致的，而后者反映的是土地相对于其他商品稀缺度的真实改变，故而这并不是什么泡沫，即短板资源理应获取更高的货币溢价。

其四，土地作为最重要的生产要素之一，其生产性效用远高于金银等其他资源。故而它与黄金这种闲置性持有的过程中单纯依靠稀缺性上升带动价格上涨的模式所不同的是，其生产性使用所带来的产出决定了，它本身就是一个良好的投资品。并且由于历史上劳动力要素的效率提升远高于土地,在不断增加的产出品的分配过程中,土地总是能够获得更优先的索取权。那么除非土地产出水平(特别是农业产出水平)大幅提高,并高于劳动力要素的生产力提高速度,否则在大多数国家,土地对劳动力的相对稀缺度只会越来越高。这种情况下,显然与维持土地价格的相对稳定造成劳动力价格大幅下跌从而发生经济危机相比,保证劳动力价格相对稳定、容忍稀缺生产要素的价格上涨是比较明智的选择。现代经济增长模式中,无论是政府还是工会,都会努力把劳动力价格稳定在与经济增长接近的水平上,甚至要高于这一水平。由此而导致的土地价格的上涨,不能理解为土地泡沫,否则就会像当年的日本一样,在土地泡沫来到之前,不停地对国人喊"狼来了",直到大家对土地泡沫完全麻木。

经常被华尔街的门生们用来评估土地泡沫的两个指标,一个是租金房价比,另一个是收入房价比。这两个指标都有一定的合理性,但也存在许多缺陷。前者把土地当作纯粹的投资品,比如说自购住房意愿越强的地区和时期,租房市场就越不景气,那么租金售价比低反倒说明了,房子是买来住的,是消费品,不是拿去出租的,并不需要租金去支撑价格。后者在土地作为纯粹的消费品时,显然是合理的。然而在作为生产要素考量的时候,在全球一体化之下,作为最重要的两个生产要素,劳动力要素和土地要素之间的价格关系应该是,劳动力要素价格越低的地区,土地要素获得的价格索取权越高,而不是相反。故而当投资和消费这两种用途叠加在有限的土地资源上之后,这两个指标都不能用简单的线性思维去理解。更何况,在投资品和消费品之上,必然派生出土地的另一个职能,就是财富贮藏职能,这一职能导致土地成为银行最重要的抵押物。

日本土地经济的历史教训

西方文化中,特别是一个年轻的地大物博的移民国家,对土地价值的认同不足以令土地形成稳定的财富保有形式。加之他们对土地消费、生产等多重属性的无知,更加剧了土地市场波动的风险。而对于亚洲国家,特别是有着几千年文化沉淀、庞大的人口基数和丰富土地资源的中国而言,这无疑是一个显著的优势。历史上，亚洲人民对土地的过度眷恋，对其工业发展造成了一定的妨碍，却意外地抵消了部分重商主义的负面影响。并且这种对土地特殊的深厚感情为发展土地本位的金融体系提供了条件。中华民族的土地情结是中国人民巨大的财富，如果运用得当，它相当于一个不会流失到海外的巨大的黄金储备，甚至可以形成土地本位的货币体系。由于一切社会产出品都可以理解为土地的产出物，因此人类社会的发展就是一个土地产出能力不断提升的过程，财富的积累就是一个不断提升土地含金量的过程。

但也正因为土地是众望所归的财富保有方式，所以其价格的波动对货币供给和需求的冲击，会令金融体系难以应对。在这一点上，日本等国家和地区曾经经历的土地价格波动对经济造成重大伤害的历史，是我们必须引以为戒的。这种伤害的根源在于商业银行货币投放本身的特点——对核心抵押物的过度依赖。任何一个自以为强大的商业银行体系在核心抵押物升值时，都会完成自我膨胀；在抵押物贬值时，则会变得不堪一击，更何况是后发国家原本就不健全的金融结构。20世纪八九十年代的日本作为一个金融能力很差、高基货币投放过度依赖海外订单的国家，当中央银行把货币供给的责任完全推给市场，由商业银行来完成时，商业银行这种围绕核心抵押物的货币投放方式必然会使房地产业对其他行业形成货币挤占，从而导致一个畸形的货币供给结构。同时，由于土地自身也是重要的生产要素，对土地的炒作会造成在土地价格上涨的同时大量土地的闲置，因此这也从另一个方面挤压了其他产业的竞争力。

日本当时的问题是，美元本位导致国内货币供给不足；《广场协议》的逻辑则是，既然货币不足，那就涨价！这是传统经济学惯用的“均衡”的思维方式。然而，涨价是不会带来均衡的，它的作用只不过是令部分货币需求自愿闲置。由于货币的生产性使用者先天的缺陷，自愿放弃这一竞争的往往正是它们。于是，《广场协议》后日元升值扼制了货币的生产性使用，却激发了闲置性货币需求，引起了土地价格的不断上涨。抵押物价格的上涨进一步增加了整个银行系统的信用投放能力，加之20世纪80年代日本引进的货币加速器（衍生工具、混业经营、金融自由化）开始发挥作用，从而使前期堆积的、原本以极低效率运转的国民储蓄发挥了活力。它使得当时的日本银行系统以难以克制的热情，不断满足日益扩张的闲置性货币需求带来的债务性货币需求，在大量占用和消耗贮藏性货币（储蓄）的同时，不断推动土地价格的上涨。这种货币占用明显削弱了其他产业的生存空间，直到国内制造业无法承受的时候，原本作为当时日本国内最主要货币需求的投资性货币需求急剧下降，导致货币需求结构的不断恶化。这就是日本当年所谓的“地产泡沫”，它不过是把土地裹胁在了货币加速器中[①]，最终不堪重负。

最为可悲的是，日本央行在危机后任由银行抵押物——土地——价格下跌，银行体系产生了巨额不良债权，从而丧失信用能力。日本政府甚至急于削减赤字：

> 银行以拿土地担保进行融资的担保主义为基本，泡沫时期地价的上涨通过担保价值的上涨带来了融资额的扩大。因此，泡沫崩溃导致的地价下跌大幅降低了担保价值，产生了巨额的不良债权。如何处理不良债权，实现金融机构运营的健全化，即使说这一问题是20世纪90年代中期以后日本经济的最大课题，也毫不为过……另一方面，根据财政结构改革进行的财政紧缩也导致了金融危机和萧条严重化。泡沫经济崩溃后的90年代，政府相继实施了大型的经济对策，公共投资的增加和减税使得财政赤字再次扩大。受到赤字财政严重化的教训，1997年开始了财政结构改革，除了削减财政支出以外，还实行了上调消费税率、停止所得税和居民税的特别减税政策、增加健康保险的负担等措施。但是，向紧缩政策转型的时机太差，结果导致事态更加严重。而且，政府为了应对金融危机和亚洲货币危机，不得不再次从财政重建转向景气对策。这一时期日本的财政政策在健全化的要求和景气刺激对策的要求的两难选择中摇摆不定，结果是哪个要求都没能满足。[②]

① 2008年美国次贷危机围绕的抵押物同样是房地产，而大萧条时美国是用股票实现货币加速的。

② 浜野洁、井奥成彦、中村宗悦、岸田真、永江雅和、牛岛利明：《日本经济史1600—2000》，南京大学出版社2010年版，第282－284页。

在本章第四节将论述的美国1929年大萧条的部分，读者会发现，日本的这些政策简直是把大萧条时期美国政府和美联储犯过的错误又全部犯了一遍。与之成鲜明对比的是，美联储和美国联邦政府在次贷危机发生后不仅迅速采取了行动，积极干预并且坚持了下来。即使在自身安全受到严重威胁的情况下，美联储也没有坐视土地价格的下跌，为了阻止房价进一步走弱，甚至不惜直接大量购入有毒资产(已顾不得选择安全债务人了)，不仅增加了基础货币的投放，更重要的是避免了抵押物进一步贬值所引发的银行体系信用过度收缩。当时的美联储主席伯南克是一位多年从事对1929年大萧条研究的学者，他非常清楚，只要能稳住抵押物价格，就能阻止银行系统信用不断收缩的趋势，美国银行体系货币创造能力就可以得到恢复，那些有毒资产就会重新变成良性资产。这样的金融能力和认知水平，无论是当年的日本，还是1929年的美国，都是不具备的。

我国的土地财政

土地财政是一项备受争议的政策。事实上，它的主要问题仅仅在于没有与货币政策相结合。政府是一个天然的城市土地的管理者。土地财政是政府对土地的经营，如果运用得当，不仅是对税收的替代和补充，更可以形成货币投放的通道，成为提升国民财富的最有效的手段。

在市场与政府的分工中，必须由政府承担的工作，绝大部分属于公共物品的提供。其中，基础设施占了很大的比例。而基础设施的提供与土地的捆绑度极高。这就决定了，土地的经营，政府必须参与。此外，货币也是一种公共物品，高基货币中债务性货币需求的部分理应由政府提供。但政府所提供的债务性货币需求的数量，只能根据经济的实际需求，也就是储蓄的实际情况决定，而不是依赖权威专家们的精心计划而实施。这就要求政府的货币投放具有反周期性，必须随着剩余的储蓄的数量而调整。故而政府不仅要在债务性货币需求不足时积极地充当安全债务人，并且要在债务性货币需求充足时主动退出，也就是偿还债务。

理论上,一切公共的设施都是由全民共同享有的,但是在“物”的社会中,所有免费提供的公共设施所带来的各种便利,以及各种人类感知上的效用,都会体现在私有物权之中。这种体现往往是通过公共价值的易得性进行传导的。[①] 在这种公共基础设施价值传导的模式下,政府借城市建设投放货币、借土地拍卖回笼货币的模式如果能够与货币政策相结合,不仅合理,而且效率极高。

拆迁也可以成为政府提供债务性货币需求并投放货币的重要手段。在经济不景气时,由政府发债获取资金,成立土地储备基金用于拆迁,央行在购买国债保证收益率曲线的同时,实现高基货币的投放。中国素来有着“破家值万贯”的传统,耐用消费品更新周期过长,显然不利于经济的发展。拆迁资金可以起到促进消费的作用,其效果虽然不及财政对工业品的订单更直接,但作为货币投放的补充,同样有着很好的效果。更重要的是,通过拆迁投放的货币,获取了土地,为经济过热时回笼货币提供了储备品。这是普通工业或基础设施订单所无法达到的效果。[②] 但这就要求,拆迁—回笼的节奏首先频率不可过高,其次要反周期,否则不仅不能达到货币投放与回笼的效果,反而直接参与并促进了土地的炒作。

如果政府把土地财政孤立于货币政策、高基货币和宏观经济之外,那么它就仅仅是一个强势的借贷主体,这不仅是对政府信用和土地这一重要抵押物的双重浪费,并且由于商业银行的逐利性和自身能力所限决定了,土地作为商业银行抵押物进入货币投放体系,不仅无法做到货币政策的反周期性,相反必然在土地价格上涨时自我膨胀,投放货币;土地价格下跌时全面收缩,回笼货币,形成助涨助跌。土地财政与商业银行结合的结果,不仅无法形成高信用度的高基货币,反而会被商业银行拉低自身的信用。这样就会出现,在经济繁荣、债务性货币需求充足时,选择排挤来自市场的投资与消费,却在经济萧条、债务性货

① 比如,有车的人比没有车的人更易于获得高速公路的便利。再比如,有城市房产的人比没有城市房产的人、距离公共基础设施近的房产比距离公共基础设施远的房产,更易于从公园、便利的交通、学校、医疗、安保等公共城市配套设施中获益。

② 政府不可能在经济过热时出售国防、医疗、教育或其他公共福利回笼货币,出售公路、交通等基础设施也存在困难,却可以通过抛售从这些基础设施中受益的土地,回笼货币。

币需求不足时,力求平衡自身预算,偿还商业银行债务的现象。这一现象在大萧条时的美国和20世纪90年代的日本尤为明显。

众所周知,拆迁周期足够长、规模足够大,才能实现完善的城市规划。然而旧有的拆迁模式,由于没有和高基货币投放相结合,不仅宝贵的政府信用被白白浪费,而且出于偿债压力,导致政府频繁举债偿债,疲于奔命。于是,土地开发只能点状进行,既缺乏效率,又缺少规划及合理性。由于政府反复、多次征地拆迁,断点处原住民极易形成拒迁户,从而出现拆迁难的问题。这种挤牙膏式的开发方式,甚至会导致大量"城中村"的出现。

尽管中国土地是国有的,因此在拆迁问题上要比西方国家有着巨大的优势。但是出于对公民权利的考虑,拒迁户一直是拆迁工作的一个巨大的困扰。要求所有的国民对拆迁补偿抱有一个合理的预期是不现实的,基于人类认知的局限性(合理预期并不存在),科斯定律在拆迁问题上并不能起到太大的作用。这时地方政府往往把拆迁这一本应由政府承担的责任转嫁给购买土地的一方,由此不仅进一步增加了纠纷,并且当政府把疏散城市中心密集人口所带来的成本迅速转嫁给开发商的时候,就会产生面粉比面包贵的现象。出于利润的驱动,开发商必然以快速提高房屋销售价格的办法,去消化这一成本。这就增加了下一阶段拆迁的难度。这种高频率小规模的操作必然在短期内反复推高房价。

产生拒迁户的原因有多种,其中一个重要的原因就是,城市中心区功能没有被合理替代。大城市由于交通发达,就业机会及优质的教育、医疗服务等资源向大城市集中,人口越来越向市中心聚集。在一个大的优胜劣汰的选择之中,大城市越来越拥挤,房价、物价越来越高。与此同时,远离大城市的农村越来越萧条,城乡差距不断加大,这是工业化的一个直接后果。每个试图有所作为的年轻人,都希望能在大城市获得自己的一席之地,由此使得大城市的竞争趋于白热化。一些能力并不逊色的年轻人,终因无法承受巨大的压力而被淘汰。一边是无法忍受的家乡的萧条,一边是无法融入大城市的繁华,社会问题逐渐显现。毫无疑问,退出城市中心区域的代价越高,城市中心区拆迁的难度就越大。当城市对这个区域赋予了过多的功能之后,会形成一个高于土地承接者能够承受的土地价格;当政府把这部分过高的土地成本完全转嫁给土地的承接者时,为了分摊这个成本,就只能进一步在这个区域叠加新的功能。从而形成恶性循环。

城市功能和人口的反复密集,不仅造成人口密度过大,也必然使地价不断被推高。这种以营利为目的的拆迁,遭到原住民的抵制,也在情理之中。这不仅给土地拆迁、流转、重新建设带来巨大的困难,建设完成后也必然会造成更大的拥堵。当我们把大城市核心区土地繁杂的功能以拆迁的形式排挤出去,却又迅速地以原地重建的形式加倍虹吸回来时,无疑只会不断加重原有中心城区的负担,不仅极不利于城市的升级更新,对城市规模也会造成巨大的束缚。这种短期逐利的行为,不应该是政府所为。

相反,如果能够把拆迁与货币政策、货币投放相结合,以建设城市中心公园为目的进行中心城区的拆迁,更有利于城市功能的优化。以公园的形式在市中心建立大规模土地储备作为拆迁方式,就不会出现许多社区大楼商务区全部建成后,在关键部位仍旧存在拒迁户的问题,不会出现道路施工,仅仅因为一个拒迁户而久久不能通车的问题。在土地的使用上,政府将获得更广泛的选择余地,城市规划可以根据拆迁工作的完成情况,更加灵活地调整方案。大量的土地储备、一块封存的土地、一个城市中心的公园,并不会因为一两个拒迁户的存在而产生过多的影响。当拒迁户明白这个道理之后,就不会提出极不合理的要求。即使是出于某种特殊原因,使个别拆迁户不肯迁移,也不会影响他们与新的环境的融合。并且因为不必急于通过被征收的市中心的土地收回成本,也就不会反复频繁操作,反而抑制了土地价格的快速上涨。同时,巨额的货币投放能力本就是一个国家主权货币得以确立的根本,并且是反周期调整的手段,有针对性地把货币投放,用于改造各大核心城市功能区的方案,远比货币政策漫无目的地在直升机上撒钱高效。并且如果我们把市中心的土地以公园的形式储备起来,对于那些从城市中心被排挤出去的功能,市场那只“看不见的手”就会自然地把它们转移到原有城市的周边,从而带动一系列的投资和消费行为,既摊低了土地的整体价格,又充实了原有大城市周边土地的价值。只有这样的货币投放，才能形成凯恩斯所讲的投资诱导和投资的乘数效应。

第三节　股票是贮藏性货币的最佳替代品

商业银行体系是储蓄和投资之间的桥梁。当储蓄者和借贷者两方面都具有充裕资源的时候，金融业就获得了一个发展的空间。储蓄被误认为是造成经济危机的根源，原因在于资本主义大发展时期，储蓄资源极为充裕，安全债务人资源却已经匮乏。[①] 当经济体安全债务人数量完全无法满足货币的贮藏性需求时，大量货币被收藏的结果，使货币的交易性需求被挤压。此时，商业银行体系如果在巨大的商品堆积所发出的货币化需求的倒逼下，不得不反复创造出越来越多的货币，这种强劲的债权性货币需求与不足的债务性货币需求相匹配的结果，必然导致货币投放逐渐向非安全债务人倾斜。危机就此潜伏。

通常，一个不够发达的商业银行体系表现为缺乏对信用的辨别能力。它会面临两个选择：一个是减少对外放贷的数量，以提高利率的形式弥补储蓄闲置所带来的损失，其结果必然是，使大量潜在储蓄无法形成真实的投资或消费，从而引发经济危机；另一个就是在信用识别力不足的情况下坚持向不良信用者或土地等抵押物持有者发放贷款，结果就是造成土地泡沫和金融危机。

所幸的是，商业银行信贷并非将储蓄转化为投资的唯一金融通道，土地也并不是唯一的可供投资的生产要素。

一个国家财富积累的过程中，货币是必不可少的，土地可以作为贮藏性货币的替代品和货币投放的最重要的抵押物。但是，同时作为必不可少的生产要素和生活中必需的消费品的土地终究不是取之不尽、用之不竭的，这就决定了以其作为最重要抵押物，银行系统信贷能力始终具有局限性。故而当财富积累达到一个土地价格威胁到经济发展的水平时，有价证券的作用就极为明显了。货币可以满足债权性需求，但无法满足全部储蓄需求，大量的债权债务关系可以通过货币为媒介转移出商业银行体系，通过股票、债券等直接融资形式形成

① 把危机的责任归于长板，而不是短板，是传统经济学一贯的思维方式。

索取权,从而对货币构成必要的补充。债券的形式与间接融资有类似之处,与之相比较,股票则更为独特,它的出现,使人类财富的保有上了一个新的台阶。

在一个庞大的经济体中,不同个体具有不同的财富喜好,对风险和收益之间的辩证关系有着完全不同的认知。但人类本性中有从众的天生缺陷,如果让不同偏好的人群拥挤在同一个市场中,以相同的形式保有其财富,当一部分人因个人偏好而频繁改变其财富保有形式时,这种滥用索取权的行为就会带动整个市场大幅波动。到目前为止,人类尚没有找到足以对抗这种冲击的容器,所以唯一能做的就是把不同的人群隔离开来。故而一个储蓄大国需要多层次的、丰富的财富保有形式。

假设一个国家储蓄需求是 1,所对应的低风险、中等风险和高风险的投资机会各占 1/3。如果只允许选择低风险的投资机会,那么在这样一个毫无赌性的市场中,一方面,2/3 的投资拿不到资金;另一方面,2/3 的储蓄将无法实现。这无疑增加了储蓄者与投资者双方的饥渴,从而将大量利润留给了银行中介。但在价高者得这一市场经济的铁律之下,出于对高利润的追求,低成本的资金最终并不会配置给收益平庸的低风险投资机会。当一个国家或经济体的银行系统赚去了全社会中的绝大部分利润时,这本身就是不健康的,但更为不健康的是,银行不仅赚了这部分它不应该赚的钱,同时也承担了这部分它完全无力承担的风险。比较而言,由股票市场分担这部分风险的同时,获取这部分高风险带来的利益更有利于经济的健康发展。然而,当股票和土地一样成为银行系统抵押物的时候,事情就变得越发复杂了。历史上,土地和股票都多次成为这种抵押物泡沫的受害者。

> 股票。如果没有欺诈,它们就是对一个股份公司拥有的实际资本的所有权证书和索取每年由此生出的剩余价值的凭证。[①]

也就是说,股票代表着一种剩余价值索取权。同时,股票是在资本市场中自由交易的,故而它是剩余价值和货币的双重索取权。显然,在这两种索取权下,对货币的需求(数量)是完全不同的。从这个角度讲,巴菲特式的价值投资

---

① 马克思:《资本论》(第二卷),人民出版社 2004 年版,第 386 页。

可以表述为:购买股票,就是购买剩余价值索取权。那么在这种投资方式之下(从严格意义上讲,只有这种方式才能称之为投资),股票不仅是贮藏性货币和债券的最好的补充,它甚至可以是国民财富最理想的保有方式。它不再需要银行作为中介,因此缩短了由储蓄到投资的路径。它的交易同样需要货币作为媒介,但是这种交易性货币需求是一个投资性货币需求,有着极低的交易频率,因此可以把货币存量的占用降到一个很低的水平。美国资本市场的实践,证明了股市是推动一个国家经济可持续发展的重要动力。股票所代表的剩余价值索取权,可以得到的是比债权更高的企业利润,但同时必须承担的风险,是对企业可能出现的亏损甚至倒闭承担更大的责任。这无疑大大缓解了被索取一方的利润压力和兑付压力。故而一个成熟的股票市场不仅可以分担储蓄需求,还可以在一定程度上化解原本由商业银行体系独立承担的安全债务人不足的风险。但是,一个不成熟的股票市场中,那些在股票市场上甚至在各市场之间频繁转换财富保有方式的交易性货币需求所形成的,无非是在各种闲置形式之间不停地跳来跳去的购买者闲置而已。我们不能把它们也称为投资。这种货币需求,按照我们的归类方式,为交易性货币需求中的闲置性货币需求,它对经济的危害是极大的。

股市和赌博,从来都有着极其相似之处。尽管股市并不是一个零和市场,但是当这个市场中的交易标的所能带来的产出与参与者所希望得到的获利水平相比微不足道时,交易对手的亏损便成为赢家最主要的利润来源。这一现象在股票市场发展初期是难以避免的。但无论股票市场参与者初始的动机如何,他们把手中闲置的货币购买股票这种剩余价值索取权的行为,可以起到把社会闲散的贮藏货币集中起来并重新投入扩大再生产的作用。它与银行信贷一样,可以把原本的贮藏货币送回交易体系,促成更多的社会剩余产品货币化。但也有可能形成滞留于资本市场的交易性货币(闲置性货币需求)。即便如此,它也同样能起到一个资金重新配置的作用:输家退出游戏,赢者通吃,进而改变消费及储蓄习惯。

储蓄者既可以持有银行存款货币,也可以持有股票等金融资产。这两者间自由的选择权,即股票等金融资产货币化的能力,我们称为货币索取权。这是它们可以被作为财富保有形式的原因,也是资本市场繁荣和发展的基础。这虽然降低了贮藏性货币需求,但也增大了潜在的交易性货币需求,并且增强了货币需求的不稳定性。当这些资产的货币化需求与普通商品的交易需求夹杂在一起的时候,就会使得整个货币的交易需求变得飘忽不定。并且,社会财富中以货币形式保有的索取权比例越低,未来受到货币索取权的冲击就会越大。

古典经济学总是认为,价格是由货币数量决定的,然而,市场的真正可怕之处在于,仅仅参与交易的商品及货币数量就可以决定整个市场的价格。这一点在股票市场中显得更具杀伤力。理论上,仅购买一股股票就可以决定整个股市的市值。当人们预期股市会上涨时,每个人都不肯抛出手中的股票,于是仅以很少的资金就可以推动整个股市不断上涨。一个被极少量货币整体推高后的股票市场,必然会在某个时点,集中放弃剩余价值索取权,转而按照其被推高后的价格,集中行使其货币索取权。

股票市场本身就是众多财富保有形式中的一朵奇葩。它可以将全国甚至全球资本集中在一个市场进行交易。最大的市场形成最好的价格,它使得资本拥有了远比其产出品——商品——更高效、更便捷的交易体系,由此获得了更强有力地行使其货币索取权的能力。因此,除非这个市场参与者足够稳定和理性,他们把股票作为自身财富的长期保有形式,否则股票不仅不能分担货币的贮藏性需求,它所形成的货币索取权,这种强大的债权性货币需求,随时可以将一个国家脆弱的货币供给体系摧毁。金融市场的波动所引发的交易性货币需求,比贮藏性货币需求和商品的交易性需求更难以把握,一个小小的缺口往往就会迅速将市场的流动性锁死,从而爆发金融危机,并且市场的效率越高,这种风险便越大。① 即使在没有摧毁货币供应体系的情况下,股票的交易性货币需

① “银行同业支付清算体系把所有银行联系在一起,造成了相互交织的债权债务网。基于营业日结束时多边差额支付的清算体系,使得任何微小的支付困难都可能酿成全面的流动性危机。1974 年德国赫斯塔特银行因为外汇交易而倒闭,引起了票据交换和银行间支付系统的极大震荡,尤其是导致了日本和意大利银行暂时的资金困难。此外,证券和其他金融工具的支付清算系统同样面临着流动性危机的威胁。1987 年股灾时,芝加哥期权清算公司就由于一个大会员的支付问题而差点招致崩溃。”(黄达、张杰编著:《金融学》,中国人民大学出版社 2017 年版,第 712 页。)

求对商品的交易性货币需求的挤占也会严重干扰经济的运行。当大量货币被应用于资本流动(财富保有方式的改变)时,无论是对交易性货币流量还是交易性货币沉淀的占用都是巨大的。这是以存款货币为主要支撑、以商业银行贷款为主导的货币投放体系永远无法解决的一个货币结构的痼疾:与商品市场的交易性货币需求相比,频繁变换财富贮藏方式所导致的闲置性货币需求乐于承受更高的利息,而银行系统永远对所有客户一视同仁地使用"价高者得"的市场原则,于是,出于商业银行个体利益最大化的考虑,为炒作者提供资金就成为他们义不容辞的义务。并且打着"抑制通货膨胀"旗号进一步制造货币稀缺、提高货币利息的行为,是对炒作者最大的鼓舞。

对于金融体系这样的倾斜,这种市场自发的行为,不宜以简单计划和围堵为手段,必须与疏导相结合。当投资缺乏利润引导,股权无法获取剩余价值时,要求金融体系拒绝炒作者的诱惑,而将资金投向实体经济是一种不现实的要求。洪水面前单一围堵是最危险的政策。在这样的政策下,可以说股票市场的危害几乎同它的伟大功能一样震撼,它像一匹烈马,一旦脱缰,便不疲不休,即使最好的骑手也难以驾驭。

在一定程度上,金融市场的效率越高,危机来临时,所需求的流动性就越大。相反,封闭的、低效率的金融市场,不发达的股票市场,储蓄者并没有太多的选择余地改变自身财富保有形式,这些无疑会降低储蓄者对流动性的冲击,从而在一定程度上化解了金融危机的风险。但是,人类社会需要的是一个可以随着人类财富的增长不断膨胀的财富保有方式,无论是以黄金或债权债务作为单一财富保有形式,还是把土地作为标的反复膨胀,都不能完成这一历史使命。这确实是一个需要反复权衡的过程,但也是市场经济所必须付出的代价,是人类改变储蓄习惯和储蓄方式必经的洗礼。金融和股票市场的发展需要的是全体社会成员认知水平的整体提高。这将是一个循序渐进的过程,既不可揠苗助长,又不可因噎废食。经历过1929年大崩盘及之后多次股市危机的美国却从来没有止步不前,并因此缔造了长期的繁荣。他们所积累的经验教训中,有大量值得我们学习和借鉴之处。

第四节 大萧条的警示

当人们总结1929年源自美国的世界经济大崩溃和2008年美国金融危机的原因时,往往喜欢用股市、楼市泡沫或杠杆过高这样的逻辑草草敷衍。然而,事实远非如此。

之前我们分析了,随着一个国家财富的积累,储蓄不可能仅仅以贮藏性货币的形式存在。于是,包括股市在内的资本市场和楼市,还有一些具有文化沉淀的国家的艺术品、文物市场,都会自然而然地成为国民财富保有形式的补充。在一个持续繁荣的社会中,这些财富保有方式,这些货币的索取权,可以几年、几十年,甚至几个世纪沉淀下来。只要它们不集中行使这一索取权,就既不会形成巨大的交易性货币需求,更不会转变为贮藏性货币需求。但是,一旦这些储蓄集中改变其财富保有形式,就会对经济造成巨大冲击。冲击的强度与资产的货币化能力正相关。作为银行最重要的抵押物,股票和房产所造成的冲击远高于其他保有形式,其中股票高于房产。故而,当使用股票和房产作为财富保有形式时,必须考虑到它们的承载能力。特别是当那些本应由银行系统承接后用以满足投资或消费性货币需求的储蓄,被大量用于满足投机性货币需求(我们称之为闲置性货币需求)这一极不稳定的债权债务关系,进而转入股市或楼市时,这种脆弱的结构随时都会崩溃。市场和经济理论界都有这样一种错误的认知:是货币超发导致了危机。然而事实却恰恰相反:一方面,正是由于货币(特别是高基货币)的不足,导致经济体只能允许生产者以不停地扩大再生产和庞大的商品堆积来实现自己的财富积累;另一方面,正是由于货币不足,把国民的储蓄需求赶入了他们并不了解也没有打算长期持有的资本市场——在他们眼里,那只是一个赌场;还是由于货币不足,把储蓄赶入赌场并把商品堆积起来的同时,扎紧了口子,堵住了它们的退路。这些闲置和堆积,就像一个堰塞湖,堤坝随时有崩塌的可能。一旦股市自我膨胀告一段落,无家可归的储蓄将冲毁一切。1929年的美国,正是这个样子。

生产力水平提高与债权性货币需求压力

认真研究过大萧条的学者们都发现了一个问题,那就是大萧条前后的几十年时间里,美国的生产力水平大幅提高,特别是汽车业的发展,为美国打开了一个崭新的世界。从1901年得克萨斯州发现高产量的油田从而宣告煤炭时代的终结[①],到1911年美国标准石油公司石油裂解技术的突破彻底解决了能源问题,为汽车业的发展奠定基础,再到1913年美国"汽车大王"亨利·福特将其首创的流水线生产方式应用于汽车生产,从而全方位地提升了生产力[②],巨大的汽车消费需求更是迅速使汽车走入千家万户。[③] 到了20世纪20年代,汽车工业的发展已经使美国真正成为一个"装在轮子上的国家"。这样的生产力水平和消费的双提升,在既没有能源束缚又没有原材料制约的情况下,如果没有货币瓶颈,其生产的蓬勃之势和相应的财富积累将是难以想象的。就连弗里德曼和施瓦茨也不得不承认:"总体上,20世纪20年代是一个高度繁荣和经济稳定增

① "煤炭时代的终结发生在1901年1月10日的上午,地点就在得克萨斯州博蒙特郊外一座叫作斯潘德尔托普的小山上。上午十点半,当一位名叫阿尔·哈米尔的男子刚刚绝望地从他钻的井下上来告诉他的兄弟库尔特,井下根本没有石油时,这时,他脚下1 100英尺深处的砂岩以极其壮观的方式证明他错了。随着震耳欲聋的爆炸声和愤怒的咆哮声,从井口喷涌出乌云般的甲烷气体。接着喷出的是一柱直径为六英寸的、棕绿色的液体。这柱液体喷向冬日的天空,高达数百英尺,然后如同黑雨落到地面。黑雨盖满了被撞毁的钻井台,洒在了得克萨斯红色的土地上,浸湿了哈米尔兄弟俩的衣裳。然而此时,兄弟俩却欣喜若狂、手舞足蹈,因为这里确实有石油,而且事实上,这里的石油比哈米尔兄弟和所有人所见过的都要多。当时大多数的油井每天生产50～100桶石油。那些诸如在俄国的纪录创造者也许能达到5 000桶的日产量。但是,斯潘德尔托普的油井每个小时就喷出5 000桶的石油,每天的石油产量达到了10万桶,这比全世界所有的油井加一块儿的产量还要高。"(保罗·罗伯茨:《石油的终结》,中信出版社2005年版,第13－14页。)

② "1908年,亨利·福特推出了著名的T型车,他的口号是:'任何顾客可以将这辆车漆成任何他想要的颜色,只要它是黑色的。'当时生产一辆车需要7 882道工序而不是18道。福特在他的自传中指出,在这7 882道工序中,949道需要体格强壮、充满活力、身体健康的人来完成,3 338道只需要普通体力的人来完成,剩下的只要交给妇女或大一点的孩子就可以了。福特最后冷冰冰地说:'我们承认670道工序能够由双腿残疾人完成,2 637道可以由只有一条腿的人完成,2道工序可以由失去双臂的人完成,715道由独臂人完成,10道由盲人完成。'(阿兰·内文斯:《福特:时代,人,公司》,斯克莱布诺出版社1954年版;亨利·福特:《我的生活与工作》,加登城出版社1922年版。)换句话说,这个工作不需要一个完整的人来做,而只要这个人的一部分就可以了。这个认识有些玩世不恭,却把汽车工业推向了巅峰。"(埃里克·洛朗:《石油内幕》,学林出版社2010年版,第20页。)这段文字完美地诠释了标准化、分工与效率之间的关系。

③ "到1913年时,在美国和欧洲的土地上行驶着一百多万辆轿车和卡车,而其中的大多数是用汽油或者柴油作燃料的。"(舒尔:《美国经济中的能源》——保罗·罗伯茨:《石油的终结》,中信出版社2005年版,第17页。)人类历史上能从消费和生产两个层面同时得到革命性突破的机会,在没有货币束缚的情况下,都会形成人类财富的爆炸性聚集。

长的时期。一股强劲的建设热潮重塑了美国。汽车改变了美国人的生活,股市的牛市行情折射出美国人对未来的美好憧憬。”[①]后来成为美国总统的胡佛先生在其1928年总统竞选时向国民承诺,要让“美国人家家锅里有一只鸡,家家有一辆汽车”。然而,胡佛总统当时并没有意识到一个问题,以美国那时的经济增长潜力之强大和基础设施水平之落后,如果想让1.22亿美国人像家家锅里有一只鸡一样,每家能有一辆汽车,所需要解决的不仅仅是生产力的问题,更是货币的问题。

我们一起回顾一下当年气势如虹的美国汽车业及美国经济,首先汽车的产量和消费水平在不断被刷新着:

> 在20世纪初,美国是全球第一大石油生产国,但它只有170公里的公路,上面要行驶8 000辆汽车,突然的刹车经常导致许多事故……
>
> 1911年,全球只有61.9万辆汽车,1914年达到200万辆,1924年达到1 800万辆,其中1 600万辆在美国。这一年的美国石油消费量,欧洲直至1960年才达到。[②]

毫不夸张地说,在那个年代,汽车给美国带来的是革命性的发展机会:

> 美国的面孔由于汽车大规模地出现而发生了变化。在《仅仅是昨天》(*Only Yesterday*)一书中,费德里克·艾伦描述了20世纪20年代的新面貌:“铁路边上那些繁荣一时的村庄,其经济开始萧条。而靠近61号公路的村庄却刹时兴盛起来,到处可见车库、加油站、热狗摊、饭店、茶馆、旅行者之家、露营地,一派热闹富足的景象。市区电车营运衰减下去。一条又一条的铁路支线被遗弃了。20年代初,大多数城镇只需在主要街道上安排一名交通警就足以控制市内的交通。可是,到20年代末,发生了多么巨大的变化啊!红绿灯、闪光信号灯、单行道、干道车站、越来越严格的停车法都出

① 米尔顿·弗里德曼、安娜·J.施瓦茨:《美国货币史》,巴曙松、王劲松等译,北京大学出版社2009年版,第206页。

② 埃里克·洛朗:《石油内幕》,学林出版社2010年版,第20页。

现了。每一个周六和周日的下午，中心街道上的车辆络绎不绝。它们一辆接一辆，有时能排满几个街区……蒸汽时代已被汽油时代所代替。”

在美国，这场汽车革命的影响远比世界其他任何地方都要大。到1929年，世界上78%的机动车集中在美国。那一年，美国每5个人就拥有一辆车，而在英国平均每30个人才有一辆，法国是每33人一辆，德国每102人一辆，日本每702人一辆，苏联每6 130人一辆。毋庸置疑，美国是最大的汽油消费之邦……

1920年出售汽油的销售点绝对不超过10万个，其中一半是杂货店、百货店和五金商店。10年后，这类商店很少继续出售汽油了。据估计，1929年汽油零售点数目已经增至30万个，它们几乎全部是加油站或汽车修理行。开车进入式加油站从1921年的1.2万个增加到1929年的14.3万个。[①]

加尔布雷思在他的《1929年大崩盘》一书中对那段历史是这样描述的：

美国资本主义无疑是处在一个生机勃勃的时期。1925—1929年间，制造企业从18.39万家增加到了20.67万家，其产值由608亿美元增加到了680亿美元。美国联邦储备工业生产指数在1921年只有67点(1923—1925年为100点)，到1928年7月上涨到了110点，而在1929年6月更是高达129点。1926年，美国生产了430.1万辆汽车。而3年以后的1929年，美国的汽车产量达到了535.8万辆，比1926年增加了100多万辆。美国1929年的汽车产量可以非常体面地与1953年的570万辆这个统计数字相比。营业收入迅速增长，这可是经商做生意的大好时机。的确，就连当时最有偏见的历史学家也不得不私下里承认这是一个千载难逢的大好时光，尽管他们几乎都加入了指责柯立芝[②]没能看到“经济过于繁

---

① 丹尼尔·耶金：《石油大博弈》(上)，中信出版社2008年版，第144—145页。

② 胡佛的前任美国总统。——本书作者注

荣,不可能持续下去”的行列。①

每5个美国人就拥有一辆车;与24年后相媲美的汽车年产量;占世界78%的机动车拥有量;最大的石油产出国和超前欧洲30年的石油消费量……

我们知道,时至今日,全球汽车一年的总销售量徘徊在1亿辆左右,仅为90年前美国一个国家汽车产量的不到20倍。显然,535.8万辆的汽车年产量,尽管距离绝对生产过剩仍旧很遥远,但相对生产过剩已经难以避免。这个成绩的背后,必然是捉襟见肘的货币供给能力及意愿和与之相对应的有效需求不足。在产销量大幅上升的同时,汽车的价格出现了显著的下跌,汽车生产商甚至为此感到自豪:

> 当1909年亨利·福特生产出大约1万辆汽车时,每辆车售价950美元,到了1922年产量已上升至150万辆,一台福特T型车只要约275美元(当时美国人平均一年的收入是1 236美元)。汽车使得石油、橡胶、钢铁工业迅猛发展,刺激了国家公路网的建设,同时也带动了新的服务业,比如加油站、修车场、公路餐厅和汽车旅馆等的发展。福特在其自传中自豪地说道:“美国大众应该惊讶不已,我让花较少的钱制造和分配较多的商品成为可能。”②

与这场竞争中胜出者的得意扬扬相衬托的是,如此巨大的产销量的上升,伴随这样的价格下跌,对其他商品的价格挤压可想而知。这再次证明了,货币不足之下,来自个体间过于激烈的竞争压力对经济整体的毁灭性的打击能力。人们不可能明白,货币的产出性导致所增加的货币供给引发了更强劲的货币需求,带来的是货币稀缺度的进一步上升。也正是由于人们的无知,这样的成绩,如此显而易见的价值货币化需求,却完全没能说服当时的经济学家们,他们不仅会对这种货币供应不足视而不见,反而会盲目地扣上“通货膨胀”或“资产泡沫”的帽子。③

---

① 约翰·肯尼斯·加尔布雷思:《1929年大崩盘》,沈国华译,上海财经大学出版社2017年版,第2—3页。

② 彼得·马丁、布鲁诺·霍尔纳格:《资本战争》,天津教育出版社2008年版,第180页。

③ 只看到货币供给增加,却没看到货币需求更为显著地增加。

与工业生产指数由1921年的67点上涨到1929年的129点、涨幅达92.5%相对应的是，同一时期，货币存量也增长了45%。然而，在这45%的货币存量增长中，高能货币的贡献只占了27%，其他73%的贡献皆来自存款货币银行增加杠杆所投放的自身信用。[①] 于是，《美国货币史》写道："正如这些评论表明的，在1921—1929年间，货币量直接决定因素的变动并不稳定。在这三个直接决定因素中，高能货币的变化尽管从整个时期来看微不足道，但对货币存量的变化影响最大。两个存款比率的主要作用是引起了货币存量比高能货币量更大幅度的上升——从经济学角度来看，这个变化使联邦体系创造了少于货币存量实际上升所需要的高能货币。"[②]

是因为商业银行杠杆放得太大了，导致联邦储备体系只能创造少于货币存量实际上升所需要的高能货币吗？传统经济学总是能够娴熟地使用着这种本末倒置的逻辑。不尊重货币需求，不承认货币需求对货币供给的牵引作用，一味迷信货币政策可以决定货币供给和货币需求，甚至可以决定货币的流向，他们才是最不懂得尊重市场的人。

受货币需求的牵引，货币存量上升；而对高能货币的压制导致商业银行端杠杆被放大。用微不足道的高能货币的变化，使它对货币存量的影响达到最大(木桶的短板效应)，甚或是用微不足道的货币存量的变化再对经济的影响达到最大，这无疑是金融资本极力追求的自身利益最大化的目标。然而这一目标的实现，这种层层瓶颈的设置，使得在强劲的经济增长动力所催生的巨大的货币需求的牵引下，杠杆只能于最脆弱的部位展开。当传统经济学反复使用"不是我给的鞋太小，是市场的脚太大"这一经典逻辑时，市场的崩溃是难以避免的。

经济蓬勃发展时期，杠杆的总量受到债权性货币需求的牵引，杠杆另一端

① "从整个时期来看，即从1921年7月经济周期的谷底到1929年8月经济周期的顶峰，货币存量增长了45%，即以每年4.6%的速度增长。其中，存款一通货比率上升的作用占到了54%；存款一准备金比率上升的作用占到了15%；高能货币的作用占27%；其他的则是由于两个存款比率的相互影响造成的。因此，从数量的角度分析，存款一通货比率是影响整个时期货币存量的最重要因素。"(米尔顿·弗里德曼、安娜·J.施瓦茨：《美国货币史》，巴曙松、王劲松等译，北京大学出版社2009年版，第191页。)

② 米尔顿·弗里德曼、安娜·J.施瓦茨：《美国货币史》，巴曙松、王劲松等译，北京大学出版社2009年版，第192页。

的债务性货币需求的稳定性不足导致杠杆的脆弱性。作为最高信用等级的政府的平衡预算,高信用等级的中央银行高能货币投放的微不足道,都是造成这一脆弱性的原因。无论是中央银行还是商业银行,其杠杆都是围绕储备或抵押物展开的。所不同的是,作为高阶信用主体的中央银行依其储备所投放的自身信用,便可形成作为低级信用主体的商业银行的储备。而当央行高能货币投放不足时,商业银行无法获得足够的储备,便只能围绕抵押物不断扩张杠杆。当这种脆弱的杠杆与一个极其不稳定的抵押物——股票——相结合时,金融危机的爆发已成必然。大萧条的起因是当时的商业银行体系和股市自身过于脆弱,却承担了自己完全没有能力承担的信贷扩张的责任。

显然,20 世纪 20 年代经济增长的成绩是在金本位制约下,美联储货币供给意愿不足使得货币供给受限的条件下创造的。当一个经济体生产力水平显著提升时,单位要素产出率大幅上升,即使在原有要素数量并不增加的情况下,社会产出品数量上升所产生的债权性货币需求也将是极为庞大的。而由财富效应带来的贮藏性货币需求在货币增长不够显著的情况下对交易性货币的挤占,必然导致社会产出品的货币化能力不足。

财富随生产力水平提高而增长的先决条件,只能是货币的数量或效率同步上升,否则就会出现商品货币化的瓶颈。但货币化需求也会倒逼货币供给,同时进一步积累着贮藏性货币。在这种由高涨的货币化需求和被压制的高能货币供给反向撕扯之下,被反复拉高的货币效率提高的是那些并不具备承债能力的经济主体的杠杆,它导致商业银行体系越来越脆弱。而作为贮藏性货币替代品的证券市场,这种财富保有的方式必须经过千锤百炼才能逐渐成熟起来。一个被频繁进出的资本市场,与赌场没有什么区别。一旦出现哪怕是短暂的储蓄者的集中退出,这种瞬间爆发的债权性货币需求,就像洪水冲击着银行的堤坝,它完全不是美国当时的商业银行有能力应对的。当危机来临时,金融机构唯一自保的方法就是尽快缩减过高的杠杆,回笼自己投放的信用。而这种金融机构集体去杠杆所引发的货币存量的下降,就如同它们当初加倍地促进了货币存量上升一样,也是需要美联储加倍的高能货币的投放补偿的。在金本位下,这种溃堤的效应也同样不是美联储能够独立应对的。

在生产力水平上升和货币不足的撕扯之下，最终使经济、股市和银行体系不堪重负时，危机便随之而来了。如果率先崩溃的是经济，则表现为经济危机；如果率先崩溃的是股市和银行体系，则表现为金融危机。但无论哪一个率先崩溃，本已摇摇欲坠的另一个在没有外力扶助的情况下不可能独立坚持下去。即使生产力继续上升，也无济于事。伯南克甚至发现 1929 年股市大崩盘后的 20 世纪 30 年代，生产率增长仍旧非常强劲："20 世纪 30 年代生产率的增长非常强劲。它的一个显著特征是虽然当时大多数行业的资本存量在绝对减少，但是生产率却在增长。[在我们构建了数据的行业中，令 1929 年为基数 100，则 1937 年的就业/资本比率(employment-capital ratio)为：钢铁行业，123.5；纺织行业，167.1；石油精炼业，99.5；汽车行业，139.9；皮革行业，182.1；木材行业，122.7；橡胶行业，158.6；造纸和纸浆业，122.3。]由此可见，20 世纪 30 年代美国生产率的增长与近期欧洲生产率的增长也许不同，它不是资本深化的结果。"①不得不说，伯南克在这里同样使用了一个典型的传统经济学本末倒置的"均衡"思维方式。在货币供应严重匮乏使得劳动力要素和资本要素均出现大量闲置的情况下，这种由果导因的逻辑毫无意义。应用我们的木桶理论后，这个逻辑应该是这样的：自 20 世纪初以来在美国出现的不断地技术革命所造成生产力的大幅提升才是因，没有产生资本深化这一"果"的原因在于，这种大幅提升却遭到了货币瓶颈的束缚。不是强劲生产率的增长并不源自资本深化，而是因为货币长时间和过度稀缺，导致资本比劳动力要素的闲置程度还要高很多，使得我们几乎怀疑自己看到了一组由机械化生产向手工工业发展的数据。正如本书之前所描述的那样，强劲的生产率增长所带来的社会产出品的激增遭遇的却是货币化瓶颈时，会导致大量储蓄及潜在储蓄无法转化为投资或消费，结果使劳动力就业和资本形成同时受阻。生产者和消费者的预期越来越差并相互影响，使生产者不仅放弃了扩大再生产，甚至缩小了简单再生产的规模，进一步加重了产出品货币化的难度，形成循环紧缩。最终导致在单位要素产出均大幅上升的情

---

① 本·S. 伯南克：《大萧条》，宋芳秀、寇文红等译，东北大学出版社 2009 年版，第 301 页。

况下，总产出却是下降的。

此外，伯南克还提出了此期间美国所谓“实际工资”强劲增长的现象，听起来好像危机中劳动者反而占了便宜。事实上，所谓实际工资的上涨表现的仅仅是社会产出品相对于其生产者——劳动力——要素的过剩，这是劳动生产率强劲增长的必然结果，而不是什么所谓的货币工资或“实际工资黏性”的结果。它与劳动者大量闲置（失业）不仅并不矛盾，相反二者的关系既包括劳动生产率整体的提高所导致的劳动力需求量的下降，也包括大量低产出劳动者失业所带来的劳动生产率的整体提高，同时包括了社会产出品相对于劳动力更为严重的过剩。这就是市场竞争的自然结果，它不仅不会主动向所谓“均衡”的方向发展，反而会不断自我加强。

社会产出品相对于劳动力要素过剩（甚至储蓄或资本也有可能相对于劳动力过剩），与劳动力要素相对于货币要素的过剩并不矛盾；社会产出品相对于劳动力要素过剩，劳动力要素相对于货币过剩，与其他要素相对于货币过剩或稀缺也完全并不矛盾。

如果货币是最大的瓶颈（如大萧条时期），各要素及社会产出品相对货币过剩的同时，彼此之间的比对既可能是不足的，也可能是过剩的。所产生的效果既包括各要素和社会产出品的闲置程度各有不同，也包括比价关系的不同（价格或闲置都不是唯一的表达方式）。例如，在20世纪七八十年代大危机中以短板的姿态充当了重要角色的另一个生产要素——石油——在大萧条中的表演，由于新的大型油田的发现，它的过剩则显得更为突出：“最终，东得克萨斯被证实是一片14万英亩的油田，被称为‘黑大个’。美国还从未发现可以与之相提并论的油田。随之而来的迅速繁荣使宾夕法尼亚、得克萨斯、俄克拉荷马以及加利福尼亚等地的石油开采就像演出前的彩排。1931年初，大萧条的阴云还笼罩着美国大部分地区，而东得克萨斯却蒸蒸日上。到那年4月底，也就是戴西布拉德福德三号井喷油后半年，这一地区每天生产34万桶石油，而且每小时都会增添一口新油井。随着这一新发现，价格免不了一再下跌。1926年得克萨斯的石油价格为每桶1.85美元，到了1930年，平均价格为每桶1美元。

1931年5月底，油价降到了每桶15美分，有时则低至每桶6美分，有时竟以每桶2美分的低价出售。然而钻探仍无节制。到了1931年6月的第一个星期，已经钻成了1 000口油井，东得克萨斯日产石油达50万桶。"[①]但是到了80年代，石油成为最大瓶颈时，强劲的劳动生产率和紧缩的货币政策再次导致社会产出品相对于劳动力要素过剩，劳动力要素相对于货币要素过剩这一现象出现时[②]，石油价格的表现则已经今非昔比。如果所谓的"膨胀"或"紧缩"真的并不是以"通货"作为标准，而是以木桶最短板为标准，那么就绝不会将石油危机这种典型的紧缩经济称为"膨胀"。了解了我们的木桶理论后，对以上几个现象就不难理解。

在自由放任的市场经济之下，这种来自要素所有者个体之间的产出能力的激烈竞争所导致的要素整体稀缺性的下降，对大多数所有者而言，都将是灾难性和毁灭性的。而市场那只"看不见的手"自发调节这一囚徒困境的方式，就是垄断——自由竞争的阶段性成果，是市场自发对喷薄而出的债权性货币需求的一种自我克制。出于对自由放任精神的崇尚，对那种无序的、恶性的竞争，政府是否应当予以干预有待商榷，但前提条件是在对待垄断(是否应当干预)时，不应使用双重标准，否则所谓市场自由竞争就成为一场只许输不许赢的游戏。以行政命令的方式人为干预垄断[③]本身就带有极大的随意性，这种违背市场规律的行为必将受到市场的惩罚。更何况有金融资本的垄断这一市场最强大的瓶颈，在这个巨大的集中[④]之下，对其他要素资源恶性竞争的鼓励，使得越来越庞大的要素和商品数量参与到有限的货币的争抢之中，这种游戏除了把经济带入

---

① 丹尼尔·耶金:《石油大博弈》(上)，中信出版社2008年版，第171—172页。

② "在20世纪30年代的大萧条中，当劳动需求显著下降时，制造业的实际工资实际在上升。一项估算显示，当失业从1929年的5.5%上升到1934年的22%时，实际工资上升了20%以上。一个更近的例子是在20世纪80年代初，当失业率从6%以下上升到10%以上时，实际工资再一次上升。"[约瑟夫·E.斯蒂格利茨、卡尔·E.沃尔什:《经济学》(下册)，中国人民大学出版社2005年版，第632页。]

③ 因为政府不应成为普通商品的生产者，故而无法以市场手段干预普通商品的垄断。

④ "那种以所谓国家银行为中心，并且有大的货币贷放者和高利贷者围绕在国家银行周围的信用制度，就是一个巨大的集中，并且它给予这个寄生者阶级一种神话般的权力，使他们不仅能周期地消灭一部分产业资本家，而且能用一种非常危险的方法来干涉现实生产——而这伙匪帮既不懂生产，又同生产没有关系。"[马克思:《资本论》(第三卷)，人民出版社2004年版，第618页。]

深渊之外,还能有其他什么结果吗?

在20世纪初那样一个危机四伏的年代,联邦政府看到的却并不是呼啸而来的货币需求所即将形成的巨大瓶颈,相反,这个不购买黄金就发不出本币的国家,急于打通的却是其他长板的供给障碍——毕竟美国只允许存在一种垄断,那就是金融垄断。在这个大背景之下,标准石油公司这家用20年的时间终于成为美国最大的原油生产商,垄断了美国95%的炼油能力、90%的输油能力、25%的原油产量,从而被称为"世界石油大王"的巨头倒下了。1911年5月15日,美国最高法院判决,依据1890年《谢尔曼反托拉斯法》,标准石油公司是一个垄断机构,应予拆散。根据这一判决,标准石油帝国被拆分为约37家地区性石油公司。[①] 于是在政府的这种鼓励之下,当以石油开采能力为代表的各种自由且无序的竞争一发而不可收时,金融资本坐收渔利的日子也正逐渐接近尽头。如果不是其间全球大量金矿被发现及之后第一次世界大战的爆发,美国不得不以投放政府信用的方式向市场提供大量货币,大萧条的爆发恐怕忍耐不到十多年后的1929年。

大萧条之后,许多经济学家已经认识到了货币不足是危机爆发的根本原因,但有关导致货币不足的原因究竟是黄金不足,还是美联储或联邦政府的失误,以及出现了哪些失误,则存在极为明显的分歧。

金本位的制约还是美联储的无能?

《美国货币史》中大篇幅地试图论证危机爆发后的美联储是如何无能,如何没有将金本位下市场赋予它的货币投放能力最大地发挥出来。并总结道:"我们相信,根据本章前几节的内容,本节标题中用来描述1929—1933年危机期间货币政策的形容词'无能'会强烈地震撼我们的读者,正如那段时期的真实历史过程给我们带来的震撼一样。在本可以避免的情况下,货币体系却崩溃了。"[②]

---

① 参考百度百科"标准石油公司"词条。

② 米尔顿·弗里德曼、安娜·J.施瓦茨:《美国货币史》,巴曙松、王劲松等译,北京大学出版社2009年版,第288页。

伯南克在他的《大萧条》中部分支持了弗里德曼与舒瓦茨的观点，只是就美联储应当承担主要责任的时间段上与《美国货币史》有明显差异："由于有了弗里德曼与舒瓦茨(Friedman and Schwartz，1963)、汉密尔顿(Hamilton，1987)等人的研究，我们的分析对美联储和美国的货币政策提出最明确的非议可能就不会令人惊诧。从1928年中期到1931年春爆发金融危机这段时间，美联储不仅拒绝将流入美国的大量黄金货币化(monetize)，而且实际上设法把正的储备流入转换成了M1货币存量的负增长。因而，在1931年前，美联储的政策实际上是在积极地破坏稳定(destabilizing)。我们把1931年前世界范围内的通货紧缩的大部分原因归咎于美联储的政策，这在很大程度上是由于美国的经济规模庞大(在我们所考察的8个主要工业国中，美国的实际产出大约占了8国总产出的一半)。"①

然而，仔细看过弗里德曼与舒瓦茨的论证过程却发现，书中的逻辑完全站不住脚，他们对货币政策"无能"的批评，恰恰来自他们对于货币政策本应万能的错觉。

首先，如前文所论述，以20世纪20年代美国生产力水平的发展和消费需求的增长，它所需要的货币量，如果按照传统经济学的逻辑，绝对不是鞋小了，而是脚太大了！所以只有用确定尺码的鞋子、一成不变的货币政策削减这些就业机会和产量，从而"抑制泡沫和通货膨胀"，才是最合理的方案。但美联储当年正是这样做的呀！凭什么批评这样的货币政策无能呢？又凭什么指责"美联储的政策实际上是在积极地破坏稳定"呢？当时的背景下，不仅是美联储，就连所谓"多数公众"都已经被权威专家们教育得坚信要在繁荣时打击投机和通货膨胀，却要在经济被打压到崩溃之后"顺其自然"，而不是"人为地"干预。怎么

① 本·S.伯南克：《大萧条》，宋芳秀、寇文红等译，东北大学出版社2009年版，第94页。

可以一边宣扬这些观念,一边去指责别人严格遵守这些观念呢?①

其次,与伯南克把美国长期无法摆脱经济危机的原因归结为金本位制本身②所不同的是,《美国货币史》反复强调,(危机爆发后)可供美联储扩张货币的黄金的数量是足够的。反对政府干预经济的教条和货币面纱论的立场,是弗里德曼等传统经济学理论的核心所在。所以站在这个立场上,弗里德曼必须证明,在没有政府介入的情况下,美联储仅根据市场发出的信号就应该具备独自地、理性地、主动自觉地介入的意愿;在没有政府介入的情况下,美联储仅靠黄金作为储备,就应该具备独自扩张货币,从而拯救货币体系免于崩溃的能力。然而事实上,导致大萧条的货币不足的问题绝不仅仅是美联储的无能那么简单,即使用倒车镜去看,或者穿越回去,《美国货币史》中的逻辑和方法也是行不通的。客观地讲,回到那个年代,回到金本位的束缚之下,在危机爆发前如果美联储不采取那些"积极地破坏稳定"的手段,也就是弗里德曼和施瓦茨所说的那些"熨平经济波动的""精确有效的手段"的紧缩性货币政策,或许可以避免大危

① "这些态度反映的不仅仅是金融界(特别是联邦储备体系)的意见,其中绝大部分还是多数公众的看法。在这种社会背景下,可以说联邦储备体系实行相关政策是不可避免的。不能指望联邦储备体系能够阻止 1930 年货币存量的大规模下降,其原因在于联邦储备体系以及其他机构都将这一下降看作对早期投机性过剩的一种合理回调;而且,1930 年后期,当银行开始大规模倒闭,以及公众争相将存款兑换成现金的情况发生后,联邦储备体系未能做出强有力的反应。这反映了当局旨在清理'坏'银行,'顺其自然',而不是'人为地'支持金融系统。毫无疑问,优先保持金本位制的任务,是继英国脱离金本位制及美国黄金外流之后,贴现率在 1931 年 10 月急剧上升的最直接的原因——如上所述,这项紧缩措施是联邦储备体系的决定性实验之一。"(米尔顿·弗里德曼、安娜·J. 施瓦茨:《美国货币史》,巴曙松、王劲松等译,北京大学出版社 2009 年版,第 494 页。)

② "总之,我们的包括 24 个国家的样本数据支持了如下的观点:在坚持金本位制与通货紧缩、萧条的严重程度之间存在很强的联系。这些数据也支持这样的假设(尽管证据不很清晰):20 世纪 30 年代早期放弃金本位制的国家经济表现较好的一个原因是,它们拥有货币扩张的自由。"(本·S. 伯南克:《大萧条》,宋芳秀、寇文红等译,东北大学出版社 2009 年版,第 101 页。)

"支持'大萧条的罪魁祸首,总的来说是货币因素,具体来说是金本位制'的证据,总体上是令人信服的。对这一观点最有说服力的例子也许是,那些率先放弃金本位制[因而其国内货币供给和价格得以再膨胀(re-inflation)]的国家最早从大萧条中恢复过来(Choudhri and Kochin, 1980;Eichengreen and Sachs,1985,1986;Bernanke and James,1991)。同样值得注意的是,实际上在每个'重新采用金本位制'的国家,货币紧缩、价格下降、产出和就业的严重降低等现象几乎都是同时发生的。这些现象的全球性特征,对那种只针对单个国家的解释——例如,一些曾经流行的观点认为,美国大萧条的原因是 20 世纪 20 年代耐用消费品或住房的'生产过剩'——提出了强烈的质疑。"(本·S. 伯南克:《大萧条》,宋芳秀、寇文红等译,东北大学出版社 2009 年版,第 128—129 页。)

机的爆发，但危机爆发后，仅靠美联储的货币政策空间，无论是拯救经济还是货币体系的崩溃，美联储都既没有那个意愿，也没有那个能力。[①]

没有意愿并不等同于无能

在史无前例的股市和银行体系的崩溃面前，年轻的美联储并不拥有足够的，哪怕是当年约翰·皮尔庞特·摩根那样的个人威信，可以令它敢于在没有政府信用投放的情况下，孤注一掷地仅凭自己那尚未建立起来的信用能力去力挽狂澜。相反，它被吓坏了。就像约翰·S. 戈登在《伟大的博弈》中所描述的那样：

> 美联储在本杰明·斯特朗去世后基本上处于群龙无首的状态，在美国经济和纽约股市摇摇欲坠的过程中毫无作为。早在1928年，斯特朗就曾经说过："美联储存在的意义在于为美国经济提供保护以抵御货币利率之类的因素所导致的任何灾难……一旦有紧急情况发生，我们将有能力通过向市场大量注入货币来缓解危机。"但是这时美联储却没有这么做，而是维持着斯特朗的反通货膨胀和经济紧缩政策，将利率定在远远高于当时新的经济条件所要求的利率水平之上。所以，当美国经济在历史上最严重的一次通货紧缩中几乎被冻毙的时候，美联储还在为美国经济开着治疗通货膨胀、经济过热的退烧药。[②]

毫无疑问，大萧条中美联储的表现确实令人失望，但也事出有因。我们如

---

① "泰明(Temin,1989)认为，在中央银行承诺维持金本位制的前提下，一旦采用了这些破坏稳定的政策，就无法再扭转通货紧缩和萧条的状况。一旦通货紧缩过程开始，中央银行就陷入了竞争性的通货紧缩和对黄金的争夺，并希望通过提高覆盖率来保护它们的货币抵御投机性冲击。任何单个中央银行进行通货再膨胀的努力都会使黄金立即流出，这迫使中央银行提高贴现率并再次开始通货紧缩。根据泰明的观点，即便是拥有大量黄金储备的美国也面临着这种约束。因此泰明不同意弗里德曼与舒瓦茨(Friedman and Schwartz,1963)的如下观点：联储未能维持美国货币供给的原因是，它误解了问题或者缺乏领导能力。相反，他认为在承诺固守金本位制(以及缺乏有效的中央银行合作)的前提下，联邦储备体系除了听任银行倒闭和货币供给下降外，几乎没有选择。"(本·S. 伯南克：《大萧条》，宋芳秀、寇文红等译，东北大学出版社2009年版，第132页。)

② 约翰·S. 戈登：《伟大的博弈》，祁斌译，中信出版社2005年版，第284页。

果回顾一下,就在大萧条爆发前不久的1927年,美联储采取的一次宽松政策所招致的唾骂,或许我们就不难理解,大萧条时的美联储为何萧规曹随地维持着1928年,也就是大萧条前夜,死于肺结核的纽约储备银行首任总裁——也是美联储实际当家人——斯特朗的反通货膨胀和经济紧缩政策。加尔布雷思在《1929年大崩盘》中写道:

> 1927年春天,三个令人敬畏的朝圣者——英格兰银行行长蒙塔古·诺曼(Montagu Norman)、左右逢源的德意志银行行长雅尔玛·沙赫特(Hjalmar Schacht)和法兰西银行副行长查尔斯·李斯特(Charles Rist)——风尘仆仆地来到美国,力劝美国联邦储备银行推行放松银根的货币政策(以前,他们成功地为1925年推行大致相似的政策进行了辩护)。美国联邦储备银行被迫就范。纽约联邦储备银行的再贴现率从4%降低到了3.5%。政府大量买进发行在外的证券,其必然的结果就是使抛售政府证券的银行和个人持有了备用现金。一名持不同意见的联邦储备委员会成员阿道夫·C.米勒(Adolph C. Miller)后来把这次降低再贴现率的行动描述为"联邦储备系统有史以来最伟大和大胆的业务操作……导致了75年以来联邦储备系统或其他银行系统所犯的代价最为昂贵的错误"……
>
> 关于联邦储备当局在1927年采取的行动是随后投机与股市崩盘的罪魁祸首的观点,从来也没有被真正动摇过。这种观点具有吸引力的原因就在于它简单易懂,并且为美国人民和美国经济开脱了一切重大罪责。由着外国人操纵的危险众所周知,而诺曼和沙赫特因为其险恶的动机而臭名昭著。[①]

接下来加尔布雷思所做出的评论,令人拍手称快:

> 这种解释显然假设:只要能够筹集到资金,人们总会进行投

① 约翰·肯尼斯·加尔布雷思:《1929年大崩盘》,沈国华译,上海财经大学出版社2017年版,第9—10页。

> 机。不过，案例更能说明问题：信贷充盈、便宜（比 1927—1929 年要便宜许多）且当时投机可忽略不计的情况已经发生过多次，并且持续了很长时间。就如下文所指出的那样，除了不想控制以外，1927 年以后没有发生过投机失控的情况。这种解释仅仅证明了人们在经济问题上重新偏信那些不可思议的胡话。[①]

正如我们曾经说过的那样，投机性货币需求远高于生产性货币需求对高利息率的耐受性决定了，货币供应不足导致市场订单缺乏的同时却利率高企[②]，使投资无法获取利润才是对投机最强有力的支持和鼓励。然而，放松银根必然导致投机，这些被加尔布雷思称为"不可思议的胡话"从来就不绝于耳；导致通货膨胀则更是"顺理成章"的事情。《美国货币史》则温和地称之为"20 世纪 20 年代的误解"："1929—1933 年间的经济崩溃导致了人们对 20 世纪 20 年代的误解，当时盛行的观点是上涨的经济指标必须回落，经过早期上涨已经回落的指标仍需下调，再加上股票市场的暴涨，所有这些使很多人认为美国在 1929 年以前经历了严重的通货膨胀，而这主要是由联邦储备体系造成的。事实并非如此，到 1923 年为止，批发物价指数只恢复了它在 1920—1921 年下降部分的 1/6。从那时起直到 1929 年，批发物价以每年 1%的均速下降。1927　1929 年扩张期间，经济周期顶峰三个月的批发物价仍略低于周期谷底开始的三个月，这在我们的记录中是罕见的。货币量不但没有上升，甚至在扩张期内有轻微的下降——这在此前及此后的经济扩张期内从未出现过。"《美国货币史》就此得出结论："20 世纪 20 年代非但不是通货膨胀的十年，而是恰恰相反。"接着弗里德曼与舒瓦茨又写道："联邦储备体系也并非造成通货膨胀的罪魁祸首，相反，如果当初允许黄金流动对货币存量变化的效应完全发挥，联邦储备体系很有可能会极力控制货币存量的上升。"[③]这又是那个本末倒置的逻辑，难道不正是联

---

① 约翰·肯尼斯·加尔布雷思：《1929 年大崩盘》，沈国华译，上海财经大学出版社 2017 年版，第 10 页。

② 按照凯恩斯的理论，资本边际效率不足、利息率过高导致投资诱导不足。

③ 米尔顿·弗里德曼、安娜·J. 施瓦茨：《美国货币史》，巴曙松、王劲松等译，北京大学出版社 2009 年版，第 208 页。

邦储备体系极力控制货币存量上升的努力,使得它当时不能允许黄金流动对货币存量变化的效应完全发挥的吗?产生他所理解的货币量不但没有上升,甚至在1927—1929年的扩张期内有轻微的下降,以及伯南克所观察到的——“从1928年中期到1931年春爆发金融危机这段时间,美联储不仅拒绝将流入美国的大量黄金货币化(monetize),而且实际上设法把正的储备流入转换成了M1货币存量的负增长”,这其中的原因,正是美联储长期以来所坚守的削足适履的货币政策。显然联邦储备体系的确并非造成通货膨胀的罪魁祸首,它是造成严重通货紧缩的罪魁祸首!

这一政策到1928年时,更为激进。1928—1929年间,美联储以抑制股市上涨为由,进行了一次以控制货币存量为目的的大规模的货币回笼,《美国货币史》中写道:“极少有时期像从1928年初那样,由于联邦储备体系采取措施抑制股票市场暴涨而备受争议。尽管1927年末经济才刚刚复苏,并且商品价格没有上升的趋势——从1927年10月的96.6下降到1928年3月的95.5,联邦储备体系还是在1928年初采取了紧缩措施。到7月份,纽约的贴现率上升到了5%,这是自1921年以来的最高点;尽管黄金流出,但联邦储备体系持有的政府债券从1927年末超过6亿美元的水平下降到1928年8月的2.1亿美元……这些措施显然没能遏制股票市场的暴涨,却对经济产生了持续的紧缩压力。”①但加尔布雷思却认为,因为做得还不够彻底,所以没有收到一定效果。②至于是否通货膨胀的逻辑,从来也不是靠倒车镜去判断的。只要经济学家们想要“抑制通货膨胀”,找到一个还在增长的统计口径,难道会有什么困难吗?危机过去后,诸葛亮般地跑来说其实当年不是通货膨胀,丝毫也不影响下一次危机到来

① 米尔顿·弗里德曼、安娜·J.施瓦茨:《美国货币史》,巴曙松、王劲松等译,北京大学出版社2009年版,第201—202页。

② “1929年,各联邦储备银行的资金储备并不是很充足。1928年初,联邦储备系统持有政府证券6.17亿美元。上半年,联邦储备系统大肆抛售政府证券,以吸进流向股市的资金。尽管下半年因错误地认为这项政策已经取得成功,股价已经被置于控制之下而没有继续执行,但联邦储备系统无论如何也无法长时间地坚持下去。1928年底,联邦储备系统剩余的政府证券库存只有2.28亿美元。要是把它们全部抛向市场,那么兴许能够收到一定的效果。”(约翰·肯尼斯·加尔布雷思:《1929年大崩盘》,沈国华译,上海财经大学出版社2017年版,第30页。)投机性货币需求有着远高于生产性货币需求的对高利率的耐受力。这样的被传统经济学家们拍手称快,甚至认为力度尚有所不足的政策,可以说是对生产性货币需求的定点精准打击。

前再次对“抑制通货膨胀”极力鼓吹。更何况，即使实在找不到抑制通货膨胀的借口，对控制股价的逻辑使用起来同样得心应手。[①] 在这些专家们声势骇人的抑制通货膨胀和股市泡沫的声浪之下，不要说在那个年代，即使是在今天，又有什么人敢对抗？

在距离1929年大崩盘近60年后的1987年，由于美联储及时的措施而得以避免美国股市再次大崩盘时，美联储的货币扩张政策同样受到广泛的质疑。对于此时早已脱离金本位的美国来说，美联储和联邦政府无论是实力、经验还是美国国债的存量及扩大发行能力，都早已今非昔比。然而，以金融大鳄著称的索罗斯在他那本著名的《金融炼金术》中对1987年的股市崩盘和1929年的大崩盘做出的比较却耐人寻味：

> 在1929年崩盘时，纽约股票市场大约跌了36%，这项数字与1987年崩盘的跌幅大致相同。随后，股价回升其跌幅的一半，接下来从1930年到1932年的漫长空头市场中，股价下挫了80%。空头行情配合着经济大萧条，令人不堪回首。正因为有过这段无法磨灭的噩梦，我们可以确信历史将不会重演。政府对崩盘所做的迅速反应支持了这项见解。1929年时，货币当局犯了严重错误，没有提供充分的流动资金；而今天它们犯了另一种错误。以它们的最初反应判断，这次的危险在于，为了避免经济陷入衰退而破坏了美元的稳定，至少在大选年是如此……
>
> 这种差别证实了主管当局决心避免重蹈1929年覆辙的决心。在崩盘之初，里根总统和胡佛总统的说法十分类似，但在10月22日星期四举行的记者招待会上，他已经审慎地避免了这种类似……
>
> 事后回顾，我们很容易重建导致崩盘的事件序列。股票市场繁荣是由流动资本促成的，而流动性不足却是崩盘的先决条件。

① 真搞不懂那些自称崇尚自由主义市场经济的西方经济学家，为什么都这么喜欢去制订自认为完美的价格计划？

就这一方面来说,1987 年与 1929 年的情况十分类似……

1987 年大崩盘具有两个显著的特点:纽约市场未出现第二波卖压,东京市场相当稳定。这两个特点值得进一步探索,因为它们可以为研究崩盘的后果提供线索。

1929 年崩盘的历史性意义在于它触发了经济大萧条。它发生于经济与金融权力从欧洲移转到美国期间。权力移转导致汇率的极度不稳定,最后结果是,美元取代英镑而成为国际储备货币……

1987 年大崩盘显示了日本的力量,并使得经济与金融权力的转移清晰可见……

1987 年大崩盘使我们的政府面临一项问题:避免经济衰退与维护美元币值,两者之间何者比较重要?大家的见解并不一致。在黑色星期一之后的第二个星期,便出现放手听任美元下跌的倾向,而财政部部长贝克更在该周末做了正式的宣布。美元应声下挫,股市的第二波卖压没有出现。避免了 1929 年的错误,但我们却犯下了另一种错误。放任美元贬值的决策使我们痛苦地回忆起 30 年代的竞争性贬值,饮鸩止渴的后果是可以想象的。①

索罗斯的这段评论比较具有代表性。对金融资本而言,为了避免经济陷入衰退而破坏所谓的"美元稳定",甚至由此导致经济与金融权力的转移,是"犯下了另一种错误",甚至是"饮鸩止渴"。因此对政治家们而言,则是会影响大选的。

现在来看,索罗斯的判断显然是错误的。美元的地位是靠美国的经济实力和维护全球金融稳定所做出的努力,而不是靠对经济甚至货币体系见死不救维持的。1987 年美联储的果断行动和日本的配合,并没有导致类似 1929 年美元取代英镑那样的事情发生。但索罗斯的担忧——在避免经济陷入衰退和保证美元稀缺(所谓美元稳定)间进行权衡——却为 60 年前美联储为什么不具备为避免经济衰退甚至货币体系崩溃而采取行动的意愿提供了一条清晰的线索。

---

① 乔治·索罗斯:《金融炼金术》,海南出版社 1999 年版,第 332—337 页。

在20世纪80年代，背靠美国政府这一当时最安全的债务人，近水楼台地获得强大后盾的美元本位制下，货币伸缩性与当年金本位时不可同日而语。即便如此，尚能听到如此的恫吓，那么在当年的金本位制下，既要保证美元足够稀缺（兑黄金不出现贬值），又要保证美元的数量足以支持货币体系不会崩溃，本就是一个悖论。在美国的金融资本以及为其代言的权威经济顾问们的鼓噪声中，两弊相衡取其轻，为了避免黄金的流出影响美元的地位，美联储除了坐视经济陷入衰退，甚至货币体系崩溃，难道还能有什么其他的选择吗？

但这不能称为“无能”。子曰：“求仁而得仁，又何怨？”

没有能力是客观事实，不同于弗里德曼与舒瓦茨所说的“无能”

金融危机会造成市场流动性锁死，故而它的短期杀伤力远大于普通经济危机。但也正是因为金融危机表现为交易性货币供给的不足，一些经济实力强大的国家的中央银行主动介入，对控制金融危机有着比抑制经济危机显著得多的效果。从1929年股市最初下跌后经历的几起几落来看，最初只是流动性不足，并未动摇储蓄者的信心，也并没有出现国民财富保有方式的大规模迁移和巨大的贮藏性货币需求。较之从1987年美国股市的瞬间崩溃，到“9・11”事件时格林斯潘的应对，再到2008年美国金融危机和2020年全球新冠疫情下的美国股市反复熔断式下跌中美联储通过注入流动性所起到的作用，1929年美联储的表现明显是有所欠缺的。但是，我们也必须考虑到几点不同。首先，1987年和2001年股市突然下跌，但经济仍旧强劲；而1929年股市崩盘之前，美国的经济在紧缩货币的摧残下已失血严重。其次，大萧条时美联储的处境与1987年和2001年“9・11”事件时格林斯潘及之后两位美联储领导人的处境是不一样的。就当时美联储的组织结构来说，分散的权力和决策机制，特别是在失去斯特朗后群龙无首的状态，使它本身就不具备决断力。在这一点上，弗里德曼与舒瓦茨的抨击是完全正确的。但更为重要的仍旧是金本位制度本身的限制，并且即便是其他的束缚都不存在，当时联邦政府的平衡预算政策也必然导致国债数量客观上无法保障美联储扩张性货币政策的实施。[①]

在类似1987年股市突然崩溃和“9·11”事件所引发的整个经济社会信用体系紧缩的情况下,银行体系是没有信用辨别能力的,过去的安全债务人一夜之间全部不再安全。银行个体唯一能做的就是紧缩自己的信用,囤积准备金,坐视自己的同行一个个因挤兑而倒闭,不敢伸手相助。此时,中央银行唯一正确的做法就是在第一波下跌的末端,市场信心尚存、实力尚在,债权性及债务性货币需求都仍旧充裕时,以政府背书为依托,大量投放自身信用,充当最后的安全债务人(债权债务是同时发生的,有了最后的安全债务人,才会有最后的贷款人),把市场中的这些债权性及债务性货币需求重新衔接起来,以避免股市和商业银行体系的停摆。待危机平息后,市场恢复自行衔接能力时,中央银行这个中介便可退出。

挤兑的实质并不是储蓄消失,而是储蓄者改变储蓄的保有方式。但此时,如果既没有足够的黄金用于兑付,又没有一个安全债务人站出来承债,那么储蓄就真的消失了。不是消失,而是被消灭了。

这就好像一只水桶,突然间破裂了,桶中的水奔涌而出。此时需要有另一个容器先把这些水收集起来,等桶修好后再注回桶中,危机便不会爆发。传统经济学偏偏认为要任由市场自由发展。但覆水难收,第一时间不承接,之后再要收集便不可能了。所以,在这类危机面前,有政府信用背书的美联储的最后贷款人的作用会非常显著。但它仍旧没有能力长期把这些贮藏性需求全部独立承接下来,故而必须在市场完全失去信心、安全债务人消失或不肯承债前介入。

由于今天的美联储有条件把足够多的美国政府债券作为储备或抵押物,它的这个最后贷款人,其实质是以美国政府这个最后的安全债务人的信用为背

---

① 如果没有联邦政府的大量举债,美联储的相关货币政策便难以顺利实施。正如格林斯潘自己所描述的那样:“在联邦债务极低的美丽新世界里,美联储将如何运作?在1月末的会议上,我们花很多时间来计议这个问题,不用说,对国家来说无债一身轻,却会陷美联储于尴尬境地。我们货币政策的主要调节手段就是买入或卖出国库券——山姆大叔的债务凭证。可是,债务一减少,国库券也就少了,美联储就需要新资产来影响货币政策。在近一年的时间里,美联储高级经济学家和交易员们一直在探求这样一个问题:我们还有别的什么资产可以买卖吗?”(《格林斯潘回忆录》。)

书，使得它在创设新的债权债务关系这一储蓄容器时，它的所有债权人都会假想自己的储蓄是借给了美国政府。就像当年所有的储蓄者把手中的美元看作黄金索取权一样。故而，无论是黄金数量的有限性还是国债数量的有限性——而不是天真地去计算账面上究竟有多少黄金或国债，都会使美联储最后贷款人的角色无法发挥效用。并且随着危机的深入，美联储便更加无能为力了。

《美国货币史》承认大萧条是由于货币不足造成的，却坚称，这种货币不足应当完全归咎于美联储的无能——没有将市场授予它的万能的货币政策能力发挥出来。显然其对美联储"无能"的诊断，来自市场原教旨主义和对美联储货币政策无所不能的信仰。[①]

首先，《美国货币史》认为，联储货币与其他货币的不同之处在于其富有弹性——就像《联邦储备法》宗旨中所承诺的那样[②]；其次，他认为美联储的货币政策工具中，对贴现、票据与政府债券这三种信贷扩张方式的区分是没有意义的；再次，书中认为，股市暴跌所造成的货币流通速度的下降是可以理解的，但对于货币存量的下降，责任完全在美联储；最后，也是书中最重要的一个观点，基于1932年2月通过的《格拉斯—斯蒂格尔法案》(Glass-Steagall Act)，黄金不足已经不再构成美联储没能扩张货币的理由。[③]

在这个逻辑链中，对于第一点，毫无疑问，美联储货币是有一定弹性的。但是在金本位制下，这种弹性也是很有限的。不应将《联邦储备法》中所谓的承诺与联邦储备体系真实的能力相混淆。

---

① 以下内容可参见《美国货币史》，除部分直接引用的内容外，不再一一标注。

② 法案宗旨全文如下："本法案致力于建立联邦储备银行，提供富有弹性的通货，提供商业票据再贴现的手段，在美国建立更有效的银行监管，以及实现其他目标。"

③ "解决此问题的《格拉斯—斯蒂格尔法案》于1932年2月27日出台，规定除了40%的最低黄金储备要求外，联邦储备银行投资组合中的政府债务和合规票据都可以作为联邦储备券的抵押。"(米尔顿·弗里德曼、安娜·J. 施瓦茨：《美国货币史》，巴曙松、王劲松等译，北京大学出版社2009年版，第284页。)美国有两部叫作"格拉斯—斯蒂格尔法案"的法律，它们都是由卡特·格拉斯和亨利·B. 斯蒂格尔提出的。格拉斯曾任美国财政部部长。斯蒂格尔当时是议会银行和货币委员会主席。《美国货币史》中所说的1932年通过的这部，目的在于停止通货紧缩，扩大联邦储蓄系统，为更多财产形式如政府公债和商业票据提供再贴现。而众所周知的也是我们通常所说的《格拉斯—斯蒂格尔法案》是指1933年6月，在罗斯福总统的大力倡导下，国会通过的另一部《格拉斯—斯蒂格尔法案》，又称《1933年银行法》。也就是说，本章所提到的《格拉斯—斯蒂格尔法案》并不是《1933年银行法》，下同。

对于第二点,尽管购买政府债券(或黄金)和购买商业银行信用都可以作为美联储投放货币的手段,但前者是提升美联储自身信用,后者是使用自身信用。如果对这一点仍旧没有清晰的认识,既搞不清高基货币与央行货币的区别,也理解不了政府债务以订单的方式向市场投放货币和商业银行以贷款的方式向市场投放货币的区别,建议重读一下本书中“高基货币”和“订单理论”的部分。

也正是因为基于这样一个荒谬的假设,导致《美国货币史》整个论证的逻辑体系完全是错误的。然而,更令人费解的是,书中之所以提出三种信贷扩张方式的区分是没有意义的,目的是批驳另一种更为荒唐的逻辑,我们之后会详细论述。

对于第三点,《美国货币史》认为,危机中“银行并没有积累超额准备金的倾向”。[①]“很多人将超额准备金解释为银行资金需求不足的表现,认为超额准备金意味着货币当局有能力发放‘信贷’,但是不能保证信贷得到利用。有句名言可以最为贴切地描述这种情况,即‘货币政策犹如一条绳子,你可以拉动它,但是不可以推动它’。我们认为,这种解释是错误的。这些准备金仅仅从严格的法律角度而言是超额的。在最为萧条的两年时间里,银行发现,无论是法定准备金还是假定的‘最后贷款人’,在困境时期都很难发挥作用。这种情况很快就重演了。这就难怪银行出于谨慎而持有的准备金量会远远超过法律规定的持有量。”[②]也就是说,商业银行出于谨慎,远远超过法律规定而超额持有储备(准备金),是不应当受到责备的,因为它们被吓坏了,并不说明它们无能;相反,这恰恰证明了美联储(也被吓坏了)是无能的。如果这一逻辑成立,那么就足以证明商业银行信用的严重不足。因此,贴现、票据与政府债券这三种信贷扩张方式的区分绝对不是没有意义的。

无论如何,有一点都是确定的,危机发展到这一阶段——已经由流动性引发的金融危机转变为全面的萧条,弗里德曼与舒瓦茨不认同的“货币政策犹如

---

① 米尔顿·弗里德曼、安娜·J.施瓦茨:《美国货币史》,巴曙松、王劲松等译,北京大学出版社2009年版,第241页。

② 米尔顿·弗里德曼、安娜·J.施瓦茨:《美国货币史》,巴曙松、王劲松等译,北京大学出版社2009年版,第246—247页。

一条绳子”的逻辑恰恰是正确的。在市场的生产性氛围良好的情况下，货币政策空间较大，然而，在生产性货币需求已经严重不足时，货币政策就无能为力了。中央银行作为货币中介，在市场债权性、债务性货币需求都非常充裕的情况下，勒紧它的绳子，拒绝提供中介服务，由此制造经济危机甚至金融危机的能力是毋庸置疑的；当市场的（债务性）货币需求崩溃时，中央银行放松绳子，且不论美联储当时并没有这样充足的货币供给能力，就算有，这样的货币也必然会被大量闲置起来。在满足债权性货币需求的同时，生成的既不是投资性货币需求也不是消费性货币需求，而是另一个新的贮藏性货币需求。如我们之前所分析的，在大崩盘之前，美联储所提供的高能货币的不足，使得商业银行杠杆过度放大，危机爆发后，要把商业银行因过度放大而崩溃的部分以及商业银行由过度放杠杆到过度去杠杆的部分全部用高能货币填补，这个数量绝不是弗里德曼与舒瓦茨所理解的那一点点自由黄金可以支撑的。

并且，那些已经失去订单的工商企业所需要的并不是银行所提供的贷款。经济危机的表现形式是安全债务人的不足，使债权性货币需求因为没有足够的债务性货币需求而无法得到满足。银行贷款和订单尽管全是货币投放的方式，但只有订单才能满足债权性货币需求；银行贷款只能满足债务性货币需求，然而此时市场所缺乏的恰恰就是债务性货币需求。故而当危机已经发生，用货币政策或银行贷款的方式去满足货币需求，无异于缘木求鱼。

与曾经的旺盛的债务性货币需求和债权性货币需求交替出现的交易性货币需求所形成的中介短板截然不同的是，此时的货币需求结构表现为突出的债权性货币需求和极度萎缩的债务性货币需求。央行中介不再是短板，没有政府作为外部的安全债务人的介入，中央银行已经没有能力独立完成货币供给了。

总之，无论是从货币数量上还是从结构上，中央银行此时已经无能为力。

对于第四点，《美国货币史》提出既然《格拉斯—斯蒂格尔法案》拓宽了储备体系为联邦储备券持有的抵押品范围，政府债券和合规的票据都可以作为抵押品，那么联邦储备银行对超过最低黄金储备要求的超额持有的黄金储备，都可以作为自由黄金，按照规定的比例放大杠杆，所以他并不认为缺乏自由黄金这一中央银行的超额储备，对联邦储备体系有任何影响。于是他"不可避免地得出以下结论：自由黄金的缺乏并未对联邦储备体系的政策选择构成严重限制，黄金数量一直很充足，足以支持大规模的公开市场购买。缺乏黄金最多只能作为主要由于其他原因而采取的政策的补充解释。该问题的解决本身也没能带来政策的改变。自由黄金问题很大程度上是对所采取政策的事后解释，而不是出台政策的原因"。①

"自由黄金问题很大程度上是对所采取政策的事后解释，而不是出台政策的原因。"即政策制定者本身并不具备公开市场购买的意愿，这一点，正如我们之前所论述的那样，应该说是符合事实的。但是说"黄金数量一直很充足，足以支持大规模的公开市场购买"，那真是在神化美联储的能力了。对此，《美国货币史》中提出的五条理由，竟没有一条是成立的。

《美国货币史》中第一条用来反驳"没有足够的自由黄金来支持人为的廉价货币"的论据是在发出这一警告之前，纽约储备银行在争取扩张性公开市场购买的战斗中已经败北。这或许确实可以证明，美联储对扩张货币的意愿始终不足。但从逻辑上讲，意愿不足和能力不足并不矛盾。故而不能用意愿不足去证明美联储具有这样的能力。

第二条，弗里德曼与舒瓦茨从联邦储备体系的一些备忘录中，不仅得到了一些类似"当时的自由黄金的水平并未引起联邦储备委员会的担忧""联邦储备体系对自由黄金问题给予的关注非常有限"的印象，还看到了一些诸如"即使在非常极端的假设下，自由黄金都不会成为联邦储备体系政策选择问题上的重大限制"，以及"仍然有足够的黄金剩余"的表述。我想，无论是商业银行还是中央银行，为了避免挤兑，无论何时，这种类似"我的储备足够多"的表述永远是必要的。如果就此便可以得出"整个时期的自由黄金实际总量足以允许大规模的公开市场购买"，美联储是在有意积累超额储备的结论，那么弗里德曼与舒瓦茨之前所说的"这就难怪银行出于谨慎而持有的准备金量会远远超过法律规定的持

---

① 米尔顿·弗里德曼、安娜·J.施瓦茨：《美国货币史》，巴曙松、王劲松等译，北京大学出版社2009年版，第288页。

有量”并且就此认为“银行并没有积累超额准备金的倾向”的逻辑，就值得怀疑了。

第三条则表示，自由黄金问题尽管被一再提及，但它并不是反对购买政策的主要论据，即使通读 1931 年 9 月至 1932 年 2 月期间公开市场政策委员会的所有会议记录以及纽约储备银行董事会的所有会议记录，也无法看出自由黄金问题重要到成为决定政策走向的因素。并且由于这个时候《格拉斯—斯蒂格尔法案》即将出台，这个问题将更不是问题。

和第一条一样，弗里德曼与舒瓦茨或许可以证明，自由黄金问题并不是反对购买政策的主要论据，甚至它只是一个借口，但这并不等同于，自由黄金的数量足以支持美联储扩张货币。

首先，弗里德曼与舒瓦茨也承认，1931 年 9 月，由于法国、荷兰等国家对英镑进行挤兑，迫使英国脱离了金本位制，给美元造成了巨大的黄金兑付压力，同时重创了美国银行体系：

> 国内黄金存量开始出现流失之前及流失期间，银行体系内部也出现了严重的流失现象。8 月份，歇业银行的存款数量仅次于 1930 年 12 月的水平。9 月份，规模进一步扩大。仅在这两个月的时间里，就有存款规模为 4.14 亿美元，或者说存款数量超过当时缩水后的商业银行存款总额 1%的银行破产倒闭了。9 月份，黄金的输出更增加了银行储备的压力。国内存款者有理由担心银行的安全问题，因此将大量存款提现；外国人担心的是金平价制度能否继续维持下去，因此将大量黄金由美国输出。国内流失和国外流失一起发挥作用，尤其是秋季对通货的需求达到季节性顶峰时，两者更是同时出现。[①]

并且，他在评论 1925 年英国恢复金本位时是这样说的：

> 英国于 1925 年以高估英镑的比价重建了金本位制。从长期来

---

① 米尔顿·弗里德曼、安娜·J. 施瓦茨：《美国货币史》，巴曙松、王劲松等译，北京大学出版社 2009 年版，第 222 页。

看，英国只有通过持续的国内通货紧缩压力，才能够阻止黄金流出。严格的措施有效减轻了国内价格下降所带来的通货紧缩压力，取而代之的是导致普遍的萧条。[①]

但他仍旧坚持认为：

在对冲黄金流动方面，美国处于尤为有利的地位，因为相对于国内贸易，其对外贸易重要性较低且黄金储备量较高。然而即便如此，美国也不愿且不能完全实施对冲政策。在这一时期，美国确实进行了小规模的对冲，但我们在前一章已经看到，当1920年黄金储备比率大幅下降时，联邦储备体系认为有必要采取应对措施。我们在下一章也将会看到，当英国于1931年最终放弃金本位制时，黄金外流首先从美国开始，联邦储备体系再次采取严厉的通货紧缩措施，并产生了更加严重的后果。两次措施都反映了普遍存在的对冲行为的不对称性，因为两者都仅对黄金外流做出了反应。[②]

《美国货币史》中所说的对冲行为，指的是美联储以提高贴现率为最主要手段的一系列通货紧缩政策，目的是阻止黄金外流。这里所说的不对称性，是指这个措施在阻止黄金外流的同时重创了经济，带来了普遍的萧条和金融困境。他表示，可以采取广泛的公开市场购买措施来抵消这一影响：

为什么黄金流失和随之而来的贴现率提高会如此严重地加剧国内的金融困境呢？如果当时能够采取广泛的公开市场购买措施，以此来抵消国外黄金流失对高能货币的影响，以及国内通货流失对银行储备的影响的话，那么这种情况就不会发生。不幸的是，公开购买措施并未得到实施。[③]

仔细翻阅书中对这段历史的描述，我们发现几个问题：首先，非常明显，《美

① 米尔顿·弗里德曼、安娜·J.施瓦茨：《美国货币史》，巴曙松、王劲松等译，北京大学出版社2009年版，第198页。

② 米尔顿·弗里德曼、安娜·J.施瓦茨：《美国货币史》，巴曙松、王劲松等译，北京大学出版社2009年版，第198页。

③ 米尔顿·弗里德曼、安娜·J.施瓦茨：《美国货币史》，巴曙松、王劲松等译，北京大学出版社2009年版，第223页。

国货币史》对黄金严重流失的担心与当时的美联储的担心完全不在一个方向上。弗里德曼和施瓦茨所说的要抵消的影响与后者要对冲的是完全不同的东西。弗里德曼与舒瓦茨担心的是因黄金外流而造成的货币存量的下跌，从而“严重地加剧国内的金融困境”，而当时美联储的担心则与前文所提到的索罗斯式的担心是一致的，他们担心的是黄金外流，影响美元的地位。这显然不仅仅是“不对称性”，而是两个完全相反的选择：美联储所谓的对冲是严厉的通货紧缩政策，回笼货币，以保证美元的币值；弗里德曼和施瓦茨所说的抵消是同样强烈的放松政策，购买国债或票据、投放货币，以保证货币供应。对于这一点，弗里德曼与舒瓦茨对美联储的批评已经在上一单元中论述过了，我们是完全认同的。但这两个目标显然是无法兼顾的。

第二个选项显然会造成更为严重的黄金流失，《美国货币史》之所以可以做到既坚定地认为“整个时期的自由黄金实际总量足以允许大规模的公开市场购买”，同时又可以无视黄金大规模流失的现实，信心满满地认为，对英国而言，“只有通过持续的国内通货紧缩压力，才能够阻止黄金流出”的定律并不适用于美国，它的逻辑实际上仍旧停留在古典经济学假设，即相信 1752 年大卫·休谟所提出的金本位制下的国际收支市场自动调节机制这一理论基础之上。但是，这个理论的几个基础假设都是不存在的。

休谟在《论贸易平衡》中说道：

> 假设英国全部货币的五分之四在一夜之间消失了，就货币量的情况来看，就同倒退到哈里王朝和爱德华王朝时期一样，那么结果又会怎么样呢？一切劳动和商品的价格不见得不会相应下降吧？各种物品的售价未必不会像在那两个王朝时期一样便宜吧？那时候还有哪个国家能在国外市场上同我们争夺呢？或者胆敢以同样的价格（这种价格会给我们提供足够的利润）来从事海运和销售工业品呢？在这种情况下，弥补我们已失去的那些货币量并赶上所有毗邻国家的水平，一定用不了多久吧？一旦我们达到了这些目标，我们马上就丧失廉价劳动和商品的有利条件，我们的殷实

富足使货币的进一步流入停顿下来。

又假设英国的全部货币在一夜之间增加四倍,难道没有相反的结果接踵而至吗?难道我们的一切劳动和商品不会贵得出奇,让所有邻邦没有哪一个能买得起吗?在另一方面,难道别国的商品相形之下就不会变得那么便宜,以致不管我们制定什么样的法律都无法阻挡这些商品的走私入境,从而使我们的货币外流,直到我们的货币量下降到和别国相等,把那种曾使我们蒙受如此不利的巨大财富优势完全丧失为止——难道一定不会这样吗?

现在,问题很清楚,要是这些过分的不均衡现象出人意外地发生,那么使这些现象得以矫正的因素必然同样会按事物的正常趋势来防止其发生,必然会在所有毗邻国家里,使货币与每个国家的技艺和工业始终大体相称。江河百川不管流向何处,总是保持相同的水平。如果去问博物学家这是什么道理,他们就会告诉你:要是在任何一处水位升高,升高处的引力就会失去平衡而降低,直到取得平衡为止;同理,矫正已发生的不均衡现象的因素,也一定总是不依靠暴力和外部作用来防止其发生。①

这里休谟以及之后的古典经济学家们显然忽视了几个问题:第一,休谟理论的前提是,黄金总体是充裕的;第二,不存在贮藏性货币需求;第三,各国产能

① 大卫·休谟:《论贸易平衡》——《休谟经济论文选》,商务印书馆1984年版,第58—59页。

发展相对均衡；第四，基于休谟的货币数量论，货币是中性的。[①]

这几点错误假设使古典经济学家无法认识到，或者说是不肯承认，由于黄金的有限性和货币的非中性，当一个国家的生产能力突飞猛进、货币需求激增的时候，黄金流入的结果不仅不像休谟所说的物价变得“贵得出奇”，反而因为带来了巨大的产出，进一步加重了黄金的稀缺，导致物价下降，或者说黄金在贸易顺差国，购买力是可以不断上涨的。以全球资本主义世界，特别是美国当时的生产能力，已经不存在“必然会在所有毗邻国家里，使货币与每个国家的技艺和工业始终大体相称”的足够的黄金数量了！这个零和游戏已经完全进行不下去了！因此，不只是贸易逆差国，美、法这样的贸易顺差国同样经受不起黄金流出的打击。于是，市场那只“看不见的手”不仅没有导致自发平衡的因素，反而因商品恐惧进一步增加了贮藏性货币需求。正如凯恩斯所说：

> 重商主义者感觉到问题的存在，却不能把他们的分析推进到

① 那些试图论证“货币长期为中性”的传统经济学家们所忽视的一个问题是，货币中性论的最为必不可少的前提条件，恰恰是这个货币“在一夜之间增加”数倍的假设。如果失去了这一假设条件，把时间拉长，比如19世纪淘金潮所引发的黄金大发现所带来的却是物价的“令人惊异”的表现：“19世纪的发现，使得之前所有的黄金史都相形见绌……

“的确，西班牙人在新大陆的黄金发现增加了世界贵金属——黄金与白银——的产量，在17世纪达到了年均7吨，是以前发现量的2倍。到了1700年，整个世界的贵金属贮藏量是1492年的5倍。接着，由于葡萄牙人在巴西的发现，18世纪的黄金产量又提高了2倍。到了1859年，随着加利福尼亚、澳大利亚和西伯利亚的日渐繁荣，黄金的年均产量达到了275吨，是18世纪年均产量的10倍。按照这样的速度，10年内的黄金产量相当于从哥伦布发现美洲大陆至1848年整个356年间的所有黄金产量……

“尽管关于黄金大幅增加和物价上扬无法避免的警告一直持续不断，但除了19世纪末期很短的一段时间内，通货膨胀并没有发生。这一过程与16世纪物价大革命形成了鲜明的对比。确实，从诸多方面来讲，在19世纪黄金大发现的情况下，当时物价水平的稳定最为让人惊异和感兴趣。”（彼得·L.伯恩斯坦：《黄金简史》，黄磊译，上海财经大学出版社2020年版，第282—284页。）

更令人感到“惊异”的应该是，在此期间还发生了全球大范围的严重通货紧缩，特别是不久前刚刚经历了内战所带来的严重物资紧缺的美国。“以19世纪70年代的美国为例，这个十年以物价的持续下滑而闻名，1873年开始发生了严重的通货紧缩，直到1879年仍然能够感受到通货紧缩的影响。拜大规模的移民所赐，美国在这一时期的人口增长了30%。铁路的运营里程数增长了1倍（连接大西洋和太平洋的重要铁路线路在1869年就已经贯通）。在纽约州，19世纪70年代，铁路交通的运量第一次超过了人工运河和天然河道。农田数量增加了50%；在农产品下跌的时候，每亩地的地价却上涨了。这些都强有力地说明，农业生产力的提高降低了农产品的成本。煤、生铁和铜的产量增加了1倍，而铅的产量则增加了6倍。总而言之，从南北战争结束到1900年，工业生产以每年超过5%的速度递增。这意味着在19世纪末，工业产量是1865年的5.5倍。”（彼得·L.伯恩斯坦：《黄金简史》，黄磊译，上海财经大学出版社2020年版，第300页。）这些充分显示了，给市场足够的时间，它就能够展示货币非中性的力量。

> 能解决问题的地步。然而，古典学派却无视这一问题，因为他们所引入的前提条件否定了问题的存在；其后果为经济理论的结论和现实的常识相脱节。古典学派的不平凡成就是能克服“普通人”的信念，同时本身却又是错误的。①

《美国货币史》认为，1925 年英镑重建金本位时导致黄金外流的原因是高估了英镑的比价。然而，事实上，在黄金供给有限、各国货币需求不断增长的情况下，任何国家中任何固定含金量的货币，都注定是高估的。这是纸币作为黄金索取权的金本位的必然结果。

货币中性论者们永远也理解不了，由于货币是非中性的，在市场经济的法则之下，增加货币、带来产出、提升货币价值的同时，带来的是货币相对于黄金稀缺度的与日俱增的下降。这个稀缺性的持续且明确的下降趋势，必然形成包括各国民众共同参与的争抢有限黄金的热潮。这种情况下，一方面面临货币不足，另一方面各国央行不仅无法购买黄金投放本币，反而只能卖出黄金回笼货币以避免本币贬值。如此一来，所谓市场的自动调节机制如何能够应对各国货币的不足呢？此时美联储如果敢于按照国际金本位制固定含金量的原则在抛售黄金储备以保证美元币值的同时，大规模地购买政府债券甚至票据来“对冲”黄金储备减少所带来的货币存量不足，只会导致美联储黄金储备更为迅速地流失。无论金融高官和专家们如何信心满满地吹嘘这种情况不会发生，都毫无意义。

《美国货币史》反复强调了从静态的数据观察，自由黄金的数量是足够的。然而从动态去看，保持自由黄金数量足够的前提条件只有一个，那就是不购买任何票据或者政府债券。显然，这并不是各国之间的矛盾，而是黄金总量与货币需求之间的矛盾。即使在全球脱离金本位之后，基于货币数量论的束缚，这样的矛盾仍旧存在。一些盯住美元的国家，一旦面临金融危机，如果不迅速与

---

① 凯恩斯：《就业、利息和货币通论》(重译本)，高鸿业译，商务印书馆 1999 年版，第 360—361 页。

美元脱钩，除非像罗斯福总统那样，强行向民众兑换储备物[①]，否则无论自以为储备多么强大，也不过只是摆设，瞬间就会变得不堪一击。无论是哪种方式，都没有资本，仅看着自己的财务报表，便吹嘘储备或抵押物是充足的。对于这一点，传统经济学总是在误导世人。

总之，随着经济的发展，没有一个国家有能力在不使用重创本国经济的紧缩政策的前提下，长期按照固定的比例与黄金挂钩(除非放弃经济发展)。如果允许自由浮动，那么不断增长的纸币数量与相对稳定的黄金数量的稀缺性比对的结果就是黄金价格的不断上涨。如果禁止自由浮动，就必然造成黄金的价格双轨制，且两个价格间将渐行渐远。之后如果不采取严厉的紧缩政策，反而通过公开市场购买国债或票据的方式投放货币，则形成实际意义上的与黄金脱钩。这一点在第二次世界大战后的布雷顿森林体系时期已经被验证过了。我想，对此不仅作为经济学家的弗里德曼是清楚的[②]，作为胡佛的继任者，美国第三十二任总统富兰克林·罗斯福也是清楚的。他在就职后立即野蛮地宣布民间持有黄金及黄金证券为非法，并强行以明显低于市场的价格向民众、企业和银行收购黄金；随后放弃了金本位制，禁止黄金流出美国；不久后，则允许美元对黄金贬值，美联储和财政部因此大赚一笔。

包括放弃金本位在内的这一切举措，显然不是美联储有权决定的，并且一

---

① “在这一时期，美国迈出了空前重要的一步。4月5日，一项行政命令禁止黄金‘贮藏’行为并要求包括成员银行在内的所有黄金持有者，将其持有的金币、金块或者金元券在5月1日之前(含5月1日)移送至联邦储备银行，仅可以保留用于工业及艺术的合理数量的稀有铸币，并确定了每人可以保留的金币和金元券的最高限额——100美元。金币和金元券按面值兑换为其他通货或存款，金块按每盎司20.67美元的法定价格支付。根据财政部部长于1933年12月28日发布的一项命令，储备银行以外的黄金也在稍后一段时间完成了‘国有化’。该项命令要求，除了稀有铸币及其他少量项目外的所有金币、金块和金元券，均应根据每盎司20.67美元的法定价格按其面值转让给美国司库。截止日期定于1934年1月17日，当时黄金市价接近每盎司33美元。”(米尔顿·弗里德曼、安娜·J.施瓦茨：《美国货币史》，巴曙松、王劲松等译，北京大学出版社2009年版，第329—330页。)

② “毋庸置疑，如果美国，甚至法国，允许更大规模的货币扩张，就可以在很大程度上缓解英国的萧条，结果就应该是1925—1929年的批发物价指数保持稳定，而不是下降8%。当然，后续政策的最终结果是，世界范围内放弃金本位制。”(米尔顿·弗里德曼、安娜·J.施瓦茨：《美国货币史》，巴曙松、王劲松等译，北京大学出版社2009年版，第198页。)这显然与他所坚持的在不放弃金本位制的条件下，联邦储备体系的自由黄金数量足以支撑美联储独立完成货币扩张是自相矛盾的，使人不得不怀疑，这两部分内容出自不同的合作者笔下。

旦朝这个方向发展,在一个以平衡预算、抑制通货膨胀和股市上涨[①]为奋斗目标的政府的领导下,一个没有国债可买的美联储,同样只能眼睁睁看着经济走向更大的衰退。因此可以毫无疑问地这样讲,在胡佛政府的思路和政策下,就“难怪”美联储只能力求自保了。

第四条为,《美国货币史》表示,记账式调整、购买票据代替政府债、鼓励成员银行增加贴现都是可以实施的方案,并再次强调有充足的合规票据。

第五条则认为,《格拉斯—斯蒂格尔法案》的通过完全消除了自由黄金问题。

《格拉斯—斯蒂格尔法案》始终是《美国货币史》认为美联储有能力独立扩张货币的最重要的依据。我们之前已经论述了,这个法案并不能解决金本位下黄金流动的问题。如果美联储把超过最低限度的黄金储备当作自由黄金向市场投放自身信用,就会导致黄金价格上涨的同时,黄金出现流出。金本位下,是无法应对这个状况的。故而所谓的充足的自由黄金数量只不过是基于一个并不存在的假设(无视黄金价格上涨的同时出现流出)下的静态数据观察而已。

按照我们的定义,在金本位下,即使是《格拉斯—斯蒂格尔法案》放宽了标准,但只有购买黄金而投放的货币才可以称为高基货币。而在黄金有限、美联储信用能力同样有限的情况下,优先选择政府债作为黄金的补充储备才是正确的做法。尽管购买国债(或黄金)和购买票据都可以作为美联储投放货币的手段,但前者是提升自身信用,后者是使用自身信用。在大崩盘之后,作为银行抵押物的股票价格的大幅下跌,本身便限制了银行的信用能力,特别是第二次银行业危机之后,可以正常营业的银行越来越少,工商业企业更是千疮百孔,已经没有人说得清哪家企业或银行是安全债务人了。《美国货币史》中也讲述了当时美国银行业安全性的下降,显然,书中所反复强调的法案中的“合规票据”的“合规”与安全是完全不同的概念,此时美联储通过票据投放货币的真正障碍早已不再是法规了(否则罗斯福也不必在他上任的第一时间,便冒天下之大不韪,

---

① 胡佛在他的回忆录里陈述说,1925 年他就开始为“日益高涨的投机热潮”忧心忡忡。

下令所有银行关闭休业整顿了)。故而,在满目疮痍的金融体系面前,在那些已经被吓坏了而只顾着不断提升超额准备金的商业银行面前,同样被吓坏了的美联储不愿意把即使对自己而言,也变得越来越宝贵的自身信用额度滥用在帮助商业银行囤积准备金上,也是可以理解的。

当危机已经爆发,货币进入循环紧缩,生产领域已经全面溃退之后,除美联储之外的各经济主体都会把黄金甚至美国国债作为自身保有财富的方式。而作为中央银行的美联储,为了投放美元,去和它们高价抢购这些资源作为储备,只会吸引越来越多的参与者加入争抢,不仅会把黄金、国债的价格越推越高,还会使实体经济中流通的货币进一步减少。然而黄金的存量是没有弹性的,国债却不是。如果不是联邦政府平衡预算的政策导致美联储无债可抢,《格拉斯—斯蒂格尔法案》实施之后,尽管不能从根本上解决问题,美联储总还是可以就此获得一定的货币政策空间的。但这确实不是美联储的问题,而是胡佛政府的问题。

胡佛政府在大萧条中的角色

加尔布雷思对大萧条的起因有着与弗里德曼和伯南克不同的理解。他在《1929年大崩盘》一书中对1929年那场危机爆发的原因,从五个方面总结出了当时经济不健康之处,认为与随后发生的灾难有着特别密切的关系。[①] 其中第

---

① 参见约翰·肯尼斯·加尔布雷思:《1929年大崩盘》,沈国华译,上海财经大学出版社2017年版,第175—184页。

一点,收入分配不均。[①] 作为自由放任市场的必然结果,马克思的分析已然非常详细。我们也在上一章进行了大量论述,收入分配不均的根本原因是劳动力要素稀缺度不足,在保证市场经济效率的前提之下,可行的解决方案只能是政府以承债的方式,借公共物品的生产提供额外的(市场那只"看不见的手"触碰不到的)就业和社会产出品的二次分配。

第二点和第三点,公司结构不合理和银行结构不合理,谈的都是国内企业及银行承债能力的脆弱性和微观杠杆结构的不合理性。在宏观杠杆不能有效匹配的情况下,什么样的微观杠杆结构能够"合理"呢?显然这样的讨论毫无价值。

宏观来看,如果我们用 $A=B+C$ 代表货币的债权性需求和债务性需求,A 是债权性货币需求;$B+C$ 是债务性货币需求。它们以杠杆的形式存在。其中 B 是具备承债能力的债务性货币需求,C 是已不具备承债能力的债务性货币需求。以中央银行为首的银行体系只不过是中间的那个"="。由于货币无用论者们认为,$A=B+C=0$ 或 $\Delta A=\Delta B+\Delta C=0$(增量应该等于 0 或某个极小的定值),所以在他们眼里 B 和 C 中任何一个数值大于 0 的效果都是一样的,可以统称它们为"加杠杆"。然而货币需求是客观存在的,货币无用论者越是觉得 C 太大了,从而压低 B,在 A 的作用下,C 就越是不停地自我膨胀,直到断裂,

① "整个 20 世纪 20 年代,工人人均产量和生产率稳步提高:1919—1929 年,制造业工人人均产出大约增长了 43%。工资、薪水和物价都比较稳定,不过没有实现不可比拟的增长。因此,各项成本下降,价格也同样下降,而利润则在增长。利润持续支撑着有钱人家的支出,并且至少唤起了某些支持股市反弹的希望。其中的大多数因素促成了很高水平的资本投资。整个 20 年代,资本品生产以 6.4%的年均增长率增长,而非耐用消费品(包括食品和衣服等大众消费品)则仅以 2.8%的比例增长。(汽车、住宅和家具等耐用消费品占据了殷实人家和有钱人家相当一部分的支出,年增长率达到了 5.9%。)换句话说,大量且不断增长的资本品投资是利润的主要支出项目。由此可见,任何中断投资支出的因素,即任何真正阻止投资支出以必要的增长率增长的因素都有可能导致萧条。当投资支出受到抑制时,不可能指望通过增加消费支出来进行补偿。因此,投资不足的效应,即无法与利润稳步增长并驾齐驱的投资的效应,有可能抑制总需求,从而会减少订单和产出。"(约翰·肯尼斯·加尔布雷思:《1929 年大崩盘》,沈国华译,上海财经大学出版社 2017 年版,第 174—175 页。)这个过程简言之,就是劳动生产率增长,但由于货币不足,工资却无法达到相同的增长速度,从而造成社会消费力不足。继续增长和利润维持只能依靠不断地扩大再生产。对于这种现象的描述,在马克思和凯恩斯的著作中都有出现,马克思称之为"相对生产过剩",被后人总结为"无产阶级贫困化";凯恩斯则淡化了其阶级矛盾的痕迹,称之为"边际消费倾向递减"和"有效需求不足"。其实质是剩余产品无法货币化的问题。

使 A 血本无回。于是货币无用论者自鸣得意地讲，“看，我是正确的！杠杆过高就是金融危机的原因。”他们完全无视的一个基本事实是，杠杆是国民财富的保有形式，所谓的“杠杆过高”，不过是国民储蓄过高(所以也有不少传统经济学家将储蓄过高当作危机的根源)。一个高储蓄的经济体和一个低储蓄的经济体所爆发的危机，不论表面来看如何相似，应对的策略都不应当相同。当高储蓄无法被具备承债能力的债务性货币需求吸纳时，不具备承债能力的债务人的膨胀就是必然的。由此带来的杠杆的脆弱性才是杠杆折断的原因。

第四点是对外收支状况的不合理性，也就是我们常讲的“外向型经济”。这一点其实也是市场经济固有的基本属性。加尔布雷思分析了美国 1923 年和 1926 年的贸易顺差大约只有 3 750 万美元，而仅 1928 年这一年，出超高达 10 亿美元。[①] 当黄金不足以弥补这些国际收支差额时，就只能依靠美国向其他国家放债来弥补，其中很大比例借给了德国和中南美洲国家。接下来他举了借给秘鲁的贷款如何变成坏账的例子，然后总结道：“无论从哪个方面来看，这些业务就如同申南多阿公司和蓝脊公司一样，是新时代的组成部分。它们同样是那样脆弱，一旦新时代的幻想破灭，它们也就随即烟消云散。因此，对美国的对外经济状况必须进行根本的调整。一些国家不可能——至少不可能长期——通过支付越来越多的黄金来弥补自己的贸易逆差。这就意味着它们必须增加对美国的出口，或者减少从美国的进口，或者无法履约偿还过去所欠的贷款。”[②]这仍旧是杠杆的问题。显然，依赖海外债务人平衡国内债权性货币需求是一件风险极大的事情。然而国内的储蓄需求真实存在，国内企业承债能力薄弱，股市则被当今经济学家认为已经泡沫严重，那么储蓄者们的出路究竟在哪里呢?

于是加尔布雷思又总结了第五条，那就是经济知识贫乏。这种贫乏不仅仅限于民众，更重要的是那些所谓“经济学家”们的无知：“有一点似乎可以肯定，20 世纪 20 年代末和 30 年代初的经济学家和经济咨询顾问似乎特别荒谬。在股市崩盘后的数月乃至数年里，著名的振兴经济的建议毫无例外地助长了一些

---

① 1928 年美联储的紧缩政策下，国内货币不足，导致美国大量进口货币这种商品。

② 约翰·肯尼斯·加尔布雷思：《1929 年大崩盘》，沈国华译，上海财经大学出版社 2017 年版，第 179—180 页。

导致经济恶化的措施。”[①]接下来加尔布雷思温和地批评了胡佛总统于1929年提出的减税措施和要求工商企业保持它们的投资水平和工资水平,之后用大段篇幅抨击了政府的“平衡预算”政策以及世人对“平衡预算”的执念。他写道:

当被问及政府如何尽可能促使复苏提前到来时,这位“健康、负责”的劝导者极力主张预算平衡。国会两党在这一点上达成了一致的观点。预算平衡是共和党的最高原则;而民主党1932年的竞选纲领以政治家少有的坦率,主张“联邦预算必须在根据收入精确估计支出的基础上逐年实现平衡……”

平衡预算的承诺总能得到充分理解。平衡预算于是就意味着不增加政府旨在扩大购买力、缓解灾情的支出,也可能意味着不再进一步减税。按照字面意思理解,平衡预算具有更多的含义。从1930年的情况来看,预算远非平衡。因此,平衡预算就意味着增加税收、减少支出,或者同时增税节支。1932年,民主党的竞选纲领呼吁“立即大幅度削减政府开支”,以实现政府成本至少下降25%的目标……1932年以前,美国大幅度增加黄金储备,因此,非但没有发生通货膨胀,而且经历了历史上最严重的通货紧缩。但是,每一个冷静[②]的建议者都看到了其中的危险——物价增长失控的危险。1931年或1932年,物价暴涨的危险或者可能性为零。建议者和顾问们无论如何不会去分析这种危险甚或可能性。他们只会死死抱住痛苦的历史教训不放。

对通货膨胀的恐惧加强了对平衡预算的要求,同时还抑制了降低利率、增加信贷并在当时的条件下尽可能方便借款的努力。美元贬值是绝对不能考虑的问题,这会直接亵渎金本位制。在这样的萧条时期,货币政策充其量是一种靠不住的东西。当时陈旧

① 约翰·肯尼斯·加尔布雷思:《1929年大崩盘》,沈国华译,上海财经大学出版社2017年版,第180页。

② 这个“冷静”应该加引号。——本书作者注

的经济观念甚至还不允许使用这种靠不住的工具。而且，这种观点超越了党派之争。虽然罗斯福本人思想特别开放，但也非常谨小慎微，不愿冒犯自己的追随者……

次年2月，胡佛先生依照惯例，在一封著名的致当选总统的信函中阐释了自己的观点：

倘若能够迅即保证不降低币值或不发生通货膨胀，就可以顺利地保持国家稳定。即使必须增加税收，预算肯定也应该实现平衡。政府的声望将通过拒绝在发行证券方面滥用信用来得到维护。①

在这个问题上，我丝毫也不怀疑加尔布雷思的结论："拒绝运用财政（税收与支出）政策和货币政策，就等于是拒绝执行任何积极的经济政策。当时的经济顾问既观点一致又颇具权威，迫使共和党、民主党两党领袖拒不采取制止通货紧缩和萧条的有效措施。这本身就是一个显著的'成就'——教条战胜了思想，其影响意义深远。"②但我还是觉得他的这个评价过于温和了。危机时正是需要政府发挥作用的时候，这与税收之间的关系是政府义务与权利的一种匹配。在金融危机之下，减税政策与"平衡预算"政策的组合，加之要求企业保持投资和工资水平的逻辑，就像你花重金请了一个保镖，但当你遇到劫匪时，保镖却对你说："今天算我请假，你好自为之，其他人的工资你要照付，但我可以把我今天的工资给你打个九折。"我完全想象不出来这样的逻辑，基于的是一种怎样的不负责任的态度？更何况，减税的政策最终也让位于平衡预算的要求，1932年6月，为了平衡预算，胡佛政府反而大幅提高了税率。③

非常有趣的一个对比是，与《美国货币史》和《大萧条》不同，加尔布雷思所列举的这五条全部没有涉及美联储。看过加尔布雷思的第五条评述后，对当时

① 约翰·肯尼斯·加尔布雷思：《1929年大崩盘》，沈国华译，上海财经大学出版社2017年版，第180—182页。

② 约翰·肯尼斯·加尔布雷思：《1929年大崩盘》，沈国华译，上海财经大学出版社2017年版，第182—183页。

③ 减税会造成政府承债能力指数级的下降，故而经济危机时减税并不是一个好的策略，但它仍旧比为了平衡预算而加税要强得多。

美联储的处境更多是同情,而不是责备。仔细分析却可以发现,这五条全部可以归结于当时的联邦政府的无知、无能和不作为。其后果正如约翰·S.戈登所说的那样:“面对急剧下降的政府收入和不断上升的政府支出,胡佛政府还在试图平衡政府预算(当然,按照传统的经济政策,这无疑是正确的)。1932年,当美国经济正以自由落体运动的速度直线下跌的时候,胡佛竟然推动议会通过了提高税率的法案,而且幅度之大在美国历史上空前绝后。当我们今天回顾历史的时候,这些错误是显而易见的,它们给当时的经济带来的后果是灾难性的:失业率超过25%,国民生产总值仅为1929年峰值时的50%。经济最可靠的先行指标——股市——则一跌再跌,过去20年来一直门庭若市的华尔街和宽街的交界处,现在变得冷清,像一座空城。”①

当储蓄超过容器的承载能力时,要么增加容器的容量,要么眼睁睁看着容器破碎,储蓄被消灭。胡佛政府义无反顾地选择了后者。子曰:“虎兕出于柙,龟玉毁于椟中,是谁之过与?”朱熹注曰:“典守者不得辞其责耳。”对一个典守者而言,货币是公共物品;而对一个守夜人而言,货币是任由金融资本用来“扩大其压迫力量”②的工具。这就是“典守者”与“守夜人”的区别所在。

《美国货币史》在对美联储的表现进行批评的过程中,引用了据说是中央银行政策的经典著作《伦巴第街》(*Lombard Street*)中一段英格兰银行应对1825年英国金融危机时教科书式的操作,作为大萧条时期联邦储备体系表现的参照:

> 通过增加货币来制止1825年恐慌的方法被广为流传,其过程已成为经典。英格兰银行代表Harman先生表示:“我们竭尽所能地借钱出去,甚至用我们之前从未实施过的方法;我们增加债券存量,然后进一步增加财政部票据,预付财政部票据,我们不仅立即

---

① 约翰·S.戈登:《伟大的博弈》,祁斌译,中信出版社2005年版,第284—285页。

② “资本家利用资本的稀缺性扩大其压迫力量……今天的利息与地租在性质上相同,都不是真正牺牲的报酬。资本的所有者能获得利息是因为资本稀缺,正好像地主能获得地租,是因为土地稀缺一样。不过,土地稀缺还有其真正的理由,而资本稀缺,如果从长期的观点看,则是毫无真正理由可言的……”(凯恩斯:《就业、利息和货币通论》,宋韵声译,华夏出版社2005年版,第288页。)

> 贴现，而且还将汇票存款预付到一个极大的数额；简而言之，任何一种和银行安全相符的方法我们都采用了，有时对形式不太讲究。”(*Lombard Street*, pp. 51—52.)①

首先，在这一点上美联储当时的不作为是有目共睹的，但我们认为1825年英格兰银行这个操作可以实现预期效果的前提条件，是债权性货币需求的数量没有达到黄金和政府债券存量完全无法覆盖的程度。在黄金数量相对稳定的情况下，这意味着两点要求：其一，生产力水平不可过高；其二，政府债务水平不可过低。非常遗憾，在生产力突飞猛进，政府却在努力保证预算平衡的20世纪二三十年代的美国，这两点要求全部无法得到满足。

我们甚至可以这样讲，大萧条产生的原因正是当时的这些权威的经济顾问们照搬过去的经验，一味试图削减政府对经济的影响，自以为历史上拥黄金自重的中央银行有着收放自如的能力(然而事实上，此时的储蓄能力已经远非昔日可比了)，于是先用一个过度紧缩的货币政策，将储蓄者逼向次级承债者的同时，将这些承债能力不足的杠杆逼上了不断自我膨胀之路；之后在这部分杠杆崩溃时，鼓吹仅靠联储的努力，通过市场内部的力量就可以修复这个杠杆。在这些权威的经济顾问们的指示与监督之下，政府则全身心地致力于平衡预算。然而市场此时急需的却是，大量的作为安全债务人的政府信用以债务性货币需求的形式进入市场，至少暂时平衡掉四散奔逃的债权性货币需求。由于胡佛政府的隔岸观火，美联储即使用尽“和银行安全相符的方法”，其后果也不过就是将市场上越来越稀少的安全资产抢购一空，同时令储蓄无家可归。

事实上，《格拉斯—斯蒂格尔法案》于1932年2月27日出台，联邦储备体系于4月便展开了一次大规模的政府债券购买行动，4月至7月，联邦储备体系的政府债持有量上升了10亿美元。但由于这次购买行动的效果，在市场那只“看不见的手”的作用下，被随之而来的黄金流出和银行的去杠杆所自发平衡，因而并没有给货币存量带来多少影响。据《美国货币史》记载：

---

① 米尔顿·弗里德曼、安娜·J.施瓦茨：《美国货币史》，巴曙松、王劲松等译，北京大学出版社2009年版，第280页。

> 1932年4月,联邦储备体系开始了大规模的政府债券购买行动,在当月买入了3.5亿美元的政府债券,这一大规模购买行动对货币存量的走势并没有造成直接的影响。在接下来的4个月时间里,货币存量又进一步下降了4.5%,即以14%的速度下降。接着,货币存量的下降速度急剧减缓。从1932年7月至9月的两个月时间里,货币存量下降了0.5%,即以年均3%的速度下降。从1932年9月至1933年1月,货币存量呈现出温和上升的趋势。1933年1月,货币存量要比1932年9月高出0.5个百分点,这意味着年均增长速度为1.75%。
>
> 债券购买之所以未对货币存量产生更大的影响,原因在于其影响部分被再次出现的黄金输出所抵消,部分被存款比率的进一步下跌所抵消。从1932年4月至7月,联邦储备体系的政府债券持有量上升了约10亿美元,而黄金存量下降了约5亿美元,大量黄金流向法国。与此同时,银行倒闭风潮在6月份再次袭来,这引起了存款一通货比率的进一步下降,银行为加强自身头寸而采取的种种努力也导致存款准备金比率的进一步下跌。①

显然,《美国货币史》所说的这个"没有造成直接的影响",仅仅是相对于货币存量而言的,但这种对货币存量来说杯水车薪的政府债买入量,对国债市场的影响以及促成黄金(也就是《美国货币史》中经常提到的那部分"充足的自由黄金")流失及银行加速去杠杆(并导致部分杠杆折断)的效果却是立竿见影的。并且随着美联储公开市场操作接近尾声,银行新一轮倒闭风潮到来所造成的紧缩,使得美国的黄金再次由流出转为流入。市场在缺乏外力干预的情况下,这种自发的"平衡"能力确实令人叹为观止。如果要冲破这个悖论,央行对政府债券的购买必须超越(黄金流失和银行去杠杆)这二者的负面影响,才能真正起到力挽狂澜的作用。然而,在胡佛政府的平衡预算的政策之下,这完全是不可能

① 米尔顿·弗里德曼、安娜·J.施瓦茨:《美国货币史》,巴曙松、王劲松等译,北京大学出版社2009年版,第246页。

的。由于胡佛政府的这一政策，美联储此次“对货币存量走势并没有造成直接影响”的债券购买行动，对国债市场的影响不仅是令人震撼的，也是深远的。在民众和美联储的争抢之下，短期国债的利率竟然变成了负值：“1932 年秋天，当各种矛盾终于酝酿成为一场危机时，华尔街发生了一件不同寻常的事情：短期国债的利率竟然变成了负值。短期国债是联邦政府的短期债务工具，一般期限低于一年，因为期限很短，它们不像长期债券那样付息，而是折价发行，到期再以面值赎回。但是到了 1932 年 10 月，那些手中仍然持有资金的人因为对不明确的未来充满担心，他们希望把钱投向最安全的投资工具——有国家信誉保证的短期债券。对发行量有限的短期国债的激烈竞争，竟使得短期国债的发行价格高出了面值。”[①]这充分证明了，弗里德曼与舒瓦茨对美联储当时货币投放能力的信心并不客观。没有足够的政府债务这种仅次于黄金的资产，即使有了《格拉斯—斯蒂格尔法案》的授权，美联储的货币政策空间仍旧有限。

就是这样，当一个既没有货币供给意愿，也没有货币供给能力的央行中介和一个力求平衡预算的政府，与超乎想象的商品生产能力所形成的庞大的商品堆积引发的汹涌澎湃的债权性货币需求遭遇时，美国的商业银行体系伸展开了它那脆弱的杠杆，承担起自己本无力承担的货币投放职责。股票则作为最重要的银行抵押物，成为这个“放大器”中最关键的部件，随着抵押物的崩盘，这个脆弱的杠杆被折断，美联储已无力回天。

对于大萧条这段历史，《美国货币史》一书中反复论述了其过程及每一个操作细节，试图评价每一个步骤的得失。这些其实并不重要。[②] 重要的是，当资本主义的财富积累达到国民必须以债权及其他索取权作为自身财富核心保有形式时，黄金逐渐被边缘化的趋势是无法逆转的，仅依靠市场自然的力量和中央银行的努力也已经不足以随时平衡这些储蓄。作为最安全债务人的政府，此时它的信用就是一切杠杆的起点。如果得不到政府信用对杠杆的支撑，银行体系

---

① 约翰·S. 戈登：《伟大的博弈》，祁斌译，中信出版社 2005 年版，第 285 页。

② “对于细节的过分专注会导致只见树木，不见森林，无法解决在本章开始时提出的问题。为什么货币存量的变化率如此稳定呢？仅仅是一个巧合吗？”（米尔顿·弗里德曼、安娜·J. 施瓦茨：《美国货币史》，巴曙松、王劲松等译，北京大学出版社 2009 年版，第 454 页。）

所能做的就一定是,寻找有抵押的高息债务人。其结果必然卷入抵押物的炒作。故而,无论是房产还是股票的所谓泡沫,都仅仅是表象。在繁荣时,试图与市场及政府分庭抗礼,危机时限于自身的能力和安全的要求,却只能力求自保的中央银行,与一个力求平衡预算的中央政府相结合,无异于把巨大的国民储蓄赶入了一个堰塞湖。这个堰塞湖无论是股市还是楼市,其最终溃堤的原因都不能简单归结于堰塞湖本身。

雪崩时,没有一片雪花是无辜的。

1929 年股市泡沫

就像其他许多人一样,弗里德曼与舒瓦茨认为,假如本杰明·斯特朗仍在世,可以避免大萧条的发生。但我们认为正是由于斯特朗过于相信货币政策的作用,才会在大萧条前把国民储蓄一步一步地赶入了股市这个他们完全不了解的市场之中。危机爆发后,已经不是美联储,更不是某个个人的能力可以挽救的了。并且,一个过度依赖货币政策的方案只会使事情变得更糟。

首先,根据我们之前的论述,在 1929 年股市大崩盘之后,那个狭窄的窗口期内,以美联储当时的意愿、经验和能力,期望它可以力挽狂澜是不现实的。而当那一闪即逝的机会错过之后,一旦银行抵押物贬值成为一种惯性,在金本位制和没有政府携手的情况下处理那个危机的能力,美联储则更是完全不具备。故而,美联储的能力不足以独立应对这场危机的共识是摆脱大萧条的基础。相反,对美联储货币政策无所不能的幻觉,只会助长令政府隔岸观火的情绪。这就意味着对联储的这种不切实际的期许和依赖越深,受到的伤害就会越大。

其次,在 20 世纪二三十年代,让人们认识到政府的债务不是过多了,而是过少,本身就具有极高的难度,一个强势的美联储则只会加大这个难度。斯特朗和纽约储备银行尽管力主购买政府债券,但解决不了政府债务不足的问题,更何况美联储出于自身的利益,当政府多发债券时,就会本能地选择退缩。

更为重要的一点是,美联储的确需要对这场大萧条承担严重的失职之责,但并不是对危机爆发后斯特朗已经离世的那个时期,相反,恰恰是 20 世纪 20

年代，也就是被《美国货币史》书中大加赞誉，宣称熨平了经济波动的那个时期，斯特朗削足适履的货币政策孕育了这场危机。[①] 并且，美联储的强势，只会使危机进一步深化。

市场更为普遍的一个论调，就是把大萧条的罪责归于1929年美国股市。并想当然地给当时的美国股市贴上“泡沫严重”的标签。事实上，我们从来搞不懂传统经济学家们“泡沫”的标准是什么？“价值投资”的标准又是什么？如果一项投资，明天可以带来100元的收益，今天使用10倍杠杆，即便是以低至10元的价格买入，这也显然是一个投机行为，但这是否属于泡沫？如果认为不是，那么如何解释这只股票今天只要下跌微不足道的10%，投资者的资产就会清零？就如1929年所发生的那样。然而，如果这样都能算作泡沫，则意味着对泡沫的界定与投资价值没有丝毫关系。这不仅包含了价格与价值的区别，同时也包括了微观和宏观的区别。

1929年的美国股市，银行混业经营、保证金交易、高杠杆，大人物们联手操纵、哄抬严重，这些都是不争的事实。就价格和经济个体的交易目的而言，无疑存在严重的投机行为。但就价值层面而言，或者宏观地看，恰恰还是美联储在大崩盘之前错误的货币政策使得货币数量所决定的对股票的有效需求，无法支撑起股市的价值回归，那不是泡沫，而是货币瓶颈下的低估。[②]

举一个简单的例子，作为当时美国的新兴产业，并给美国带来全新面貌的汽车业，是那场股市泡沫中被恶炒得最为严重的部分。其中的龙头股通用汽

---

① “经济活动的变动与联邦储备体系政策措施之间紧密的同步性在联邦储备体系内外产生了极大的信心，人们认为新的货币机制为熨平经济波动提供了精确有效的手段，操作者能娴熟地运用它以实现政策目标。”（米尔顿·弗里德曼、安娜·J.施瓦茨：《美国货币史》，巴曙松、王劲松等译，北京大学出版社2009年版，第206—207页。）在传统经济学的逻辑下，弗里德曼赞赏了美联储有能力作为，却不作为和乱作为的时期，把这种削足适履温馨地称为“熨平”，却强烈批评了美联储已经无能为力时期的自保和无所作为。

② “鉴于美国工业在1926—1929年间取得的业绩，这个结果在合理假设的区间内也能成立。事实上，当时有充分的理由可以预期：1929年秋天收益、股息和股票价值都能实现相当可观的增长。更加复杂的模型（如二阶段增长模型或者各年增长率不同的模型）也能模拟得出相同量级的市盈率……

“股市被高估的结论主要基于股价已经大幅上涨，但忽略了实际价值指标（收益和股息）也同样大幅上涨这一事实。希望终止‘投机’和‘打压纽约投机者’的意愿蒙住了很多观察人士的眼睛，导致他们对这样一个事实视而不见：由于可以合理预期收益和股息高增长，因此1929年的股票价值是可以通过合理的经济分析来证明的。”（小哈罗德·比尔曼：《1929年大迷思》，沈国华译，上海财经大学出版社2017年版，第47页。）

车——大约相当于今天(2020年)特斯拉的地位——这只股票被炒高到令人发指的地步。根据加尔布雷思的描述,通用汽车公司股价的飙升把股市的热度推向了沸点:

> 随着火爆行情的发展,用当时流行的观点或至少投机的观点来看,大人物们变得越来越无所不能。根据这种观点,3月,大人物们决定哄抬股市,就连一些严肃的学者竟然也倾向于认为一次联手行动导致了这次股市高涨。如果是这样的话,那么这个重要人物就是约翰·J.拉斯科布(John J. Raskob)。拉斯科布有许多非同寻常的关系。他当时任通用汽车公司的董事,又是杜邦公司的姻亲,不久又经阿尔·史密斯(Al Smith)提名当选为民主党全国委员会主席。一名研究股市的当代学者、俄亥俄州立大学查尔斯·阿莫斯·戴斯(Charles Amos Dice)教授认为,拉斯科布出任民主党全国委员会主席,是华尔街享有新的威望以及受美国人民尊敬的一个特殊标志。"如今,"他指出,"这样一个精明、老于世故的大党候选人,居然把一个著名的股市交易商推选为信誉的创造者和民众选票的获得者。"
>
> 1928年3月23日,拉斯科布在临上船去欧洲时发表了讲话,他看好这一年后三个季度的汽车销售和通用汽车公司参股企业的股票。他可能同时还指出,通用汽车公司的股票应该按不低于12倍市盈率的价格出售,不过这一点缺乏充分的证据。不低于12倍的市盈率就意味着225美元的股价,而当时通用汽车公司的股票价格大约在187美元。就像《纽约时报》载文指出的那样,这就是"他的名字的魔力",拉斯科布先生"有节制的乐观估计"就把股市推向了沸点。3月24日,星期六,通用汽车的股票上涨了将近5点,接下来的星期一涨到了199美元。其间,通用汽车公司股价的飙升引

发了其他股票的交易狂潮。[①]

在那个汽车业方兴未艾的年代，业绩蒸蒸日上的汽车企业被给予10倍的估值后，居然还奢望12倍？这就难怪通用汽车公司股价的“飙升”引发其他股票的交易狂潮——这种投机的狂热无疑就像寻常日子里幻想吃一顿饺子一样奢侈。

20世纪20年代美国股市的繁荣与美国经济的强劲增长不匹配吗？并不是。是与美联储的货币供给数量不匹配。加尔布雷思把那种“只要能够筹集到资金，人们总会进行投机”的观点称为不可思议的胡话。事实上，如果没有这些胡话的干扰，没有过度紧缩的货币政策把储蓄以投机的方式全部压入股市，便不会有后来的经济大崩溃，股市既不会因为投机而狂涨，也不会失去实体经济的支撑。一切可以仍旧是那样美好。但是，紧缩的货币政策对国民储蓄的这种压制，一旦使银行抵押物成为宣泄的对象，这种汹涌澎湃的货币自我循环便再难阻挡。资本市场与赌场的区别不仅仅在于筹码本身有没有价值，更在于参与者。当美联储的紧缩政策把储蓄者赶出生产领域，却为股市引入众多对上市公司毫不关心、完全是拿着自己或别人的储蓄跑来碰运气的赌徒时，无论他们交易的标的是什么，这都无疑是一场赌博。故而这个时期才真正称得上——“美联储的政策实际上是在积极地破坏稳定”。[②] 这种破坏，不仅体现在货币供给的数量上，更体现在货币的流向上。

在加尔布雷思看来，他所列举的五个方面的原因导致了美国当时经济的基本面并不健康，并就此为华尔街辩护：“如果1929年美国经济的基本面真的是健康的，那么股市大崩盘的影响就可能无足轻重，而受股市打击的人们的信心危机和支出减少也许很快就会过去。但是，1929年的美国经济并不健康，恰恰相反是极度脆弱的，很容易受到华尔街打击的伤害。那些当时强调美国经济这一弱点的有识之士，显然具有较强的抵御能力。可是，当玻璃温室被冰雹击破以后，人们通常不会认为冰雹只扮演了一个被动的角色。我们必须对1929年

---

① 约翰·肯尼斯·加尔布雷思：《1929年大崩盘》，沈国华译，上海财经大学出版社2017年版，第12—13页。

② 本·S.伯南克：《大萧条》，宋芳秀、寇文红等译，东北大学出版社2009，第132页。

10 月从下曼哈顿刮来的飓风予以同样的重视。”[①]然而,这场所谓的“辩护”不仅非常拙劣,并且对股票市场有失公平。

是的,1929 年的美国经济显然是不健康的,但并不像加尔布雷思所说的那样,是华尔街打击和伤害了失去健康的美国经济,相反,美国经济的不健康之处恰恰体现在它对华尔街的过度依赖,并最终伤害了华尔街。安全债务人的不作为和央行中介的乱作为导致货币供给不足,从而把经济高速增长所诱发的巨大储蓄需求全部压向了华尔街。特别是 1928—1929 年间,美联储居然还打着抑制投机的旗号大肆回笼了一次货币。这使得当时的华尔街就像一部缺少润滑剂却在超负荷高速运转的机器,充当着财富的搬运工。这种状态下,用倒车镜去看,去研究究竟是哪个齿轮最先出现故障完全没有意义。这部机器最终必然因润滑不足而被锁死的结局,有什么难以预料的地方吗?

故而,将大萧条的主要责任归于所谓的 1929 年股市泡沫是不客观的。它基于的是一种偏见,就像《美国货币史》所描述的那样:“当时盛行的观点是上涨的经济指标必须回落。”这是一种信仰,加尔布雷思称之为“铁的代偿定律观”:经历了 10 年的好时光,就必然要遭受 10 年的坏年景。加尔布雷思所说的“代偿定律”与“储蓄造成危机”“树长不到天上去”以及古典经济学的那个“货币长期中性”,有着相似的逻辑。代偿定律的思维模式之下,经济繁荣屡屡被指认为通货膨胀和投资过度。抑制通货膨胀和平衡预算的努力,使得真正的木桶的短板无法获得足够的货币溢价,经济增长反而被货币瓶颈所扼杀。人类之所以无法相信货币是可以越来越多的,财富是可以不断积累、再积累的,原因就在于人类历史上从未找到过恰当的财富保有形式。当财富不断积累时,比如说股票市值的上涨、M2 的上升和所谓的杠杆的堆积,人们的反应却是大喊着通货膨胀来了!投资泡沫来了!于是各种削足适履的政策措施逐一走上历史舞台。加尔布雷思在他的书中对这些观念进行了批驳:

> 我们还有一个更加微妙的信念:经济生活受一种可预见的节

① 约翰·肯尼斯·加尔布雷思:《1929 年大崩盘》,沈国华译,上海财经大学出版社 2017 年版,第 184 页。

律约束。繁荣持续一段时间以后就会自我毁灭，而萧条则会自动取而代之。根据商业周期原理，繁荣在1929年结束了它的全过程。这是哈佛经济学会全体成员在1929年春天断言衰退不知何故姗姗来迟时所坚持的信念。

这些信念没有一个能够真正站得住脚……并没有什么可以预见的节律规定了股市崩盘和1930—1940年的经济停滞……

正如有人指出的那样，20年代的高产出并没有超过人们的需求。在20年代，人们确实得到了越来越多的商品。但是，没有证据表明他们对汽车、衣服、娱乐甚或食品的需求都得到了充分的满足。相反，后来的所有证据都表明（在可用收入既定的情况下），消费能力还有很大的增长空间。因此，不发生萧条，人们的需求也能够赶上他们的生产能力。①

但从加尔布雷思对美联储货币政策和对房地产市场及股市波动的评价看，他自己又何尝不是受到了这个代偿定律的影响呢？

凯恩斯对1928—1929年是否已经投资过度，也表达过他的观点："在美国，按照正常标准，1928—1929年间的就业量是令人满意的；但也许除了少数几个高度专业化的工种以外，我还没有看到任何劳动力短缺的现象。当时已经到达某些'瓶颈状态'，然而，整个社会的产量却仍然能进一步增长。如果投资过度系指住宅的标准和建造住宅的设备已经充足到如此程度，以致每个人在充分就业的条件下都能得到他所需要的住宅；与此同时，在住宅寿命期间的收益仅能补偿重置成本，而没有多余的收益来支付利息，那么当时不存在投资过度。如果投资过度系指交通运输、公用事业和农业改良已经达到如此地步，以致进一步的发展已经不能合理地被认为它们的收益能补偿甚至它们的重置成本，那么当时也不存在着投资过度。恰恰相反，断言美国在1929年已经存在着严格意义上的投资过度是荒谬的。"②并且凯恩斯认为，用加息的办法去抑制投机（或者

① 约翰·肯尼斯·加尔布雷思：《1929年大崩盘》，沈国华译，上海财经大学出版社2017年版，第172—173页。

② 凯恩斯：《就业、利息和货币通论》（重译本），高鸿业译，商务印书馆1999年版，第334页。

说是投资），“无异于一个通过杀死病人来治疗疾病的办法”。[①]

无论是中央银行还是商业银行，货币投放都必然会面临一个难题：如果抑制储备品（或抵押物）的价格上涨，则会导致储备品（或抵押物）流失的同时，过多地回笼货币；如果随行就市地增加储备品（或抵押物），则必然会吸引来自各方变本加厉地对储备品（或抵押物）的追捧，进一步推高它们的价格。这一点在自律性远低于中央银行的商业银行体系内，特别是在混业经营的条件下，危害性会更为明显。银行存款货币与中央银行高基货币不同，后者可以依赖黄金或政府债券进行投放，而银行存款货币的投放主要依靠的是抵押物。存款货币蜂拥而上地流向土地和股市炒作的一个重要原因就是，当货币紧缩造成生产企业整体订单不足时，就不可能给银行系统提供足够的信贷指引，企业或个人没有能力证明自己是安全债务人，除非他们能够向银行提供足够的抵押。而土地和股票则是最佳的抵押物[②]，于是一拍即合，抵押物价格由此不断被推高。银行系统卷入资产泡沫的最便捷的途径就是对抵押物的炒作，但造成这一结局的原因本身就是，政府和中央银行在货币严重稀缺从而使货币的生产性需求无法得到满足时，把本应由自己承担的以订单形式创造高基货币的职责推卸给了承债能力和货币创造能力皆大为逊色却对利润的追求可以舍生忘死的商业银行、投资

---

① “然而事实上，除了在那些由于投机浪潮的影响而处于过分发展的特殊领域以外，利息率却已经高到足以阻止新投资的进行。如果利息率高到能消除掉投机浪潮的地步，那么它又会同时消除掉各种应有的新投资。由此可见，对于长期不正常的大量投资的状态，用增加利息率作为治疗的办法，无异于一个通过杀死病人来治疗疾病的办法。”［凯恩斯：《就业、利息和货币通论》（重译本），高鸿业译，商务印书馆1999年版，第335页。］

② 正如加尔布雷思所说的那样：“至于为什么有这么多的人愿意把那么多的钱贷放给纽约，这里没有什么秘密可言。证券投机的悖论之一就是用于证券投机的贷款是最安全的投资。它们由在任何正常情况下随时可以变现的股票和保证金担保。如前所述，放出去的贷款随时可以要求归还。”（约翰·肯尼斯·加尔布雷思：《1929年大崩盘》，沈国华译，上海财经大学出版社2017年版，第20—21页。）当银行参与土地、房产炒作时，逻辑亦是如此。

银行、投资信托公司[①]及其他资金拆借主体。

股票市场对投资和消费的支撑是毋庸置疑的，作为直接投资方式，它不仅可以把国民零散的储蓄集中起来直接转化为投资，还可以通过股市上涨所带来的财富效应来提升社会的消费水平。然而，当央行货币投放严重不足时，谁都无法阻止储蓄从生产领域流入股市和金融系统，对股票这一抵押物进行炒作。无论是联邦储备委员会所谓的直接施压还是纽约储备银行主张的提高贴现率的政策[②]，都只会适得其反。当商业银行货币投放与抵押物炒作相结合时，货币便实现了脱离生产领域在银行与抵押物间的自我循环。于是，与货币不足所导致的庞大的商品堆积无法充分货币化相伴随的是，股市却为资本的货币化提供了便捷。一旦大量"投资者"集中通过股市行使股票这一便利、高效的货币索取权时，即使低估得再严重的股票价格，也无法靠金融体系反复增加的杠杆和高利贷获得支撑。

然而，一个强势的美联储，对此却可以视而不见。

我们之前说过，《美国货币史》之所以提出三种信贷扩张方式的区分是没有意义的，它所批驳的其实是另一种更为荒唐的想法。当时的美联储认为只有通过与弱势的商业银行的信用交换，才能向对方直接施压，命令货币流向自己想

---

① "据估计，1928 年全年有 186 个投资信托问世；1929 年头几个月，投资信托以接近一个交易日成立一个的速度发展。1929 年全年总共设立了 265 个投资信托。1927 年，投资信托总共向公众发售了价值 4 亿美元的证券；1929 年，投资信托通过市场出售了估计价值 30 亿美元的证券，至少相当于当年新募资金的 1/3。截至 1929 年秋季，投资信托总资产估计已经超过 80 亿美元，比 1927 年初大约增长了 10 倍。投资信托的创立不同于一般公司。它们几乎由另一家公司发起，而到了 1929 年，创立投资信托的各种公司数目令人吃惊。投资银行、商业银行、经纪公司、证券经纪人以及(更重要的是)投资信托，都忙于创立新的投资信托。发起人按身份排序，名列第一的是联合阿勒伽尼(United and Allghany)公司的发起人摩根家族，接下来是一个名叫昌西·D. 帕克(Chauncey D. Paker)的人，他是波士顿一家财务状况极其危险的投资银行的总裁。他在 1929 年创设了 3 家投资信托，向急于求成的公众发售了价值 250 万美元的证券。后来，昌西损失了全部发行收入，落得一个破产的下场。"(约翰·肯尼斯·加尔布雷思:《1929 年大崩盘》，沈国华译，上海财经大学出版社 2017 年版，第 49 页。)

② "如何限制投机成了争论最激烈的焦点:以纽约储备银行为代表的联邦储备银行要求对较高的贴现率与公开市场卖出采用定量标准；而联邦储备委员会却要求采用定性标准，对提供证券借款的银行直接施压。"(米尔顿·弗里德曼、安娜·J. 施瓦茨:《美国货币史》，巴曙松、王劲松等译，北京大学出版社 2009 年版，第 207—208 页。)事实上，作为纽约储备银行主席的斯特朗从来不赞成联邦储备委员会的直接施压政策，但他也从来没有能力真正阻止过。并且这个政策和他所主张的提高贴现率的政策相结合，才真正是一剂完美的毒药。

去的地方；而如果通过购买政府债券投放货币，则会流向华尔街：

> Hamlin在他1923年的日记中记录了这一观点并引用了前委员会成员Paul M. Warburg的话，表达了对以下观点的认同："在使货币进入流通领域的方法中有两种本质不同的方法：购买政府债券与购买票据；……通过购买票据投放的货币主要是为了帮助真正意义上的商业交易，而对于通过购买政府债券投放的货币，没有人能够弄清它可能的去向，例如，被借给了华尔街等。"
>
> ……
>
> 在回复公开市场投资委员会1928年的建议时，联邦储备委员会这样写道：
>
> 除非将购买政府债券作为最后的手段，联邦储备委员会并不倾向于同意贵委员会购买政府债券。从与贵委员会的讨论中，我们了解到，你们倾向于通过票据市场来放松银根，而只有在不得已的情况才采用政府债券市场手段来实现。因此，联邦储备委员会同意公开市场投资委员会购买政府债券，但限额是1亿美元。[①]

历史事实已经不需要再对这样的偏见做过多的评述，但是通过货币当局的指导和施压，或者直接提高利率、紧缩货币，去命令货币流向的思路（而不是利用货币需求去牵引）至今仍旧大行其道。在市场价高者得的铁律之下，货币当局手中的指挥棒每每必将遭到市场的愚弄，货币总是能够完美地避开它的监管，冲破重重阻力，流向能够提供更高利润的市场。对此，我们只能说，计划经济的思维模式是人类的本能，然而，市场规律就像自然法则，只有那些尊重自然法则的人才能获得认识自然改造自然的能力。鲧的治水方式，则在几千年前就已经证明了他的失败。美联储避开政府债券的所谓直接施压政策，在投机所带来的暴利面前变得不堪一击。在高利率的作用下，商业银行体系极像一部抽水机，使本已接近匮乏的用于投资和消费的交易性货币渐向枯竭，却把储蓄源源

---

① 米尔顿·弗里德曼、安娜·J. 施瓦茨：《美国货币史》，巴曙松、王劲松等译，北京大学出版社2009年版，第185—186页。

不断地注入了交易者远未成熟、货币流动和交易的效率却已经超前发展的股市。

> 1928年初，这种流动性极强、安全性极优的无风险资金出路能赚取5%的利息。5%的利息是上好的金边债券的回报率。1928年全年，贷款利率持续上涨，到了这一年的最后一个星期已经涨到了12%，而且不用承担丝毫风险。
>
> 蒙特利尔、伦敦以及中国上海和香港都在谈论纽约的贷款利率。人们到处都在议论12%的利率。一条源源不断的“金河”开始流向华尔街，帮助美国人通过支付保证金来持有普通股。各公司也觉得这样高的利率颇有吸引力。按照12%的利率，华尔街甚至可以为一家公司的营运资本找到比扩大生产更有利可图的用途。少数企业做出了这样的决定：与其从事产品生产，去忍受各种各样的麻烦和不便，还不如把资金放出去，用于投机。越来越多的公司开始把多余的资金借给华尔街。
>
> 不过，还有比这更好的赚钱方法。原则上，纽约的银行都能够以5%的利率向联邦储备银行贷款，然后按12%的利率把贷款投放到短期拆借市场。实际上，它们也这么做了。这也许在任何时候都是最有利可图的套利交易。[①]

果不其然，众望所归的纽约联邦储备银行此时所坚持的方案，仍旧是继续提高贴现率：

> 1929年2月14日，纽约联邦储备银行提议把再贴现率从5%提高到6%，以抑制投机。而位于华盛顿的联邦储备委员会则认为，这一措施毫无意义，只会提高工商企业的借款利率。结果，双方争执不下。在这场争执中，胡佛总统站在联邦储备委员会这边，

① 约翰·肯尼斯·加尔布雷思：《1929年大崩盘》，沈国华译，上海财经大学出版社2017年版，第21页。

反对纽约联邦储备银行。于是,再贴现率一直拖到夏天才得以调整。[①]

与联邦储备委员会的直接施压政策相比,纽约储备银行主张的提高贴现率的政策危害则更大。它加大了抽水机的马力。抽水机的马力越足,实体经济失血就会越快。美联储抽水机迅速吸干了只能承担得起较低利率的实体经济中的货币,并令炒作者的这种先天优势发挥得淋漓尽致。这种定向选择的结果,使"真正意义上的商业交易"在这场竞争中,被打得丢盔卸甲。股市则成为银行投放高利贷产品的乐园。市场用来驳斥宽松货币必然选择投机这种不可思议的胡话的方式,是用血的事实证明了,通过高利贷获得的货币必然选择投机!

我们之所以把货币列为公共物品,其原因便在于,这是依靠市场自身的力量,永远无法解决的一个缺陷:市场并没有能力,甚至没有义务为货币的生产性使用者提供有针对性的服务。价高者得这一市场经济铁律,被应用为货币的分配规则时,市场本身没有能力阻止货币源源不断地流向投机性货币需求。不仅如此,因为投机者会随时变换储蓄标的,故而会反复挤占投资及消费性货币需求,危害极大。因为它比投资性货币需求对高利率有强大得多的耐受力,如果货币当局以高利贷的货币政策与之相呼应,则必然可以精准地筛选掉投资性货币需求。显然,这绝不仅仅是联邦储备委员会所说的"毫无意义"。

这就是之前所讲的,我们与传统经济学家们的分歧之处。假如本杰明·斯特朗仍在世,那么一个足够权威和强势的纽约联邦储备银行所提出的这种抱薪救火的意见,不仅会被立即采纳,还有可能不断加码。出于金融资本自身的利益考量,这本也无可厚非。但是,"高利贷不改变生产方式,而是像寄生虫那样紧紧地吸附在它身上,使它虚弱不堪。高利贷吮吸着它的脂膏,使它精疲力竭,并迫使再生产在每况愈下的条件下进行"。[②] 皮之不存,毛将焉附?最终生产崩溃之时,美联储即使螳臂当车,又于事何补?《美国货币史》在指责美联储无能

---

① 约翰·肯尼斯·加尔布雷思:《1929 年大崩盘》,沈国华译,上海财经大学出版社 2017 年版,第 31 页。

② 马克思:《资本论》(第三卷),人民出版社 2004 年版,第 674—675 页。

时，其实并没有认清当年的美联储究竟错在哪里。

这场货币引流游戏在1929年的3月达到最高潮：

> 3月26日上午，短期拆借市场的利率已经高达20%——1929年股价暴涨时期的最高利率。[①]

如此之高的利率水平之下，美国工商业的整体崩溃已经近在眼前了，股市自然也就因此失去了投资价值。显而易见，造成1929年美国大萧条的原因并不是所谓的“股市泡沫”，而恰恰是所谓的抑制投机的紧缩政策摧毁了美国的实体经济。没有实体经济支撑的美国股市和一群梦想一夜暴富的参与者把股市彻底变成一个大赌场，然后美联储继续用不断紧缩的政策把国民储蓄逼进这个大赌场。以美国当时这样的货币政策去匹配当时的货币保有需求，无论采取哪种中间的保有形式、商业银行以哪种资产作为抵押，当它集中展现为货币索取权时，金融体系都一定会崩溃。

美国用自己的亲身体验完美地证实了马克思的论断：

> 那种以所谓国家银行为中心，并且有大的货币贷放者和高利贷者围绕在国家银行周围的信用制度，就是一个巨大的集中，并且它给予这个寄生者阶级一种神话般的权力，使他们不仅能周期地消灭一部分产业资本家，而且能用一种非常危险的方法来干涉现实生产——而这伙匪帮既不懂生产，又同生产没有关系。[②]

第五节　不要让国民储蓄成为堰塞湖

物质社会的财富保有形式决定了，无论我们生产多少，最终社会财富的保有数量取决于财富载体的容量。

在农业社会，生产力水平低下，人们用牲畜、谷物保有自己的财富。随着剩余产品的增加和商业的发展，人们改用金银保有自己的财富。但是，无论是牲

① 约翰·肯尼斯·加尔布雷思：《1929年大崩盘》，沈国华译，上海财经大学出版社2017年版，第36页。

② 马克思：《资本论》(第三卷)，人民出版社2004年版，第618页。

畜、谷物保存的时限性还是金银数量的有限性,都决定了以这些载体的容量而言,当生产出现大量剩余产品时,只能以奢侈消费相对冲,财富的流失无法避免。如果人类只认可黄金为财富保有形式,则人类的财富只会在不同主体之间转移,宏观地讲,总量是不会增加的。人类社会经济活动因此成为零和游戏。

没有足够安全的财富保有形式,就无法确保财富不会流失。财富保有形式的不稳定性导致财富载体的稀缺超越了一切其他社会资源和生产要素的稀缺性。特别是它往往在劳动力要素供给水平下方过多的位置形成瓶颈,从而使劳动力要素成为永远的过剩品。这必然加剧社会的恶性竞争,剥夺了过多的劳动者(劳动力要素所有者)参与经济活动的机会。从而造成生产效率的提升带来的产出品增加,由于缺乏财富载体,不仅不能增加社会财富,甚至会破坏社会财富,进而使整个社会陷入零和甚至是负和游戏,丧失实现"公平"的能力。

历史无数次证明,市场这只"看不见的手"完全没有能力承担起保护国民财富不因容器不足而流失的责任。当金融体系所提供的容器不足时,国民财富流失,爆发经济危机;而当金融体系超负荷提供容器时,最终难免容器破裂,更是会使国民财富朝夕间化为乌有。当巨大的储蓄需求面对脆弱的容器时,我们不禁要问,难道真的是储蓄者们错了?如果你认为市场永远是对的,那么自然难免会产生这种自我批评的精神。

中国人的储蓄观是否可取

众所周知,几千年来,崇尚节俭的中华民族是最喜欢储蓄的。那么中国人的储蓄观,中国式的储蓄,是否可取?

中华民族的储蓄观是由中华文化中家庭、祖先、子孙后代在自身生命中的地位决定的。正是这些执念阻碍了中国人的及时行乐。"光宗耀祖""封妻荫子"这些在近代社会被广泛诟病的传统观念,被认为抹杀个体的自由与独立性。几千年来,中国人背负着这些"陈旧的"思想包袱,艰难地负重前行,当看到西方文明轻盈的脚步时,想要摆脱这些旧有的传统美德的欲望不难理解。然而人类社会过度宣扬个体的独立性,放弃这些生不带来、死不带去的"虚妄",真的就是社会的进步吗？

早在两千多年前，中华文化便在“仁爱”还是“兼爱”的问题上产生过巨大的分歧。和墨家的兼爱相比，儒家的仁爱有着明显的远近亲疏。比如孔子批评“其父攘羊，而子证之”，主张“父为子隐，子为父隐”[①]，只有在涉及大义时，才可灭亲。在对待祖先的态度上，孔子认为：“非其鬼而祭之，谄也。”[②]孟子则认为，应该“老吾老，以及人之老；幼吾幼，以及人之幼”。[③] 孟子甚至毫不客气地讲：“杨氏为我，是无君也；墨氏兼爱，是无父也；无父无君，是禽兽也。”[④]事实上，并没有什么人可以无差别地把自己的祖先与子孙当作路人对待。抛弃对亲人的责任的人，怎么可能主动去承担对他人、对社会的责任？所谓“一视同仁”，不过是“以百姓为刍狗”。[⑤] 对此，中华民族早已做出了自己的选择，因此才会生生不息，虽历经沧桑，却绵延不绝。

恩格斯在《家庭、私有制和国家的起源》中论述了私有财产在配偶、父母、子女之间的关系及家庭形成中起到的决定性作用，并由此奠定了人类的伦理。然而，基于社会财富的不断增加，这种伦理观随着人们对家庭、氏族这种生产单位的依赖逐渐下降而不断被削弱，取而代之的是阶级的对立。[⑥] 人类的再生产，不仅包括财富的再生产，同时也包括自身的繁衍。但是，现代西方社会的发展趋

---

① 引自《论语・子路》。意为：叶公对孔子说：“我的家乡有一个直率坦白的人，他父亲偷了羊，他便告发父亲。”孔子说：“我的家乡直率坦白的人与你所说的不同：父亲为儿子隐瞒，儿子为父亲隐瞒。直率坦白就在这里面了。”

② 引自《论语・为政》。意为：不是自家的祖先，却去祭拜它，这就是谄媚。

③ 引自《孟子・梁惠王上》。意为：赡养孝敬自己的长辈，然后推及其他没有亲缘关系的老人；抚养教育自己的小孩，然后推及其他没有血缘关系的小孩。

④ 引自《孟子・滕文公下》。意为：杨朱宣扬一切为自己，这是心目中没有君王；墨翟宣扬对人相同的爱，这是心目中没有父母。心目中无父无君，这就成了禽兽。

⑤ 引自《老子》。意为：圣人是不讲仁爱的，因此在百姓和刍狗之间，并不存在偏爱。

⑥ “劳动越不发展，劳动产品的数量，从而社会的财富越受限制，社会制度就越在较大程度上受血族关系的支配。然而，在以血族关系为基础的这种社会结构中，劳动生产率日益发展起来；与此同时，私有制和交换、财产差别、使用他人劳动力的可能性，从而阶级对立的基础等新的社会成分，也日益发展起来；这些新的社会成分在几个世代中竭力使旧的社会制度适应新的条件，直到两者的不相容性最后导致一个彻底的变革为止。以血族团体为基础的旧社会，由于新形成的各社会阶级的冲突而被炸毁；代之而起的是组成为国家的新社会，而国家的基层单位已经不是血族团体，而是地区团体了。在这种社会中，家庭制度完全受所有制的支配，阶级对立和阶级斗争从此自由开展起来，这种阶级对立和阶级斗争构成了直到今日的全部成文史的内容。”[《家庭、私有制和国家的起源》——《马克思恩格斯选集》(第四卷)，人民出版社 2012 年版，第 13 页。]

势,从亲情的弱化到家庭的弱化,最终发展到拒绝生育,唯一不肯放弃的只剩下私有财产。究竟是哪种文化泯灭了人性?

人类社会的发展,仅强调私有产权是不够的,脱离了伦理观的财产观是无法独自支撑起人类社会的,毫无疑问,这样的“文明”也是无法延续的。中国有什么道理,在吸收西方文明私有财产神圣不可侵犯这一理念的同时,却放弃自身文化中,家庭、传承这些伦理与道德观念?相反,为了避免对祖先的辱没,以及对后代子孙的责任,这些看似陈旧的伦理道德观必然构成一项巨大的社会价值。这不仅仅是个人、家庭的储蓄,更是全社会财富的积累。

当人类尚无法做到推己及人,不能“及人之老”“及人之幼”的时候,“老吾老”“幼吾幼”的伦理至关重要。以一代人尽其一生所需要消耗的财富为限,超过这个水平,积累的动力就会迅速削减[①],于是,当生产力水平达到一定程度后,创造财富的欲望便会戛然而止。如果每个人都不肯承担自己对后代子孙的义务,那么创造财富的愿望就会被及时行乐取而代之。葛朗台式的过度储蓄固然不可取,但过度消费才是一个社会逐渐走向没落的根源。由此衍生出,个人对家庭和社会的责任感也都将削弱。故而基于家庭、亲情这种“狭隘”的伦理观之下的个人储蓄意识,在现阶段完全是必要的。而这种基于排他性占有的个人意识下的储蓄,向社会总体财富的转化,则只能在国家和政府的协助下完成,才不会使其发展为洪水猛兽。如果这种传承的需求无法通过足够的债权、股票等形式予以保障,囤积土地、房屋就会成为国民“储蓄”的最重要的手段。但是,只要有了恰当的容器和足够的货币,储蓄是财富创造的动力,而不应是阻力。这也正是本书所反复强调的:储蓄本身并不造成经济危机。没有恰当的财富保有形式,或争相改变财富保有形式,才是造成经济危机和金融危机的根源所在。

---

① “由于人类的寿命是有限的,相当长的时期以后所形成的工作成果或积蓄,不能被应该享受它们的人所享用。这就意味着,与其欲望相联系的满足不是他自己的满足,而是其他人的满足,很可能是直系继承人,他认为他的利益几乎与他自己的利益相等;也可能是在血缘上和时间上离他都很远的人,他大概不会对他们有丝毫的关心。可见,即使发生在不同时间、对我们自己有相同满足的欲望是相同的,我们对未来满足欲望的强度常常也要小于对现在满足欲望的强度,因为未来的满足很可能不是我们自己的满足。未来满足可能成为事实的时间愈遥远,这种差异则愈发重要;因为所间隔时间的任何增加,不仅增加了本人,而且增加了可能与自己有最密切利益关系的子女、近亲及好友死亡的可能性。”[A. C. 庇古:《福利经济学》(上卷),商务印书馆 2006 年版,第 32—33 页。]

政府与国民储蓄

作为经济体中最强大的安全债务人，政府有义务在其能力所及的范围内提供足够的安全债务，满足国民储蓄和货币投放需要。前面章节已经反复论证，在现代信用货币体系下，债权（包括股权）就是国民财富最主要的保有形式，但是历史上多次爆发的金融危机和股市崩盘历历在目。政府在这样的威胁面前，究竟应该充当怎样的角色，才能起到保护国民财富的作用呢？

为了保证一个国家或经济体的财富长期保有，不仅要让储蓄能够充分转化为投资和消费，还要保证这种转化的稳定性。只有这样的经济体，才能经受得起任何经济危机和金融危机的风暴。这里除了需要一个成熟的股票和房地产市场外，更重要的是，中央银行和政府这个最安全的债务人必须能够提供足够的贮藏性货币，并且在必要时向经济体提供充足的交易性货币，它既是一个出口，也是一个泄洪区，真正避免国民储蓄成为堰塞湖。如果缺少了这个环节，任何财富保有形式看似坚固的堤坝，实际上都经受不起民众财富保有形式的改变所带来的冲击。

越穷，越担心供给不足；越富，越怕需求不足。这与生产力发展水平决定的产业结构直接相关。在一个农业社会中，缺衣少食、储蓄不足是困扰整个社会的顽疾。中国汉代著名政论家、文学家、大才子贾谊在他给汉文帝的一篇奏章中认为，农业是国家的根本，让所有的人口都从事农业，才会有余粮的积蓄，国家才会富强。他把工商业与不劳而食的游民并列，认为发展工商业是一种“背本而趋末”的行为，是“天下之大残也”。[①] 这是当时“一夫不耕，或受之饥；一女不织，或受之寒”[②]的社会生产力水平所决定的。重农学派的魁奈同样基于其自身所处历史时期的生产力水平提出：“国家要避免欠债，否则会形成食利者收入，出现以证券交易为中介的金融汇兑商业，而以此为基础的贴现更会引起不生产的货币财产的急剧增加；这种货币财产会使金融远离农业，夺走农业所需

---

① 引自贾谊：《论积贮疏》。意为：国家的大祸患。

② 引自贾谊：《论积贮疏》。

的改良土地和耕作土地所需的财富。”[①]这是在典型的储蓄不足的社会形态中，由于债权性货币需求小于债务性货币需求，社会应当自律之处。此时，债务性货币需求的膨胀会造成有限的储蓄，流向并不必需的消费方向。但是，这些思路显然已经不适用于储蓄资源充裕，且依靠市场内部力量难以消化的现代工业社会。

穷日子过惯了，观念不是短时间内能够转变的。如果说几百年前，社会剩余产品严重不足的条件下，基于货币数量论的通货膨胀理论还有它一点点道理的话，那么今天，社会生产力高度发达的工业社会中，这个理论应该说已经完全失去了其广泛的适用性。短缺型经济下，如果有人额外地从有限产出品中“借去”一部分，那就意味着，其他人会因此而挨饿受冻。然而进入现代工业社会，市场经济高度发达，劳动生产率的提升远超个人消费能力的提升，社会产品愈加丰富，有效需求明显不足，这才是社会的常态。此时如果仍旧坚信，货币投放（说它是强迫储蓄也好，向全民举债也罢）是对国民财富的掠夺，就过于迂腐了。就如凯恩斯所说的那样，从李嘉图开始，“有效需求不可能不足”就被当作毋庸置疑的“宗教裁判所”而征服了这个世界。[②] 如果说那个年代认不清有效需求不足只是由于无知，那么经历过大萧条及之后数次危机洗礼的今天，人们的观念已经完全没有理由仍旧停留在农业社会了。大家都能明白，如果这个世界上没有人从事生产，却都在举债，是一件极为可怕的事情。但仍旧有人不明白，如果这个世界上所有的人都在积极地从事生产，却没有人肯举债，同样是一个灾难！

① 弗朗斯瓦·魁奈：《经济表》（第2版）——《魁奈〈经济表〉及著作选》，华夏出版社2017年版，第229页。

② “可以忽视总需求函数的想法是李嘉图经济学的基本观点，而在百余年以来，我们所学习的经济学也以这个观点为基础。马尔萨斯确实曾经猛烈地反对过李嘉图的有效需求不可能不足的学说，却无济于事。其原因在于：由于马尔萨斯未能清楚地解释（除了诉诸日常观察到的事实以外）如何和为什么有效需求竟然会不足或者过多，所以他没有提供一个可以代替李嘉图观点的另一种学说；而且，李嘉图征服英国的完整程度正和宗教裁判征服西班牙一样。他的学说不仅达到为市民们、政治界和学术界所接受的地步，而且，它还使争议停止，与其不同的观点完全消失并且根本不被置之于讨论之中。马尔萨斯曾经为之斗争的有效需求这一巨大之谜在经济学文献中完全不见踪迹。在古典理论得到最成熟体现的马歇尔、埃奇沃思和庇古教授的全部著作中，它甚至一次也没有被提到过。有效需求只能偷偷摸摸地生活在不入流的卡尔·马克思、西尔维奥·格塞尔和道格拉斯少校的地下社会之中。”[凯恩斯：《就业、利息和货币通论》（重译本），高鸿业译，商务印书馆1999年版，第37—38页。]

所以这个世界需要的是，有人在储蓄，拥有债权，与之对应，必须有另一部分人举债，提供债权。只有这两者平衡了，经济才能平稳发展。如果一味地被储蓄不足之下所谓“通货膨胀的教训”蒙住眼睛，而忽视了举债不足所造成的有效需求不足的生产相对过剩，便必然会把经济一步步地带入深渊。

金本位下，经济危机源于黄金不足，现代信用本位下，经济危机源于债务人不足。没有足够的安全债务人，储蓄者就无法真正成为债权人，进而导致潜在的产出无法实现。这一点并不会因为萨伊主义者们的无视而有丝毫改变，更不会因为执政者的“抑制通货膨胀”的美好愿望而带来好的结果。中国有张居正的“一条鞭法”，美国有杰克逊总统的“铸币流通令”，这种无知，对经济造成的打击已经在世界范围内上演过多次，不知道还会继续上演多少次？当执政者们把美好的愿望作为制定政策的唯一依据时，就已经拉开了“蜜蜂寓言”[①]式悲剧的序幕。

事实上，只要肯抛弃萨伊定律和李嘉图“宗教裁判所”式的信仰，就会发现人口越多，就业压力就越大，与此同时，政府通过公共物品投资和消费调节市场有效需求的空间就越大；储蓄越高，有效需求就越不足，同时，政府举债的空间就越大。而将这些储蓄转化为货币进而转变为投资或消费的能力，就是一个经济体的金融能力。无论是政府举债，还是资本市场的目的，都不应仅仅为了借钱融资，更重要的是让储蓄者找到储蓄的标的（是一个双向的需求，而现代社会中储蓄需求则更为强烈）。当储蓄者丧失这一标的时，经济必然就会停滞。压储蓄、压投资都是金融能力不足的表现。这种不足既有操作能力上的不足（缺乏经验及金融体系发展初期的脆弱性），又有思想认识的不足。但我们相信，无论是操作能力还是思想认识，都是可以随着不断学习而逐渐提高的。

恩格斯在《家庭、私有制和国家的起源》的结尾处，以摩尔根《古代社会》中

---

① 18世纪初，旅居英国的荷兰医生伯纳德・曼德维尔出版了它那极具争议的深刻作品《蜜蜂的寓言》，提出促进经济繁荣的是消费而不是储蓄。其核心观点“私人恶德即公共利益”被称为曼德维尔悖论。凯恩斯在他的《通论》中多次提到并大段引用了其中的内容以印证自己的观点：“当人的‘致富’之道应用于国家行为之上时，失业就会成为不可避免的结果。”（凯恩斯：《就业、利息和货币通论》，宋韵声译，华夏出版社2005年版，第101页。）

对文明时代的评断作为结束语:

> 自从进入文明时代以来,财富的增长是如此巨大,它的形式是如此繁多,它的用途是如此广泛,为了所有者的利益而对它进行的管理又是如此巧妙,以致这种财富对人民说来已经变成了一种无法控制的力量。人类的智慧在自己的创造物面前感到迷惘而不知所措了。然而,总有一天,人类的理智一定会强健到能够支配财富,一定会规定国家对它所保护的财产的关系,以及所有者的权利的范围。社会的利益绝对地高于个人的利益,必须使这两者处于一种公正而和谐的关系之中。只要进步仍将是未来的规律,像它对于过去那样,那么单纯追求财富就不是人类的最终命运了。自从文明时代开始以来所经过的时间,只是人类已经经历过的生存时间的一小部分,只是人类将要经历的生存时间的一小部分。社会的瓦解即将成为以财富为唯一最终目的的那个历程的终结,因为这一历程包含着自我消灭的因素。管理上的民主、社会中的博爱、权利的平等、教育的普及,将揭开社会的下一个更高的阶段,经验、理智和科学正在不断向这个阶段努力。这将是古代氏族的自由、平等和博爱的复活,却是在更高级形式上的复活。①

第六节　价值投资与长期投资

本杰明·格雷厄姆在他的那本被投资界奉为"圣经"的著作《证券分析》中是这样定义投资的:"投资是指根据详尽的分析,对本金安全和满意回报有保证的操作。不符合这一标准的操作就是投机。"②投资领域通常会把格雷厄姆和巴菲特式的投资方式称为"价值投资"。在他们看来,购买股票就是购买企业的一部分。凯恩斯在《通论》中也提到,应当按照购买股票时是着眼于股票(所代表

① 《家庭、私有制和国家的起源》——《马克思恩格斯选集》(第四卷),人民出版社 2012 年版,第 195 页。
② 本杰明·格雷厄姆、戴维·多德:《证券分析》,海南出版社 2004 年版,第 43—44 页。

的企业)的收益还是股票市场价格的上涨来区分投资与投机。[1] 根据我们对投资的定义,把生产性作为必要条件。也就是说,只有当投资目标是企业的产出时,我们才称这种购买股票的行为是投资。在这一点上,凯恩斯、巴菲特与我们的投资理念是一致的。

但是市场的表现却从来不认可这种股市的参与方式。格雷厄姆认为,"市场并非一个能精确衡量价值的'称重机';相反,它是一个'投票机',不计其数的人做出的决定是一种理性和感情的混合物,很多时候,这些抉择和理性的价值评判相去甚远"。他还有一个说法,就是这个"股市从短期来看是投票机,从长期来看则是称重机"。这听起来像极了古典经济学中"长期一定会均衡"的自我安慰。

凯恩斯在他的《通论》中对当时股票市场,特别是在那些职业投资者中弥漫的浓厚投机氛围进行了形象的刻画,他把这种游戏比喻为当时盛行的投票选美竞赛:

> 或者,我们换一种比喻,职业投资者的情况好比报纸上的选美竞赛。在竞赛中,参与者要从100张照片中选出最漂亮的6张。选出的6张照片最接近于全部参与者共同所选出的6张照片的人就是获奖者。由此可见,每一个参与者所要挑选的并不是他自己认为最漂亮的人,而是他设想的其他参与者所要挑选的人。全部参与者都会以这样的态度看待这个问题,致使挑选并不是根据个人的判断力来选出最漂亮的人,甚至也不是根据真正的平均判断力来选出最漂亮的人,而是运用我们的智力推测一般人认为最漂亮的人。在这里,我们已经达到了对平均意见的第三层推测,我相信,有人还会进行第四、第五和更多层次的推测。
>
> 读者也许会提出问题:假如一个人运用自己的才能,不受这种

---

① "据说,美国人不像许多英国人仍然在做的那样,是为了有收入才买股票的。美国人购买股票是把希望寄托在它将来会增值。用另一种方式说,当美国人购买股票的时候,他着眼的并不是股票的收益,而是股票市场价格的上涨。也就是说,他是一个投机者。"(凯恩斯:《就业、利息和货币通论》,宋韵声译,华夏出版社2005年版,第123页。)

盛行的游戏的干扰,根据自己所作的真正的长期预期继续进行投资,那么在长期,他肯定能从其他游戏者手中获取大量的利润。对这一问题的答案是:的确有如此态度慎重的人,不管他们对市场的影响是否超过其他游戏者,都会使投资市场发生巨大变化。但我们必须补充一点,在现代的投资市场上,存在着许多压制这种人的影响的因素。基于真正的长期预期进行投资在今天实在太困难,以致极少有实现的可能性。试图这样做的人,肯定要比那些试图以超过群众的精确程度来猜测群众行为的人花费更多的精力,而且还要冒更大的风险。在智力相同的情况下,前者可能要犯较多的灾难性错误。从经验中还没有充分的资料可以证明:对社会有利的投资也是利润最大的投资。战胜时间和消除我们对未来的无知所需要的智慧,要超过"起跑在枪响之前"所需要的智慧。而且人的寿命有限,人性总是喜欢速效,所以人们对迅速致富有特殊的兴趣,而一般人对将来所能得到的总要打许多折扣才能使它变为现在的价值。对于那些完全没有赌博本领的人来说,玩这种职业投资者所玩的把戏会使他们感到讨厌,甚至会使他紧张到无法忍耐的程度,然而,那些乐于此道的人却愿意为它付出应有的代价。此外,不甚重视市场近期波动的投资者为了安全起见,必须拥有大量资金,并且不能用全部借来的资金进行大规模的投资。这就是为什么智力相等、资金相等的两个人中,从事消遣游戏的人反而可以得到更多报酬的又一个理由。最后,在投资基金由人数众多的委员会、董事会或银行管理的情况下,在现实中,招人品评最多的人恰是那些最能提供社会利益的长期投资者,因为他的行为在一般人眼里一定是怪癖、不守成规又过分冒险。如果他有幸获得成功,得到肯定的也只能是人们对他的评语。在短时期中,如果他遭受了失败(这是很可能的),那么他不会得到多少同情与怜悯。处世哲学告诉人们:就人们的声誉而言,循规蹈矩的失败者要好于独出心裁的成功者。[①]

在这段精彩的评论中，基于长期预期的投资是“怪癖、不守成规又过分冒险”的“独出心裁”，相反以抢跑为标志的投机行为反倒成了“循规蹈矩”。这或许就是美国1929年股市大崩盘前后市场的真实写照以及凯恩斯在当时环境下的“投资心得”。斯基德尔斯基提示凯恩斯的投资哲学经历了怎样的心灵历程：

> 凯恩斯的个人投资哲学随着他的经济学理论而变，两者之间的共生联系在他的《通论》第12章里展现得很清楚，在那里他对投资和投机做了很明确的区分。在20世纪20年代，凯恩斯把自己看成一个科学的赌客，他在货币和期货上进行投机，与福尔克一起，想按照经济周期来玩一把，这是他相信“预测”的高峰期。他认为，可以通过预测短期变化规律，在这些市场上做赢家。这种赌博的直觉从来没有完全熄灭过。1936年的一次偶然事件就是一个著名的例子，当市场上的小麦价格下跌时，他不得不从阿根廷向英国调运一个月量的小麦，他计划把小麦囤积在国王学院的小教堂里，但在得知地方太小放不下时，他随机应变对小麦的质量提出异议：清洗小麦花了一个月。等到结束时，小麦的价格已经上去了，足以使他毫无损失地从中脱身。当时的抱怨声甚嚣尘上，说某个“可恶的投机者”垄断了市场！
>
> 到了30年代，他则倾向于把这类活动斥为一种笨蛋的游戏。他的新投资哲学可以总结为：要牢牢地守住几只经过精心挑选的股票：他称它们为他的“宠物”。在股市下跌时，一个投资者应该是买，而不是卖，找到便宜货的期望要比屈服于大众的恐慌心理更加理性些。[②]

宏观地看，股票市场对国民财富的保有和国民经济的积极作用都是不可忽视的。但是，在任何一个国家，劝导民众去赚取企业创造的价值，都是一件极为

---

① 凯恩斯：《就业、利息和货币通论》，宋韵声译，华夏出版社2005年版，第121—122页。

② 罗伯特·斯基德尔斯基：《凯恩斯传》，相蓝欣、储英译，生活·读书·新知三联书店2015年版，第578—579页。

困难的事情,他们更乐于从交易对手手中获取战利品——“笨蛋的游戏”。然而,这种投机又将对市场造成极大的危害,故而华尔街的坚持与成就被称为“一场伟大的博弈”,是当之无愧的。如前文所述,1929年美国股市的大崩盘使美国民众遭受了巨大的打击,许多经济学家甚至将大萧条的罪责全部归于那次“股市泡沫”,然而美国的股票市场不仅并未就此沉沦,反而在不断的崩溃中逐渐成熟起来,慢慢成为美国民众最稳定和长期的财富保有形式。在参与方式上,以格雷厄姆、巴菲特师徒为代表的价值投资,也终于占有了一席之地。

价值投资有它的道理。每一波牛市、熊市尽管有许多相同之处,但它的哪怕是一点点不同之处,就会使得过去积累的数年甚至十数年、数十年的经验全无用武之地。但市场唯一不变的就是不创造价值的企业,在一个足够长的时间内一定会输给创造价值的企业。这就为长期投资者提供了“投票”的较为确定的标准。但是,价格由供需决定,并不由价值决定,短期如此,长期同样如此。不同时期的供需关系不同,价格自然不同。市场参与者的所谓“估值”,事实上都仅仅是在估价。区别仅仅在于是估明天的价格,还是估十年之后的价格。故而,当十年后,市场估价或者说选美投票的方式有所改变时,谁又能分得清,一个长期投资者赚到的究竟是企业的钱,还是估价的钱?只不过,市场需要稳定,就需要长期投资者。凯恩斯所说的“那些最能提供社会利益的长期投资者”,无论是否可以等同于价值投资者,他们对稳定市场起到了至关重要的作用,这一点是毫无疑义的。

用于股票投资或投机的资本来自社会剩余产品,当社会剩余产品并不充裕时,参与者获取超过市场波动的收益这一欲望会极其强烈。加大杠杆就是满足这种欲望的手段,并且这一手段恰恰又加剧了市场的波动。结果是,市场投机气氛越发浓烈。但必须看到,随着社会剩余产品的增加,同时博弈的结果使资本进一步集中后,市场便会渐渐形成一股力量,希望获得并不丰厚却具有较高确定性的长期收益。其间,不仅一些大的波动并不能完全避免,在市场波动中不断变得成熟的投资者们对确定性的理解和对未来长期收益的期许,也是随着财富的积累不断变化的。其中,股票市场最重要的机会成本——无风险收益率——的长期下降趋势也起着关键作用。

市场永远不会是称重机，市场也不出产“称”这种东西。“称”是投票者们心中的标准。故而不同国家、不同时期，随着投票市场的参与者不同，所谓价值投资的标准是不同的。早期的价值投资者们以净资产为“称”，之后以市盈率为“称”，目前则普遍以未来的现金流折现为“称”。仔细观察就会发现，如果以相同的标准衡量，这种价值投资估值方法的演变，体现的是“估值”水平的不断提升。这毫无疑问会被传统经济学理解为打着价值投资旗号的资产泡沫。然而，事实也并非如此。

还是要回到市场经济中的那个悖论：“生产要素依其产出率(价值)参与分工和生产，却依其稀缺性(价格)对产出品进行分配。”随着生产力的发展，资本产出率不断上升，资本的积累也越来越雄厚。其结果是，资本相对于其产出品——商品——的稀缺度不断上升的同时，相对于同为生产要素的劳动力的稀缺度却在不断下降，从而造成资本在分配过程中逐渐处于不利的地位，这意味着资本的剩余价值索取权的下降。

但是在生产力水平提高的情况下，只要不使金融资本获得通过紧缩的货币政策予以过度压迫的机会，超越资本稀缺度的那部分剩余产品仍旧会被生产出来，当这部分商品得以货币化的时候，资本相对于商品和货币的稀缺度都是上升的。唯一不同的是，这部分价值的归属权发生了变化。由于劳动力稀缺度有所提升，这部分原本“应该”由资本所有者(包括金融资本)独占的剩余价值转变为与劳动者分享。

当劳动力要素的所有者拥有了这部分剩余价值，并大范围地参与到储蓄中来时，则必然产生购买资本物品的需求。故而这一社会产出品分配的改变，也必然彻底地改变资本物品的供需结构。资本所有者的投资行为主要表现为扩大再生产，这种行为增加了资本物品的数量，压制了资本物品的价格；而劳动者的投资行为却只能以购买市场中已经形成的资本物品为主，增加的是资本物品的需求，并且原本以出租劳动力作为获取生活资料唯一手段的劳动者，对投资回报的要求并不像固有的资本所有者那样执着，这一点即使不会在资本市场中体现出来,也必然在货币市场的无风险利率中有所体现,并以机会成本的方式传导给资本市场。于是这就导致了,资本物品在生产和分配领域剩余价值索取权(比例)下降的同时,在资本市场供需结构改变之下,价格反而上升了。

显然,这种此消彼长的结果,是资产阶级经济学家们所不愿看到的,故而他们坚称,这是滥发货币所带来的资产泡沫!于是他们会主张采取紧缩的货币政策,从而导致商品价格无法稳定。我们反复强调,当货币政策的两个标的物的相对稀缺度出现明显变化时,试图将两个标的物的价格同时稳定的努力一定是徒劳的。即便是假设货币当局真的有一只比市场那只“看不见的手”更万能之手,可以自由地把货币政策制定在决定价格的水平上,那么在这只手的作用下,试图稳定商品价格的结果必然是导致资本品价格的大幅上涨;而抑制资本品价格大幅上涨的结果必然是商品价格的崩溃。

资本回报率诉求的整体下降是劳动者拥有大量储蓄,原有的资本垄断被打破的必然结果。此时,抑制资本物品价格上涨或维持资本垄断的唯一办法只能是消灭这些储蓄——就如同 1928 年美联储所做的那样。显然,以这样的方式干涉现实生产是非常危险的。巴菲特的价值投资之路之所以成功,便在于自 1929 年以后,美国在采用这样的危险方法时已经变得非常谨慎。而价值投资者当然解释不了这一切,所以他们选择的方法是,换一台“秤”(换一种估值方法)。

但无论如何,这意味着社会的进步。资本市场需要的是长期投资者,至于他们是否属于价值投资,只要根据他们自己的定义,能够使他们不在这个市场中频繁进出,从而加大货币需求的压力,就能够保证股票市场这个国民财富保有方式的稳定,因而市场并不会在意他们管自己叫什么。尽管如果大量资金涌入股票市场,迅速推高股价难免会带来泡沫,但从长期来看,如果资本永远只掌握在少数人手里,以获取最高的剩余价值索取权,并不利于社会的发展。降低资本收益预期,是投资者和这个社会逐步走向成熟的一个重要标志。

由于劳动力要素的收益是单利,而资本要素所有者却总是试图通过不断的扩大再生产,使其收益变为复利,故而如果始终用紧缩的货币政策来压迫劳动者,使其无法参与到剩余产品的分配中来,不仅会抑制产出,更会不断加大资本要素提供者和劳动力要素提供者之间的贫富分化,既不利于经济的稳定,也不利于社会的稳定。凯恩斯所描述的有效需求不足的现象,是在劳动力要素单利、资本要素复利的市场经济中自然产生的。这种社会消费力量的减弱、这种相对生产过剩,如果不予以弥补,则必然形成生产者闲置;如果不提供足够的货币,由资本所有者反复以扩大再生产的方式弥补这个缺口,则在形成庞大的商品堆积之后,结果仍旧是生产者闲置;如果提供足够的货币,劳动者便会参与到剩余产品的分配中来,并以购买市场上现有资本物品的方式形成真实的储蓄,则又会被传统经济学家指控为资产泡沫。比较权衡之后,凯恩斯提出了以政府公共物品消费的形式予以化解,在当时的历史条件下,这可能是最易为各方接受的方案。但是在第二次世界大战以后,美联储终于开始了"滥发货币"的尝试,结果形成了美国民众极为普遍的股票持有。与之相对应,资本市场中资本物品价格,也就是股市中我们常说的估值缓慢上升,投资者持股变得越来越稳定。巴菲特的价值投资理念更是被世人膜拜。与凯恩斯时期,《通论》中所描述的选美场景相比较,这不是泡沫越来越大了,而是社会进步了。

第六章

国民经济的持续发展与国民财富的持续增长

人们总是喜欢讲,“树长不到天上去”,但是显然,真正阻碍树木成长的并不是天。运动物体如果没有阻力,会一直保持运动状态;同理,事物的成长在遇到瓶颈之前并不会停止。人类经济发展、财富积累的过程,不应存在上限。

马克思在《共产党宣言》中说道:“资产阶级在它的不到一百年的阶级统治中所创造的生产力,比过去一切时代创造的全部生产力还要多、还要大。”之后的一百多年时间里,经济的发展更是处于一种加速状态。资产阶级是靠什么力量不断克服阻力,并逐一打开发展瓶颈,取得如此巨大的成功呢?他们仰仗的是市场的力量。人们通常用亚当·斯密《国富论》中所提到的“看不见的手”进行描述。资产阶级正是充分发挥了市场的作用,成就了自身的财富。

近几十年来,在全球一体化的推动之下,一个又一个曾经封闭的经济体被卷入市场经济的生产浪潮之中。除了江、河、湖、泊、土地、人口无法装上港口停泊的巨轮外,各种资源、产品及服务乃至人才、技术、资本在全世界范围内几乎都可以实现自由流动。交易成本不断降低,生产效率在全球范围,而不是个别地区被提高到了前所未有的高度。曾经落后于西方发达国家的亚洲后发国家奋起直追,并取得了骄人的成绩。以日本、韩国为代表的东亚经济体更是突飞猛进,跻身于发达国家行列,成为后发国家的榜样。但是市场的力量,并不应是资产阶级统治者所独享的。中国在社会主义制度下所构建的独具特色的市场经济更是取得了辉煌的成就,这足以证明社会主义初级阶段与市场经济相结合同样可以产生巨大威力。尤为值得自豪的是，我国在市场经济探索和坚持社会主义制度相结合的道路上更加兼顾了效率与公平，并在事实上已经形成了对市场经济下各种危机驾驭的实力。

我们认为，市场经济有其内在的规律性，资本主义的经济运行模式，简言之就是：分工提升生产效率，同时产生巨大货币需求并创造财富；分工所创造的财富引发了生产者对复利的追求，这种无止境的追求（扩大再生产）最终导致经济危机（货币供给无法满足扩大再生产所需的危机）；资本主义用于避免和解决经济危机的办法，是提高信贷能力以增加货币供应，如此循环往复，将社会资源不停卷入社会化大生产之中，并不断提升各要素资源的效率。在这个自我完善的过程中，如果信贷能力阶段性达到极限，将会爆发金融危机。这是主张自由放任的资本主义所无法避免的循环，也是中国进行市场经济改革所必须借鉴的。

各个国家有各自不同的国情。能否将本国国情与市场经济内在的积极因素相结合，对市场经济负面因素排斥，是一个国家或经济体在市场经济生产方式下能否取得成功的关键。基于这一思路，我们将曾经促进资本主义市场经济高速增长的三个最主要的因素——分工、复利、信贷——提取出来，称为“市场经济三件法宝”，同时，它们也是市场经济的三块基石。谁能运用好这三大法宝，谁就能从这场市场化、工业化的大潮中脱颖而出；反之，则不乏溺水者。后发国家市场化的进程，并不是简单的“快就是好”。中国所寻求的建立于社会主义制度之上、区别于资本主义制度的市场化的改革，如果要顺利渡过市场经济这条大河，就要随时摸一摸分工、复利、信贷这三块基石。

第一节　市场经济三件法宝

分工

亚当·斯密、大卫·李嘉图，无论是国内分工还是基于国际分工的绝对优势、比较优势等理论，围绕的都是分工对生产效率大幅提升所起到的革命性推动作用。事实也证明,市场那只“看不见的手”正是通过分工,在资源禀赋不同的经济主体之间,以价格为手段,实现资源的有效配置。无论是早期发达国家还是后发国家,无论是企业内部的分工还是经济体内的分工,或是对国际化大分工的参与,都是它们的经济得以迅猛发展的主要动力。

当人类社会进入工业时代后,抛弃了原有的自给自足的经济模式,生产的规模不再受生产者自身消费能力的限制。专业化分工使得人类生产向标准化、规模化发展,并且由此所带来的社会整体生产效率的大幅提升和产出的迅速丰富,历来都是资本主义发展的利器。

分工得以实现,依靠的是市场的机制。市场机制的高效来自价格手段和竞争。物以稀为贵、价高者得,木桶法则就是市场进行分工的依据,各生产要素依其产出率参与生产,却依其稀缺性对产出品进行分配的原则尽管有失公平,却更有效。

计划经济也存在名义上的分工,然而这种基于计划经济的分工由于缺乏价格识别能力和充分的竞争,使分工的效率大为受损。中国在改革开放之前,用工制度采取的是“大锅饭”和“铁饭碗”,在这种分工模式之下,经济发展缓慢。日本采取的是终身雇佣制。这些制度尽管曾经对提升员工归属感起到积极的作用,但久而久之,这种当家做主的热情渐渐地被人类懒惰的本性所战胜。在日本,随着劳动力价格的不断上升,终身雇佣制不堪重负,许多企业只能停止招聘新人,或是采取只招聘临时工的形式,导致日本年轻人失业率严重高于中年及老年人,临时工的收入远低于正式工,于是产生了所谓“穷忙一族”。为保护劳动者权益而制定的终身雇佣制度不仅没有起到预期的作用,反而剥夺了劳动者劳动的权力。比较而言,中国在改革开放之后打破了“大锅饭”,引入了较为充分的竞争机制,逐渐依靠市场那只“看不见的手”完成分工,经济由此突飞猛进。这一改革取得了显著的成就。

复利

复利来自扩大再生产,并成为扩大再生产的动力源。

资本主义生产方式之下,经济得以几何级数增长的奥秘就在于它的扩大再生产的生产方式。分工和与之相伴的社会化机器大生产所带来的生产力水平的提高使社会产出品迅速丰富，为资本积累和扩大再生产创造了条件。由此带来的“庞大的商品堆积”不仅使扩大再生产成为可能，并且对复利的追求使得生产者把创造更大的商品堆积当作解决“庞大的商品堆积”的不二法门。毫无疑问，复利为资本主义的积累和扩大再生产提供了源源不断的驱动力，并源源不断地进一步来自资本主义扩大再生产。正如马克思所说：“积累就是资本以不断扩大的规模进行的再生产。”[①]这本身是一个良性循环。

对于资本主义的高效率和财富积累的速度，马克思从来没有否认过，并且在《资本论》中反复加以论证。但是，市场的高效性是相对的，市场不是万能的，资本主义对市场的神化构成了重大隐患。在资本主义这种生产方式之下——它的生产目的是利润，表现形式却是“庞大的商品堆积”，这种生产目的和表现形式之间的错位，正是资本主义危机的根源所在。不仅利润和剩余价值的最终指向必然是货币化的剩余产品，甚至“庞大的商品堆积”向扩大再生产的转化这个占有剩余劳动的过程也必须以货币作为中间桥梁。[②] 于是，货币瓶颈使得资本主义扩大再生产频繁止步于商品的货币化危机。[③] 这种货币化危机必然威胁

---

① 马克思：《资本论》（第一卷），人民出版社 2004 年版，第 671 页。

② “资本主义生产方式——它的基础是雇佣劳动，工人的报酬是用货币支付的，并且实物报酬一般已转化为货币报酬——只有在国内现有的货币量能充分满足流通和由流通决定的货币贮藏（准备金等）需要的地方，才能够得到较大规模的、比较深入和充分的发展。这是历史的前提，虽然我们不能把这一点理解为，必须先有充足的贮藏货币，然后才开始有资本主义生产。应当说，资本主义生产是和它的条件同时发展的，其中条件之一就是贵金属有足够的供给。”［马克思：《资本论》（第二卷），人民出版社 2004 年版，第 380 页。］事实上，不仅资本主义，只要是在市场经济之下，在市场这只“看不见的手”的作用下，经济生产活动就难以摆脱货币的困扰。根源就在于，扩大再生产和复利无法通过“庞大的商品堆积”直接得以实现。

③ “货币作为支付手段的职能包含一个直接的矛盾。在各种支付互相抵消时，货币就只是在观念上执行计算货币或价值尺度的职能。而在必须进行实际支付时，货币又不是充当流通手段，不是充当物质变换的仅仅转瞬即逝的中介形式，而是充当社会劳动的单个化身，充当交换价值的独立存在，充当绝对商品。这种矛盾在生产危机和商业危机中称为货币危机的那一时刻暴露得特别明显。这种货币危机只有在一个接一个的支付的锁链和抵消支付的人为制度获得充分发展的地方，才会发生。当这一机制整个被打乱的时候，不问其原因如何，货币就会突然直接地从计算货币的纯粹观念形态转变成坚硬的货币。这时，它是不能由平凡的商品来代替的。商品的使用价值变得毫无价值，而商品的价值在它自己的价值形式面前消失了。昨天，资产者还被繁荣所陶醉，怀着启蒙的骄傲，宣称货币是空虚的幻想，只有商品才是货币。今天，他们在世界市场上到处叫嚷：只有货币才是商品！他们的灵魂渴求货币这唯一的财富，就像鹿渴求清水一样。在危机时期，商品和它的价值形态（货币）之间的对立发展成绝对矛盾。”［马克思：《资本论》（第一卷），人民出版社 2004 年版，第 161—162 页。］

到就业。[①] 就业的冲击进一步打击消费,从而影响人们对经济的信心和投资。这样,经济就会进入一个恶性循环。

复利的微观层面讨论

复利来自扩大再生产,但微观而言,并非所有扩大再生产或追加投资都能产生复利。甚至在微观层面上,部分复利的产生并不需要追加投资。因此,在国际公认会计准则之下,被统称为"盈余"的部分,其再投入的效果却迥异。甚至不能简单地用格雷厄姆的"限制性盈余"[②]和巴菲特的"股东利润"或是"自由现金流"[③]加以一概而论。我们将会计盈余按其盈利模式,细分为六个层级:

---

① 凯恩斯说:"失业问题之所以发生,是由于人们想得到的东西(即货币)像天上的月亮一样,是无法被生产出来的,而对这种东西的需求又不能压制,所以劳动力就无法就业。"(凯恩斯:《就业、利息和货币通论》,宋韵声译,华夏出版社 2005 年版,第 181 页。)

② "自埃德加·史密斯首次提出因红利转投资能使股票相对于债券更具有投资价值以来,格雷厄姆对企业限制性盈余的强调可以说是对证券分析的又一重要贡献,尽管其背后的财务逻辑并不复杂,但这一思想至今未引起人们的足够重视。

"格雷厄姆在《证券分析》一书中指出:'在更经常的情况下,股东从股息支付中得到的利益远远高于从盈余增长中得到的好处。导致这种结果的原因有二:一是用于再投资的利润未能同比例地提高赢利能力;二是它们根本就不是什么真正的利润,而只是一种为了保证企业的正常运作所必须保留的储备。在这种情况下,市场偏好股息而蔑视盈余增长的价值取向可以说是合情合理的。'

"在格雷厄姆发表上述观点后不久,费雪也发现了企业在经营中存在的这一现象:'保留利润为何有可能无法提高股东的持股价值?原因有二:一是因为顾客或公共需求的改变,迫使每一家竞争公司非得花钱在某些资产上不可,但是这些资产没办法提高业务量,可是不花这些钱,生意却可能流失;二是由于成本节节上升,总累计折旧额很少足以置换过时的资产。因此,如果公司希望继续拥有以前拥有的东西,就必须从盈余中多保留一些资金,补足其间的差额。'

"这些发现对巴菲特投资思想的确立起到了重要的启蒙作用。在 1980 年致股东信中,巴菲特写道:'我们本身对投资盈余如何处理的看法与一般公认的会计原则不太相同,尤其是在目前通胀肆虐之际更是如此。我们有些 100%持股的公司,相比其账面上所赚到的钱,实际金额可能要少很多。即使依照会计原则我们可以完全地控制它,但实际上我们却必须被迫把所赚到的每一分钱继续投在更新资产设备上面,用以维持原有的生产力和赚取微薄的利润。'

"4 年后,在 1984 年致股东信中,巴菲特对上述观点作了进一步的阐述:'并非所有的盈余都会产生同样的成果,通货膨胀往往使得许多企业,尤其是那些资本密集型企业的账面盈余变成人为的假象。这种受限制的盈余往往无法被当作真正的股利来发放,它们必须被企业保留下来用于设备再投资以维持原有的经济实力。如果硬要勉强发放,将会削弱公司在以下几个方面的原有能力:①维持原有的销售数量;②维持其长期的竞争优势;③维持其原有的财务实力。所以,无论企业的股利发放比率如何保守,长此以往必将会被市场淘汰,除非你能再注入更多的资金。'"(任俊杰、朱晓芸:《奥马哈之雾》,机械工业出版社 2010 年版,第 113—114 页。)

③ 指企业产生的、在满足了再投资需要之后剩余的现金流量,这部分现金流量是在不影响公司持续发展的前提下可供分配给企业资本供应者的最大现金额。

层级一

这些在财务报表上被称为利润的部分，尚不足以弥补真实的折旧损耗。这往往是由于设备及其他生产性资产高速的更新换代，频率远高于会计准则法定的折旧提取速度。如果不把这些账面利润填补进去，尚无法保证简单再生产的维持，更不要说保持利润和扩大再生产。这显然属于格雷厄姆所提出的“限制性盈余”的范畴，且属于限制性盈余中的最低层级。账面上看似美丽，却是实实在在的财务陷阱，是永远无法填平的无底洞。

层级二

将全部盈利再次投入虽然已经可以支撑扩大再生产，但仍旧为限制性盈余。其扩大再生产受到资本边际效率递减的侵蚀，无法带来增量收益，随着生产经营规模不断扩大，利润率却不断下降。

在以上两个层级之下，账面盈余不断积累的过程中，在不断推高企业账面资产价值的同时，是资产获利能力，即资产质量的下降和货币化能力的不足。我们称这种盈余为“消耗型盈余”，甚至到清算也无法回收。

层级三

人们往往有一个错觉，似乎资本占用只限于机器设备、厂房等固定资产。在一些企业经营模式下，周转资金占用过高的问题往往被忽视。这种盈利模式下，表面上形成巨大的盈余现金，且并不需要高额的资本支出，实际上却是被流动资金周转需求的不断膨胀所占用。账上堆积的流动资产甚至是现金不仅不能用于分红，而且无法带来增量收益。这些表面上的“自由现金”虽不需要用于设备投资，但仍旧会出现如果勉强发放，将(因周转困难从而)削弱公司原有能力的情况。所不同的是，这部分盈余占用，在清算时较易回收，但仍应列为限制性盈余范畴。

层级四

增量收益全部来自增量资本,且只有将全部盈余再投资,才能维持一个稳定的、有吸引力的复利水平。这样的盈利模式,除期末清算可获得一次性现金回收外,中间过程并无真正的自由现金流。任何分红如果不用杠杆加以补偿,都会导致其自身复利水平的下降。即便如此,由于高额分红的单利之下可以形成现金牛的模式,其每一元钱的盈余再投资也都能产生相应的复利,故而这已经是非常优秀的模式了。

巴菲特的伯克希尔·哈撒韦恰恰属于这样的企业。伯克希尔·哈撒韦之所以从不分红,正是因为,尽管它每年都盈利颇丰,实非常人所及,但只要它试图把这样的盈利水平继续下去,它是没有"闲钱"可用于分红的。但是这样的企业中,大多没有伯克希尔那样幸运,因为它们大多处于制造业,不仅需要随时防范可能的资本边际效率递减的侵蚀,还要警惕反复扩大再生产带来的庞大商品堆积和形成的资产货币化风险。

层级五

这几乎是所有投资者梦寐以求的盈利模式,只需将盈利中的少部分追加投资,便可获得极具吸引力的复利水平。甚至即使不追加投资,由于边际成本极低,或受益于产品价格的自然上涨,也可逐年带来增量收益。这样的盈利模式下,即便是高比例分红,也不会影响扩大再生产,且不用担心出现利润率递减。巴菲特曾经算过这样一笔账:

> 几年以来一般人都认为新闻、电视或杂志产业的获利能力,可以永无止境地以每年6%左右的比率成长,而且可以完全不必依靠额外的资金,也因此每年的折旧费用应该会与资本支出相当,而由于所需的营运资金也相当小,所以账面盈余(在扣除无形资产摊销前)几乎等于可以自由分配运用的盈余。也就是说,拥有一家媒体事业,每年几乎可以有6%稳定增加的纯现金流入,同时若我们以

> 10%的折现率来计算现值的话，等于是一次 2 500 万美元的投资，每年有 100 万美元的税后净利贡献(亦即约为 25 倍的税后市盈率，若换成税前盈余市盈率，则约为 16)。
>
> 现在假设条件改变，这家公司只拥有普通的获利能力，所以每年 100 万美元的获利只能上下起伏，这种打摆子的形式就是大部分公司的状况，而公司的获利想要有所成长，老板就必须投入更多的资金才办得到(通常是通过保留盈余的方式)。我们将假设重新修正，同样以 10%加以折现，大概可以达到 1 000 万美元的价值。结果可以看出，一项看起来不大重要的假设变动，却使这家企业的价值大幅减少至 10 倍税后盈余市盈率(或 6.5 倍税前盈余市盈率)。①

第二种被巴菲特称为“只拥有普通的获利能力”的模式，就是我们所说的层级四，以 10%折现后的净现值(估值)为：

$$\frac{100}{(1+10\%)}+\frac{100}{(1+10\%)^2}+\frac{100}{(1+10\%)^3}+\cdots=1\ 000$$

如果始终保持 10 倍市盈率的市场价格，则把每年 10%的收益再投资的话，便是一个 10%复利的盈利模式。无论是分红后由股东按照市场价格(10 倍市盈率)再投资，还是公司留存收益后获得 10%的利润率，情况都是一样。由于增量收益全部来自增量资本，且只有将全部盈余再投资，才能维持一个稳定的、有吸引力的复利水平，否则得到的就是一个单利的盈利模式。这里所使用的 10%是一个较高的折现率，如果将其改变为 8%，则以 8%折现后的净现值为：

$$\frac{100}{(1+8\%)}+\frac{100}{(1+8\%)^2}+\frac{100}{(1+8\%)^3}+\cdots=1\ 250$$

如果以 7%折现，则折现后净现值为：

$$\frac{100}{(1+7\%)}+\frac{100}{(1+7\%)^2}+\frac{100}{(1+7\%)^3}+\cdots=1\ 428.6$$

---

① 1991 年巴菲特致股东的信。资料来源：https://www.berkshirehathaway.com/letters/letters.html。

而巴菲特所讲的第一种情况,则是一个完全不必依靠额外资金就可以获得6%稳定增加的纯现金流入的盈利模式。不要小看这6%,如果同样把每年的收益按10%、8%和7%折现,其净现值分别为:

$$\frac{100}{(1+10\%)}+\frac{100\times(1+6\%)}{(1+10\%)^2}+\frac{100\times(1+6\%)^2}{(1+10\%)^3}+\cdots=2\ 500$$

$$\frac{100}{(1+8\%)}+\frac{100\times(1+6\%)}{(1+8\%)^2}+\frac{100\times(1+6\%)^2}{(1+8\%)^3}+\cdots=5\ 000$$

$$\frac{100}{(1+7\%)}+\frac{100\times(1+6\%)}{(1+7\%)^2}+\frac{100\times(1+6\%)^2}{(1+7\%)^3}+\cdots=10\ 000$$

估值所对应市盈率分别为25倍、50倍和100倍。相比之下,差距之大,足见那些并不需要将全部当期盈余追加投资便可获得一定增长的盈利模式远非完全依赖追加投资获得增长的模式可比。这里巴菲特仅仅是以新闻、电视或杂志产业为例说明这一道理,事实上,这样优秀的盈利模式大多来自拥有金额很大的可持续的经济商誉,却对有形资产需求很少的企业。① 这为那些仅仅在规模和产品价格上寻求竞争力的企业敲响了警钟。随着资本的不断积累,低层次的、简单重复式的扩大再生产反复遭受过剩的打击,如果一味只是注重有形资产及生产能力的扩张,却忽视品牌建设及研发、技术储备等无形资产的积累(高层次的扩大再生产),不仅会使自己在复利的争夺中处于不利的地位,而且在经济波动之中更会面临巨大的风险。

最高层级——创新型扩大再生产

毫无疑问,科学研究对社会发展起着促进作用。然而,如果我们仔细区分将会发现,所谓的科学研究的效用,既可以是加大供给满足人类既有的欲望,也可能是为人类创造新的欲望(需求)。如果我们将科学研究的范围永远仅仅限于前者,相信供给可以自发地创造需求,那么生产效率越高,人类欲望的满足便

---

① “最终,直接的和间接的企业分析经验,使我现在特别倾向于那些拥有金额很大的可持续的经济商誉,却对有形资产需求很少的企业。”——1983年巴菲特致股东的信。资料来源:https://www.berkshirehathaway.com/letters/letters.html。

越接近饱和。在人类开发出新的欲望之前，无论对现有功能的实现方法如何进行改良，都只能认为是一种只扩大产品数量的简单重复的扩大再生产，我们称之为“简单扩大再生产”。那些从产品性能入手，为人类创造出新的功能和效用的生产方式，我们称之为“创新型扩大再生产”。前者只是用于满足人类既有的欲望，结果使市场需求渐趋饱和，后者则是创造人类的欲望，从而加大了产品效用的稀缺。换句话说，前者提供供给，后者创造需求。

如果人类消费的标的不出现改变，随着生产方式的改良、生产效率的提高，产品数量的增长是无限的，然而，人类在既有功能上的消费欲望必然是有限的。简单扩大再生产的最终结果必然是由相对生产过剩，逐步向绝对生产过剩转化。但是有能力实现创新型扩大再生产的生产者必然微乎其微，并且如果不能通过信贷将资源配置到他们手中，他们仍将无用武之地。

由于市场的参与者大多无法认清这些区别，因此人类社会的投资行为从来都带有极大的盲目性。从宏观层面而言，一个国家的国民经济就是无数生产者和消费者的汇总，如果用于扩大再生产的资源永远只是分散在许多低产出使用者手中，经济结构就会过度集中于中低端盈利模式的产业。这样就只能依靠不断加大简单扩大再生产，以维持既有增长速度。一个国家，品牌和创新研发所占经济总量的比例越低，就越会遵循资本边际效率递减规律。当资本边际效率不足以抵消利息率的影响时，甚至庞大的商品堆积无法实现货币化时，就会出现企业投资意愿逐级消退。越来越多的企业倾向于将货币从再生产中抽离出来，并将盈余的再投资权利让渡出去，从而使资源重新组合。信贷就是这种资源重新组合的工具。

信贷

复利来自扩大再生产。于是宏观地看，保证在分配时，社会产出向资源的生产性使用者，进而向更高产出的生产性使用者倾斜，这对复利来说就变得极为重要。如果把社会产出分散且平均分布于每个经济个体之间，由于社会资源难以集中，资源使用者的产出能力参差不齐，则必然造成大量的闲置与浪费，甚至造成积累和扩大再生产的中断。但是集中的后果不仅难以避免分配不公,更会由于货币化需求过高而埋下隐患。

信贷是一种协调的手段。它衍生于货币,补充货币的不足,同时也创造货币的需求。它像一座桥梁,在用债权债务相融通的方式使剩余价值所有权不发生改变的前提下,实现剩余产品使用权的转移,或者把分散的社会财富集中起来。借助这个融通的工具,可以有效地避免扩大再生产受阻于"庞大的商品堆积"。特别是在社会主义国家,当人民群众大量拥有储蓄之后,会使信贷需求明显升高。当国家金融体系不足以支持这种需求时(包括通过信贷直接支持或通过支持资本市场来间接支持),扩大再生产的过程必然被阻断于储蓄的一侧,从而无法转变为积累或投资,经济面临停滞的风险。

现代资本主义正是通过信贷,将社会产出品中可用于积累的部分集中起来,投入扩大再生产中去;也正是通过信贷,使资本由低复利的产出者手中向高复利的产出者手中转移。它是资本主义分工和复利的保障。但是,它在推动资本主义经济高速发展的同时,却使自己成为资本主义这部高速运转的机器中最脆弱的一环。它的脆弱性源于无论对其如何进行标准化、格式化,它终究不是看得见、摸得着、可以随意切割的黄金。在人们心目中,它的另一个名字叫作"杠杆"。它撬动着资本主义的分工和复利,直到自己折断。它在缓解以货币化困境为标志的经济危机的同时,却为金融危机埋下了隐患。

市场经济就像一部高速运转的机器,它的最重要的部件往往也就是最脆弱的。如果没有得到精心呵护,或令其超负荷运转,这部机器必然损毁于此。于是,这座桥梁(信贷)成为资本主义的命门所在。毫不夸张地讲,资本主义的一切财富皆嫁接于这座桥梁之上。的确,市场经济这部高效能的机器不宜频繁拆卸,更不可手工拨动每一只齿轮令其运转,但无论是多么高效的机器,都不可松懈对关键部件的维护、检修甚至是更换。这不等同于干扰机器的运转。相反,自由放任的态度必然导致机器的损毁。信贷和充足的货币供应,是市场经济三件法宝中唯一必须借助外力的部分,也是政府对市场经济必须呵护的那个部件,同时也是政府干预市场、避免经济危机和金融危机的最佳切入点。

一个经济体商业银行体系的信贷能力本身就是一种货币需求(与债权性货币需求和债务性货币需求互为需求),并且会把储蓄和债务性货币需求的倒逼作用传递给基础货币。当依赖海外货币支持的分工和扩大再生产逐渐耗尽海外货币供应能力时,生产大国自身的基础货币投放能力就成为维持信贷的必要手段。也就是说,生产大国必须学会自主研发、生产货币。日本是对此做出最多尝试的亚洲国家。但是这些尝试大多以失败告终。后发国家金融尝试失败的根源,不仅在于自身资源禀赋的束缚,更在于思想观念的禁锢。而这种禁锢中最强大的两道枷锁,一道叫作"货币中性",另一道叫作"货币外生"。如果不能冲破这两道枷锁,即使是拥有比日本更优越的资源禀赋,在生产货币的尝试中,也同样必然面临失败的命运。

信用货币的本质是对政府或央行的债权,它本身是一种标准化的信贷。它的基础是公共物品的提供,且本身也应被视为公共物品,所以政府对信贷和货币的干预和维护不仅名正言顺,且责无旁贷。如今已经成为发达国家,甚至已经称霸世界的西方大国,无一不是经历过无数摔打,才在金融信贷领域打下一片天地,从而开启资本主义发展的新阶段。特别是自凯恩斯理论提出后,政府借提供公共物品投放货币以化解经济危机的尝试取得了巨大的成功。在这一方面,西方所积累的经验和教训已经超出亚洲国家许多。只不过他们尚认识不到,提供什么样的公共物品,就会产生什么样的经济成果(而不是简单去评价是否应该投放货币和提供公共物品)。西方发达国家并没有完全看懂凯恩斯提出的货币理论,没有认清公共物品选择决定政府的承债力和国民经济的发展方向,进而决定国家货币投放的质量和信贷的质量。它们至今仍旧纠缠于货币数量论,从而迷信着货币政策,认为凯恩斯的理论只适用于经济危机之下。

第二节　东亚经济模式

原始资本积累

分工需要以原始资本积累作为资源禀赋,扩大再生产同样需要原始资本积

累的支撑。马克思抨击了资本主义制度下原始资本积累的肮脏。对此,熊彼特辩解道:

> 在资本主义的初期阶段和任何个人试图创立自己的产业初期,储蓄在过去和现在都是这个发展过程中的重要因素,虽然不完全像古典经济学所解释的那样。诚然,在一般情况下,一个人不会用由节省工资或薪水所积累的资金来建设工厂,从而获得资本家的头衔(产业雇主)。大部分资本积累来自利润,因此必须先有利润才能有积累——实际上这是把储蓄和积累区分开的真正途径。创办企业所需的资金一般是借用的别人的储蓄——社会上存在许多小额储蓄,这是容易解释的——或是靠借用银行为将来可能成为企业家的人使用而设立的存款。即便如此,后者照例是由储蓄而得:他储蓄的作用是使他不必因为每日衣食无着落而不得不从事苦力工作;使他得到充裕的时间,以便考察环境、扩展计划和寻求合作。因此,如果仅从单纯的经济理论问题方面考虑,当马克思否认储蓄具有古典著者所说的作用时,他是有道理的,虽然他的措辞有些过分,但他由此得出的结论是不成立的。因此,不管古典理论是否正确,他这种嗤之以鼻的态度不见得是公平的。①

然而,熊彼特的辩解并不成立。马克思对原始资本积累的抨击,针对的绝不是通过借贷将储蓄向投资的转化,更不是储蓄本身,而是资产阶级为了利润不择手段地掠夺、剥削和压榨。比较而言,用信贷的方式将民间闲散的储蓄集中起来,凝聚起积累的力量,确实已经文明了许多。但是与熊彼特描述不同的是,“借用别人的储蓄”绝不是西方发达国家完成原始资本积累的主要途径。早期的西方发达国家大多靠掠夺完成了原始资本积累,从而在国际分工中获得了先发优势。当作为后发国家的日本和“亚洲四小龙”参与到国际分工中来的时候,这个游戏规则已经由那些发达的西方国家制定完毕。亚洲各国起点低,技术落后,且自然资源也并不丰富。在严重依赖国际市场的情况下,不得不以廉

---

① 约瑟夫·熊彼特:《从马克思到凯恩斯的十大经济学家》,电子工业出版社2013年版,第16页。

价劳动力作为自身的资源禀赋加入这场国际大分工中来。这里值得一提的是日本这个国家。日本的第一轮崛起与西方列强类似,尽管落后于西方列强,但足以在亚洲称雄。日本是亚洲经济的优等生,也是亚洲资本主义发展进程中起步最早的国家。两次世界大战之前,日本就靠甲午战争和日俄战争确立了亚洲军事强国的地位。所以日本是亚洲国家中,唯一依靠海外掠夺实现了原始资本积累的国家。列宁曾经这样评价日本:“欧洲人对亚洲国家的殖民掠夺在这些国家中锻炼出一个日本,使它获得了保证自己独立的民族发展的伟大军事胜利。”[①]但野心的膨胀使日本在第二次世界大战中前功尽弃。战后的日本在一片废墟中起步,除了抛弃一切不切实际的幻想之外,没有其他选择。众所周知,是美国挑起的朝鲜战争在第二次世界大战后的废墟中为日本带来了起死回生的契机。为了把自己大部分的精力放在朝鲜战场,美国人开始逐步放松了对日本的控制,反而加大了对日本制造业的依赖。在朝鲜战争持续的三年时间里,美国从日本订货的金额达到 9.8 亿美元。这笔巨资无疑为日本各大产业注入了生机。日本的纺织业、汽车制造业、矿业、钢铁行业等随之获得了前所未有的发展机遇。当朝鲜战争结束时,美国也结束了对日本的占领。此后,重新获得第一桶金的日本真正进入了一个高速发展时期。

并非通过掠夺,而是通过国际分工所创造的财富,结合亚洲人民的勤劳、节俭,不断扩大再生产所积累的高储蓄,为经济体快速实现资本积累提供了良好的基础,这确实可以说是开创了市场经济原始资本积累的新局面。

东亚模式下的债权堆积

许多经济学家在分析以日本为代表的东亚经济模式与西方发达国家曾经的发展模式的区别时,总是强调东亚模式的政府导向和出口导向。认为西方国家的经济模式注重的是个人主义,而东亚模式宣扬的是集体主义。西方国家的经济模式是市场自发的,而东亚模式是政府用产业政策有意打造的外向型经济。然而事实上,西方国家早期的资本主义发展历程从来都闪耀着重商主义的

---

① 列宁:《世界政治中的易燃物》——《列宁全集》(第十七卷),人民出版社 1988 年版,第 159 页。

光芒。向海外输出商品并换回金银是国际分工的基础，它在历史上就是资本主义得以持续发展的标准模式。特别是当西方国家用坚船和利炮打开一个又一个后发国家的通商大门时，哪里看得到一点点“个人主义”和“市场自发”的影子？

事实证明，无论是早期资本主义国家的国际分工，还是东亚模式参与国际分工的方式，都取得了巨大的成功。所以，如果不是从道德角度评判，很难判断谁优谁劣。如果把东亚模式与英美这些老牌资本主义国家当初的发展模式相对比，其特有的标志绝不是出口导向和政府主导，而是区别于欧美当年“黄金堆积模式”的“债权堆积模式”。如果说现代分工与资本主义初期的分工存在差异，那么最大的差异在于，过去是西方发达国家负责生产，然后用它们的商品换取后发国家有限的黄金；而今天，后发国家负责生产，然后用它们的商品换取发达国家取之不尽、用之不竭的债务。于是，发达国家只负责消费就可以了。①

日本和“亚洲四小龙”被认为从这种经济模式中获得了发展的动力。这种

---

①　在这两种财富堆积的模式下，海外的消费者都是货币的提供者；所不同的是，前者提供的是黄金，后者提供的是债务。曼昆在他的《经济学原理》中这样写道：

“在经济学教科书中，一个国家的储蓄通常都留在其国内，美国的在美国，德国的在德国；而且储蓄主要通过利率和股价自动地与新投资实现均衡。比如，如果人们想储蓄的多于企业想投资的，利率就会下降，这样就会鼓励投资并抑制储蓄。

“不幸的是，真实世界不再是教科书的镜子。20世纪70年代和80年代，大多数国家撤销了禁止本国公民投资于外国股票、债券和公司的‘资本管制’。实际生活中，银行、保险公司、共同基金和政府——一国储蓄的‘保管人’——都进行很多这样的全球资金转移。这个数目是巨大的：在2003年，根据国际货币基金组织的估算，法国在国外的储蓄是3.3万亿美元。储蓄和投资在一国之内无法再自动实现均衡。举个例子，在2004年，日本储蓄了其国民收入的28%，但是只在国内投资了24%，其余的都流到境外，很多是流向美国。包括中国在内的许多亚洲国家也都有高额储蓄。

“总体上说，全球储蓄余额流向美国，使美国人可以多花少存。伯南克在最近的讲话中说明了这是怎么一回事。20世纪90年代，有部分储蓄余额进入了火爆的美国股市，进一步推高了价格。美国人觉得自己更富有了——因为他们的股票投资组合更值钱了，所以决定少存钱、多买东西。

“这些年除房市之外，也发生了类似的情形。国外资金大笔注入美国债券、房贷市场，使利率低迷。房贷利率低迷提高了房屋需求和价格，使美国人觉得（再次觉得）更富有了。人们用自己虚涨的房价借钱，这降低了美国的储蓄，增加了消费。

“美国人的低储蓄和高消费抵消了外国人的高储蓄和低消费，结果导致美国的巨额贸易赤字，因为美国人的巨大支出消化掉了美国的进口，而外国人削减开支降低了美国的出口。日本、加拿大和‘欧元区’——这些都有储蓄余额——购买约45%的美国出口。另外，把外国货币兑换成美元以投资于美国也抬高了美元汇率，从而削弱了美国出口产品在全球市场上的竞争力。”[曼昆：《经济学原理——宏观经济学分册》（第5版），北京大学出版社2009年版，第222页。]

局面首先是由亚洲国家与发达国家的巨大贫富差距造成的。由于发达国家财富长期积累，其国内的土地及劳动力等要素价格就会远远高于世界平均水平，只不过由于其生产效率同样明显高于世界平均水平，这个价格也算是物有所值。但是在全球一体化下，后发国家的效率也会迅速提升，土地、劳动力价格的这一巨大落差就会引发资本、技术的大量流动，最终通过国际贸易凝聚成巨大的商品流动，其表现形式即为"后发国家向世界输出商品堆积；发达国家向世界输出债务堆积"。这种局面必然是以发达国家的高负债率及后发国家的高储蓄率为平衡的；也就是说，永远要靠富人向穷人借钱来平衡。原因很简单：发达国家的东西太贵，后发国家消费不起；后发国家的东西太便宜，发达国家借钱也要买。于是发达国家的货币（就是他们的债务）被后发国家大量储藏起来。总结起来，终究是国际分工的结果。

出口导向的确是亚洲国家及地区近几十年来的发展模式，但这并不是亚洲国家特有的模式。资本主义生产的目的，是利润而不是消费。这种对利润的追求，促进了专业化分工及交换，使人类生产远离自给自足。从微观的角度来看，经济个体只生产自身所需是不经济的。同样，对一个国家而言，只生产本国所需也是不经济的。事实证明，这种生产方式的确大大提高了社会总体的产出水平，但随着一个国家或经济体摆脱自给自足，实现规模经济之后，困扰它们的必然是对国外市场的依赖。这是自资本主义生产方式出现的那一刻起，始终无法摆脱的魔咒。

经济持续增长的动力来自消费与产出（扩大再生产）交替上行，互为推动。如果没有扩大再生产，就不存在复利——在简单再生产的循环中，经济增长就会停滞，甚至会坐吃山空。然而，反复扩大再生产以支持复利，如果消费不能同步跟进，反复减少的消费份额全部由扩大再生产补充，同样会造成经济失衡。在高速发展的资本主义阶段，消费不足往往成为阻碍经济增长可持续性的最重要因素。此时一个高效率的国家需要来自外部的消费以平衡自身产出的增长。这种外部的消费者，也就是外部货币的提供者。因此，资本主义生产方式下，对海外市场的依赖性绝不是什么东亚模式的特色，它不仅是资本主义生产方式下分工的需要,更是资本主义扩大再生产的必然结果。

从英国被托马斯·莫尔称为“羊吃人”的圈地运动到重商主义,资本主义自它萌芽时起,就是以出口为导向和牵引力的。之后的资产阶级经济学家,如亚当·斯密、大卫·李嘉图,尽管对重商主义大加贬斥,但可以说贯穿于整个资本主义发展史,重商主义才是资本主义恒久不变的价值取向。

分工所取得的巨大成就,使得资本主义经济社会的生态平衡始终依靠海外市场得以维持。在资本主义初期,恰恰是由于重商主义价值观对金银的崇拜,使得商品由工业发达国家源源不断地向落后国家流动。金银反向流入发达国家,从而使得商品并未真正堆积于工业国家,生产得以延续。但当这一过程发展到金银已大多堆积于发达国家之后,生产者对利润和储蓄的追求已经无法找到足够的金银去满足,资本主义生产方式变得无路可走。当发达国家之间不得不为争夺这些存量金银而竞相削减自身利润时,凯恩斯所描述的资本的边际效率递减和投资诱导不足便会相继出现。此时唯一能够解决问题的办法,就是把“商品堆积交换为金银堆积”的旧有储蓄模式转变为“商品堆积交换为债权堆积”。在经历了一次大萧条和一次世界大战之后,基于布雷顿森林体系,这个问题终于暂时得到了解决。

随着这个问题的解决,资本主义发展迎来了新的春天。也正是这个时候,勤奋好学、吃苦耐劳的亚洲人民开始加入国际化分工中来。这时资本主义利润和储蓄的诉求已不再是黄金。资本主义财富堆积,由黄金的堆积转变为债权的堆积。但这丝毫没有影响日本等亚洲国家和地区的生产热情及发展,与债权堆积相伴随的是自身生产力水平的突飞猛进。傅高义在他的著作《日本第一》中,这样描述20世纪七八十年代的日本:“当时的国民生产总值仅为英国或法国的三分之一。到了70年代后半期迅速增加,相当于英、法两国的总和,约为美国生产总值的一半。钢铁产量差不多同美国并驾齐驱,钢铁工厂比美国效率更高、更现代化。1978年世界22座大型高炉之中,日本占了14座,而美国不到三分之一。现代化、高效率的日本钢铁工业,在美国以及其他市场上,使美国瞠乎其后。过去,日本靠的是低工资,后来则靠大规模生产,靠最新的技术和经营管理，发展了一连串富于竞争力的工业……把日本成功的原因归于低工资，已是老式的看法。由于美元贬值，1978 年日本工资水平显得比美国略高一些。不过，要说明日本的优越性，还是从现代化设备和高生产率来找原因更为重要。经济学家戴尔・乔根森研究了工业生产的各种因素，他得出一个结论：日本工厂使用的技术的现代化程度，在 1973 年已超过美国。在 1975 年，一个日本工人生产价值 1 000 英镑的汽车只需 9 天，而英国利兰汽车厂则为 47 天。在 1976 年，欧洲任何汽车制造厂（菲亚特、雷诺、大众等），每个工人每年产量为 20 辆，而日本的尼桑为 42 辆、丰田为 49 辆。1962 年，日本钢铁工人每人平均产钢 100 吨，英国为 400 吨，到了 1974 年，日本钢铁生产率却比英国高一至二倍。1976 年，日本轴承工厂每人平均产量比英国名厂 RHP 的工人高出两倍半。”[①] 更加值得赞赏的是日本的发展，并没有局限于承接西方发达国家主动退出的低端产业，而是主动实现了不断的产业升级。

日本的产业政策

如果我们把自由放任比作放养，那么产业政策就是圈养。圈养在美味方面虽然远不及放养，但它至少可以作为一种补充。如果有充分的外部条件可供放养，那么饱食山中走兽、云中雁之后，悠闲地批评一下圈养，顺便发一些“何不食肉糜”的感叹，倒也不失惬意。可惜日本当年并没有得到这样的机会。积累的不足和严峻的竞争形势之下，日本选择了将有限的资源尽可能地集中在最有潜力、最有可能突围的方向上，避免了陷入永远只能以廉价劳动力作为自身唯一资源禀赋的竞争困境。

日本在第二次世界大战后的初期，美国的战争订单、模仿、廉价劳动力固然是成功的主因，但之后持续的高速增长必然来自生产力水平的提高，从而在一些产业形成比较优势，甚至是绝对优势。在这个过程中，以经济企划厅、大藏省和通产省为中心形成的日本经济官僚体系起到重要作用。他们在制定产业政策时与民间经济学家进行广泛的联系，在重大决策过程中广泛吸收有益的意

---

① 傅高义：《日本第一》，谷英、张柯、丹柳译，上海译文出版社 2016 年版，第 9—10 页。

见，从而在很大程度上保证了经济政策的科学性。其中，对经济发展起带头作用的是通产省。“通产省非常热心地关照产业界，甚至有‘保姆’的别称。具体来说，它把工厂和设备的指标设定在高水平上，为达到这个水平，它使没有资金的公司合并起来，诸如此类，总是努力加速现代化的进程。另外，通产省还大胆地设想改组产业结构的方向，将资本集中到将来能使日本发挥国际竞争力的领域。60年代后半期，日本工资水平赶上西欧时，通产省把资本集中到资本密集型产业，而不是劳动密集型产业。1973年石油冲击以后，通产省又把政策着重于推进服务行业、信息和知识产业，而不是能源消费型产业。帮助亏损行业合并或停办，援助新兴行业向地方上发展，为被解雇的工人重新就业开辟门路，等等，都是通产省官僚的职责。”[①]事实证明，政府对经济活动的这些干预和参与，至少在那个阶段是行之有效的：

> 20世纪50年代前半期，日本的收音机、录音机、立体声音响设备等产品质量还不如美国，一转眼却席卷整个市场。日本钟表产业使全球闻名的瑞士钟表行业黯然失色。英国的摩托车工业被日本赶跑了，美国几家摩托车公司，非日资系统的，仅存哈雷·戴维森一家而已。第二次世界大战之前，德国把统治照相机镜头行业的宝座让给了日本。在光学仪器方面，日本的产品也脱颖而出，如此等等。日本在与其传统毫不相干的领域，一再击败西欧的竞争对手。1970年，雅马哈牌钢琴的销售额已大大超过美国斯坦威等名牌钢琴。村松牌长笛与美国货竞争，不相上下。日本统治世界的行业，从自行车、滑雪用具、电动雪橇、日用陶瓷到拉链之类，不断扩展起来。
>
> 70年代后半期，日本新造船舶的价格比欧洲低20%—30%，迫使欧洲各国不得不采取限制进口日本船舶数量的措施。遭到“石油冲击”的日本造船业界，虽然降低了开工率，但其产量比美国和西欧各国的总和还要多，约占世界造船总吨数的一半。

---

① 傅高义：《日本第一》，谷英、张柯、丹柳译，上海译文出版社2016年版，第57页。

1958年,日本汽车产量不到10万辆。在70年代初期,美国进口最多的外国汽车还是德国大众。后来,丰田和尼桑超过了德国车。1977年型的大众,同占对美国出口第三位的日本汽车厂商本田激烈地互争高低。1977年日本出口汽车达450万辆,而同年的美国出口汽车仅为其几分之一。美国国内销售日本汽车200万辆,日本国内销售美国汽车仅为15 000辆。如果按照供求规律出口,1978年日本汽车的出口量本会更多,但日本为了避免同欧美发生政治摩擦,选择了自我限制出口的做法。

……

观测日美两国竞争力的指标之一,是两国间的贸易收支。美国对日贸易逆差在70年代后半期已达100亿美元,尽管施加政治压力,实行美元贬值,逆差仍不见好转。这种不平衡状态说明日本工业比美国更富于竞争力,而美国大部分出口商品是农产品和原料。在60年代后半期以前,日本采取贸易保护政策,在世界上是数一数二的。它妨碍了美国企业进入日本市场。后来,虽然在许多方面迅速进行贸易自由化,但日本政府仍根据情况,对竞争力较强的美国商品加以特殊限制。对此,美国政府方面直到70年代中期都没有为美国企业打入日本市场采取什么有效措施。但是,波士顿咨询公司受美国财政部的委托,在1978年进行了一项研究,它指出,日美贸易不平衡的主要原因不在于日本的贸易保护政策,而在于美国商品的国际竞争力不如日本,美国企业对开辟日本市场并不积极。美国的竞争力不仅不如日本,也不如其他国家。自60年代后半期到70年代初期,在日本的进口总额中,美国所占比重减少了40%,这一部分被澳大利亚、韩国、中国台湾以及其他亚洲国家和地区拿走了。

美国人不太知道日本工业的国际竞争力已超过美国。然而美国人应当记取,一个重要的日本研究机构的高层曾私下承认:在农业方面发挥强大竞争力的美国,现在犹如战前日本的殖民地,它提供农产品和原料,为先进的现代工业机器效劳。①

尽管这些描述不乏夸大之辞,但有一点是明显的,对于日本在战后几十年的工业成绩,傅高义用“日本奇迹”来形容,是十分贴切的。对于一个后发国家,这绝不是仅靠劳动力的低廉价格就可以做到的。傅高义认为,与早期依靠低工资竞争所不同的是,70 年代的日本在国际竞争力上的出色表现,来自已经超过欧美的劳动生产率和不断的产业升级。

当一个国家或经济体在固有的产业结构之下,面临着资本边际效率递减和产业升级失败风险的双重威胁时,无论是由政府产业政策引导,还是由市场主导的风险投资的实践,把有限的资源从现有资源禀赋下尚有利可图的产业中抽离出来,转而投入暂时无法获得盈利的产业之中。如果成功了,就是产业升级的引领者,是高瞻远瞩的风险投资家,是主导产业结构摆脱资源禀赋束缚和资本边际效率递减的英雄;相反,如果失败了,就是赌徒,是泡沫的制造者。这种成王败寇的泡沫观,决定了企业家们在追随发达国家所带来的势能耗尽之后,就会变得无所作为。

那种依靠与发达国家落差所带来的势能进行的产业升级,终究会面临能量耗尽的时候。一个经济体要发展,就不能停止产业升级的步伐。而以创新为主导的产业升级,本身就面临着巨大的失败风险。这时,就非常需要政府产业政策的支持。然而,我们经常会听到一种错误的观点:认为政府产业政策只能顺应国家资源禀赋而打造比较优势。事实上,如果凭借资源禀赋参与国际分工,没有什么力量会比市场那只“看不见的手”更有效。有石油的卖石油;有矿产的卖矿产;风景好的搞旅游;守着马六甲海峡的发展港口;地广人稀的种粮食、放牧;什么都没有的,卖力气。认命就好了,产业政策用于这样的领域,虽然也能起到充分利用与发达国家落差的作用,却只能受困于现有的、发达国家已经为后发国家量身定制的国际分工格局。相反,正是因为后发的东亚经济体在资源禀赋上存在着先天的不足,又不肯认命,所以真正能够使产业政策充分发挥作

---

① 傅高义:《日本第一》,谷英、张柯、丹柳译,上海译文出版社 2016 年版,第 9—12 页。

用的,恰恰在于突破原有资源禀赋的束缚,为经济发展寻找甚至创造产业升级的机会。产业政策的作用应该是突围,重点放在分担市场创新的风险和成本上,而不是用于故步自封。

还有一种论调,罗列市场或政府主导下产业升级失败案例,以证明政府或市场主导的产业升级是不可行的。要知道,无论是市场主导还是政府产业政策主导,都并不存在必胜的创新之路。纠缠于这样的讨论,本身就说明并不了解问题的所在:正是因为创新失败的概率极大,早期产生的经济效益极低,以趋利性为主导的企业家会因而举步不前,产业政策的扶植才显得尤为重要。所以罗列的产业政策①失败的案例越多、比例越大,越说明这样的风险绝非市场能够独立承担,就越发证明了产业政策的必要性。这是只有认清产业升级艰险性才能明白的道理。放任主义者在强调创新的风险是巨大的、是不可预见的同时,却任性地主张,这样的风险不应由政府承担。我们真的不明白,自由放任主义者如何能够想到如此荒唐的、为政府推卸责任之辞?

市场主导的创新和政府产业政策的创新的一个重大区别在于,市场是由稀缺引导的,因此只有瓶颈的出现才会产生足够的利益驱动,去克服创新的风险。因此,市场缺少正向研发的动力。而政府产业政策的作用在于,市场尚不足以提供这种利益诱导时未雨绸缪,主动向市场提供这种需求。这与市场自身的风险投资并不矛盾。它的优势在于,即便是市场经济体制下,依照市场经济的规则运转,政府也是承担风险投资成本能力最强的经济主体,它完全可以不追求短期回报。这不禁使我们想起了固执地向西出发寻找印度的哥伦布,如此疯狂的尝试、如此悖逆资源禀赋和势力划分的赌博,对那种因南辕北辙所造成的不可预见性的执着追求,是导致其得不到企业家们的支持,只能求助于国家产业政策的力量,并最终导致失败②的根源。这样盲目的态度被以"理性"著称的企业家们所抛弃也就不足为奇了。但这就是产业政策的魅力所在,它的惊喜往往来自所设定的目标范围之外。在那个全球航海事业被荷兰、葡萄牙先后把持的

① 指引导产业升级的政策,那种试图顺应资源禀赋或保护落后产业的政策另当别论。

② 哥伦布至死也没找到印度。从他取得的成果而言,他是成功的;但是从他所立下的目标而言,他是失败的。

时代,作为后发国家的西班牙,大力发展航海业的目的并不仅仅在于到达印度,而是突围!因发现新大陆而成功突围的西班牙是凭借国家产业政策,把一个“泡沫”式的、凭借市场力量不可能去尝试的想法变为现实的经典案例。

“投机”“泡沫”是一个崛起的经济体在经济发展过程中经常会听到的声音,它们泛指那些高风险、高收益的投资行为,当然包括所有的另辟蹊径,是各种创新性风险投资和赶超型产业政策必然被贴上的标签。这种负面的声音展现的是社会对创新的低包容性。特别是在亚洲的后发国家,自身积累尚不足以形成足够规模的风险资本,意志上,凡是西方发达国家没有做过的事情、没有达到过的指标,一概被当作泡沫。[①] 这样的心态,基本达到了对创新及其所可能带来的失败的风险的零容忍。努力挣扎过的日本最终没能摆脱泡沫论的禁锢,这也是东亚新兴经济体普遍存在的问题。

还有一种错误的认识,就是认为充足的货币供应会削弱生产者创新的积极性。货币紧缺对技术进步确实也会有一个倒逼的作用,但它会导致所有其他资源相对于货币过剩。“市场先生”是不会把提高效率的努力(技术进步)投放到过剩资源之上的;相反,充足的货币供应会导致稀缺资源价格上涨,从而会激发生产者通过技术革命提升稀缺资源的效率或替代性。风险投资不是穷途末路的铤而走险,它只有在市场资金充裕的条件下才能发挥其巨大的威力。总的来

---

① 这是亚洲国家普遍存在的一个问题,根源或许可以追溯到我们的文化和教育的逻辑:清华大学副校长、生物物理学家、中国科学院院士施一公在一次演讲中这样说:“创新人才的培养,也跟我们的文化氛围有关。我问大家一句,你们认为我们的文化鼓励创新吗?我觉得不鼓励,我们的文化鼓励枪打出头鸟。当有人在出头的时候,比如像我这样,特别是有人在攻击我的时候,我觉得很多人在看笑话。当一个人想创新的时候,同样有这个问题。什么是创新,创新就是做少数,就是有争议。科学和民主是两个概念,科学从来不看少数服从多数,在科学上的创新是需要勇气的。

“三年前,我获得以色列一个奖后应邀去以色列大使馆参加庆祝酒会,其间大使先生跟我大谈以色列人如何重视教育,我也跟他谈中国人如何重视教育。他笑眯眯地看着我说,你们的教育方式跟我们不一样。

“他给我举了原以色列总理 Shimon Peres 的例子,说他小学的时候,每天回家,他的以色列母亲只问两个问题。第一个是今天你在学校有没有问出一个问题,老师回答不上来?第二个是,你今天有没有做一件事情,让老师和同学们觉得印象深刻?

“我听了以后叹了口气,说我不得不承认,我的两个孩子每天回来,我的第一句话就是问:今天有没有听老师的话?”

是的,听老师的话总是容易的,但也会因此失去超越老师的机会。而在经济发展的课题上,西方发达国家就是我们的老师。

讲,货币充足对技术进步的积极作用比货币紧缺要大得多。然而,提供充足货币的资源禀赋,日本并不具备。而它的所谓盟友美国此时为日本开出的药方竟然是,货币不足没关系,可以涨价(升值)。[①]

到 1985 年,《广场协议》之前,日本在和美国、西德等西方发达国家的主要经济指标比较中,已经处于领先地位。特别是在这一年,日本成为世界最大的债权国,相比之下,自第一次世界大战以来曾经积累了巨额海外债权的美国,这一年却创下了对外纯负债的世界纪录,沦为世界最大的债务国。随着日本经济逐渐强大,1982 年时任日本首相的中曾根康弘提出了"政治大国"和"国际国家"的政治口号。

一切迹象似乎都在表明,傅高义先生 1979 年所做出的"日本第一"的预言,这一日本梦的实现近在眼前。然而,傅先生在对日本奇迹不断发出感慨和赞叹的同时,所忽视的一个非常重要的逻辑,就是日本在其人口和土地等资源禀赋如此匮乏的情况下创造出这样的奇迹,其实已经把土地和劳动力的效率提高到了极致,在没有独立的金融产业的前提下,就是把自身的潜能发挥到了极限。整个国家的产出已经触及了其生产的可能性边界。

日本以其亚洲人民特有的勤劳和节俭,以美国 4%的国土面积和不到一半的人口比例,自 1978 年升至全球 GDP 第二位,仅次于美国的成绩,保持了 30 年;到 2009 年,才被国土面积比它大 25 倍、人口却是其十余倍的中国所取代。80 年代后期,日本的人均 GDP 超过国土面积是其 25 倍的美国,这个成绩一直保持了 10 年,直到亚洲金融危机爆发,才再次被美国超越。因为美国的国土面积是日本的 25 倍,所以当时如果按照每单位国土面积 GDP 计算,日本已经是美国的十余倍了。日本在金融产业受制于人的情况下,仅以制造业创下如此佳绩的同时,资源的瓶颈效应已经决定了日本经济难以得到进一步的发展。日本就是在这样的条件下逆袭美国,最终止步于金融产业。如果继续向金融等高端产业发起进攻,日本难以摆脱国土面积是其数十倍、人口数倍、资源丰富的美国

① 表面看来,货币数量增多与货币价格上涨,会在总量上带来相同的效果。但所不同的是,货币数量增多所带来的货币增殖部分,由货币的生产性使用者占有;而货币价格上涨所带来的货币增殖部分,由货币的闲置性使用者占有。这非常巧妙地改变了货币的使用结构,是日本经济最终走向崩溃的根源。

的扼制,如果试图维持现状,则必然遭到人口和国土面积同样远远超过日本的中国不断产业升级带来的挤压。尽管日本在发展过程中也曾经犯下这样或那样的错误,但无论是向上还是向下,日本没有轻易放弃过任何属于自己甚至不属于自己的机会。日本在国际分工的这个大舞台上,就其自身而言,已经竭尽全力。所谓"失去的二十年",只是由于自身预期过高。日本所取得的成绩已经是其他绝大多数国家梦寐以求的了。

高等收入陷阱

在经济增长、社会财富积累的过程中,会遇到各式各样的瓶颈。这些瓶颈形成各式各样的陷阱。这些陷阱有的是因为自身资源禀赋不足,有的是因为积累不足,有的是因为自身努力不足,而最可惜的是因为消费或货币的不足。这些不足阻碍了经济体产业升级的步伐,导致停滞。

有一个词汇叫作"中等收入陷阱",指一个国家发展到中等收入阶段后,没能持续发展成为发达国家,相反,由于种种原因,导致经济发展徘徊不前,人民收入无法继续提高。这些国家往往陷入经济增长的停滞期,既无法在工资方面与低收入国家竞争,又无法在尖端技术研制方面与富裕国家竞争。中等收入陷阱的国家往往缺乏技术和资本的积累。有些国家把廉价劳动力作为唯一的资源禀赋,劳动者收入稍有提高便导致竞争力下降。也有些国家是资源相对丰富,及时行乐的文化使其不思进取,进入温饱即安的低积累社会形态,在缺乏扩大再生产及技术更新的经济模式中,很快陷入停滞。其中,拉美许多国家比较典型。这些国家由于资源相对丰富,在分工的过程中,一味充当资源供应者的角色,资源开采所带来的短期丰厚利润使其他产业丧失吸引力,从而限制了自身的发展。

同样陷入这样的资源陷阱的还有许多中东国家。这些国家由于地下储有大量石油,人均资源价值较之拉美国家又上了一个台阶。然而除了石油开采之外,这些国家在其他行业同样无所作为,国家与人民的命运始终随石油价格而波动,尽管收入水平很高,但并不能称之为发达国家。如果说拉美国家所陷入的是一个“中等收入陷阱”的话，同样陷入资源陷阱的中东国家应该称为“高等收入陷阱”。与之相反的是勤劳、勇敢、储蓄意识极强的东亚各国，尽管白手起家，许多国家资源匮乏，却能不断在技术和产业结构上提升自己，不断积累和储蓄，然而，终究受困于资源瓶颈而不得不以更快速的产业升级加以缓解，但这些升级，却并没能带来经济进一步的增长和收入水平进一步的提高。例如，已经进入发达国家行列的日本，它的停滞是另一个“高等收入陷阱”。这些陷阱的区别，仅在于产业升级所遇到的瓶颈位置、高低不同而已。

日本在顺利完成制造业产业升级后，已经位列发达国家行列，即使是于产业链最高阶之前遇到瓶颈，距“食物链”的顶部也只有一步之遥。然而即便如此，随着其他国家同样不断在产业升级，不能顺利进阶金融强国的制造业大国，很快便陷入恶性竞争的红海之中难以自拔。究其根源，在于这些昔日的后发国家已经步入发达国家行列后，随着其经济总量的不断增加，依旧把对外出口产品、吸收对外债权作为自身发展的动力，但是人们却发现，堆积债权的重商主义和堆积金银的重商主义并无本质不同。曾经看似无穷尽的西方国家的举债能力，终究也会有走到尽头的一天。当他们挤干外部世界承债能力的时候，其经济的停滞就是必然。因此，如果不能摆脱对海外消费和货币的过度依赖，就无法摆脱终将停滞的命运。

当人类通过简单扩大再生产所带来的产出水平和剩余产品的数量暂时超过了人类的欲望所及，而不仅仅是超过有效需求所及时，我们可以称之为“绝对生产过剩”。解决“绝对生产过剩”的最有效方法是通过发明创新，激发出人类原本并不存在，或是人类固有认知中非常模糊的欲望。历史上每一项这样的重大发明，所带来的都是人类一系列需求的萌生。因此，一个快速增长的经济体，如果不懂得开发人类新的欲望、创造更大的对新效用的需求，其经济增长同样会出现瓶颈，并且这一瓶颈与货币瓶颈是相互关联的。

我们可以把创新划分为功能创新和方法创新。尽管方法创新已经难能可贵，但是以降低成本和提高产出率为特色的方法创新，不过是把过去别人做的东西，最多是换个方法拿来自己做而已。它或许会做得更好，但即便是能够实现低成本高效率的替代,也无法从根本上摆脱国际分工的零和。当一个国家在崛起的过程中,把国际分工当作一个零和游戏,最终它的路越走越窄就是必然的。亚洲国家对功能创新重视普遍不足[①],这些国家利用海外市场去平衡国内充沛的储蓄需求,在消化生产过剩的同时,把简单扩大再生产所创造的财富输出到欧美发达国家,由发达国家投入到创新型扩大再生产中去。欧美国家创新型扩大再生产创造出新的商品及功能输出到后发国家,二者形成平衡。欧美的创新意识,会聚焦于人类不曾有过的尝试。只有这样,才能摆脱零和。这正是我们需要向欧美国家学习的地方。如果只学习他们的研究成果,即便是换一种方法去完成同样的功能,如此故步自封,终究难成大器。

但是,勤劳节俭的亚洲人民使得简单扩大再生产所创造的产出增长具有极强的可持续性,然而创新型扩大再生产却有着极大的偶然性。由于对欧美创新型产品或功能的依赖,一旦欧美国家的创新节奏减缓,亚洲国家对欧美国家输出的储蓄就会在欧美国家的金融系统堆积。而金融产业的高利润特征又会回过来侵蚀创新产业得以生存发展的土壤。欧美金融产业正是在这种不均衡之中不断发展壮大,并不断扩大着这种失衡。当简单扩大再生产的规模无法被创新型扩大再生产吸收时,公共物品这种免费且强制性消费品可以用来满足国民不肯单独支付对价的那些欲望,不仅可以补充相对生产过剩的缺口,对绝对生产过剩也可以起到一定的缓解作用。[②]

高昂土地价格的危与机

如果没有经济危机,自由放任的市场经济的危害便会降低很多。然而,历史从不相信“如果”,真实的资本主义发展史从来就是经济危机不断的历史。

---

① 比如傅高义在《日本第一》中提到了一个值得注意的细节:“日本的法律,不是对性能给予专利,而是对制造方法给予专利。因此一个企业在取得了外国的专利之后,研制出具有与专利同样性能的新产品,最后就不再依赖外国的技术了。”(傅高义:《日本第一》,谷英、张柯、丹柳译,上海译文出版社 2016 年版,第 110 页。)在这样的思路指导下,不利于创新型扩大再生产。

② 由于长期而言,人类的欲望是没有止境的,绝对生产过剩只是相对的和阶段性的。免费的公共物品消费在化解相对生产过剩的同时,由于它保持了经济的正常运转,从而为人类欲望提升打下了基础,赢得了时间。

在市场经济发展的过程中，经济停滞、经济危机只是表象，其背后的原因多是经济增长遇到瓶颈。但是，不同国家或经济体在不同时期，所遇到的瓶颈各不相同。因此，仅根据症状（经济停滞甚至危机）便开出的药方，往往因为不能对症而于事无补，甚至适得其反。药方无效，就要探索更有效的药方，而不能由于药方不能对症便主张拒绝治疗，甚至相信一切疾病皆可自愈。探索更有效的药方，要从寻找病根做起。

在金本位时代，各要素产出率交替上行的同时，黄金的产出增长是最缓慢的。因而在那个时代，资本主义大的经济危机基本都是由货币瓶颈引发。这个瓶颈不解除，它就会形成一个木桶的最短板。市场机制的作用会通过竞争压力，不断压迫参与其中的每个经济主体，通过技术创新挤压对手，以获取自身生存。但由于木桶的总容量不会增长，此时，从宏观上看，越是通过创新提升其他要素的产出率，危机就会越严重。因此，我们不难理解，当东亚模式以“债权堆积”的形式暂时打开货币瓶颈时，所获得的发展的推动力。但是，对一个高速发展的经济体来说，在旧瓶颈打开的同时，往往意味着新的瓶颈已经近在眼前了。

资本主义是工业化的后果。工业化的进程本身是一个对土地资源改变使用方式，从而创造更大产出的过程。随着资本主义扩大再生产，越来越多的土地及原本依附于这些土地的农业人口等其他资源被卷入工业生产中来。土地低效率的使用方式（如农业）被逐步排挤出去。英国这个最早的工业国家，这种工业膨胀对农业的侵蚀，曾经被托马斯·莫尔生动地描写为“羊吃人”。同样是在英国，也曾经使得由于农业生产丧失竞争力，政府实施《谷物法》，限制粮食进口以保护英国国内农业。这无疑是用政府干预的手段，将土地资源滞留于低产出的使用方式。由此来看，即使是亚当·斯密、大卫·李嘉图的故乡，同样无法完全接受他们的分工理论，只不过由于金本位下货币瓶颈的束缚和海外殖民地扩张的空间，使得“圈地运动”那样的恶果并没有阻止资本主义的脚步。而亚洲国家在加入国际化工业浪潮的起点上，不仅起步晚、技术落后，并且普遍存在人口众多、土地稀缺和文化更加钟情于土地的问题。这样此消彼长，在战后的数十年中，亚洲国家经济发展中土地的瓶颈效应不亚于货币。

亚洲在历史上有着重农轻商的文化基因，加之“有土斯有财”的儒家价值观，由此形成的对土地的眷恋程度超过任何西方国家。这就对资本主义形成天然的抵触。当土地所有者或控制者出于对土地的过度眷恋，不依其产出确定土地价格从而扭曲价格信号时，市场那只“看不见的手”（有的只是价格手段）就无法对土地这一工业生产所必需的资源进行重新配置。土地就会因其过高的价格或交易成本而被滞留在低效率、低产出的使用方式之下。这几乎是带有亚洲文化基因的所有国家在资本主义进程中共同遇到的现象。[①]

工业化和产业升级的必然结果是全要素生产率的上升。要素生产率上升而价格却无法上升的原因是货币瓶颈发生了作用。当东亚模式以“债权堆积”的形式暂时打开货币瓶颈时，全要素生产率的上升带来的利益在各要素间的分配却是不均衡的。生产率提高得最慢的要素，在市场那只“看不见的手”以稀缺性作为资源价格配置标准的作用下，必然成为最大的受益者。原本就人多地少、土地情结极为严重的亚洲国家，在劳动生产率显著提高之后，土地这个产出率提高并不显著的生产要素，其稀缺性引发的价格上涨，可谓惊心动魄。

土地瓶颈的作用，对亚洲国家经济发展的制约效果是显而易见的。土地价格的高企，更是资本边际效率的杀手（这一点与其他要素瓶颈的效果并无不同）。然而，亚洲人民对土地特有的钟爱却也曾经使高昂的土地价格成为产业升级的驱动力。当年雄心勃勃的日本正是在这样的背景之下，激发出了自身最大的潜力。相反，当日本人接受了西方价值观，不再把住房、土地当作人生奋斗目标的时候，日本人仿佛迷失了方向，陷入一种深深的社会不安之中。

曾任日本经济产业研究所首席研究员的池田信夫认为，日本社会的一种不安感在不断扩散。“从世界范围来看，日本国民的平均收入属于高水平。即使是‘穷忙族’（working poor），年收入虽然只有200万日元，却也是中国人平均工资的5倍。但与此相对的是，日本年自杀人数已经连续11年超过3万人，这个数字比第二次世界大战刚结束时的混乱期还要高。平均每10万人里就有23.7人自杀，自杀率位居世界第八，比G7中其他任何一个国家都高。所以我认为，

① 这或许就是资本主义在亚洲多次被扼杀于萌芽状态的根本原因。

日本当前的问题并不在于收入水平的高低，而在于日本长期的社会停滞导致人们渐渐失去了对未来的希望，他们对未来深感不安，这种不安感在不断扩散。”①

日本经济一蹶不振的原因在于，日本房地产的景气不再；日本房地产不景气的原因在于，民众不再愿意以房产的形式保有自身财富；日本民众不再愿意以房产的形式保有自身财富的原因，是大多数日本人已经放弃了当年的那个日本梦。第二次世界大战中战败的日本人并没有丢弃这个梦。战争中失败的日本在制造业上几十年的努力，终于从美国人手中抢下了世界工厂的角色。但是当产业升级到了不得不在金融领域与美国一争短长的时候，日本输了，而且输得完全没有翻本的机会。日本这次似乎真的被打败了，由于日本民众不再愿意以房产的形式保有自身财富，日本社会失去了对金融业探索的勇气，于是银行存款就成为享受着终身雇佣制的日本民众不二的选择。与之相对应的，却是企业反复去杠杆以及土地这种银行最重要的抵押物不断贬值给银行信贷带来的困境。结果经济陷入一潭死水。这样的经济体中，储蓄与投资的缺口过大，是政府难以弥补的。正是这种对安全感的追求，造成了经济长期的停滞；而这种停滞，又给整个社会带来不安和变本加厉地对安全感的追求。当日本梦不复存在的时候，当年那个超水平发挥的日本，如今只是回归正常而已。

粮食安全

在工业化和城市化的历程中，与工业生产力水平突飞猛进相对立的是，农业无论是土地产出率还是劳动生产率，都无法达到可以与工业相提并论的提升水平。特别是东亚各国，不仅人口众多、人均耕地面积稀少，且由于历史原因，耕地多被分割成小块，极不利于大型机械化耕种和集中管理。这是曾经自给自足的农业国家的历史遗产。在得到充分调整之前，工业化、城市化进程中的粮食供给问题始终是一个大问题。当原有的农业人口和农业用地随着工业化逐渐转化为工业资源之后，如果无法用农业劳动生产率的提升去弥补这些资源的减少，则必然形成粮食供应的缺口。这个缺口只能依赖进口补充。而伴随一个

---

① 池田信夫：《失去的二十年：日本经济长期停滞的真正原因》，机械工业出版社 2016 年版，“前言”。

国家由贫穷到富有的一个重要标志,就是食品中肉类占比的大幅上升。由于1公斤肉类需要消耗5—8公斤饲料,全世界肉类消费量越高,对玉米等饲料的需求就越大,对耕地的需求也就越大,对美国这种具有谷物生产巨大优势的国家的依赖也就越大。20世纪70年代,日本经济高速发展,国民收入大幅提高,在饮食方面,对营养结构、美味的要求也有所提升。然而当时缺乏畜牧业的日本,肉类蛋白质摄取严重不足,这就为美国的畜产品带来了机会。美国畜产品的一个特点就是食用谷物,而并非传统的牧草喂养。喂食过量谷物的牛肉,脂肪含量更高,故而谷物饲养的安格斯牛肉口感比牧草饲养的牛肉更细腻、松软、鲜美。当年美国的麦当劳用汉堡包把美国牛肉推向日本市场,俘虏了日本人的味蕾。大量使用谷物的美国畜产技术也很快就在日本传播开来。70年代之后,美国逐渐扩大对日本的牛肉出口,这大大改变了日本过去以谷物为主,配以海产品的饮食习惯。事实证明,这一改变确实提高了日本人的身体素质,但同时也增加了日本对进口肉类和谷物的依赖。以谷物为主要饲料的畜产技术,使日本成为全球最大的谷物进口国。一时间,日本各大港口都停泊着满载美国谷物的大型船舶。

从工业革命后的英国《谷物法》的辩论,到亚洲粮食保护政策,一个国家进入工业社会之后,粮食问题上的矛盾向来非常尖锐。作为稀缺资源的土地,除非粮食价格大幅上涨,否则在市场这只“看不见的手”的资源配置下,无法被保留于农业应用。然而,粮食价格大幅上涨不仅会增加贫困人口的生存难度,更会全面增加制造业的成本。从国际分工的角度,这种粮食价格的上升趋势必然导致国内不同人群间的矛盾和冲突:从事工业生产的人群希望通过进口降低粮食价格,而从事农业生产者则要求对农业予以保护。单纯从分工效率的角度,进口粮食是土地匮乏国家合理的选择,是用国际化分工对自身资源欠缺的弥补。但由于粮食消费的不可替代性和全球粮食生产能力分布的不均衡性,大量进口粮食必然会使自身经济受制于人。

尽管全球有20多亿吨的粮食生产能力,可供出口的粮食却只有4亿多吨,其中美国占据了很大比例。但是,美国却经常把这种出口能力作为打击其他国家的武器。例如,1973 年美国出现洪涝灾害,导致大豆减产。为了抑制国内饲料价格的上涨,美国决定停止饲料出口。1973 年 6 月 27 日,美国政府宣布停止大豆出口。这对 90%的大豆消费依赖从美国进口的日本来说,无疑是一个重大打击。美国曾经把日本等亚洲国家当作其推销富余农产品的对象,从种猪、种鸡到玉米饲料,逐渐使日本等国家养成了使用玉米饲料喂养牲畜家禽的习惯。然而,后来美国却把大量玉米制成酒精作为汽车燃料,从而中断了对各国的玉米供应。这不仅导致国际玉米价格的大幅上涨,对于以玉米为饲料的日本等国养殖业的效果更是毁灭性的。

此外,美国在粮食出口问题上的考量,从来不仅仅是经济利益。美国经常利用其谷物出口能力,以达到其政治诉求。20 世纪 60 年代,苏联因为国内自然灾害造成粮食大幅减产,转而开始向美国大规模进口粮食。但是,到了 1974 年,时任美国农业部部长的厄尔·比茨声称:"我们在学习如何把谷物作为外交手段来使用。美国的谷物是强有力的武器,上帝赋予了我们玉米地带。"他们把停止对苏联的玉米出口作为分解社会主义的一个手段。他们认为,苏联为了解决国内食品的紧缺,就必须成为他们中的一员。

正是由于美国政府这些曾经的愚蠢行为(一个金融大国、货币的独家供应者,却用农产品这种无法真正形成垄断的初级社会产出品作为武器与他国交战),因此中国一直不敢过度依赖与美国的农产品贸易。但是如果你站在美国人的角度思考这个问题,却会吃惊地发现,当下的形势已今非昔比。首先,恩格尔系数决定了,如今的国际粮价可以给中国造成的威胁已经大不如前;其次,尽管美国仍旧是全球第一强国,美国科学技术仍旧比中国先进,但中国却是美国的大债主,而不是相反!面对仍旧不停增长的贸易逆差,美国人再怎么吹嘘自己的高科技,也仍旧难免寝食不安。这种不安无论是对中国还是对美国都是非常危险的,所以我们目前有必要安抚一下美国人,扶植一下美国的优势产业,在降低贸易顺差的同时,借机摆脱对美元的依赖。那么在货币、芯片和农产品这几个产业之中,选一个中国不得不去扶植美国的标的,应该选哪个呢?或者说,如果美国人注定要用这三者中的一个作为武器要挟中国人,你觉得哪个伤害会更轻呢?当然是农产品。古代战国时期,各国为了避免与他国发生军事冲突,会把本国的王子送到他国作为人质,称为“质子”。越是强大的国家,越是懂得用这种方式安抚对手,从而争取主动权。

第三节　公共物品解决生产过剩

资本主义高速发展以来,生产力水平的不断提升,使得生产过剩的危机成为阻碍经济发展及国民财富增长持续性的最重要的因素。因此,解决生产过剩问题,成为保证国民经济健康成长的首要任务。

这不能以简单的货币数量予以解决,也不应以行政手段的扶贫式转移支付应对。这些剩余产品的消化,不应以劳动力的闲置为手段(无论是闲置在国内的劳动力还是输出到海外闲置他国的劳动力),而应该以政府投资的形式,投入到一些用于支持国家长治久安的公共事业、基础设施及科研项目中去,从根本上形成社会产品供给结构的改变。这样不仅能够缓解低端剩余产品的压力,形成国内供需的平衡,并且能将大量劳动者从低端产品的生产中解放出来,可以没有后顾之忧地从事科学研究、文化艺术创作。就一个国家的长远发展而言,国民素质的提高才是永恒的财富,然而,在世俗的社会中,一切财富的实现,都只能是以货币为手段。市场经济,并没有能力主动将文化、教育、科研等短期经济效益不明显的事业货币化。故而,这恰恰是政府那只“看得见的手”发挥作用的机会。政府可以用它的承债能力作为转移支付手段,将货币源源不断地输送到基础设施建设与科研文化发展中去,从而在硬件和软件两个方面提升国民的幸福感。并以此为媒介,介入货币这一全球公共物品的调节。

信用货币本身就是一种公共物品

货币不足不仅会使得社会产出品货币化受阻,还会使储蓄者失去容器。它是市场经济发展过程中最为重要的瓶颈，是相对生产过剩中相对的对象。[①] 时至今日，我们已经完全不会再怀疑市场那只“看不见的手”的超凡能力，但同时必须看到，市场并不是万能的。它无法解决的两个最重要的问题，一个是公共物品，另一个就是货币；而这二者之间又有着千丝万缕的联系。从广义的角度看，货币也是一种公共物品。在本书作者看来，提供包括货币在内的公共物品，是政府唯一的职责，也是政府必尽的职责。

如果一种商品充当货币，那么这种商品的数量必须随着经济的发展不断增多，否则它就必然成为经济发展的桎梏。在金本位制下，这个世界上的黄金总量是不变的，因此社会财富的总量是固定的，这是一个财富在不同个体之间转移的零和游戏。第二次世界大战后全球经济得以高速发展，正是由于这个历史时期全球货币所盯住的资产——美元——稀缺度恰到好处。但这个“恰到好处”是以美元与黄金的实际意义上的脱钩为基础的。[②] 布雷顿森林体系解体后所形成的信用货币体系下，货币就是对一个特定群体的债权。这个群体可以把自己的债务，也就是他人用以向自己行使债权的凭证提供给这个市场，当作黄金一样的货币使用。[③] 美元替代黄金，成为终极货币的那一刻，美国才真正得到了自主的货币投放权。这是一种不依附于任何索取权形式而存在的货币。

由于任何经济体都存在流通体系中沉淀下的货币，而这部分货币只会改变其表现形式，并不可能真正退出，一旦当它们稳定于某种形式，这些债务就永远不需要偿还了。并且这些债务的存在，就是货币存在的基础。这二者是无法分割的。[④] 随着经济体经济总量的不断增大，沉淀于经济体交易各环节的货币量越来越多，贮藏性货币需求也在增大。由于货币是经济发展不可或缺的润滑

---

① 相对生产过剩就是相对货币生产过剩。因为大多数商品并不是真的没人需要，如果免费，是否需要？当然需要！这就是相对。

② 事实上，美元与黄金的实际意义上的脱钩，并不是发生在布雷顿森林体系解体之后，而是远在那之前。当美国不断降低黄金储备比例以保证美元增加投放时，美国就早已放弃了兑付黄金的可能。

③ 中央银行只是一个中介，一国货币最终表现为对谁的债权，取决于该国中央银行所持有的资产。如果持有的是中国国债，就表示该国货币是对中国政府的债权；如果持有的是美国国债，则表示该国货币是对美国政府的债权。

④ 经常会听到这样的诉求：“我们需要货币，需要保有对你的债权，但是，我们不能容忍你举债！”我每每在想，如果真的能有那么一天，他们能够理解自己的要求有多么荒谬时，问题或许能够解决。

剂,这部分不需要偿还的债务,对经济有着不同凡响的意义。不需要偿还的原因在于,市场对货币的需求是真实的,并且没有人会质疑债务主体的承债能力。如果经济体中没有这样的债务人,那么这部分货币需求就会不停地在各种债务主体之间转换,从而对经济的稳定性构成巨大的威胁。于是也就形成了一个看似荒唐的现象:具有足够信用承载能力的经济主体承债是经济发展的必要条件,它可以为经济带来巨大的财富和利益;这些债务的偿付,将会使经济体因货币不足和货币需求者不断变换保有方式而遭受巨大的损失。

为了让公众相信自身的承债能力,就必须做到债权不仅可以随着经济的增长而数量不断增加,也有能力随时通过债务偿还回笼货币(退出)。也只有如此,才能够保证货币增加的速度与经济增长及就业相适应,既不会过高,也不会过低。因为政府有着强大的税收能力,可以随时削减赤字,协助中央银行回笼货币,以确保债权的保值,并且这只能是一个相机抉择的过程,故而市场无法完成,世间也不存在哪种现成的商品,数量可以与经济增长同步增加。①

历史发展到今天,信用货币制度才是最合理的货币制度。试图再次用某种实物或虚拟物去替代它,都无法实现源源不断的货币投放。随着经济的发展和国民收入的增加,日渐丰厚的储蓄资源只能通过对他人的债权形式保有,故而信用货币不仅是为国民提供的交易媒介,更是保有财富的容器。如果这种公共物品出现缺失,必然使国民遭受高利贷的盘剥,忍受着财富的缩水甚至流失。将提供货币的任务完全交给市场,货币不仅会成为一个强大的掠夺财富的工具,同时由于非政府的经济主体没有税收作为保障,承债能力所限,这种不稳定

---

① 如果美国当时没有当机立断,与黄金脱钩,随着美元投放的增加,面对越来越稀缺的黄金,就只能通过不断改变流通货币与储备品之间的价格比例来进行调整。但这必然导致储备品价格不断上涨,进而吸引投机者进入炒作,与中央银行争夺储备物。经济是不断增长的,而用作货币储备品的商品的数量却是不变的,在这种情况下,投机者囤积储备品的贮藏性需求,必然对货币的交易性需求造成挤压。换作与其他商品挂钩也是一样。这就决定了,货币无法与任何数量不可调节的商品挂钩。比如近年来炒作十分火爆的比特币,它是虚拟出的一种本不存在的商品,其逻辑支撑是无政府主义,因此也就拒绝了人为地对货币数量的干预。比特币的设计思路是预设投放速度,慢慢地开发。它由软件预设在超过 130 年的时间里生成固定数量的比特币。这种设计思路本身来讲是非常优秀的,但是一个新兴货币使用范围的扩展所带来的需求量的波动必然是剧烈的,它是市场自身力量完全无法应对的。故而这样的所谓“货币”除了被无视或被热炒之外,没有第三条路可走。比特币被爆炒说明任何以上帝视角预先计划出的供给数量,都无法满足市场的货币需求。

的货币供应也将演变成一场赌局。如果试图以对国外债权的形式保有国民财富，则不仅在总量上难以保障，更会导致财富流失海外。因此一个强大且乐于承债的政府，是国家不陷入中等收入陷阱的保障。政府承担起货币供给的责任，就可以把货币变成一种公共物品。信用货币体系下，依赖政府信用投放的货币，是各个国家及民众不可或缺和支撑全球资源流动的一种商品，故而它不仅是一种公共物品，而且是一种全球公共物品。

公共物品与生产过剩

公共物品与相对生产过剩

对于商品的生产者而言，免费向社会提供其产品是不被接受的，他们只接受商品的货币化。但信用货币体系之下，货币不过就是一种债权。也就是说，把自己的产品转换为一种债权，生产者是可以接受的。对于商品的消费者而言，如果因为这一消费而承担债务同样可以接受，那么一个有效率的金融体系便可以解决剩余产品所有权与其消费者错位引发的相对生产过剩问题。但如果消费者连承担债务都不肯接受或无力接受，此时的生产和消费是否就到了完全无力对接的程度了呢？事实并非如此，因为对于消费者而言，免费总是会受到欢迎的。有一种商品，消费者可以无偿使用，而这一商品的提供者又有着极其强大的承债能力，可以代替消费者向生产者承担债务。这种商品就是公共物品，承债者就是政府。政府可以通过承债投放货币向生产者发出订单，生产者通过公共物品生产所形成的乘数效应来消化过剩产品。

"看不见的手"理论很像在说，通过各扫门前雪，即可实现道路畅通。但事实上，大街上的雪终究还是需要有人去扫的。公共物品，就是扫去大街上的雪。所谓市场失灵的唯一表现，只是缺乏公共物品。公共物品既是免费的，也是一种强制性的消费品，政府向民众征税、举债（最终也是需要用税收偿还），然后替民众扫去大街上的雪。即使某个个体并不想享受这样的福利，也必须为此支付费用（税收），这是一项无法被拒绝的消费。正是它的这种特殊属性，使它能够起到平衡供需、投放货币的作用。如果将它看作单一的投资行为,则会混淆概念,为分析带来困难。

人类消费的意愿往往止步于昂贵的价格,更不愿意为提升公共福利而独自做出牺牲。但人类对于公共物品的消费需求,就像储蓄需求一样,是没有止境的。国民财富的积累,最终表现为国民储蓄的不断扩大和公共物品供给的日益丰富。一方面,只有拥有税收权作为保障的政府,才有能力作为储蓄者最终的债务人;另一方面,政府又恰恰是负责社会公共物品提供的法定主体。于是,通过自身承债向全社会提供货币,把社会储蓄转化为社会公共物品,既解决了消费和公共物品不足的问题,也解决了所谓储蓄过剩的问题,可以使储蓄和公共物品形成完美的结合,这也就成为政府应尽的义务。

公共物品与绝对生产过剩

随着时代的发展和进步,特别是在中国这样的社会主义市场经济国家,劳动者的地位比马克思所处的时期已经有了很大程度的提高。对"剩余产品"这个定义理解的重点,也应有一个相应的调整。马克思在使用"剩余价值""剩余产品"概念时,更多地强调了资本主义制度下,由资产阶级占有的特征,即将劳动者分配的部分作为损耗(成本)全部扣除。而剩余产品的另一层意思是必要劳动之外的剩余劳动所创造的产品。这部分产品,无论由谁占有,都是真实存在的。在凯恩斯革命导致信用货币大行其道的今天,随着资本要素、货币要素和劳动力要素之间相对稀缺度的改变,即使在资本主义国家,资本所有者也无法继续按照旧有的标准对社会产出品进行分配。这部分必要劳动之外的产品已经不再全部归资本所有者占有。

由于劳动者拥有了大量的储蓄,剩余产品这个概念的侧重点应该放在超过消费所需。无论是什么人拥有了大量的储蓄,都标志着他们已经参与到剩余产品的分配中来。与之相对应,当各个阶层都拥有了大量储蓄的时候,扩大再生产的结果便已不再仅仅是相对生产过剩,而是日益出现普通日用消费品的"绝对生产过剩"倾向。

当一个经济体的生产能力暂时超过其意愿消费能力的时候，经济体中的每一个个体都试图以对外债权的形式保有其储蓄。宏观来看，社会总剩余产品唯一的出路，只能是找到额外的债务人，否则这些产品便不会被生产出来。然而，此时的有效需求不足，基于的是人类社会消费意愿与储蓄意愿间的冲突，而不再仅仅是不同群体间的冲突——当大家都是储蓄者、债权人时，这样的债务人便不复存在。但人类的欲望总是会随着产出的增长而不断提升，只是增长的速度可能会暂时落后于产出增长(从而出现凯恩斯所谓的边际消费倾向递减)，这就决定了绝对生产过剩只能是暂时的、相对的。只不过这个时间差、这个暂时的缺口、这块短板如果不能被及时填补，生产过剩条件下储蓄对消费的延期便可导致生产力不能正常发挥，财富因木桶的容量不足而无法形成。免费则是提升消费意愿的最有效方法，它与货币相结合可以起到强制消费升级的作用。此时作为最后债务人的政府，其作用便非常明显了。公共物品，一方面以免费且强制消费的形式解决了消费不足的问题，另一方面购买公共物品所形成的政府债务转化为货币，满足了人们贮藏性货币需求，从而填补了这个时间差。并且，越接近绝对生产过剩、不断升级的公共物品的消费，就越发成为社会消费的主要部分。这与马克思主义经济学中，生产力水平决定公有制程度的理论是相一致的。在生产力水平不够发达的情况下，这一方式仍旧必须依靠货币经济的形式权衡、调节并得以实现。此外，创新型扩大再生产，由于可以创造人类崭新的需求，因此可以更有效地解决绝对生产过剩的问题。而这同样需要政府有所作为。

发明创新同样可以作为公共物品提供

创新都是有成本的。这个成本究竟由谁来承担呢？我们知道，许多受产业政策支持和扶植的行业，在最初阶段，基本只有投入而没有产出。让某个企业个体去单独承担这样的风险和成本，是企业不能承受之重。无论自由放任主义者们如何自负地鼓吹，企业家们都是力所不能及的。有人说这是“市场失灵”，那是大错特错！这恰恰是市场这只“看不见的手”的有效性所在，正是这种趋利避害的本能,才使得市场大有作为。不需要外部激励,就自发地实现自我革命,这本身就不是市场自身的义务。在市场的作用下,当资本的边际效率递减到无法覆盖利息率时,仅靠降息或降税续命,不过是苟延残喘罢了。此时政府应当发挥公共物品的作用,将创新的成本尽可能地承担下来。

较之普通公共物品可以更有效地缓解绝对生产过剩的方式,是创新型扩大再生产。当政府的公共物品提供能力用于创新型扩大再生产时,便是把发明创新也列入了公共物品。市场那只"看不见的手"满足现有需求的能力是毋庸置疑的,但是,随着社会生产力水平的不断提高,科学技术也越来越发达,可以迅速产生经济效益的简单发明已经越来越困难。当现有欲望(需求)被极大程度满足之后,从供给侧向市场提供新的功能(激发新的欲望),并被消费者接受,市场单独完成这一工作时,已显得力不从心。人们甚至发出这样的感叹:可以发明的东西,全部已经被发明出来了!此时的市场,削减成本、减少劳动力要素的使用量就成为唯一的竞争手段。这难道是人类的想象力已经不够了吗?不是的。随着科技的发展,在短周期,由较少步骤即可实现的发明创造越来越少。随着从研发到成熟消费品的周期越来越长,市场渐渐失去了耐心。当正向研发的每一个阶段性成果,都需要付出巨大的时间及货币的成本,却因尚无法评估其转化为消费品的确定性,而无法通过市场对其货币化,人们难免望而却步。即使是风险投资资本,对这些超长投资回收期且具有极强不确定性的投资也无能为力。于是,政府便成为最有实力为这些阶段性研究成果提供订单的经济主体。

发明创造往往源自一些极为荒谬的想法,而此时的市场却又往往显得极为"理性"。即使是获取了政府对这些不确定性行为的投资,也会被市场顺理成章地理解为"骗补"。[①] 是的,政府对没有即时产出的项目投资,这样的"浪费"是无法通过正常财务分析的方法进行评估的,故而其在操作过程中,"骗补"几乎是一个难以避免的现象。然而,"骗补"现象不应该成为因噎废食的理由。在这里,我们借用两个几乎尽人皆知的小故事来说明这个问题。

---

① 是指用虚假产品或成果骗取政府补贴的行为。

第一个是中国人耳熟能详的千金买马骨的故事。如果用“骗补”的逻辑去看，国君明明是要买一匹千里马，却有人用一具死马骨骗取了国君千金赏金。郭隗更是用这个故事骗取了燕昭王的重用。然而事实证明，燕昭王通过此举向世人展示了他求贤若渴、不计成本的决心，使天下有才能之人纷至沓来，燕国由此逐渐强盛起来。正常人会觉得，这个郭隗编造了一个极为荒谬的故事骗取荣华富贵。是的，这些花言巧语的家伙极可能就是在“骗补”。但揭穿他们，不仅可以使你省下这一千金，同时也会使你丧失得到千里马的机会，使燕国无从振兴。这个故事告诉我们，一个想拥有千里马的人，就要具有用千金买一具死马骨的胸怀。

另一个故事，更可以说是尽人皆知。1451 年，一个叫哥伦布的人出生在意大利热那亚的工人家庭。这个注定不安分的家伙长大后当上了船长。哥伦布自幼热爱航海冒险，年轻时就十分推崇曾在热那亚蹲过监狱的马可·波罗，立志要做一名航海家(有人说，马可·波罗也是个骗子，他从来就没有到过中国)。

哥伦布对地圆说深信不疑，他坚信西起大西洋可以找到一条通往印度的切实可行的航海路线。他坚决要把这种疯狂的设想变成现实。然而理智的企业家们并不接受他这个荒谬的想法，根据那个时代最杰出的专家们的精准计算，以当时的航海能力，从欧洲出发，向西走，是不可能到达印度的。这样的产业发展方向是无知的，是注定会失败的。更为可悲的是，他们的计算完全正确!

显然在这种情况下，不会有人资助如此荒唐的冒险——让自己的船队扬帆远航，漫无目的地驶向一个完全未知的海域。于是这个叫哥伦布的家伙想出了一个办法——“骗补”! 哥伦布先后向葡萄牙、西班牙、英国、法国等国国王请求资助，以实现他向西航行的计划，结果都遭到拒绝。在咨询了权威专家们之后，各国政府清醒地认识到哥伦布这个江湖骗子，纯属一派胡言!

最终，哥伦布利用西班牙急于发展航海业的产业政策，终于说服伊莎贝拉女王为他的赌博提供了经费。伊莎贝拉女王甚至卖掉了自己王冠上的宝石资助哥伦布。在西班牙产业政策的支持下，这个骗子实现了自己的计划。1492 年，他受西班牙国王派遣，带着给印度君主和中国皇帝的国书，率领 3 艘帆船，从西班牙巴罗斯港扬帆驶出大西洋,直向正西航行而去……

失败的结果自然是意料之中的,直到哥伦布于1506年去世,他也没有到达过印度。

以上所述,都是基础事实,并无半字虚假。然而,对这段历史具有深刻理解的人们,显然并不能认同对哥伦布及西班牙政府这一冒失行为的负面评价。这种过于大胆的创举、看似极为荒谬的计划、万一成功的希望,如果永远没有人肯为之埋单,那么人类的这种“理性”将使我们永远被圈禁于现有的格局之内。微观地讲,价值投资理论告诉我们,永远要把自己的投资建立在“确定性”的基础之上;然而宏观地看,当人类对亏损的恐惧远高于探索未知的欲望时,我们所从事的这种最具有确定性的简单扩大再生产的结果,就是绝对生产过剩即将到来。而阻止这一天到来,就是政府的义务,为此所支付的成本则是一种另类的公共物品。

基础设施建设

由于创新成果具有极强的偶然性,支持创新的同时,也不可孤注一掷。不能把解决生产过剩的希望完全寄托于创新型扩大再生产。并且,在现有生产力水平下,相对生产过剩仍旧是主要矛盾,解决相对生产过剩的空间也仍旧非常充足。其中基础设施建设由于操作性强、效果易于评估,始终是政府公共物品提供的最重要选项。储蓄在微观层面的效应是正面的,但是在宏观层面的效应是不确定的。基础设施投资则恰恰相反,它在微观层面的效应是不确定的,但是在宏观层面的效应是确定且正面的。故而储蓄应当由民间和市场来完成,基础设施建设应当由政府来完成。这就是微观与宏观的分野。

传统理念下,用税收建设基础设施,量入为出是一种美德。这种观点貌似正确,但所忽视的是,货币才是最重要的公共物品。在市场经济条件下,没有货币,就没有产出,哪来的税收?故而必须把提供货币这种公共物品列为政府的首要责任,税收则不再直接用于兴建基础设施,而是作为回笼货币的手段,起到重要的辅助作用。

政府在萧条时期应该做的是与中央银行配合，以举债和订单相结合的方式投放货币，订单则用于购买公共物品①；在经济繁荣时期，则以税收和出让资产的方式回笼货币。政府在不同时期，一方面以举债的方式投放货币，另一方面以出让资产的方式回笼货币。在长期，既可以把赤字控制在一个合理的水平（而不是追求短期的财政预算平衡），又能够实现充足的货币投放。更重要的是，在这一投一收之间，注入了交易性货币，回笼了贮藏性货币，大幅提高了市场货币的流动性，改善了货币结构。需要注意的是，尽管政府不以营利为目的，所以不必追求订单所形成的资产与出让资产相抵，但同时也应量力而行。尽管理论上政府负债可以随储蓄水平不断膨胀，然而资产过低影响信用却也是不争的事实。对于这一点来说，缺乏国有资产的西方国家确实存在先天不足。

民间有些主体只愿意以货币方式保有自身财富，有些则希望以资产的形式保有自身财富，并且在经济的不同阶段，这两个群体间会出现波动。如果政府一方面不愿意投放货币（不愿承债），另一方面却又不愿意放弃资产（去杠杆的最佳形式），那么就会从两个方向上遏制了国民财富的增长。在市场经济较发达之后，特别是经济总量较高之后，市场经济天然的那种外向型经济属性已经越来越无法支撑其发展。故而政府那只"看得见的手"的作用不是下降了，而是上升了。政府提供什么样的公共物品，经济就会向什么方向发展。把制造业看作经济发展基础的亚洲国家，基础设施建设便显得尤为重要。

凯恩斯把基础设施建设列为解决有效需求不足的最佳方式。政府不可能用行政手段命令民众提高自身个体需求，却能够用提供公共物品的办法提高公共需求。尽管这是一种强制消费，但这种消费同样会给国民带来巨大的幸福感、满足感，会使每一个消费者真正感觉到物有所值。如果没有政府之手参与其中，作为公众个体却又完全没有能力实现这种消费。政府作为城市规划者，特别是亚洲国家的政府作为城市用地、农业用地、商业用地、住宅用地的定义者，本身便有着得天独厚的条件，具有通过改变土地规定使用用途的办法为土

---

① 订单是在任何时候都会带来产出和就业的货币投放方式，它不会有货币闲置所导致的投机炒作和流动性陷阱的问题。

地重新创造价值的能力。当一个政府把这种能力用于货币投放时,便是向市场提供了双向的公共物品(货币和公共设施)。这些都是政府有义务且有能力向社会提供的。它既解决了市场消费不足的问题,又解决了扩大再生产货币不足的问题。同时,这种针对性极强的滴灌效应避免了大水漫灌所带来的浪费。

有人说,中国的基础设施建设已经没有空间了。我们不清楚他们得出这种结论的观察点是什么。事实上,如果一个城市,堵车堵到限行、限购都无法缓解,却在声称基础设施建设已经没有空间了,是一件非常荒唐的事情。当前的中国,城市规划不足、投入(相对于自身经济发展速度)不足、基础设施不堪重负是非常普遍的现象。旧有的那种挤牙膏式的开发模式不仅不经济,也为未来的发展埋下隐患。然而,当政府以短期收支平衡为目标,从而不得不快速周转土地时,这种现状无法改变。如果说这种货币稀缺在正常经济时期,为中国国民经济的发展只是带来一些不利因素的话,那么在全球衰退时期,这种货币需求的压力就可能是灾难性的。

中国的城市化仍旧留有巨大的空间,只要由政府建立土地储备基金,向市场发行足够数量和期限的国债,央行就可以通过购买这些国债投放人民币,并将国债收益率控制在一个合理的水平之上,从而完成人民币自主投放。政府用这些募集来的资金,一方面,可以大量购买土地,完成一个基于超大型城市及城市群的整体规划下的土地储备,为下一阶段土地集约化使用提供必要条件;另一方面,在经济的萧条期,可以尝试用人民币向全球购买基础原材料,或用期货、远期协议等形式,锁定未来基础设施建设所需的能源及原材料供应。① 这样就可以大大缓解美元供给不足的压力。同时,由于中国有着巨大的制造业生产能力,这些未来的产出品将是回笼向海外投放人民币的保障,从而形成一个完整的基于人民币的交易性货币需求的回路。那种担心人民币会因此出现贬值的顾虑是没有必要的。这样做,可以在不影响美元的贮藏性货币属性(美元仍旧是全球储备货币)的条件下,分担美元不足所造成的经济下行压力。国内方面,由于拉长了由土地收储到投放的周期,不仅使得城市规划更长远、更完善,

---

① 必须优先解决人民币自主投放,才能尝试海外人民币使用;否则,在海外使用美元代金券弊大于利。

为未来的发展留下足够的空间，并且可以使这部分投放的货币得以真正沉淀在经济体内，避免了货币快速高频投放和回笼引发的炒作。这样既解决了不购买美元就发不出高基货币的尴尬，又满足了国内制造业的货币需求。随着未来城市建设和城市功能的逐步投放，使汽车制造业和电子工业真正获得有效的消费支撑，而不再是以各种限购来"刺激"经济。

还有一种观点认为，基础设施建设会把劳动力等资源滞留在低产出、低效率、低技术含量的初级产业。比如，日本经济学者池田信夫在他的《失去的二十年》中论述，20 世纪 90 年代日本搞基础设施建设，并没有对经济带来太多正面的促进。他认为，主要原因是政府的这些投入、这些产业政策会把其宝贵的劳动力滞留在产出率低下的部门，从而尽管提升了就业，但并不能提升经济总量。结合日本的国情，池田信夫等日本经济学者的分析看似极有道理。是的，产业降级只能降低生产效率以解决就业，并不能提升经济总量，这确实是许多发达国家的悲哀。这不仅是因为，其劳动力从根本上讲是欠缺的，更是因为，这本身就是基于对日本过高的预期。基于这个过高的预期，当日本已经把整个国家产业结构推升到一个狭窄的高端区域之后，已经不足以与基础设施建设相关联的产业形成互动。昔日激进的产业升级政策已经令其骑虎难下：当政府以行政手段把宝贵的劳动力等各项资源配置于低产出部门之后，这种配置的结果不仅不能促进其他部门的发展，无法形成投资的乘数效应，相反会对高产出部门形成排挤效应，从而拉低社会整体效率。

然而，这一逻辑只适用于那些人口不足的发达国家，它们的定位本身就应该是高附加值，而不是高规模、高就业。与只有 1.3 亿人口的日本所不同的是，拥有 14 亿人口的中国的工业化、城市化进程方兴未艾。并且，我们仍旧具备基础设施建设优势的原因不仅在于本身人口基数巨大，更是因为，无论是土地产出率还是劳动生产率，都还没有提高到基础设施建设会排挤高端产业的水平。人们似乎总是认为，只有芯片、互联网才能形成一个国家核心竞争力，而基础设施建设这种自古以来便耳熟能详、与高新科技不会有任何瓜葛的工作，绝不可能成为一个国家财富的源泉。事实并非如此，高科技固然重要，打好基础却更有必要,不可一味好高骛远。中国应当积极地把握这样的机会,利用自身在公共物品及基础设施提供方面所具备的巨大优势,迅速提升中国土地的含金量,而不是直接跨越这个看似低端的阶段。一旦超越了这个阶段,就会吃惊地发现,基础设施建设是无法依赖国际贸易得以实现的,回过头来补课将会是非常困难的。(没有人能够真心接受产业降级,这也是2016年上台的美国特朗普政府所谓重振制造业和加大基础设施建设所遇到的尴尬。)缺少了这个环节的经济,无论结构多么高端,都会像一幢没有地基的高楼大厦。

首先,那些高科技含量的产业,优点是会带来更高的附加值,缺点是劳动力的吸纳能力不足以满足人口大国的需要。这就决定了中国这样的人口大国大力发展科学技术产业的同时,那些参与率更高的行业决不能放弃。

其次,全球未来可以满足基础设施建设条件的国家将越来越少,而不是越来越多。足够的劳动力及土地资源、适合的地理位置的要求,就已经使许多国家不得不退出竞争者的行列。然而,这些还都不是最重要的。最重要的是,基础设施建设这种公共物品的提供,本身就需要土地的集约化使用。这对许多国家而言,就是一项不可能完成的制度安排。对于他们而言,显然把公共物品的投放锁定在医药卫生、教育、科研等非土地密集型产业上更为理性。

此外,“新”并不等于“高”,传统行业也并不一定等于“低”。当优秀的基础设施及不断完善更新的能力成为全球真正稀缺资源时,全球的“创意”“技术”“人才”“资本”将不得不围绕这样的资源流动。如果世界上每个人都在追求所谓“高新科技”,而只有你一个人在钻研厨艺,那么恭喜你,根据依产出参与生产,却依稀缺度参与分配的市场经济铁律,你这个厨子作为最稀缺资源,将成为这个世界真正的支配者。从来只有和最完善的基础设施及丰富的劳动力资源相配套的土地,才能使最先进的科学技术转化为生产力。盲目地追求高新科技,只会使自身经济发展逐步走向空心化。只有足够强大的基础产业,才能保证高新科技产业不会成为脱离制造业的实验室。

总之,基础设施建设是制造业的根基,无论是高端还是低端制造业都离不开好的基础设施。资本是会流动的,技术、人才、数据信息、管理方案、石油等矿产资源,包括粮食,无一不是可以全球流动的。然而,作为最重要的生产资料和最重要的消费品的土地,却是无法流动的。这就决定了哪块地上基础设施好,其他要素就会流向哪个地方。政府所支付的公共支出只有与土地相捆绑,才最能发挥其效用、最能吸引其他生产要素聚集,而针对个人的福利支出却难免养懒汉。这就是除劳动力短缺外,目前西方发达国家难以吸引制造业回归的另一个重要原因。这些发达国家,即使是放弃短期的经济提升,补齐基础设施建设的欠债,这个付出也是值得的。只不过西方观念很难接受这一点。但是中华文化对土地的钟情,以及中国充足的劳动力资源,决定了在这个问题上很容易达成共识。

第四节　过剩、储备与稳定

"'积谷防饥'是中国的一句警世名言",本杰明·格雷厄姆把这句话作为他的著作《储备与稳定》的开场白。这无疑是对中国民间早期收储意识的赞叹。

与积谷防饥相对立的是谷贱伤农。早在春秋战国之际,范蠡认为,粮价过贱,不利于农业;过贵,不利于商业。因而认为,把价格控制在一定限度之内,则"农末俱利……治国之道也"。后来,李悝主张"尽地力之教"。他的关于控制谷物价格的措施是这样记载的:丰年,谷价下跌,国家用货币收购,掌握收购数量的尺度是"贾平则止"("贾平"是价格恢复正常的意思);荒年,则出售丰年收购的谷物,平抑上涨的谷价("粜不贵则民不散")。《汉书·食货志》说,他的办法"行之魏国,国以富强"。①

在货币经济之下,农民的收入取决于谷物的产出量和价格,当农业获得丰收后,供给的过剩将会造成谷物价格的下跌,甚至会出现农民在丰年所得远低于歉收年景的情况。而这种情况的出现,必然影响到农民的生产预期,进而减少下一年的粮食产量,接下来,一个饥年便来临了。于是这样"丰"与"饥"的相互转化,就会周期性出现。"积谷防饥"的意义,不仅在于饥年来临时,可以将丰年的储备进行消费,更在于可以在丰年时维持稳定的粮食价格,从而形成合理

① 参见黄达、张杰编著:《金融学》,中国人民大学出版社2017年版,第470页;《汉书·食货志》。

的市场预期。只有这样才能够保证农民的生产积极性,进而保证粮食生产的稳定。随着时代的发展,时至今日,将收储的意识仅仅局限于粮食,就显然不够了。现代工业社会中,收储也是解决相对生产过剩的一种重要手段。

许多经济学家提出过类似这样的观点:这个世界上并没有出现过实际意义上的过剩的危机。所谓“过剩”,只不过是没有把有用的东西,用在有用的时点上(周期性过剩)、位置上(结构性过剩)和人群中。这种所谓的“过剩”,只是一种相对过剩,归根结底仍旧是一种“短缺”。它们是高速发展的市场经济中,当人力、物力、土地、货币等各项资源奔腾呼啸而过时,瓶颈的阻挡使经济最终偏离轨道的结果。此时,如果我们一味地去抑制过剩,那么被抑制的那种资源的发展,就将为下一个瓶颈的出现埋下隐患。

市场经济的运行模式是通过这种过剩与瓶颈间的撞击,不断打开每一个瓶颈,从而发掘一片又一片广阔的天地。这很像洪水的泛滥,最终引发河道的改道,使河水不断找到最适合自己的出路。然而,社会是人类的社会,不是河水(资源)的社会。对于河水而言,这或许的确是最适合自己的流动方式,但它对人类的伤害,却会带来巨大的痛苦。在经济的瓶颈形成后,如果不去撞击它,它就很难被打开;而如果撞击过为猛烈,则会酿成灾难。人类社会,就在这种撞击和灾难间,步履艰难地前行着。兴建水库、以涝补旱成为人类智慧的体现。

“过剩”本身便是与“短缺”相对的。它们就是木桶的长短板。除了前面所提到的周期性的“丰”“饥”相对外,在现代社会化大生产过程中,一条产业链在市场这只“看不见的手”的作用下,会自动细化、分工到许多环节,其中任何一个环节的所谓“过剩”都是以其他环节的“短缺”为参照的;一个产业的所谓“过剩”,也往往是受到其他产业“短缺”的映衬。作为核心矛盾的终端消费品的相对过剩,是与消费者的消费能力不足相对照的,其实质是货币的短缺。

古典经济学认为货币是不会发生短缺的。在信用货币体系下,货币外生论认为货币当局有着无限的货币供给能力。诚然,长期而言,贮藏性货币需求(被闲置的消费)是不断增长的,以政府举债的形式一方面满足这一货币需求,另一方面提供公共物品供社会成员免费消费,无疑是解决相对生产过剩的绝佳方案。但是阶段性地看,贮藏性货币需求的波动也是客观存在的;而市场固有的债务性货币需求的波动则更为明显。两者相结合,导致市场自然形成的债权性货币需求与债务性货币需求的缺口并不稳定。政府通过公共物品消化社会成员闲置消费能力(储蓄需求)的过程中,并不会核销社会成员对剩余产品的所有权,因此,当债权人无论以何种方式要求兑付这一债权时,都必然引起经济的波动。这就要求无论是作为最终贷款人的中央银行,还是作为最终安全债务人的政府,不仅需要足够的货币投放手段,根据这两个货币需求的实际情况选择提供货币中介(货币政策)或债务性货币需求(财政政策),同时需要具有随时回笼货币的逆向操作能力。货币回笼的能力左右着货币供给的弹性,从而在很大程度上影响着货币供给能力。

尽管信用货币可以是一种永远不需要偿付的债务,但只有能够不断证明其偿债能力的经济主体,才能真正做到这一点。因此,政府提供公共物品只能以自身能力为限,仅仅依靠税收的担保,将货币投放全部用于公共物品的提供是危险的。政府举债吸收国民储蓄必须做好适度的偿付准备,政府所借用的剩余产品,除了以公共物品形式免费向社会提供外,考虑到货币回笼的需要,将一定比例用于储备也是非常必要的。陈云同志在短缺经济的环境中,曾经用几种高价小商品回笼货币来应对突发性偿付需求。如今的经济总量,政府已经不可能用这些小的工农业品来完成回笼货币(清偿部分债务)的任务,作为有权规划和管理土地资源的政府,最好的储备品便是土地。

1971年布雷顿森林体系解体,随着美元作为黄金索取权时代的结束,美元并没有过渡至土地本位,而是直接进入信用本位。在之后的实践中,美元也没有明显依靠土地索取权的支撑。这与美国当时显著超越世界各国的经济水平、强大的军事实力和丰富的资源所带来的自信不无关系。以亚洲各国自身的资源条件所限,自身货币除了作为美元索取权存在之外,最理想的过渡就是建立以土地储备为基础的准土地本位货币体系。这与我们常说的土地财政是完全不一样的方式。它的重点在于,建立增加土地储备以投放货币和必要时释放土地储备回笼货币的机制。如果仅仅从土地财政的角度考虑,一方面,由于土地收储的目的并不是货币投放,所以往往需要量入为出,并且收储和土地再次投放的周期过短,无法达到逆周期性,也就无法与合理的货币投放、回笼周期合拍。加之地方政府实力不足,很难大面积地收储,城市规划困难,建设缺少操作空间,这就给土地的集约化使用从而大幅提升土地功能性带来了困难。由于政府手中没有土地储备,人口就会最大限度地聚集。挤牙膏式的土地收集和投放干扰了城市的规划,割裂了城市的功能,无法提供完善的基础设施建设,没有起到提升城市价值、提供公共物品的作用。另一方面,土地投放的目的也不是回笼货币,这样就会迅速将土地出让所得货币再次投放。于是,土地被这种快进快出的货币围绕,最终必然成为炒作的对象。

除了土地之外,基础原材料的储备、基础设施建设所形成的资产,也都是维持货币稳定极佳的辅助性储备手段,同时也为各个环节所出现的暂时的过剩提供了出路。近几十年来,高速的经济发展使中国逐渐成为基础原材料最重要的消费国与进口国。中国巨大的原材料需求和国内有限的供给能力决定了我国必须成为原材料的储备大国,但是事实上,我们在原材料储备方面不仅手段落后,甚至观念也非常落后。储备不足不仅会使我国丧失价格上的话语权,巨大的需求和随行就市的购买方式还会导致国际原材料价格暴涨暴跌,并成为经济大幅起落的一个主要诱因。严重时,会成为制约中国经济发展的主要瓶颈。同时,随着宏观经济的波动,我们又经常会被一些“过剩”问题所困扰。然而,如果我们可以换一个思路,就会发现,正是“过剩”为我们建立储备创造了条件。

市场经济中的个体大多只能采取顺周期操作,这是因为除了政府之外,没有谁有能力在交易数量上拥有如此大的弹性。那么当数量缺乏弹性时,就只能在价格上对市场让步。且越是价格低,便越是急于削减库存;价格高时,乐于囤货。其结果是助涨助跌。对经济利益最大化的追求本身便已经决定,普通经济主体是不可能以稳定市场价格作为自己的操作目标的。而政府可以把收储数量的决定权交给市场,同时换回价格(稳定)目标得以实现。① 稳定的市场价格

---

① 这本身便是按市场规则出牌,所以逆周期并不是逆市场。反之,那种以紧缩货币削减产出的所谓稳定物价的方式,则是与市场规律完全背道而驰。

换回的是稳定的市场预期。市场预期稳定了,市场就不会出现剧烈的波动。而政府在实现稳定价格这一目标的同时,并不需要以谋取暴利为操作目标。不过以市场的习惯秉性而论,这种近乎套利的交易方式所带来的收益,往往是很惊人的。

收储的灵活性决定了它的多向缓冲功能,它是经济极好的减振器。尽管在一定程度上,收储减缓了市场优胜劣汰的速度,使部分落后产能得以苟延,看似降低了社会的效率,但实际效果却是保证了经济的稳定和就业。没有任何一种经济模式可以抛开就业去谈经济效率。正是这部分经济效率的损失,保证了经济的正常可持续运转。所以这部分经济效率的牺牲是值得的。①

劳动力看似不能储备,但人才是可以的。大家都认同,中国目前需要大力发展教育,然而同时大家所看到的却是大量应届大学毕业生求职难。这极大地打击了年轻人求学的积极性。有人认为,这是我国的教育与实际脱节的结果。当然不能否认有这个因素,但我们也应该看到,这是中国教育发展暂时超越产业升级的结果。一个大学毕业生要接受 16 年的教育,没有办法可以使人才培养与产业升级的节奏完全合拍。一个几年后将成为稀缺品的人才,极可能在机会来临的前夜放弃了他的专业,这难道不可惜吗?以中国几十年来的积累,已经完全有能力储备科研及文化人才和科研成果,并使更多的大学毕业生加入专业研究人才队伍,降低就业压力。用设立科研奖金和政府咨询项目招标的方式向大学和科研单位投放订单,并以此享有这些机构研究成果的所有权。这样的政策产生效益或许会比较缓慢,但它是极少数既能促进产业升级又能消化过剩劳动力、实现充分就业的绝佳政策之一,而且会为子孙留下宝贵财富。

总之,储备可以直接填补供大于求所产生的缺口,储备品可在供需反向失衡时作为供给的补充。储备和公共物品的提供以税收为担保,以债务的形式长期存在,所形成的债务以货币形式参与流通,如此经济便获得了巨大的弹性。改革开放之后,我们一直在市场的资源配置方式与政府宏观调控之间摸索。全

① 但对那些不仅生产效率低下,而且高污染的落后产能,则应该坚决以增加环境税等各种方式大幅提高它们的成本,达到令其退出的目的。

球性经济危机、相对生产过剩的周期性出现已经表明,对市场完全放任是不可取的。宏观调控无疑是必要的。但是,如果政府以行政命令的办法去管控价格、抑制产能,用规划、审批去解决“过剩”问题,则政府与市场的关系便难以理顺。一方的成功只能以另一方的失败为代价。市场自发性的对抗不仅会抵消政府宏观调控的作用,甚至会产生反作用,双向传递错误的市场信号,互相干扰预期,从而使政府和市场均发生误判。因此,宏观调控应当是以一种柔性、弹性去缓冲市场的冲击,而不是用一种刚性与市场进行碰撞,更不是与市场争夺决定权。只有充分尊重市场规律,使市场在资源配置中起决定性作用,宏观调控才能够成功。否则,抑制了一个环节的过剩,就会造成与之所匹配的其他环节的全面过剩;抑制了一个时点的过剩,就会造成另一个时点的不足,从而为下一次过剩埋下伏笔。要相信市场自身的弹性能够纠正大多数失衡,当市场的弹性不足以应对失衡的时候,应该去增加它的弹性而不是刚性。收储就是增加这个市场弹性、补充市场功能的最有效方法。我们祖先所讲的“上善若水,水善利万物而不争,夫唯不争,故无忧”,大概就是这个道理吧!

第五节　资产泡沫与财富积累

财富是货币化的价值,因而货币化就成为财富积累的必要条件。不能实现货币化的价值(如空气、阳光、水等)无法被认同为财富,没有充足货币支撑的价格,则会被看作“泡沫”,它同样被认为是不真实的财富积累。传统经济学普遍认为,泡沫是由货币超发引起的。然而恰恰相反,泡沫是由货币不足引起的,并且如果要求货币达到足够支撑全部商品参与交易的数量,作为泡沫与否的标准,则无异于将货币经济(市场经济)本身定义为一个泡沫,这是因为,真实的货币供给能力永远达不到那个水平。

古典经济学理论总是假设经济行为人都是理性的功利最大化者,价格上涨时卖出者增加、买入者减少,而价格下跌时正相反。市场因而是充满效率的。事实却是,人们都是喜欢追涨杀跌的,人们在价格上涨时,卖出的欲望反而会减弱。市场的所谓“泡沫”正是由人的这一本性造成的，它并非来自所谓的货币超发，而是市场的非充分交易导致价格并不真实反映市场整体的供需关系。

如果有10头牛，每头100元，将其完全货币化，一共需要1 000元货币投放。但是，如果只对其中一头牛进行交易，交易价格是200元，一共只需要200元货币投放，却可以使全部资产价格膨胀到2 000元。那么请问古典经济学家们：究竟是1 000元的货币投放超发了，还是200元的超发了？我确实不知道古典经济学家们打算如何回答这个问题，但我知道，1 000元货币投放所支撑的10头牛的价格，一定比200元的那个“泡沫”小得多。

作为商品货币化需求因变量的货币数量却能够以不完全交易的方式推高物价或资产价格的原因，在于并非所有的商品或资产的持有者随时会提出货币化要求。货币仅提供一个标价，而不是真正满足交易需求，这样的货币化并不是真正的货币化。随着价格的上升，那些潜在的货币化需求不断堆积。而一旦资产持有者大量放弃资产这一财富保有方式，转为要求以货币方式保有自身财富，从而把那些潜在的货币化需求集中释放，就需要商业银行通过自身创设货币的能力，向市场大量投放自身信用。金融体系必然难以应对。

剔除“通货”的概念，仅从货币是社会财富的标价手段这一角度入手，随着社会财富的增加，总标价必然是增加的。如果标价增长，高于产出品增加的量，则总体物价水平是上涨的；相反，如果标价增长低于产出品增加的量，则总体物价水平是下降的。但是，由于市场交易的不完全性，总体标价的上涨并不需要货币量同步上涨，甚至不需要上涨；总体标价下跌时，货币量同样也并不必然地减少。这便决定了货币量与物价涨跌间并无稳定的函数关系。货币的传导机制既不是顺畅的，也不是单向的，需要具体问题具体分析。这种不完全交易下的价格上涨如果表现在商品上，被称为“通货膨胀”实为指鹿为马，将对整个经济学理论构成严重误导。而这种不完全交易下的价格上涨如果表现在资本物品上，则为所谓的“资产泡沫”。因此，这种现象并非来自所谓的货币超发，而是来自少量货币，“货币化”了大量资产。正是由于市场非充分效率，无论是物价还是资产价格的上涨，事实上并不需要把所有商品或资产完全地交易一遍，故而从货币数量论的思路出发,是理解不了所谓“通货膨胀”或“泡沫”问题的。

一个脱离商品市场,实现自我循环的资产泡沫,可以使用远低于商品正常交易的货币,但它同样会分流实体经济的货币。并且资产泡沫与商品价格上涨所不同的是,它并不具备对产出的刺激能力,故而它的危害远大于物价上涨。随着资产价格的上涨,这种货币索取权的积累,与产出水平完全不相关。资产代表货币索取权,货币代表商品索取权。如果这种资产价格的上涨可以顺滑地向商品索取权转化,则可以促进商品的货币化,从而刺激产出。然而,许多情况下,资产泡沫会完全脱离商品市场,反复自我强化,积累达到一定规模之后,这种代表货币索取权的资产价格集中行使这一索取权时,经济体将无力承受。但是,我们也应当看到,这种资产集中行使索取权对经济和金融的冲击,并不以资产价格高估为必要条件(详见第五章第四节“大萧条的警示”),如果因噎废食地以减少货币数量抑制资产泡沫,不仅会造成价值毁灭和财富流失,人为地减少货币供给所带来的交易的不充分性必然也会加大资产泡沫。这是一个认知水平的问题。

一个国家的国民经济中,储蓄和投资、消费平衡才能持续发展。如果货币数量不足以使储蓄顺利地转化为投资或消费,就会形成庞大的商品堆积,进而产能就会闲置、就业就会中断、经济就会崩溃。不能直接进入扩大再生产的储蓄,如果过多地进入间接融资体系,就会杠杆过高;如果过多地进入直接融资体系,则会形成所谓的“股市泡沫”;买房子则会形成“房地产泡沫”。也就是说,在这种认知水平下,本国生产出来的越来越多的产品,无论是换取本国的债权、股票还是房产,都会造成这些标的相对其他商品原有对价水平的“膨胀”,于是任何储蓄和财富的保有方式都会被贴上“泡沫”的标签。

必须认清,这些财富保有标的价格的适度上涨是一种正常现象,是社会产出品数量的增加造成的相对稀缺性改变的结果。如果将其视为洪水猛兽,则会导致投资渠道不畅或货币不足,进而导致交易的不充分性,并且刺激闲置性货币需求。之后所形成的泡沫并不是货币过多问题,而是货币不足所导致的货币结构问题。正是由于货币过于稀缺,导致银行体系在市场作用下超负荷运转,使得作为银行重要抵押物的证券、土地极易形成投机性炒作。如果将一切价格上涨全部理解为泡沫，那么解决这个问题的办法似乎就只有消灭这些储蓄。故而，那种传统的资产泡沫和通货膨胀的观念，对人类财富积累所造成的危害远远大于资产泡沫和通货膨胀本身。20 世纪 30 年代的美国和 90 年代的日本都对此提供了绝佳的例证。

我们在上一章节中对 1929 年源自美国的大萧条已经进行了详细的论述。所谓抑制资产泡沫和通货膨胀的谬念，使得货币投放的任务过度地向商业银行系统倾斜。由于货币不是以订单而是以贷款的形式投放，于是形成了对当时美国银行业的重要抵押物股票的严重投机炒作。与 1929 年的美国所不同的是，土地是亚洲国家银行体系最重要的抵押物。一个经济体在二元结构等因素带来的人口红利仍旧丰富、劳动生产率不断提高的过程中，只要保证了就业，就能保证增长。但如果进入人口红利逐渐消退、劳动生产率提升缓慢的阶段，那么通过产业升级提高劳动生产率就是当务之急了。日本 20 世纪 90 年代的经验教训告诉我们，此时不应试图以土地价格的下降去对冲劳动力成本的上升。在市场这只“看不见的手”的作用下，上涨过快的土地价格意味着受到自身资源禀赋所限。它是市场自我调节的手段，且本身就有倒逼产业升级的作用。对土地价格的扼制会导致市场价格信号失真：扼制手段，会导致囤积；抑制货币，会导致货币的稀缺，从而形成抵押物炒作。

比对日本的土地泡沫和 2008 年美国次贷危机的经验，两个国家完全不同的处理方法及其截然相反的后果提示我们，当土地价格由于泡沫的原因已经上涨到一个不合理的位置，为了维护金融和国民财富预期的稳定，仍旧必须保证土地绝对价格不出现大幅下跌。任何一个国家的国民梦都是和土地相关联的。土地价格崩溃不仅不会为制造业注入活力，相反会使国民丧失信心。表面看来，泡沫来自金融相对于实体经济的过度膨胀，这种非理性的膨胀，基于一种盲目的自信。但是，真正的泡沫并不来自看似过高的价格，相反恰恰来自缺少了信心的填充，这种由极度自信向完全失去自信的极端式的转化，是人类财富最凶残的杀手。

第七章

人口大国的发展之路

一个国家发展的潜力首先取决于劳动力和土地的数量及质量，其次才是资本、矿产资源和技术等其他要素。资本可以积累，积累的资本可以用于全球资源的购买，唯独土地和人口是无法购买的。近五百年的全球化历程，使各国逐渐把自身资源禀赋充分发挥出来。在这个过程中，全球化的主导者从最初小国寡民的荷兰、葡萄牙，到后来的西班牙、英国，再到德国、法国，之后是美国的崛起，这个历史演进的过程基本上是沿着劳动力和土地资源由缺乏到丰富的路径前行的。特别是海外殖民地和人口的掠夺退出历史舞台之后，土地和人口的数量（质量还可以提高，数量在短期内是难以提升的）就构成了一个国家潜在发展的边界。在信息隔绝的时代，劳动生产率的差距无法被迅速抹平，不同地区的技术水平可以长期保持极大的落差。但是随着信息化的发展，科学技术在全球自由流动，劳动生产率的落差在不断减小。最终，人口数量的差异必然成为不同国家经济发展潜力不可逾越的鸿沟。

马尔萨斯认为："人口的增殖力是无限大于土地为人类生产提供生活资料的能力的。如果不抑制人口，它便会按几何比率高速度地增加，而生活资料却只以算术比率增加。稍通算术的人都会知道，与后者相比，前者的力量有多么巨大。"[①]无论是在马尔萨斯之前的历史时期还是之后的有限时间内，马尔萨斯的理论都有着极大的借鉴价值。但是，人类社会的发展总是能够超过前人的预期。

---

① 马尔萨斯：《人口原理》，安徽人民出版社2012年版，第7页。

的确,如果土地的产出能力永远无法超过人口的增长速度,在土地的瓶颈作用之下,人口不仅不能成为人类社会的财富,相反只能成为负担。即便是土地产出能力已经超过人口增长速度,由于劳动生产率的提升高于土地产出率(的提升),同样会使那种所谓“四海无闲田,农夫犹饿死”的人间悲剧上演。马尔萨斯称之为,对劳动力的有效需求不足。如今与马尔萨斯悲观的生产力预期所不同的是,全要素生产力水平的提升远超人口增长速度已经成为不争的事实,尽管分配这一生产关系的问题仍旧困扰着人类的社会、考验着人类社会的自我管理水平,但无论是生产力的发展还是生产关系的进步,都明显好于马尔萨斯当年的判断。这其中,市场经济扮演了不可替代的角色,凯恩斯所提出的政府干预以解决有效需求不足的理论也发挥了重要作用。

第一节　政府与市场

研究比较经济学的劳埃德·G.雷诺兹在他的《经济学的三个世界》中,提出了一连串的问题,“世界上的每种经济都会出现这么一个问题:市场到底对什么有用?每个国家都面临着这么几个难题:通过市场可以有效地做出什么决策?现有的市场如何才能得到改进?哪些方面的市场必须让位于集体决策?通过什么方法才能最有效地将行政管理与市场控制结合在一起?”他接着说道:“一种经济在这些方面取得的经验对于其他经济具有相当大的借鉴价值。”①

我们认为,无论是社会主义市场经济还是资本主义,一个国家国民经济的持续发展与国民财富的持续增长必须依赖市场,但同时也离不开政府的呵护。研究宏观经济学的目的,就是要搞清楚政府与市场应该如何分工。因此宏观经济学的课题只有一个:把该交给市场的交给市场,同时政府必须承担起自己的责任。政府在不应插手的地方横加干涉,固然会阻碍经济发展;但政府该管的不管,同样会使经济陷入停滞甚至崩溃。政府与市场及民众间并不存在逻辑上必然的利益冲突。现实中产生这种冲突的原因,是生产力水平落后和政府管理

---

① 劳埃德·G.雷诺兹:《经济学的三个世界》,商务印书馆2013年版,第308页。

能力的低下。

卢梭曾经说过:"政府若要成为好政府,便应当随着人民人数的增多而相应地加强其力量。"①只不过这种加强不是简单的人数的庞大,或政府占有财富数量的庞大,而是一种基于管理科学的管理能力的强大。卢梭认为:"既然政府的全部力量始终是国家的力量,是不变的,那么我们便可以得出结论说:它愈把这种力量消耗在它自己的成员身上,它剩下来用于全体人民的力量便愈少。"②

在管理科学不够发达的前提下,一个人口众多的国家面临的是一个无法化解的难题:人口数量越多,就越是需要强大的管理力量,这必然造成政府人员的增加。而由于政府人员之间的内部损耗,导致政府人员数量增加,与人民数量增加的比例并不是线性的。这就造成人口越多的国家,每单位人口所承担的管理成本就会以一种加速的方式提高。加之生产力水平不够发达,无法支付如此高昂的管理费用,此时人口是经济增长的负担而不是动力。在相当长的时期内,这种财富创造能力和公共管理能力低下所造成的管理者与民众争利的现象是无法避免的。作为人口大国,科学技术水平却相对落后,综合实力弱于人口相对较少的国家,这正是人类社会不够发达的结果。

人口越多的国家,单位人口管理成本越高,在这种内部消耗之中难以得到有效积累和进一步壮大。因此,在全球化的历史上,经济强国往往并不是人口最多的国家,而恰恰是那些人口相对较少,所以内耗和管理成本低的国家。但是随着人类社会的进步,自然科学在发展,人类管理科学也在不断进步,这两者相结合,逐渐使高人口国家由劣势转为优势。随着财富创造能力和公共财富保有能力(公共管理水平提高的一个重要表现)的不断提高,全球财富积累逐渐由人口较少的国家向人口更多的国家转移是一个明显的发展趋势。这其中,绝不能忽视市场的力量。

市场的神奇之处,在于竞争无处不在。它可以使各种不同的要素结合方案相互竞争,在竞争中筛选出最佳方案,并通过价格机制准确地辨别出每个稀缺

① 卢梭:《社会契约论》,商务印书馆 2011 年版,第 67 页。
② 卢梭:《社会契约论》,商务印书馆 2011 年版,第 69 页。

要素需求者需求的强烈程度。要素数量有很多，使用方法也很广泛，匹配方式更是千奇百怪，因而所产生的需求变幻莫测，它的供给也会因价格不同而体现出多变性。然而，人类的思维模式却是线性的，越是认为自己能够囊括一切变化要素或变化轨迹的人，就越容易犯错误。市场仿佛最乐于和这些人开玩笑。

市场也并非永远是正确的，它的高效性并不是绝对的。由于市场的每个参与者都在不停地犯着各种各样的错误，这些错误的累积导致市场的错误无时、无处不在。市场的这些错误必然严重拉低市场的效率，基于所谓“完全竞争假设”的对市场效率的过高估计本身就是荒谬的。① 市场的低效率的一面和非完全竞争是必然的，是无法避免的。与市场原教旨主义者们幻想出来的种种强加给市场的近乎完美的价值模型相比，市场固有的依要素产出所决定的配比参与生产，依要素稀缺度而分配的生产方式并不完美，却是最可行的。正由于市场是由无数的参与者构成的，这种龟兔赛跑式的竞争还是促进了经济社会缓慢前进。这种慢即快的方式，恰恰又体现了市场的高效性。因此，市场绝对意义上的低效率，并不影响其相对意义上的高效率。

微观层面，我们可以轻松地战胜市场，使用的方法就是回避那些我们没有能力决策的问题。然而，我们如果要在宏观层面全面接管市场的决策权，我们将发现，太多的问题并不在人类的能力圈内。因此，作为市场中的一分子，就一次具体决策极容易战胜整个市场，但是如果我们要替代市场做出所有决定，一个致命的错误便会导致满盘皆输。我们可以不尊重“市场先生”的智商，甚至可以利用它的低智商获利，但我们必须尊重“市场先生”的投票权。市场规律就像自然规律，可以利用它，但不能违背它。能够“战胜”自然的人，恰恰都是最了解自然规律、最尊重自然规律的人。因此，人类的自我管理，以及对市场进行干预，不可以凌驾于市场之上，而只能以市场经济主体(买方或卖方)的形式存在。否则必然会遭遇市场的反弹。这种反弹的力量导致的是远远强于市场自身低

---

① 正如劳埃德·G.雷诺兹所说的那样，“承认‘有效的’市场机制的存在，很容易把这种市场机制等同于经济理论中的完全竞争模型。任何把这两者相等同的做法都是没有根据的。我们不能认为实际的市场经济具有假设的完全竞争的各种优点。”(劳埃德·G.雷诺兹：《经济学的三个世界》，商务印书馆2013年版，第46页。)

效率的负面结果。[①] 而造成这种反弹的原因在于人类对财富的追求。这种追求既是人类社会前进的动力,又是人类精神和物质的枷锁。

卢梭在《社会契约论》的开场白里声称:“人生来是自由的,却无处不身戴枷锁。”[②]对此,哈耶克评论道:“正像《创世记》给我们的教诲一样——这种理性主义致命的自负,卢梭的以上言论大概是其主要的根源。”[③]哈耶克对卢梭的理论进行了批驳,并且他认为:“卢梭对个人财产制度的怀疑变成了社会主义的基础,并且还在继续影响着我们这个世纪一些最了不起的思想家。”[④]但如果按照哈耶克的逻辑,仿佛人类只有在没有财产的原始时期(甚至不能称之为社会)才能令自己身心自由,而当人类进入财产社会,便已失去了自我管理的能力,让人类理解应当如何干预经济更是一项不可能完成的任务。故而只能由财产来管理人类。人类任何试图摆脱被财产奴役的努力,都将是一条通往奴役之路,基于的只能是致命的自负。毫无疑问,哈耶克将道德和私有财产画了等号,因此,仿佛只要保护私有产权就能保护我们人类的道德。当人类生存的权利与私有产权发生冲突时,任何对后者的冒犯都是不道德的。

即使抛开私有财产是“任何先进文明中道德的核心”[⑤]这种道德观不论,如果市场如原教旨主义者所描述的那样是绝对高效率的,那么或许放弃一个,便可以得到另一个。但是,财产的所有权是一种确定性的排他性权利,财产的使用权却是一种选择性的权利。这就导致了财产的使用权与所有权分离的必然性。储蓄者乐于无限度地扩张财产的所有权,却并不愿意,或已经没有能力及时地行使这些财产的使用权。我们知道,正是财产的使用创造了就业和源源不

① 但这种反弹既是市场的本能,又是人类不断调整干预技术、提高干预能力的促进因素。

② “人生来是自由的,却无处不身戴枷锁。自以为是其他一切的主人的人,反而比其他一切更是奴隶。”(卢梭:《社会契约论》,商务印书馆 2011 年版,第 4 页。)

③ 弗里德里希·奥古斯特·冯·哈耶克:《致命的自负》,中国社会科学出版社 2000 年版,第 52—53 页。

④ 弗里德里希·奥古斯特·冯·哈耶克:《致命的自负》,中国社会科学出版社 2000 年版,第 96 页。

⑤ “其实,这种助长了私人目标多样化的秩序,只有在我愿意称之为分立的财产基础上才能够形成,这是梅因对通常称为私有财产的更为准确的用语。如果说分立的财产是任何先进文明中道德的核心,那么似乎是古希腊人最早认识到,它也同个人自由密不可分。”(弗里德里希·奥古斯特·冯·哈耶克:《致命的自负》,中国社会科学出版社 2000 年版,第 29 页。)

断的新的财富，既然市场并不具备自发地将财产的使用与其所有权相匹配的能力，那么政府保护这部分私有财产所有权的同时，代为行使其使用权，是否应该被看作对私有产权的冒犯？在哈耶克看来，远远不仅如此，那从来都是“无耻地滥用”和“更加不道德”。[①]

如果储蓄者具有这样的货币诉求：当他们将那些所谓的“私有财产”存入“市场先生”的库房并持有存单时，要求“市场先生”不仅要代为保管这些“私有财产”，保证完好无损、可以随时提取、不许挪用；同时，不仅不得收取保管费用，并且市场反而要向委托保管方支付巨额费用（利息）。假如认为“市场先生”真的具备这样的“职能”，那么在这种幻觉之下，政府的行为便难免显得“不道德”了。

事实上，市场既不具备那样的“道德”，也不具备那样的能力。政府如果不代为行使这部分被闲置的私有财产的使用权，首先，后续大量私有财产将会因无法货币化、而不能实现，随之而来的是劳动者将无法就业，扩大再生产也将无法继续进行。有效需求不足，归根结底是财产使用数量相对于财产所有权的不足。这种不足既危及了劳动者的生存，又伤害了私有产权。显然，仅靠保护私有产权，既不能保证就业，也不能保证人类社会生产的持续进行。难道这就是哈耶克所说的先进文明的道德核心？

市场自身的习性并不会因为市场原教旨主义者极尽所能地为其歌功颂德而有丝毫改变，因而有效需求不足必然是自由放任的资本主义的痼疾。但它却并不一定是市场经济的通病。市场经济的信贷体系尽管并不能完美地解决财产所有权与使用权分离的问题，但是在货币充足的情况下将闲置的使用权收集起来并重新投入使用，这种衔接的职能并不完全处于市场能力的范围之外。只不过历史的经验告诉我们，仅凭市场自身的力量，这种衔接的容错性是不足的，

---

① “货币虽然是自由的人民相互合作的广泛秩序中不可缺少的要件，但几乎从它诞生之日起，政府就在十分无耻地滥用它，从而使它成了人类合作的扩展秩序中一切自我调整过程遭到扭曲的首要根源。政府管理货币的历史，除了少数短暂的幸运时期外，历来就是一部不断欺诈行骗的历史。在这方面，同在竞争中供应各自货币的任何私人机构所能做出的事情相比，政府一直表现得更加不道德。我在别处曾经建议——因此不打算在这里再做说明，假如取消政府对货币的垄断，市场经济也许会更能发挥它的潜力。”（弗里德里希·奥古斯特·冯·哈耶克：《致命的自负》，中国社会科学出版社 2000 年版，第 118 页。）

它无法为自身提供足够的货币和缓冲。这就要求存在这样一个市场经济主体,在市场经济规则之下,具备在财产所有权和使用权两个方向上做出让步的能力。毫无疑问,政府是最适合充当这一角色的主体。尽管政府并不天生具备这样的技能,但他却天生具备这样的条件,所需要的只不过是学会使用这种能力。计划经济的主张是对这种能力的一种高估,但是仅凭人类自我管理尝试过程中失败的教训,便因此拒绝政府对经济事务的介入,同样是不理性的。就如凯恩斯所说:“经济学研究是比较复杂的事情,我们不可能得出完全精确的具有一般性的结论,而只期待找出那些其变动能对我们的问题起主要作用的因素。我们的最终任务是:在我们置身于其中的经济体制中,收集几个可以由中央政府加以控制或管理的变量。”①凯恩斯的这个折中,可以说是恰到好处。无论凯恩斯的整体经济学的理论是否已经足够完美,他的这一思路显然都是正确的。从开始的不擅长这项工作,不懂得什么该干预、什么不该干预,到熟练地掌握这门技能,人类可能需要一个漫长的不断摸索的过程。在这个过程中,失败和挫折在所难免,但这绝不是人类放弃的理由。而将这样的思路理解为计划经济,则完全有失偏颇。

市场经济与产业政策及公共物品的提供更是从来并不冲突。在资本主义进入发达阶段之后,剩余产品的充裕性决定了,它的政府提供什么样的公共物品,它就会向什么方向发展。提供的是消费品,国家就会向消费型社会发展;提供的是娱乐品,国家就会向享乐主义发展;提供的是战争军事,国家就走向帝国主义;提供的是基础设施建设,国家就会向制造业大国发展;提供的是文化、科学、艺术的教育,国家就会向科技社会、文明社会发展。而作为有着几千年文明、十数亿人口的中国,当我们的社会主义制度与市场经济相融合时,这种史无前例的生产性的动力驱动下所创造出的巨大价值究竟以何种形式表现和保有并让它世世代代传承下去?政府在其中需要充当怎样的角色?这些问题同样是对我们严峻的考验。

那么政府与市场在经济领域的分工原则应该是什么呢?

① 凯恩斯:《就业、利息和货币通论》,宋韵声译,华夏出版社2005年版,第190页。

首先，政府是一个交易秩序的维护者，这项工作本身可以理解为政府向整个社会提供公共物品，但对行为个体带有极强的强制性。不涉及公共物品提供的大多数市场经济活动，政府不应直接参与，但它所制定的交易规则在很大程度上决定着交易的结果。交易的每一个参与者都会考虑自身行为所可能引发的政府反应，并据此调整自身行为。在这一领域，制度经济学的研究和理论极为丰富。康芒斯认为："在没有相互关系和预期不可靠的时候，未经核定的交易很可能会归于失败。为此，就需要由政府或司法机关根据它的交易准则来进行干预，在干预的时候它抱定双重目的：一方面，把权利、暴露、自由、义务互相关联起来；另一方面，维持这些关联的关系，即使在证明各方已经背信弃义或改变主意的情况下，也是如此，所以如果有权并愿意把诺言兑现和有权发布命令的上级权力单位尚不存在，那么即使这样的核定交易也还是空洞的和无效的。为了实现这一点，上级权力单位必须把机构的集体权力用于对个人以支助或强制。"①

本书的关注点则更多的是在政府直接参与的经济活动上。在这些经济活动中，政府只能作为市场经济主体——买方或卖方——遵照市场规则行使权利。从历史经验看来，市场经济的最大优点就是相对高效率，缺点是无法解决生产相对过剩（有效需求不足）的问题。计划经济的最大优点是可以解决生产过剩的问题，但令人遗憾的是，在完全的计划经济之下，生产不仅不会过剩，还会造成不足。这样看来，解决供给不足，不在政府的能力圈内，却恰好在市场的能力圈内；解决有效需求不足，不在市场的能力圈内，却恰好在政府的能力圈内。政府在生产领域是没有效率可言的，那也不是它的本职工作。所以政府向市场提供的应该是订单和利润，而不是直接生产。政府应该回避自己并不擅长的这个领域。由于有税收作后盾，所以政府在对公共物品支付利润方面有着市场所完全不具备的优势。而市场方面，只要有利润做引导，任何人也没有必要担心它的生产积极性。这就是政府与市场合作的最有效率的方式。

人类认知的有限性和管理能力的边界，决定了计划应以企业内部为限。企

---

① 约翰·R.康芒斯：《资本主义的法律基础》，商务印书馆2003年版，第129页。

业内部在企业家的管理之下可以做到计划有序，但企业外部必须遵从市场。宏观层面既然已经决定了让市场在资源配置中起决定作用，那么在有效需求明显不足之前，政府不应对市场过多干预。我们可以按照四个大类对商品进行划分：第一类，市场能提供，政府不能；第二类，市场能提供，政府也能提供；第三类，市场不能提供，政府却能提供；第四类，市场很难提供，政府也很难提供。

进而对市场和政府的分工进行讨论。市场的高效率是以利润驱动的，所以凡是可以带来利润，特别是短期就可以带来利润的商品，市场都会做得很好。那么在前两类商品中，政府便不需要甄别哪些是自己也可以提供的、哪些是自己提供不了的。政府参与市场活动的目的不是与市场争利，所以前两类都应该交给市场。第三类其实就是公共物品。因为没钱赚或投资周期太长，没有利润引导，市场没兴趣，或从公平的角度不能允许市场借机谋取暴利，这些物品明显应该由政府来提供。有人却恰恰主张把这部分交给市场，道理何在呢？第四类比较有争议，比如高科技产品，尽管政府主导、市场主导都有成功的先例，但都具有偶然性。所以我们认为，在民间资本积累还不够雄厚的情况下，这部分由政府主导效率会更高。

有利润、低风险的，都交给市场；没利润、高风险的，都由政府承担。为什么可以提出这样的要求？因为市场无权对政府征税，但政府却有权对市场征税；并且政府有能力通过发行货币，代为使用闲置的私有财产使用权。所以政府有着市场无可匹敌的风险承受能力，且市场每赚的一分钱利润，政府都有权分享。如果政府永远把没有利润的事情强塞给市场，或者把有利润的事情抢到政府手里去做，再或者限价限得，没了利润后再交给市场去做，就会搞得一塌糊涂。

这里有一种比较特殊的商品，就是货币。金本位结束后，货币已经变成了公共物品，所以它理应由政府提供。从财富保有的角度，政府就相当于一个社会财富的保险箱。阻碍社会财富增长的两个因素，一个是社会财富本身的积累能力，另一个则是保管费用过高。当社会产出不足以支付保管费用时，是无法实现财富积累的。而社会发展不仅会带来产出能力的提升，同时随着公共管理科学的发展，还会带来管理费用由规模不经济转向规模经济。与这二者并肩而行的是，人口众多这一财富积累的劣势因素逐渐成为不可替代的财富积累的推动力。于是，随着社会财富创造能力的不断提升和社会管理科学的发展，人类社会财富增长向人口大国倾斜，成为世界发展的一个必然趋势。

那些市场原教旨主义者对政府干预的排斥已经成为一种本能。如果我们对政府的诉求基于的不是公众的利益，而是一种对政府天生的厌恶，并基于这种厌恶产生了如斯宾诺莎所说的这种认知，“当我们恨一个东西，我们想象着凡足以引起它痛苦的一切事物，我们都努力加以肯定；反之，凡我们想象着足以引起它快乐的一切事物，便加以否定”[①]，我不明白这样所谓“民主、自由”的意识，对社会的前进能有什么益处？而他们对市场的崇拜同样是盲目的，他们只不过是一群叶公好龙者。他们与计划经济者一样都属于理想主义者，只不过计划经济者看到了市场的缺陷，于是主张取而代之；而市场原教旨主义者们却蒙上眼，对市场的缺陷选择视而不见，然后坐在那里幻想他们理想中的市场。在他们笔下，市场的高效率是绝对的，是不可能存在闲置的，甚至认为市场是会价值回归的。正是这种致命的自负，使得人们忽视了市场的闲置(低效)才是常态，没有办法避免。也正是这种叶公好龙的观点，按照自己的幻想勾勒出一幅幅完美的市场图画，并将其强加给市场，使得当人们看到市场的低效率和大量闲置时，难免会丧失对市场的信心。其中，重商主义和垄断就是自由放任市场理论的必然结果。所以，一边鼓吹市场原教旨主义、一边谴责重商主义和垄断是毫无逻辑的。不能接受市场存在缺陷这一事实的人，并不是市场经济的真正支持者。

第二节　国际分工引发的纷争

亚当·斯密、大卫·李嘉图试图用他们的分工理论证明，各个国家都可以通过国际贸易和国际分工增加自身的财富。他们的理论在两百多年的全球实践中得到了验证。在全球化的初期，全球资本的稀缺性决定了先发国家成为全球化的最大受益者；把廉价劳动力和廉价资源作为自身资源禀赋的后发国家，长期处于

---

① 斯宾诺莎：《伦理学》，商务印书馆 1983 年版，第 118 页。

国际分工中不利的地位。然而随着全球资本的不断积累,与马克思和凯恩斯的判断不同的是,资本要素相对于劳动力要素稀缺性的下降幅度逐渐超出了资本要素所有者们可以接受的范围,并且没有出现明显的止跌迹象。全球资源逐渐向劳动力资源更丰富的地区流动、聚集,似乎已经成为一个不可逆转的趋势。对于这个转移过程,西方各国虽不能算是欣然接受,但大多选择了面对现实。然而,当人口数量明显超越欧美的亚洲国家,逐渐发挥出劳动力数量的优势并开始享受人口红利时,尽管仍旧处在萌芽状态,美国却已经完全无法淡定了。

比较优势与田忌赛马

亚洲人口占全球人口的 60%,是欧洲人口的 6.27 倍,是北美洲人口的 12 倍。根据联合国统计司数据,2016 年,亚洲 GDP 合计 27.54 万亿美元,北美洲 21.8 万亿美元,欧洲 19.03 万亿美元。亚洲以 12 倍的人口数量创造出略好于北美洲的生产总值,人均则是北美洲的十分之一左右,显然获得的只是劳动力报酬而已。但即便是这样的成绩,却已经令美国感到无法容忍。这一年,特朗普当选美国总统,开启了以中国为主要打击目标的贸易战。理由是,国际贸易使中国等国家占了便宜。过去美国把大量的国内需求以订单的形式交给中国等发展中国家制造,现在特朗普认为,这样做在中国等国家形成就业的同时,在美国形成了债务,他们吃亏了。这样的理解显然是基于对经济学的无知。但我们不得不正视西方这种思潮对我们的影响和感染(不少中国人至今还以为自己占了便宜而沾沾自喜)。

人口大国的崛起,是市场经济和全球一体化的必然结果,因此也就成为原有大国逐渐拒绝的原因。原有大国会因此越来越排斥市场经济和自由贸易。当人口大国迷信西方抛出的所谓“自由”“平等”花环的时候,却完全没有意识到,如果每一个个体最终都是平等的,那么基于人口巨大差别的国家之间就必然是不平等的。最终国家、民族、信仰的执念,必然阻挠资源在不同群体间的自由流动。从重商主义初现,到现代由美国屡屡发起的对外贸易战,这种局部个体为了保护自身利益而实施的政策曾经反复重创全球经济,尽管始作俑者终究无法独善其身，但是，直到全球化已经远非昔日可比的今天，人们从来没有放弃过这种尝试。

一个国家或经济体的资源总量，构成它潜在的发展边界。李嘉图的比较优势理论暗含一个逻辑，就是即使A国所有的产业都较C国具有明显优势，但这种优势存在的前提是资源的排他性投入。也就是说，这种优势需要A国把绝大多数资源投入目标产业才可实现。而从弱势一方的C国观察，比较优势理论也可以表述为田忌赛马。把最具优势的资源与A国次一级的产业相竞争，则会获得局部竞争优势。

比较优势理论决定了美国的先发优势只体现在金融、高端制造、高端服务业的优先选择权上。如果美国在这些产业甚至包括中低端制造业上与中国全面进行竞争，则必然会在每个产业上均摊薄其竞争优势。故而美国前期投入的竞争范围越广，后期放弃的阵地就会越多。但美国的经济实力仍旧雄厚，中国也同样没有能力全方位地碾压美国，并且也没有这个必要。所以理性地看，在美国优先选择之后，中国在美国放弃全力以赴的产业上展开自己的竞争优势，从而形成与美国的错位竞争，是对双方而言最佳的方案。

在一个国家产业升级的过程中，在不断向上延伸产业链的同时，会把低端产业转移到土地及劳动力综合资源更丰富的国家或地区。这既是晋级工业大国的道路，同时也是退出低端产业之路。当一个原有工业大国通过不断地产业升级，最终把金融和服务业作为其产业结构的主体时，金融及服务业所支付的土地和劳动力等要素的高价格，对其他产业形成巨大排挤效应，必然导致土地和劳动力综合资源更丰富的国家更适合承接世界工厂的角色。而充足的土地和劳动力资源，就是减缓或加速这一转移的资源禀赋。当年美、日之间的竞争也不例外。不得不承认，日本是一个非常特别的国家，它与荷兰、葡萄牙、西班牙等国相比，不幸之处在于它崛起于美国之后，所以有一个庞然大物阻拦在它前进的道路上。日本经历了从成功到受挫，看似其中存在诸多偶然性，然而从一个历史的大逻辑看，过去几十年的进程存在着历史的必然性。日本在国际分工的这个大舞台上，已经把自身资源禀赋发挥到了极致。

从20世纪90年代初到2000年,日本的GDP平均年增长率是1.4%,低于所有的发达国家;从2001年到2010年,进一步下降到1%以下;近十年,甚至是负增长。同时在此期间日本出现了长时间的通货紧缩。但是,即使经历了长时间的负增长后,日本仍旧是一个富裕的国家。这种"失去"更多地体现在经济总量增长水平而不是人均劳动生产率的角度。人口老龄化、劳动人口大幅减少是经济增长失速的最终原因。

如今经常听到这样的声音,说中国尽管在GDP总量上已经超过了日本,但在人均GDP上与日本的差距极大。说明中国的国力仍然不如日本。这种错误认识的根源在于,并没有把人口当作一种资源,相反把它理解为一种负担。中国凭借丰富的劳动力资源在GDP总量上超过日本,标志着我们的国力超过了日本;而人均GDP远远低于日本,说明我们是在尚没有把劳动生产率提高到精疲力竭的水平这种情况下,实现了这种国力的超越。这个差距,代表着我们未来的发展潜力。在现代社会中,劳动力质量的提高,难度远低于劳动力数量的提高。相反,日本的劳动力瓶颈本身就体现着资源禀赋上的重大缺陷。

生产者剩余与就业不足

马歇尔将消费者消费一定数量的某种商品愿意支付的最高价格,与这些商品的实际市场价格之间的差额定义为"消费者剩余"。那么生产要素所有者、产品提供者在市场交易中是否也应当存在"生产者剩余"呢?传统经济学家们并不这样认为。他们指示生产者,要将生产扩张到边际利润为零的水平,这才是自己利益最大化的方案。但是,当生产者非常"不自觉"地违背了权威专家们的这一计划指令,追求具有更高满意度的商品定价时[①],其结果便是扩大再生产的

① "早在1939年,两位牛津大学的经济学家霍尔(Hall)和希奇(Hitch)就进行了著名的试验。他们访问了38家企业的所有者,发现获得最大利润的条件并不是边际成本等于边际收入,而是制定高于成本的价格。企业家们在定价时,通常先累计他们的生产成本,然后加上他们所认为的合理的利润率。其中少数人会考虑市场价格是什么,但没有人会计算边际成本和利润。"(保罗·奥默罗德:《达尔文经济学》,中信出版社2009年版,第35页。)事实上,企业家们确实会有一个自己可以接受的价格底线,但他们却并不必然地提供某个品种或某个数量的产品达到这一底线。除了生产成本这一因素外,机会成本则是更为重要的变量。考虑机会成本的结果,他们会在不同的生产者剩余中做出选择,以求得最大的而不是最低的满意度。

不足，引发劳动力无法就业。特别是当货币供给不足时，生产者的满意度与就业间的矛盾变得越发尖锐。

纵观中国计划经济的历史，在改革开放之前，民间不仅没有积累的能力，甚至没有积累的权力，同时也就不具备市场经济的经验，却有着丰富的劳动力资源。这些条件决定了在市场化改革的初期，当民间掌握了部分生产资料之后，生产的冲动无法克制。加之相信西方教科书中“赚尽最后一个铜板，才能实现自身利润最大化”的学说，从理论高度武装了这种投资和生产的冲动。结果导致国内厂家间激烈竞争，企业普遍采取低利润、高杠杆、高周转，也就是薄利多销的策略（根据“有智思有财不可能三角”，生产数量不愿根据市场需求调节，交易价格就只能交由市场决定）。这样的策略必然使成交价格越来越接近生产者预期的价格下限，甚至突破这一下限。好的一方面是，中国企业这种生产方式为整个经济社会带来了高就业和高增长。

而西方发达国家经历了较长时间的市场经济之后，西方企业已经谙熟市场规律，他们认识到这种依靠高杠杆和薄利多销的高增长模式与高生产者剩余是相矛盾的。对市场和生产过剩的恐惧感使他们逐渐远离这种过度依赖规模经济的盈利模式。（他们在教科书里教我们如何去赚最后一个铜板的同时，自己的信念却已经变为“不要去赚最后一个铜板”。）西方发达资本主义国家的企业家们为了保证价格的满意度，宁愿将产量安排在一个较低的水平上。由于他们已经完成了原始的高积累，使得许多行业相对集中，竞争远不如中国激烈，因此企业有条件从企业自身的利益出发，放缓乃至停止扩张的步伐，甚至将部分（非稀缺）资源和产能闲置。即使是因此放弃扩大再生产和增长也在所不惜，就算以单利的形式，也要优先选择高生产者剩余。当那些被闲置的非稀缺资源中包括劳动力资源时，充分就业便无法实现。如此看来，“最后一个铜板”却是最能带来就业的货币。[①]

这种格局之下，导致中国通过国际贸易购买的产品往往都是自身技术水平

---

①　在这里，我并不想去评判追求高生产者剩余和高扩大再生产哪个行为更优秀。就好比我家到机场有两条路，对我来讲，哪条路更好，取决于哪条路车少；而就整体而言，如果所有的车都挤在同一条路上，无论挤在哪一条路上，都是不好的。

无法达到的。出于需求的迫切，所以只能容忍国外企业的高生产者剩余；而只要中国企业掌握了技术，生产总是难免过剩。出于出售的迫切，中国的企业对生产者剩余要求过低。无论是买还是卖，由于没有为自己留下缓冲（闲置）空间，从而丧失了议价能力。许多年来，在国际贸易中，我们经常可以听到"中国人买什么，什么价格就会涨；卖什么，什么价格就会跌"的说法。这本身无可厚非。在我们当初决定走市场经济道路的时候，便已经做好了准备，去承受这个市场的残酷。即使出现了这种局面，还是要从我们自己身上找原因。通过我们以上的分析，中国企业生产积极性高涨、市场经验不足才是主因，同时也和中国劳动力资源丰富、就业需求过高、资本相对稀缺等资源禀赋有关。以中国这样一个人口大国，为了就业而损失价格，市场如此安排不可谓无效。

反观西方发达国家，企业家们主动闲置部分国内非稀缺的，或者是低产出资源的必然后果，就是就业不足。动态地看，一个经济社会在一段时期内，即使劳动力数量增加并不明显，甚至是减少的，但随着技术进步，劳动生产率逐步上升，如果过多企业追求高单利，而不是扩大再生产，这个社会的就业压力也必然会不断上升。由此形成的与中国这种市场结构上的差异同样是由市场机制决定的。因而将这种社会矛盾迁怒于中国，是毫无道理的。

几十年来，西方发达国家，特别是美国经过不断地产业升级，目前已经不具备发展制造业足够的资源，更不要说为制造业提供足够的生产者剩余。如果用关税和壁垒的方式勉强为之，不仅会形成自我封闭，并且价格机制那只"看不见的手"会使利润及劳动报酬自动向制造业流动，进而带动社会资源流向这个在美国目前已经是最低效率的产业（尽管对其他许多国家来讲，仍旧求之不得）。这样的政策的确可以带来短期的繁荣和就业。但这种通过产业降级实现的繁荣和就业是低质量的。美国其他原本更具优势的高端产业的资源流失以及国际影响力下降所造成的损失，要远大于因此获得的利益。部分美国精英目前已经看到了这一点，所以开始鼓吹把这些产业转移到中国以外的国家。然而，即便这样的策略能够奏效，那只能解决中国的贸易顺差问题，却解决不了美国的贸易逆差问题。美国人当年正是用这套逻辑针对日本，几十年下来，美国的逆差不仅没有缩小，反而越来越大了，只不过换了一个针对的国家，这个国家人口数量是日本的 10 倍。现在还能不能找到 10 倍于中国人口的国家？显然这个两败俱伤的办法解决不了问题。

过去西方发达国家解决相对低技能人口就业的首选办法，是发展轻资产的服务业。对于就业人口来讲，如果提供一些简单的服务，要比从事需要一定技能的制造业收入高出许多，又有谁会对制造业产生兴趣呢？更有甚者，西方一些国家的福利制度可以用高端产业赚取的利润，通过税收转移支付的办法，把一部分低技能人群供养起来。这是因为，如果为这些劳动者提供就业所占用资源的机会成本远高于直接把他们供养起来，那么显然让他们拿了钱什么都不干才是最经济的方案。通俗一点说，不要因为你要就业而影响别人赚钱，大不了别人赚了钱分你一些。这些政策久而久之，不仅会造成劳动者技能越来越严重的两极分化，总让干活的人白养着不干活的人，也会使经济社会越来越缺乏竞争的动力和活力，导致政府不得不反复用减税的办法来刺激经济。起初效果会明显一些，随着政府税收收入的减少，支出却不断增加，结果债台高筑，这种模式也难以为继。于是如何敛财就成为某个西方发达国家政府的重点工作。没错，征收进口税并不是什么贸易战，主要目的是为了政府敛财！不少学者指出，对进口商品征收关税，和对国内消费者征消费税，从效果上讲是没有区别的。但理性的人永远只会是少数。况且这些画饼充饥的政策尽管不能解决就业问题，但至少可以对失业者起到安抚作用。

从中国自身资源禀赋的角度考虑，继续向世界提供中低端制造业物美价廉的产品，保证国际市场和国内市场供应，并在与竞争对手公平竞争的过程中不断提高劳动生产率和技术水平，这一点短时期内是很难改变的。这本身是向全世界人民提供的一种福利。接受这种福利的国家，我们乐于继续合作。用高关税、高壁垒来拒绝这种福利，或从消费者口袋里抢夺这种福利的国家，我们也应尊重他们的选择。贸易是互利互惠的事情，那种只愿意从他国索取商品，却连借条都不愿意提供的国家，今后的路只会越走越窄。

金融产业的膨胀对制造业的侵蚀

当经济发展到一定规模,如果没有一个强大的金融体系,制造业就会因货币不足而受到扼制。一个国家物价过低,代表这个国家货币不足,这绝非什么好事。我们一向把货币看作一种商品,在自由贸易条件下,这个国家货币不足,就无法阻止货币的进口贸易。当进口的货币被当作通货膨胀予以打击时,货币进口商(即商品出口商)将被迫进口更多的货币。对于一个资源禀赋或金融能力不足的国家而言,这样的付出或许是无法避免的。而一个逐渐强大的经济体,也必然试图发展自己的金融产业。然而,正如资本主义初期,工业对农业的侵蚀,金融行业自身对资源的掠夺也是极其强大的。大树底下不长草,金融产业的争夺,不仅会带来一个高企的利率,更会使制造业失去大量廉价资源。

高端产业对低端产业的侵蚀,是通过推高要素价格实现的。一个经济体内,有利于制造业发展的金融环境是弱币值、低廉的土地及资源价格和低利率,但有利于金融产业发展的环境却是强势货币、高昂的土地和资源价格与高利率。所以,一个资源相对匮乏的国家,它的制造业极可能经受不起金融崛起的冲击。

金融产业的发展需要制造业的支撑与缓冲,这就需要一个极富弹性的制造业体系。首当其冲的就是土地(也曾经是石油)。作为最重要的生产要素之一同时又是金融体系最佳抵押物的土地,往往会成为金融冲击最直接的受力点。如果没有丰富的土地资源作后盾,则发展金融业极可能造成土地价格的快速上涨。此外,丰富的劳动力资源更是必不可少的要求。当一个国家的财富积累到足以开始发展自己的金融体系时,对劳动者收入平均化的过度追求,会打着保护低收入者的旗号,消灭低收入者的就业机会。

众所周知,从高端制造业到金融业,有着对高收入劳动者的强大承受力。但并不是所有的,包括许多对国民经济有着巨大支撑作用的产业(更不要说农业),都有能力吸收这样的劳动者。在高利率、高币值、高昂土地及其他资源价格的压迫之下,低端产业得以生存的必要条件正是收入上的巨大差别。一个足够大的收入跨度，是保证足够丰满、均衡的产业链存在的必要条件。当一个不够庞大的劳动力规模完全被高端产业及其服务行业吸纳时，低端产业的消亡就是历史的必然。然而高端产业同样会遭受来自海外的竞争，由于这种产业结构分布过于集中，在遭受竞争打击时很难提供足够的缓冲，其结果就是，越发加重对金融产业的依赖。这样就会形成一个恶性循环。以美国等发达国家的先例来看，对外部廉价劳动力依赖所造成的危害性，并不亚于后发国家对外部金融产业的依赖。如今的美国，如果要继续扩张自己的金融版图，就必须保证币值坚挺；如果转而发展制造业，就必须放弃币值坚挺。反观中国，人民币贬值，削弱的是中国金融业对美国金融业的压力；人民币升值，削弱的是中国制造业对美国制造业的压力。但两者都增加了对另一侧的压力。如今美国仍旧保持着选择哪匹马作为头等马的优先选择权，但已经越来越难以兼顾。双方如果最终都能够理性地做出选择，中美间错位竞争，双方还是有继续和平相处的可能的。

如何在国际贸易中获得更大话语权

过多的商品追逐过少的货币，根源在于货币瓶颈。货币瓶颈的根源在于，具有承债力的经济主体，承债意愿不足。在全球强大的生产力水平下，生产者并不稀缺，稀缺的恰恰是消费者，哪怕是承债式消费。对于这个瓶颈，普通创新并不能起到积极的作用，甚至由于创新所带来的生产力水平的进一步提升，使消费变得更加稀缺，从而导致经济的进一步失衡。

土地和资源相对稀缺的亚洲国家，随着工业化进程，往往会成为粮食和能源的消费大国和进口大国。而消费者作为主导获得更大话语权的法则，在此时却失效了。原因同样在于生产力。在全球制造业生产力水平大发展的同时，粮食生产，特别是以土地为标准的粮食生产率，却始终无法出现明显的提升；而能源生产更是始终不能出现突破性进展。

表面上看，亚洲经济体始终出口非稀缺性产品、进口稀缺性产品，从而使自己处于一个极为不利的贸易地位，并且在这种贸易地位下，勤劳、节俭，积累着高储蓄率，这似乎是由于上帝的不公平造成的。然而，亚洲人在精打细算的过程中忽视的一个问题在于，在市场经济中，是否稀缺，会接受价格手段的支配。当我们竭尽所能抑制能源和粮食价格上涨的时候，不仅大量占用了本可用于制造业生产的宝贵土地和劳动力资源，暴露了自身资源禀赋的欠缺，更重要的是，降低了我们在粮食和能源进口方面的选择余地。帮助能源和粮食生产强国淘汰弱者的过程，也是加强这个领域强者的垄断地位的过程，并因此降低了这个领域生产力水平提高的动力。图得一时的便宜，带来的却是无穷的后患。相反，以美国为代表的发达国家，看似大手大脚花钱的过程，却总是有意无意地通过价格手段扶植能源、制造业等产业中暂时呈现弱势的国家，从而不间断地给供给方施加竞争压力，避免形成对美国的供给瓶颈。

为什么中国和日本会有粮食不能自给的恐惧？为什么尽管美国的工业品长期无法自给，却如鱼得水？我们越是怕在能源、粮食产业上受制于人，甚至使用行政等手段进行干预，试图摆脱资源禀赋的束缚，从而扼杀了美国的竞争对手，就越会加大资源禀赋的瓶颈效应。这就是市场规则。

第三节　美元过度储备

彼得·希夫在《美元大崩溃》中提出了这样一个问题："没有美国，亚洲的生产者将无所事事？"接着他自问自答道：

> 在日常生活中，你经常会听到这样的论调，如果你认为它真实可信的话，那么不妨先看看下面的例子。
>
> 就目前来看，世界对美国消费的依赖程度并不及中世纪农奴对农奴主消费的依赖程度，因为农奴主拿走了农奴全部生产所得的25%。对农奴来说，如果农奴主不榨取他们的这部分劳动所得，那将是多么大的一场灾难啊。想象一下那些失业在家的人，这些农奴能不死心塌地地为农奴主卖命吗？除此之外，他们还能够做其他事情吗？这就是现代经济学家的观点。在他们看来，如果农奴主将农奴上缴的比例从25%提高到35%，那么对农奴来说就是

一个利好消息，因为他们又多了10%的工作。但不幸的是，当时并没有经济顾问或中央银行为农奴出谋划策。

通过这个类比，我们可以清楚地看出，世界会从美国的过度消费中获益的观点是多么荒谬。[①]

这或许的确非常荒谬。但缺少了美元储备，各国经济发展便会停滞，金融风险便会暴露，却也是不争的事实。彼得·希夫接下来又讲了一个小故事，说5个亚洲人、1个美国人被困在一个荒岛上，亚洲人供那个美国人白吃白喝。彼得·希夫说道：

对于这些亚洲人来说，最好的选择就是投票将这个美国人驱逐出岛。没有了美国人，他们便可以分得更多的食物。这样的话，他们就不必再在食物上投入过多的时间和精力，腾出的时间则可以用于休闲和娱乐等其他活动。

或许，你会说这个类比存在缺陷，因为在现实世界中，美国人会为他们的"食物"支付现金，而亚洲人也会因他们的付出而获得报酬。

没有关系。我们可以再假设一下，荒岛上的那个美国人也和现实生活中的美国人一样为自己的食物支付相关费用，只不过他打的是欠条。这样，在每一顿饭之后，这些亚洲人都会收到美国人的一张欠条。

但这些落难者都知道，美国人的欠条最终是无法兑现的，因为他既不从事生产活动，也不具备从事生产活动的条件，更没有从事生产活动的意图。但亚洲人还是接受了，这些毫无价值的欠条于是越攒越多。这些亚洲人会因此而变得更富裕吗？他们的生活有改善吗？当然没有。[②]

但是，我要说的是，彼得·希夫错了！而且错得很离谱！越来越多的美国

---

① 彼得·D.希夫、约翰·唐斯：《美元大崩溃》，中信出版社2008年版，第13—14页。

② 彼得·D.希夫、约翰·唐斯：《美元大崩溃》，中信出版社2008年版，第15页。

人和亚洲人理解不了,亚洲人明知道美国人在白吃白喝,为什么要不停地用食物换取美国人的欠条?其实亚洲人想法比较简单:总比倒到垃圾箱里强!

事实证明,这些欠条不仅的确使亚洲人的生活明显改善,并且使亚洲人变得更富裕,因为,如果没有这些欠条,亚洲的这些工厂生产的大量商品,根本就无法被生产出来。这就是货币非中性的原理在发挥作用。如果没有了这些美元的融通,生产及国际贸易根本无法继续进行。但也并不是亚洲人占了什么便宜,而是亚洲人不懂得自主生产货币的必要性。

美国斯坦福大学罗纳德·麦金农教授2004年在《美元本位下的汇率——东亚高储蓄两难》中写道:"过去25年来,情况发生了很大变化。20世纪80年代,尽管美国仍是净国际债权国,但出现了较大的经常项目逆差和财政赤字。90年代中期到现在,经常项目逆差规模更大。2004年,美国对外净负债达4万亿美元,约为其巨额GNP的三分之一。但迄今为止,这并未动摇美元在国际经济特别是东亚经济中的核心货币地位。显然,采用单一的国际货币,具有很强的规模经济和有利的网络效应。美元抢得先机,就很难被取代……在没有通货膨胀的情况下,美国几乎可以无休止地从国外借债,弥补其巨额财政赤字。从某种程度上说,这是一个'良性'循环。"①

巨大的货币需求决定了参与高基货币供给的债务避免被清偿,货币需求方作为债权人,不仅可能零利率,甚至可能需要向作为债务人的货币提供者支付利息,他们的行为只不过说明,对于可以带来巨大产出的这种商品——货币,他们自己不懂得如何生产。美国人如果认不清这一点,就无法充分发挥美元的效用;亚洲人如果认不清这一点,就会越发依赖美元。

全球美元过度储备

如果我们把美元看作一种商品,那么各国把各自的产出品拿来换取美元——这种本国经济发展及金融稳定不可或缺的商品时,就不存在所谓的"贸

---

① 罗纳德·I.麦金农:《美元本位下的汇率——东亚高储蓄两难》,中国金融出版社2005年版,第196页。

易失衡”。与各国商品在美国被消费相对应的是，美国的主要出口商品——美元——被用于打造各国经济发展和稳定的基石。这本身就是一种“贸易平衡”。从表面上看，美国积累了大量债务，各国积累了大量债权，但只要是各国的经济发展及金融安全无法摆脱对美元的货币依赖，这些债务不仅永远不用还，而且美元这种商品必然随着各国经济总量的上升而变得需求越发强劲。当储蓄者以债权形式保有自身财富，且长期不会提出兑付要求时，这个债务人无疑将会是最大受益者。美国作为这个特殊商品的生产商，获得的是点石成金般的收益。

但我们也要认清，美元在获取这些利益的同时，也承担着巨大的风险。信用货币与作为一般等价物的黄金等贵金属不同。商品货币具有货币性和商品性双重属性，正是这个双重属性可以使它具有一定的弹性，能够在商品和货币间自动调节：需要货币时，它可以执行货币职能，展示其货币属性；当退出货币属性时，可以展示其固有的商品属性。而信用货币的双重属性是货币属性和债权属性，所以当它最终退出货币职能后，恢复的是其固有的债权（索取权）属性。如果美元始终强势，它的债权人就不会急于兑现这一债权。但是，这种由美元带来的利益，使美国制造业能够创造的利润显得越来越微不足道，美国的制造业日渐衰弱。美国在全球的债务越来越多，国民经济越来越依靠强势美元。美元的政策空间逐渐缩窄。如果到了大家都认清，即使弱势美元也无法挽救美国逐渐衰败的制造业时，仅依靠惯性继续的强势美元必将受到威胁。即便如此，只要没有替代品出现，美元仍将是全球储蓄者最佳的财富保有方式。只要人类没有开发出新的财富保有方式，世界人民就仍旧只能靠借债给美国来发展自己的经济。这就是麦金农所说的美元已经抢得了先机，就很难被取代。这也就决定了，任何国家，任何寻求（货币）进口替代的企图，都将对美国利益造成重大损害。一旦美元出现了替代品，那么这些货币商品、这些美元就会失去货币属性，从而面临被迫还债的风险。为了不出现这样的结果，美元要做的就是在特里芬的两难假设中寻找平衡。美国真正害怕的并不是贸易逆差不断扩大，而是贸易逆差有朝一日无法再继续扩大。①

美元在崛起的过程中,参与了无数次全球竞争性贬值和竞争性升值的循环,最终脱颖而出依赖的是自身的资源禀赋。这种资源禀赋使它在美元升值的时候,制造业能够承受住这种强势美元的打击,不足以致命;相反,在美元贬值的时候,在不使国际社会对美元完全丧失信心致使金融业受损的范围内,制造业可以迅速得到恢复。这种能力使得美元在20世纪30年代的全球性大萧条和第二次世界大战之中,凭借美国强大的制造业,最终使国际社会相信美元,并逐渐取代了黄金。在两次石油危机中,美国再次依靠其强大的制造业打击了竞争对手,巩固了美元的国际货币地位。1985年《广场协议》中,美国逼迫日元和德国马克升值,但逐渐强大的美国金融业及已经稳固的美元的国际霸主地位,并没有因弱势美元而动摇。

在全球美元本位之下,强势美元和弱势美元交替出现,是美国几十年来解决"特里芬难题"的方法。美国的金融业是用来举债的,制造业是用来还债的;强势美元被应用于举债的过程,弱势美元被应用于还债的过程;强势美元被控制在不致使制造业遭受灭顶之灾(不致丧失还债能力)的范围内;弱势美元则必须保证其金融业不被替代(不致丧失举债能力);强势美元下要保证美元不因举债而迅速走弱;弱势美元下要保证可以通过还债使美元再次走强。这些操作使美元得以在稀缺性和易得性之间把握好平衡,以平衡化解"特里芬难题"。

日本是美元崛起后,唯一挑战过美元地位的后发国家。但《广场协议》中日元升值使日本失去了制造业的阵地,却在金融业斩获甚微。依靠外需和长期的低币值在制造业所树立的地位,在《广场协议》后短短的几年内,便受到来自"亚洲四小龙"及中国内地的严重冲击,这样的日元,当然无法对美元的金融地位构成真正的威胁。在后发国家的制造业和美元的金融产业的双重挤压之下,发展空间严重受限。1995年,鲁宾出任美国财长,并认为回归强势美元的时机已经成熟,美国一改过去逼迫日元升值的强硬态度,开始了美元对日元的升值。于是在之后的几年里,曾经在制造业威胁到日本的亚洲各经济体(由于汇率大多

① 所担心的并不是各国对美元的过度储备,而是过度储备意味着有了降低储蓄的空间。

盯住美元)纷纷遭受重创,并最终导致亚洲金融危机的爆发。此时日本试图抛开美元、单独实施救助方案,结果不仅毫无成效,反而使自己也深陷其中。这再一次向世人宣告,美元的霸主地位是不可动摇的。为什么在《广场协议》中美国逼日元升值,而在亚洲金融危机前却乐见日元贬值?因为在《广场协议》时期,日本威胁的是美国的制造业,而在十年之后,持续升值的日元已经试图在国际金融业中占有一席之地。由于日本在不同时期只能对制造业或金融业之一构成威胁,却守不住另一侧的防线,而这二者却又是相互依存的,这就注定了日本无法自主地选择自己的金融地位。相反,美国却可以在强势美元和弱势美元之间来去自如,看似得心应手。最终的目的,还是一个强势的美元。

为了维持美元的长期强势和强大的货币政策能力,美国必须在部分国家或地区过度储备美元时,以紧缩银根的方法回笼美元。但是,美元的客户并不是单一的群体。即便外部美元在总量上储备过度,在分布上却绝不会均匀。当一些国家美元储备已经过度,需要美国回笼货币的时候,还有许多国家深陷于外汇饥渴之中。那些美元储备不足的国家将在美国提高利率、紧缩银根以回笼美元的政策之下,遭受沉重的打击。这样血淋淋的教训无疑会引发下一轮的美元储备竞赛,以至于许多国家如果不购买美元,便不敢发行本币。这必然造成各国对美元的进一步需求和依赖,最终导致全球过度储备美元的问题越来越严重。

一个足够小的经济体,把大国政府赤字货币化用于本国流通,是安全可行的策略,而且高效。但是,盯住美元的本币在遇到美国货币政策大幅波动时,就必须在完全丧失国内货币政策自主权、外汇储备严重流失和汇率大幅波动(放弃盯住政策)三者间做出选择。这本身便证明了,作为世界主要经济体所需要的货币量,长期依靠将美国政府的赤字货币化用于本国流通是不现实的。那不仅对本国经济形成巨大压制,同时也给美国带来巨大的负担和风险,干扰了美国的货币政策能力,也影响到美元的本国使用者——就业需求。但货币利益的驱使导致美国即便承担巨大风险,仍旧不愿放弃。美国不愿意与其他具有信用承载能力的政府分享货币利益,导致其他国家的政府也不愿为美国分担货币责任和风险。于是,出现了这样的状况:凡是拒绝购买美元这种商品,甚至试图替代美元的国家,都是美国的敌人,但是,购买量过大,影响到美国自身使用和美国货币政策的国家,更是美国的敌人。美国需要的是,其他国家恰到好处地消化掉美元过剩的产能,并随着经济的波动和美国货币政策的调整,永远保证美国自身的优先使用权和主导权。然而,当某些美元储备不足的国家金融体系崩溃之后,这种毁灭的效果反噬到高高在上的美元时,美联储却又难以独立应对。他们往往要求其盟友的政府及中央银行协调某项政策,主张所有发达国家增加流动性,并放宽利率。这无异于由美国独立攫取货币利益,却要求大家共同承担货币风险。在1998年8月俄罗斯金融危机之后,格林斯潘在加州大学伯克利分校一次演讲中说:"俄罗斯危机促使美联储进行重大反思。我们过于专注国内的通货膨胀,忽视了国际金融可能崩溃的警讯。"在格林斯潘看来,世界范围内经济衰退的威胁越来越明朗,但美联储却缺乏能力单独应对。美国所面临的金融压力是全球性的,那么也需要世界各国一起来应对。[①] 做这样的国家的朋友,的确是一件高难度的事情。美国如今仍旧强大,但已经回不到把美元的利益全部留给自己、把麻烦全部留给它的盟友的那个年代了。这意味着它未来的敌人只会越来越多。而美国在必要时也必须做出判断和选择,是不使用美元的敌人更可怕,还是过度储备美元且干扰到美元货币政策的敌人更可怕?

"货币无用论"才是中国超配外储的最根本原因

一方在讲,中国的外汇储备太多了,购买这么多的美国国债只是一堆堆的"废纸";另一方却在讲,手里这么多美元,不买美国国债怎么办?看似双方都有道理,其实,完全不着边际。

古典经济学理论中的货币中性论,甚至货币无用论,才是问题的死结。如果你以货币无用作为反对中国外储过多的理由,那就是在支持无限度地增加外储。看似匪夷所思,其实道理却很简单。这就好像一个好酒的人,没事喜欢喝上两口(传说中的中国人太勤劳,愿意为货币甚至为纸币而不停工作),而他老

---

① 参见格林斯潘:《动荡年代:勇闯新世界》,企鹅出版社2007年纽约,第192—193页。

婆却坚定地认为,酒是没有用的东西,是祸水,喝酒是有害健康的。结果,他只要买了酒,就都被他老婆藏在一个池子里(传说中的中国人太好储蓄),他就又没酒喝了。于是他只好再买,再被藏起来;如此循环往复。后来他的收入被大量用在了买酒上。相信按照这种方式藏下去,迟早会把他的收入花光,直到最后,连饭钱都不剩,而他老婆会把池子塞满。面对这样一池子的废水、祸水,应该怎么办呢?看似把它们送人是最佳选择。于是,这一切都是"勤劳惹的祸""储蓄惹的祸"成为流行一时的谎言。如果我们不能正视货币的效用,并设法满足中国人民的货币需求,只会不断加大对美元的依赖。

国际储备货币是以货币发行国国际金融地位为基础的。国际金融中心甚至可以在内部资源不足的情况下凭借自身的债务人资源掠夺海外的储蓄资源。即使在安全债务人已经不足时,这种国际安全债务人的幻象仍旧会在相当长的一个时期内吸引各国储蓄流向那里。所以,国际金融竞争既需要争夺储蓄资源,又需要争夺债务人资源。与货币无用论共鸣的是债务危害论,导致经济体内具有强大承债能力的主体不肯举债,于是在这种安全债务人的先天劣势下,储备外国政府的债务就是新兴经济体的必由之路。这既是经济实力的问题,更是认知能力的问题。

本书之前的章节已经从理论上非常详细地讲解了货币的贮藏性需求与交易性需求之间的关系。如果对你来讲,货币是用来囤积的,那么是囤人民币还是囤美元的需求取决于信仰。相反,用于国内消费和投资的交易性货币需求的指向则非常明确。

不少人至今仍旧认为离开美元,人民币就是废纸一张,这无疑是另一类货币无用论。美元固然强大,但是你在中国街头,拿着满账户的美元,只怕连一个烧饼都买不到。这就是一个国家主权货币存在的基础。人民币即使完全不被用于国际贸易,仅国内经济流通所需要的交易性的人民币数量本身已经极为庞大。这部分货币需求,如果永远需要美元去支撑,是完全不现实的。交易性货币需求是真实存在的,这个需求并不必然地转化为贮藏性货币需求。一个正常运转的经济体内,必须沉淀海量的交易性货币,只要这些货币不会硬化为贮藏性货币,就更不可能进一步放弃其货币属性,于是信用货币双重属性中的债权属性便永远没有表现的机会。也就是说,对一个行使主权的政府而言,尽管交易性货币沉淀也是债务,但这个债是永远不需要偿还的,并且随着经济的发展,这部分不需要偿还的债务会越来越庞大,这不仅是中央银行也是商业银行运行的一个基本法则。而贮藏性货币则有所不同,贮藏性货币靠的是信仰的惯性,只要这个惯性尚存,这个债也是不需要偿还的。根据物理学的原理,惯性取决于质量,我想,这一点同样适用于经济学,当一个经济体的质量发生变化时,这种信仰的惯性迟早会变得不堪一击。

贮藏货币的信仰,最终需要依赖货币回笼能力支撑。如果不能用商品证明自己的回笼能力,就只能依赖高息借新还旧。这种回笼方式,这种高成本的强势货币政策,尽管同样可以带来货币暂时性的稀缺,但是它对经济的伤害是极大的。20世纪七八十年代,美英之间的加息竞赛是以抑制通货膨胀为借口,用制造货币稀缺的方法争夺国际贮藏性货币地位的经典战例。但信仰是不可能长期依靠高息去维持的,当货币的产出经受不起高息的打击时,昔日对英镑的信仰便随风而去了。美元之所以赢得这一战,靠的不仅是美国政府在极高利率之下加大财政支出的胆识,更是美元的货币产出能力,也就是用商品回笼货币的能力。正是这一战,使美元在与黄金脱钩后打退了竞争者们最后的反击,并使美元的信仰完全确立。之后的挑战者仅面对这一信仰,而不是七八十年代高得怕人的官方利率,便已经溃不成军。如今的美元,信仰仍旧坚定,美元的产出性也尚在,故而美元作为全球最主要储备货币的地位尚不可动摇。中国适度配置美元是必须的,但是国内自主投放人民币以满足国内交易性货币需求的条件已经成熟。只有认清了这一点,才能有效避免对美元的过度配置。

贮藏性货币需求转向

尽管在经济繁荣时期,以及部分国内的储蓄者并不会因为本国政府将本币设置为美元索取权而行使这一权利,大量交易性货币需求,因为无法得到“良币”的满足,在格雷欣法则的作用下,也会出现劣币驱逐良币的现象,然而一旦各式各样的危机出现，不仅交易性货币需求会大量转向贮藏性货币需求，被当作美元索取权使用的各国货币也会集中流向美元。这种原本指向某种货币或索取权的贮藏性货币需求，转而指向另一种货币或储蓄品的现象，我们称为“贮藏性货币需求转向”。这里是指，原本指向本币的贮藏性货币需求转为指向美元。

在信仰的作用下，产出越高的货币，遭受贮藏性货币需求转向的打击就越大。这又是一个稀缺与价值的悖论。

假设100美元的投资(交易性货币需求)进入一个国家，产生50美元的收益。当这150美元的交易性货币退出交易环节转为贮藏性货币并发生贮藏性货币转向时，只需要兑付150美元的美元储备。但进入另一个国家的100美元产生500美元的收益。当最初同样的100美元交易性货币退出交易环节转为贮藏性货币并发生转向时，却需要兑付600美元的美元储备。显然，越是高产出的货币，在贮藏性货币转向时，贬值的压力就越大。因此一个高产出的货币，用外汇储备去兑付贮藏性货币需求转向是完全不现实的。

交易性货币需求是货币稳定的基础，而威胁货币安全的是贮藏性货币需求。随着社会储蓄水平的不断提高，储蓄需求需要靠多级索取权的叠加才能得以满足。因此当贮藏性货币需求转向时，货币贬值的压力是不可能靠任何储备品予以对抗的。而此时如果用紧缩银根和提高利率的手法去应对，不仅会使贮藏性货币需求进一步丧失信心，更严重的问题是会伤及交易性货币需求，进而伤及货币的产出。因此，遭受贮藏性货币转向的国家如果动用外汇储备或加息回笼本币，必将付出惨重的代价。

贸易处于顺差的后发国家，由于贮藏性货币需求转向所形成的资本流动的方向与货币购买力所形成的贸易顺逆差的方向是相反的，故而如果发生贮藏性货币转向，本币仍需要大幅贬值，并逐步用自主的货币投放和回笼替代购买和抛售美元调节货币量，为自己赢得更大的货币政策空间。在货币贬值时，只要本币供给是充分的，交易性货币的产出就是币值最强大的后盾。诚然，贬值的货币就是劣币，不足以支撑贮藏性货币需求，但它却能将良币逼出流通变成单纯的贮藏性货币。然而,单纯的贮藏性货币是不存在的,所谓的“良币”由纯粹的收藏品到弃品,只是时间早晚的事情。

贮藏性货币需求确立所依赖的是信仰;交易性货币需求确立所依赖的是产出。交易性货币需求带来的产出所形成的复利,是抵消贮藏性货币需求流出的不二法门。拥有国际主义精神的美国的债主们[①]宁愿零利率地把钱借给美国,也不愿意留在本国实现复利,当贮藏性货币需求的信仰撞击交易性货币需求产出能力的时候,高产出的货币暂时会遭到重创,此时如果以减少货币数量的方法去抑制货币的流出(实则是抑制了产出),这种失败将无法逆转。但只要是货币当局保证国内的货币供应,不因贬值而紧缩银根,国内的扩大再生产就不会受到阻碍。短期资本流动所带来的币值波动在时间这把屠刀面前,将完全经不起复利的打击。以交易性货币的产出相对抗,最终高产出货币动摇贮藏性货币的信仰,就是历史的必然结果。这种结果伴随着新的信仰的诞生,进入下一轮货币产出的竞赛,货币的历史便是如此循环往复。

第四节　现有货币体系下美元的真正威胁

现代信用货币体系下,央行货币是对中央银行的债权凭证。但真正的承债主体并不是中央银行,而是中央银行的债务人。中央银行在不储备黄金等实物资产的情况下,并不具备独立承债能力,它只不过是一个中介。纸币也不再是黄金索取权,而是转变为国债索取权,是对(本国或他国)政府的间接债权;商业银行存款货币则是对央行货币的索取权。中央银行购买国债为储备形成高基货币,并在高基货币的基础上添加杠杆,向商业银行等市场经济主体投放央行货币,商业银行在央行货币的基础上形成货币乘数逐级放大,用于满足社会货币需求。

传统经济学的货币理论错误地把中央银行信用当作现代信用货币体系的

① 彼得·希夫称他们为“农奴”;《现代货币理论》中称他们为“债券义勇军”,认为他们“不会对美国造成太大的风险”。(L. 兰德尔·雷:《现代货币理论》,中信出版社 2017 年版,第 160 页。)

起点,试图以此弱化国家、政府在信用货币体系中的作用。然而与金银本位不同,在信用本位的货币体系下,政府扮演的角色体现的更多是责任和义务。弱化它们的作用,只会使这个系统变得越来越脆弱。

在信用货币体系下,货币的本质就是赤字,高基货币就是货币化的赤字,故而讨论是否应当赤字货币化本身就是一个伪命题。政府赤字就是一切杠杆的起点,唯一的不同只不过是把这个杠杆的起点架在本国政府的赤字之上,还是架在美国政府的赤字之上。美元信仰使得美国国债不仅成为美元发行的基础,同时也成为世界上许多国家高基货币投放的标的。

在信用货币体系下,举债是一个国家政府的责任,将本国国债货币化,是这个国家央行的责任。如果不把国债货币化,不通过银行体系对其进行放大,完全依靠其自身的数量与储蓄需求对接,首先是对本国国债资源的浪费,同时,央行由于失去了本国国债这种最优秀的信用基础,必然使其投放的基础货币要么信用度下降,要么过度依赖外国政府信用。根据我们之前的论述,货币的价值不在于货币的材质(金银或债权在行使货币职能时所表现的货币属性是没有区别的),而在于能够保持它的货币属性;稀缺性就是信用货币保持货币属性的最好支撑。但是,过度稀缺会伤害货币的易得性。如果各国均放弃把本国赤字货币化,争相选择把美国的赤字货币化,那么美国赤字的这种稀缺性便可想而知了。而无论是金银本位时期还是信用本位时期,民众对中央银行储备品的兴趣从来都是极为浓厚的。这与金本位时期民间会争相储藏黄金,导致银行体系货币供应能力下降是一样的道理。毫无疑问,这会造成美国国债和美元的过度稀缺。于是,就不难理解,当大家(因为非利息的其他原因)争相把钱借给美国政府的时候,即使它是债务人,即使它不付利息,甚至为负利息,它仍旧拥有对债权人颐指气使的权力。但与此相伴随的却是,美国政府甚至美国对外贸易看似巨大的赤字,越来越无法满足全球货币需求。这使得现阶段真正可以威胁到美元地位的并不是美元的稀缺性,而是易得性。

“特里芬难题”与格雷欣法则

上述现象看似与“特里芬难题”不符。但“特里芬难题”基于的是金本位。

布雷顿森林体系之下,逆差、赤字的负面效应是显而易见的。然而在现有信用本位下,并没有黄金这个可选项,其他政府信用都没有能力与美国国债竞争。于是,无论是美国政府的赤字还是美国的贸易逆差,都成为稀缺资源。购买力平价以及与其相对应的贸易顺差或逆差只能影响交易性货币需求,但是当全球经济发展到一定水平后,贮藏性货币需求才是最主要的国际货币需求。而由贮藏性货币需求带来的美元的强势反过来又确定了美元在国际结算中的地位,促进了美元的交易性货币需求,进一步加重了美元的稀缺。美国的军事实力、广袤的土地、丰富的资源及自身的经济总量,都会给世人一种值得信任的感觉,特别是当各种危机来临时,充斥于全球流通体系中的各种货币集中退出流通,转为贮藏性货币需求,进而会集中表现为美元索取权。这往往令手中没有足够美元储备的各类美元索取权投放主体措手不及。每一次这种现象的发生,都为日后美元的贮藏性货币需求及其他货币美元索取权的身份奠定了坚实的基础,并逐渐形成了难以打破的思维惯性。故而,在这些来自贮藏性和结算(交易性货币需求)的货币需求的支撑下,即便是美国债台高筑,人们对美元的信心也丝毫没有受到影响,美元仍旧可以保持强势。这就是美元可以在"特里芬难题"这根"钢丝"上长期行走的原因。强大的贮藏性货币需求,使得保持贸易逆差与强势美元之间产生了一个共存区间。只要是贸易逆差不超出这个范围,只要美元在其稀缺性和易得性之间还能找到这个平衡点,世界人民仍旧愿意以美元的形式保有自己的财富,"特里芬难题"对美元就仍旧不是致命的。与"特里芬难题"相比,格雷欣法则对美元的威胁反而更大。如果美国顾忌于"特里芬难题"中贸易逆差的部分,而忽视了来自它另一半的威胁,不断削减贸易逆差和美元供应,使稀缺性和易得性的天平过于向稀缺性的一方倾斜,使得美元逐渐无法满足交易性货币需求,久而久之,在巨大的贮藏性需求的作用下,美元将逐渐退出流通,形成单纯的贮藏性货币。

布雷顿森林体系解体时,美元并没有被抛弃。这标志着当人们需要在美元和黄金之间做出选择时,最终选择了具有易得性的美元,抛弃了稀缺性更强的黄金。其根本原因就在于,货币的需求是真实存在的,是无法被抑制的。当世界认同了黄金已经不足以满足全球货币需求时，一种新的较弱势的货币就会将其取而代之，这符合格雷欣法则。这一胜利既是美元的胜利，同时也是之前各国货币当局一次又一次对黄金桎梏冲击的最后结果。但它并不是由货币当局的意愿决定的，而是由市场决定的。美元由此与黄金脱钩，但并非美元从此不可以继续购买黄金，而是价格完全由市场决定。这样一来，无论黄金价格如何上涨，美联储都不会丧失黄金储备。美元由此完全摆脱了黄金索取权的地位。如果当年，美元的持有者，全部选择对手中的"黄金索取权"行权，则美元对黄金将下跌至一个不可思议的地步。然而，市场却极其理性地认识到这个方案缺乏可操作性正是货币的真实需求，将人们曾经认为是过量的美元完全吸收到全球经济循环之中，并不断要求美联储创造越来越多的货币。当美元对黄金大幅贬值之后，任何国家如果选择盯住黄金而不是美元的话，无论它有多少黄金储备，都无法满足市场的需求，必然导致国家金融体系崩溃。在这种情况下，各国正确的选择，只能是转为盯住一个数量更多、稀缺性更差的货币。也就是说，当强势货币数量无法满足市场需求时，市场将选择能够提供充足数量的较弱势货币。而这一选择所带来充足的货币供应会进一步带动经济的发展，创造更多的货币需求，从而进入一个良性循环。

如今，各国的美元储备就像美联储当年的黄金储备，是用来给别人看的，而不是用来兑付的。因为没有一个国家真的有能力向市场兑付足够的他国货币，所以当本币永远作为他国货币索取权时，不仅本国无法行使独立的货币政策，本国也永远不可能得到充足的货币供应。如果所有人都把美元作为财富保有的形式，世间所有财富和货币都会被当作美元索取权。当大家一起行使这个索取权的时候，美元的需求之大难以想象，世间万物皆对美元极度贬值。这个时候如果没有替代品出现，全球经济就崩溃了，但只要有替代品出现，格雷欣法则就会发挥作用。这一导致黄金被替代的法则会再次出现在美元身上，当不断的经济危机向世人证明，美元数量已经不足以满足全球经济发展所需时，世界人民将做出一个新的选择。

金融能力

一个国家的贸易顺差过高,是金融能力差的表现。金融能力就是把储蓄转化为投资及消费的能力。股票及资本市场不成熟,银行体系效率低下且脆弱,这一切都使得国民储蓄没有能力依靠内部力量转化为投资和消费,只能以对外贸易顺差(对外债权)的形式体现。一个强大的金融体系,甚至可以将他国的储蓄转化为投资与消费。故而国际贸易这种由商品带动的货币的跨国流动,与资本交易所带动的货币的跨国流动往往是反向的。这无疑又加大了国际贮藏性货币和国际交易性货币的需求及其不稳定性。即使是从布雷顿森林体系解体后,国际货币体系仍处于不断摸索之中。没有人能够准确地指出其未来的发展方向。但有一点是确定的,就是随着人类财富的积累,对贮藏性货币和全球金融服务的需求必然不断加大。货币及金融体系的多元化发展,是任何企图独霸这一体系的国家都无法阻拦的。

一个制造业大国,外汇储备越多,表明金融能力越差。当一个经济体的规模达到一定水平后,它的货币需求也需要相应扩张,这种扩张必然影响到其中央银行的资产负债表规模。如果这种扩张仍需要依赖他国货币投放,则本国持有的外币资产甚至有可能超过外币投放国央行的资产规模。并且当他国紧缩货币时,本国央行就必须抛出外储回笼本币以确保币值稳定,从而对国内造成与生产能力并不相符的货币供应。这显然并不是什么良性的结构。只有脱离了这种结构,才能给本国中央银行资产负债表提供足够的扩张条件,才能使中央银行把能否带来产出,而不是市场是否有足够的外币作为自身资产负债表扩张的依据。而那种由于外币紧缩造成的本币币值下跌,也终会止步于本币投放所带来的产出形成的购买力的支撑。当本币作为这种美元索取权的意念在美元过度稀缺的助推下被打破后,由产出能力决定的中央银行资产负债表扩张能力就是市场取舍的新标准。也就是说,美元的稀缺将逼迫他国提升自己的金融能力。

美国制造业回归将损害美元的易得性

> 根据经济史学家尼尔·弗格森教授的观点，“中美经济体”就像“一场在天堂中的联姻……中美经济体中的东方人在储蓄，中美经济体中的西方人在消费……中国越是愿意贷款给美国，美国人越是愿意借款”。中美经济体的问题在于，美国人并没为东亚的储蓄投资：他们是在消耗它们。①

这段话说出了症结所在。当金融能力极差的中国人把自己的储蓄通过美国那强大的金融能力转化出去时，这些储蓄并没有转变为投资，而是转变为美国人的消费。于是，债权在中国堆积的同时，作为货币提供者和债务人的美国，却无法用这些债务带来产出。这绝不是中国人的错，也不可能是中国人占了美国人的便宜，更无法通过制造业回归美国得以解决。

如今，美国仍旧保持着在制造业和金融业的优先选择权。如果美国的制造业回归成为事实，随着对美贸易顺差越来越困难，美元越来越稀缺，逐渐丧失易得性的美元就会成为纯粹的收藏品。正如本书之前所述，退出交易的货币自身是没有产出的(它的产出仅来自容器这一效用)。当这种暂时性的存储变成永久性的存储之后，币值的高估就是必然的。

对贮藏性货币需求而言，美元至今仍旧是最佳选择。正是这一点，缓解了“特里芬难题”中贸易逆差过高，货币便无法强势的担忧。由于贮藏性货币需求的真实存在，“商品恐惧”完美地战胜了对美国贸易逆差的惧怕。但是，如果美国不断削减贸易逆差，“特里芬难题”的另一半便会发生作用，随着美元稀缺性的增加，拒绝了全球交易性货币需求。在美元丧失易得性之后，那些劣币会被优先用于流通，那么美元这个“良币”就会逐渐成为像黄金一样的收藏品。但它终究不是黄金，它从货币属性退出后，无法变成商品。一个不能被用于交易的贮藏性信用货币，它的货币属性又能保持多久呢？

总之，在现有货币体系下，美元的真正威胁已经不是贸易逆差和稀缺性不

---

① 罗伯特·斯基德尔斯基：《重新发现凯恩斯》，机械工业出版社 2011 年版，第 182 页。

足,而是其易得性的下降。随着全球财富的积累,贮藏性货币流向美国,推高了美元汇率,抑制了美国的出口贸易和自身制造业的发展,但这也构成了美国强大的金融业的基础。反之,如果美国把出口贸易和制造业放在首要位置,阻挠美元流向世界各国,最终贸易战所引发的美元荒不仅不能提升美元的地位,相反,只会逼迫美元的使用者们另辟蹊径。以中国目前的经济实力,尚不可能挑战美元的国际储备货币地位,但国内人民币的自主投放已经成为经济持续发展的必由之路。

第五节　过　河

改革开放四十余年来,中国人民在中国共产党的领导下,创造出伟大经济奇迹的同时,以市场经济为主基调的改革开放也渐渐进入深水区。这就要求我们对其他国家的经验要借鉴、教训要吸取。

长征途中,大渡河前,蒋介石曾认为,红军在走石达开当年的老路。但路虽还是老路,同样是过河,同样的曲折,同样的艰险,结果却完全不同。除去过程相似之外,最终能否走出去,达到河的彼岸,完全是因人而异。

中国的小朋友都知道另一个关于过河的故事,叫作《小马过河》:

> 有一匹小马要过河。心想:我能不能过去呢?如果妈妈在身边,问问她该怎么办,那多好啊!可是离家很远了。小马向四周望望,看见一头老牛在河边吃草,小马"嗒嗒嗒"跑过去,问道:"牛伯伯,请您告诉我,这条河,我能蹚过去吗?"老牛说:"水很浅,刚没过小腿,能蹚过去。"小马听了老牛的话,立刻跑到河边,准备过去。突然,从树上跳下一只松鼠,拦住他大叫:"小马!别过河,别过河,你会淹死的!"小马吃惊地问:"水很深吗?"松鼠认真地说:"深得很哩!昨天,我的一个伙伴就是掉在这条河里淹死的!"小马连忙收住脚步,不知道怎么办才好。他叹了口气说:"唉!还是回家问问妈妈吧!"小马甩甩尾巴,跑回家去。妈妈问他:"你怎么回来啦?"

> 小马难为情地说:“一条河挡住了去路,我……我过不去。”妈妈说:“那条河不是很浅吗?”小马说:“是呀!牛伯伯也这么说。可是松鼠说河水很深,还淹死过他的伙伴呢!”妈妈说:“那么河水到底是深还是浅呢?你仔细想过他们的话吗?”小马低下了头,说:“没……没想过。”妈妈亲切地对小马说:“孩子,光听别人说,自己不动脑筋,不去试试,是不行的。河水是深还是浅,你去试一试,就知道了。”小马跑到河边,刚刚抬起前蹄,松鼠又大叫起来:“怎么?你不要命啦!?”小马说:“让我试试吧!”他下了河,小心地蹚到了对岸。原来河水既不像老牛说的那样浅,也不像松鼠说的那样深。

故事很生动,道理也很朴素:“河水是深还是浅,你去试一试,就知道了。”我们国家改革开放的先行者们也讲了一个“过河”的故事,叫作“摸着石头过河”。试一试,不仅是试河水,也是试我们自己。打铁还需自身硬,即使进入深水区,如果始终摸得到石头,就不必在意曾经在这里溺水的小松鼠们。相反,如果已经摸不到石头,就要及时调整战略布局,增强自身经济实力,补齐短板,才能因势利导,寻找出最有利、最安全的过河路径。

中华民族自古有着勤奋好学的光荣传统,但是曾经的闭关锁国,使这个民族失去了向世界学习、参与全球竞争和进步的机会。自中华人民共和国成立以来,中国正式进入工业化社会,生产力水平和管理科学都获得了显著提升。然而,随着财富的不断积累,无论是苏联的计划经济经验还是欧美的市场经济方式,全球没有哪一个国家现在或者过去的历史,可以为这个十几亿人口的国家提供最科学的管理方式和财富保有手段。因此我们只能靠自己不断在前进中摸索,寻找适合我们的道路。同时,由于我们如今的经济体量可能带来的资源紧缺及经济、金融波动,已经超过了外部缓冲能力,如果采用西方所谓的“自由放任”的经济模式,必将经常性地对全球经济及金融体系形成冲击。故而,在全力推进市场经济的同时,必须形成一个内部的自我调节机制,在货币和商品两个层面,分别形成缓冲,用以应对来自内部或外部的不确定性。而这种缓冲职能既是利益,又是风险;既是权利,又是责任;是我们在世界上获得与我国人口数量相匹配的国际地位所必须具备的能力,同时也是国民财富实现可持续增长的必要条件。

与经济发展相伴随的,必然是人类对资源利用能力的提高。于是在经济发展过程中资源的过度利用、过度开发,以至于达到滥用的程度,必然引发一个又一个危机。这些危机包括能源危机、粮食危机、环境危机、公共卫生安全危机……与这些危机相伴随的是人类社会收入与分配的矛盾必然导致的经济危机与金融危机。一方面是人类发展,另一方面是危机重重,人类社会从来没有像今天这样需要大量公共资源以应对这些威胁。占全球五分之一人口以及如今的经济总量,决定中国已经具备了在全球范围内,与美国等发达国家携手扼制各种危机的条件。无论西方发达国家是否愿意与中国并肩战斗,甚至他们宁可对危机采取绥靖政策,都无法阻止中国在国际事务中发挥作用。作为国际公共物品,并且是经济危机和金融危机根源的商品——信用货币的生产,更不可能长期将中国这样的人口和制造业大国排斥在外。

信用货币是一种债权债务关系,那么信用货币是应该由债权国提供,还是应由债务国提供?如果由债务国提供,则债权国以外币为媒介出借本国商品;如果由债权国提供,则债权国以本币为媒介出借本国商品。诚然,作为债权国的新兴国家发展金融业必然遭到原有金融大国的打压,同时还会遭到同为后发国家的其他各国对其制造业的争夺,但是一个制造业大国却长期以外币为媒介出借本国商品的局面如果不被打破,不仅会受制于人,还会成为本国及全球持续发展不可突破的瓶颈。第一次世界大战后,全球甚至因此爆发了大萧条,并于第二次世界大战后,暂时改变了由债务国提供货币的局面。如今的世界,国际货币媒介的提供者再次成为债务国,即使是债权国试图维持这种模式,但如果债务国以本币的形式向他国索取商品,反而认为被占了便宜,那么这种旧有的国际分工合作模式终将被再次打破。未雨绸缪,中国必须为此做好充足的准备。

凯恩斯革命关注了货币数量对就业的巨大影响,然而限于当时的历史条件,对货币投向(质量)的关注仍旧不足。自凯恩斯之后,越来越多的人认清经济萧条是货币匮乏引发的有效需求不足，于是，类似于坐着直升机撒钱的言论不绝于耳。人类财富是以货币为表现的，人类的竞争便是对有限的货币的争抢。由于低端工业品对生产技能的要求不高，极易全球流动，需求却难以大幅提升，故而如果在这个领域争抢过于激烈，则会使得弱者世代没有喘息之机。增加货币的数量固然可以减轻这种竞争的压力，但是无序的货币投放造成的只是劳动力要素的有偿闲置[①]，这不仅没有效率，并且对被闲置者和努力工作的人群都是不公平的。当这种不公平在全球范围内分配时，以中国这样一个人口大国，如果不具备自我平衡能力，我们越是委曲求全、输出的无偿劳动越多，换回的只能是其他国家越多的不理解和抱怨，同时需要面对的是国内越来越激烈的就业竞争压力。以中国的人口数量和现有的经济体量，对于货币这一全球公共物品的使用，已经无法要求这个世界适应我们的需求，而只能是拾遗补阙地满足外界的需求。

反观美国，美国经济在第二次世界大战中飞速发展，美国的工业产能在那个时期达到了巅峰。第二次世界大战后美国 GDP 占到了世界的 56%，工业产值占到了世界的 40%以上，黄金储备更是占到了世界的 75%。由此确立了美元的霸主地位。美国至今仍旧是全球第一大经济体，然而其经济总量占全球经济总量的份额却已经明显下降。

这就产生了一个矛盾，如果美元降低供给，那么格雷欣法则将决定其逐渐被驱逐；而如果美元保证其覆盖率不出现缩小，则意味着其自身经济总量与美元的应用范围越来越不匹配。事实上，美国已经无力独立满足全球不断增长的货币需求，但仍旧对其他国家货币自给的要求怀有深深的敌意。这就要求我们，在与美国继续保持合作的同时，展开必要的竞争。

这里需要强调一个概念，新兴国家实现货币自给与货币国际化是不同的。前者是学会货币这种商品的生产，后者是向国际市场销售这种商品。在学会生产这种商品之前，便急于向国际市场推销这种商品显然是行不通的。并且，其

① 劳动力要素仍旧被闲置，仍旧没有产出，只不过劳动者的基本生存条件可以得到满足。这种有偿闲置的存在，必然以另一群体的部分劳动无偿提供作为平衡。

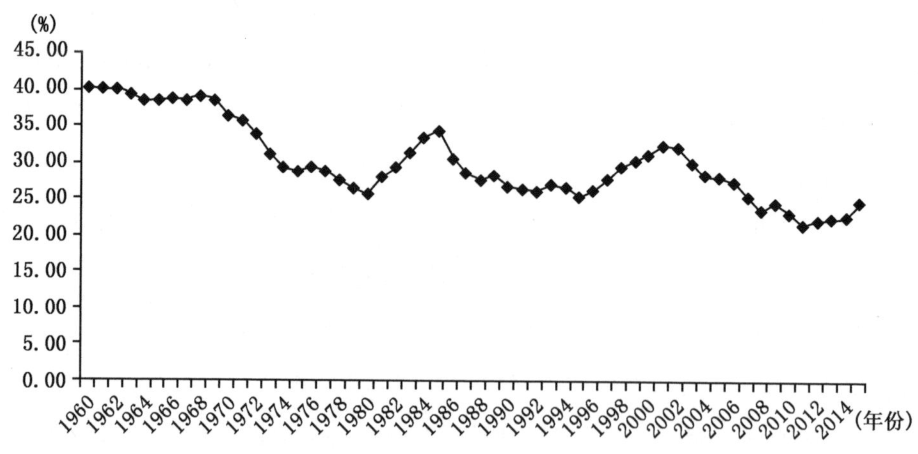

资料来源:原始数据来自世界银行统计资料(Wind 提供)。

图 7—1　美国 GDP 占全球 GDP 比重

他众多发展中国家在大力发展制造业的时候,新增大量货币需求,急需发达国家金融产业的支持。因为昔日金融大国的地位是历史形成的,这种货币需求指向的必然是原有金融大国。这样一来,发展中国家和原有金融大国便形成了一个互为援手的局面。此时如果有其他国家挑战金融大国的地位,便会腹背受敌。日本当年就是处于这样一个局面之下:后有追兵、前有堵截,继续升级金融业会遭到美国的打压,而“亚洲四小龙”及中国内地的发展在冲击日本制造业的同时,为美国的金融业提供新鲜血液。这样,美国并不需要在制造业上战胜日本,只要与众多发展中国家保持稳定的货币供需关系,日本必然面临两面作战的困境。经历了亚洲金融危机之后,更加确立了美元不可战胜的神话。

站在美国的立场上,让中国走上日本当年老路的愿望极其强烈。但中国毕竟不同于日本,首先,信用货币代表一个国家的主权,中国不像日本那样在经济、政治、军事等多方面必须依赖美国。中国与美国展开公平竞争的愿望不仅是强烈的,也是正当的。其次,中国的货币需求远非当年的日本可以比拟,仅国内需求便可以为金融业的发展打下坚实的基础,而中国目前国内的货币结构仍有不合理之处,距离货币自给仍旧有改进空间。

政府信用对中央银行而言,是宝贵的资源;商业银行信贷资源对企业而言,是宝贵的资源;订单对企业而言,是宝贵的资源;手握订单的企业对商业银行而言,是宝贵的资源。中国政府管理着这个世界上最庞大的国有资产,同时有着稳定的税收来源,更不要说中国有着全球最丰富的劳动力资源,同时具有最庞大的潜在消费群体、最强大的工业生产能力、最完善的产业链,以此为基础,构成了国内巨大的货币交易性需求甚至是货币贮藏性需求,所以怀疑这样的政府的安全性和偿债能力,绝不会是从经济角度出发的。

中央银行放弃这样的安全债务人不用,却要四处寻找可供购买的资产,要么和美联储争抢美国政府债,要么靠向商业银行提供短期便利投放基础货币;政府则放着向企业投放订单,从而为商业银行提供对企业放贷的基础,同时为央行创造高基货币的机会不用,反而去抢商业银行信贷资源,甚至拖欠企业的款项,不仅自己每日还旧借新忙个不亦乐乎,搞得商业银行就只能一边找央行要"便利",一边却把宝贵的货币创造资源投给政府;"弱势的群体"——企业——如果抢不到海外订单,就只能把应收、应付和三角债拿来当货币用。在政府快速地举债还债,再举债,再还债的反复动作中,这些本应成为货币投放、回笼的工具,不仅没能成为央行货币政策的助力,相反打造了围绕土地的高货币流动性和周转率,干扰了正常的货币运行。

从本书之前章节的分析可以看出,过去美元推动中国经济的机制,在于海外订单货币传导的生产性。因此,如果一个用来替代外需的债务人不能提供订单,或提供的并非是生产性订单,这样就只会把社会稀缺的资源或金融资产买来卖去,那么从源头上,这样的货币质量是无法保证的。货币政策无论多么复杂和精妙,都无法改变它只能影响货币数量而对货币结构无能为力的事实,所以迷信单一货币政策是非常危险的,货币政策必须辅以财政政策。积极的财政政策应该是政府以经济主体的身份向市场提供需求(订单),从而承接债务的行为。那些订单将成为商业银行向企业贷款的依据,而政府的这些债务则为央行货币投放提供了标的。

用购买本国国债的方法为财政提供资金,再由财政向经济体提供订单,从而使中国降低对美元的依赖,同时美国降低对中国商品的依赖(事实上,这两种依赖都不可能完全归零),不仅有利于中方,同时也有利于美方摆脱“特里芬难题”。但是,“特里芬难题”不仅适用于国际贸易、国际分工,在国内的分工和生产中同样适用,可以表述为“一个国家的本币如果取得了国内核心货币的地位(表现为不需要购买外汇,便可投放高基货币),社会各经济体分工、交换,必须用本币作为结算与储备货币,这样就会导致流出财政的货币在经济体不断沉淀,对财政收支来说就会发生长期赤字”。也就是说,自主货币的提供必须要有足够的财政赤字作依托;否则,就不足以满足交易所需和与居民的储蓄对接。其居民要么放弃储蓄,要么就只能把自己的储蓄与他国赤字对接。如果财政不愿意承担这个赤字,甚至以营利为目的,就会把订单投放到那些高利润的行业,比如与卖地相关的产业。房地产业是任何一个国家都不可或缺的经济支柱,中国的文化和历史所造成的人民对土地的钟爱,使自由市场经济下,房地产必然成为消费的首选和利润最高的产业。但如果初始货币所发出的基本订单过多地集中于房地产相关产业,乘数效应的结果必然是对房地产业的过度依赖。如果太多的生产和消费围绕于这个产业,同样不利于国民经济的发展。

政府的债务,除了可以用以提供大量公共物品和订单指引,满足储蓄者的需求外,更重要的是,当这些债务充当货币时,解决了市场经济下货币供给不足的自身缺陷。这是一举多得的事情。无论是政府不肯举债,还是不肯用它充当货币,效果都会大打折扣。作为安全债务人,政府的债务只要通过中央银行购买(加工),就能变成货币,放在正确的位置上,它就是货币供给者的角色。但是,如果它不能把自己的债务成功地卖给中央银行,或中央银行不肯购买,它就反而会变成最大的货币需求方。放错了位置,它就会成为金融系统的负担。其症结所在,是把大量不需要偿还的债借给外国政府的同时,中国政府却被迫举了大量必须偿还,甚至是短期内就必须偿还的债务。这绝不会是从经济角度制定出的金融方案。赤字性财政政策如果不能与货币政策相匹配,这种赤字则首先表现为对经济体的货币回笼,而不是货币投放。这必然会对原有消费和投资形成一定程度的挤占,造成市场效率的损失。

哈耶克认为:“货币虽然是自由的人民相互合作的广泛秩序中不可缺少的

要件，但几乎从它诞生之日起，政府就在十分无耻地滥用它，从而使它成了人类合作的扩展秩序中一切自我调整过程遭到扭曲的首要根源。政府管理货币的历史，除了少数短暂的幸运时期外，历来就是一部不断欺诈行骗的历史。在这方面，同在竞争中供应各自货币的任何私人机构所能做出的事情相比，政府一直表现得更加不道德。我在别处曾经建议——因此不打算在这里再做说明，假如取消政府对货币的垄断，市场经济也许更能发挥它的潜力。"①仅从历史经验而论，这样的指责不无道理，但是终究无视了货币不可缺少这一重要事实，没有认清货币对经济持续发展、财富不断积累所起到的不可替代的作用。

诚然，由政府主导货币供给，向市场提供订单和利润会带来效率的损失和产生腐败，然而，市场机制本身不仅同样存在效率的损失，并且由于市场无税收作为后盾，它对这种效率损失的承受力远低于政府。由市场去承担这样的损失，在市场崩溃的同时，还会阶段性，甚至永久性地导致经济停滞。中国有句古话，叫作"流水不腐，户枢不蝼，动也"。② 腐败，这个始终与人类历史结伴同行的社会现象也只能用历史前进的车轮去碾压，如果因此拒绝政府参与市场经济活动，任由市场失去动力甚至崩溃，显然就是因噎废食了。

总之，在债权成为国民财富最重要保有方式的今天，设法创造最安全的债权，满足民众的储蓄和货币需求，是决定一个国家财富积累必不可少的环节。如果仍旧故步自封于穷家陋舍量入为出的自律，以及传统的通货膨胀理论，国民储蓄便会因缺乏载体而不断流失。人口小国放弃金融尝试，失去的只是部分利润和金融自主权，但是像中国这样世界人口第一的国家，如果无法实现货币的自主投放，除了金融自主权的丧失外，面临的将是货币供应中断的风险。中国的中央银行尚不具备美联储那样强大的自身信用能力，故而人民币自主投放不能等同于人民币国际化。在自主投放的人民币被生产出来之前，急于寻找国际销路是不现实的。而在自主投放的过程中，没有勇气将美元这一"基石"替换下来也是行不通的。但用承债力不足的外国政府或本国地方政府信用，甚至是

---

① 弗里德里希·奥古斯特·冯·哈耶克：《致命的自负》，中国社会科学出版社 2000 年版，第 118 页。

② 引自《吕氏春秋·尽数》。意为：流动的水不会腐败，经常转动的门轴不会生蛀虫，原因在于运动的东西不易受侵蚀。

商业银行信用来替换美元是非常危险的。中央银行资产负债表构成体现的是基础货币的投放方式,外汇资产逐渐被国债所替代就是一个良性的自主投放货币的过程。当中国政府举债的目的不再仅仅是为了借钱,而包含了向国内经济体自主提供货币时;当中国政府顶住那些伪经济学者和公知们的压力,把昔日疲于奔命、技穷于借新还旧的政府债变成人民币投放的标的物时,世界经济格局必将发生根本性改变。